Treasures for Scholars Worldwide

龙向洋 编

哈佛燕京图书馆书目丛刊第20种

美国哈佛大学哈佛燕京图书馆藏中文年鉴目录

Catalogue of the Chinese Yearbooks
in the Harvard-Yenching Library,
Harvard University, U.S.A

·2·

广西师范大学出版社
·桂林·

河南省

004724472

河南年鉴

河南省地方志编纂委员会 河南年鉴编辑部编 郑州 河南年鉴编辑部 1984—

〔馆藏卷期〕1984 1985 1986 1987 1988 1989 1990 1991 1992 1993 1994 1995 1996 1997 1998 1999 2000 2001 2002 2003 2004 2005 2006 2007 2008 2009 2010 2011 2012 2013 2014

006379064

河南农村统计年鉴

河南省农村社会经济调查队编 北京 中国统计出版社 1991—

〔馆藏卷期〕1988 1990 1991 1992 1993 1994 1995 1996 1997 1998 1999 2000 2001 2002 2003 2004 2005

004724495

河南城市统计年鉴

河南省城市社会经济调查队编 北京 中国统计出版社

〔馆藏卷期〕1990 1991 1992 1993 1994 1995 1996 1997 1998 1999 2000 2001 2002 2003 2005

010225486

河南调查年鉴

河南农村统计年鉴

河南城市统计年鉴

河南企业年鉴

国家统计局河南调查总队编 北京 中国统计出版社 2006—

〔馆藏卷期〕2006 2007 2008 2009 2010 2011 2012 2013 2014

005215210

河南统计年鉴

河南经济统计年鉴

河南省统计局编 北京 中国统计出版社 1993—

〔馆藏卷期〕1984 1985 1987 1988 1993

1994 1995 1996 1997 1998 1999
2000 2001 2002 2003 2004 2005
2006 2007 2008 2009 2010 2011
2012 2013 2014

010102418
河南劳动和社会保障年鉴
河南省劳动和社会保障厅编 郑州 河南省劳动和社会保障厅
〔馆藏卷期〕1999 2000 2001 2002 2003 2004 2005 2006 2007

012525997
河南检察年鉴
河南省人民检察院河南检察年鉴编辑部编 河南 河南省人民检察院
〔馆藏卷期〕2007 2008 2009 2010 2011 2013

012591743
检察政治工作年鉴
河南省人民检察院检察政治工作年鉴 河南省人民检察院政治部编 郑州 河南省人民检察院政治部
〔馆藏卷期〕2000 2001 2002 2003 2004

013965250
河南监狱工作年鉴
河南省监狱管理局办公室编 郑州 河南省监狱管理局
〔馆藏卷期〕2001 2002 2003 2005 2006 2007

012617153
河南司法行政年鉴
河南司法行政年鉴编辑部编 河南 河南司法行政年鉴编辑部 2009—
〔馆藏卷期〕2009 2010 2011 2012

012521521
河南政法年鉴
河南法制报社编 开封 河南大学出版社 2009—
〔馆藏卷期〕2009

012047211
河南武警年鉴
中国人民武装警察部队河南省总队编审委员会办公室编 河南 武警河南省总队 2007—
〔馆藏卷期〕2000 2001 2004 2007

010225513
河南经济普查年鉴
河南省第一次全国经济普查领导小组办公室编 北京 中国统计出版社 2006—
〔馆藏卷期〕2004 2008

005326669
河南经济统计年鉴
河南统计年鉴
河南省统计局编 北京 中国统计出版社 1989—1992
〔馆藏卷期〕1989 1990 1991 1992

009062454
河南国土资源年鉴
河南国土资源年鉴编辑部编 河南省国土资源厅主办 郑州 河南省国土资源厅 2002—
〔馆藏卷期〕2002 2003 2009 2010 2011 2012

013766075
河南劳动年鉴
河南省劳动厅编 郑州 河南省劳动厅
〔馆藏卷期〕1992 1993 1994 1995 1996 1997 1998

012990536
河南人力资源和社会保障年鉴
河南省人力资源和社会保障厅编 郑州 河南省人力资源和社会保障厅 2010—
〔馆藏卷期〕2009 2011 2012

009406068
河南质量技术监督年鉴
河南省质量技术监督局编 郑州 河南省质量技术监督局办公室
〔馆藏卷期〕2001 2002 2003 2008 2009 2010

008941976
河南企业年鉴
河南企业调查年鉴 1999—2001
河南企业年鉴编辑部编 郑州 中州古籍出版社 1999—
〔馆藏卷期〕1998 1999 2000 2001 2002 2003 2005

009913170
河南技术监督年鉴
河南质量技术监督年鉴
河南省技术监督局编 郑州 河南省技术监督局
〔馆藏卷期〕1990 1991 1992 1993 1994 1995 1996 1997 1998 1999 2000

008990572
河南城市年鉴
河南省统计局 河南省建设厅编 北京 中国统计出版社
〔馆藏卷期〕2001 2002

013787132
"十一五"河南房地产年鉴
河南省房地产业商会编 河南省房地产业商会主办 郑州 河南省房地产业商会 2011
〔馆藏卷期〕2006/2010

013470931
河南农业年鉴
河南省农业科学技术展览馆编 河南省农业厅主办 郑州 中州古籍出版社 2012—
〔馆藏卷期〕2011 2012 2013

012617102
河南省畜牧业竞争力年鉴

河南省畜牧局编 郑州 河南省畜牧
　　局 2005—
〔馆藏卷期〕2005

013655914
河南省电力公司"十五"期间技术改造统计年鉴
河南省电力公司生产技术部编 郑州 河
　　南省电力公司 2006
〔馆藏卷期〕2006

008574185
河南水利年鉴
河南水利年鉴编辑部 河南省水利厅编
　　北京 方志出版社
〔馆藏卷期〕1995 1996 1997 1998 1999
　　2000 2001 2002 2003 2004 2005
　　2006 2007 2008 2009 2010 2011
　　2012 2013 2014

009933559
河南水利统计年鉴
河南省水利统计年鉴
河南省水利厅编 郑州 河南省水利厅
〔馆藏卷期〕1989 1990 1991 1992 1993
　　1996 1997 1999 2000 2001 2003
　　2004 2005 2008 2009 2010

013790894
河南冶金建材年鉴
河南冶金建材志编辑室编 郑州 河南省
　　冶金建材工业厅
〔馆藏卷期〕1983/1984

011396304
河南工业年鉴
河南省工业经济联合会编 郑州 河南科
　　学技术出版社 2009—
〔馆藏卷期〕2006 2007 2008 2010 2011
　　2012/2013 2014

011502139
河南交通年鉴
河南省交通年鉴 2008—
河南交通年鉴编辑部编辑 河南省交通
　　运输协会主办 郑州 河南省交通运输
　　协会
〔馆藏卷期〕2002 2003 2004 2005 2006
　　2007 2008 2009 2010 2011/2012

012591739
河南交通运输年鉴
河南省交通运输厅年鉴编辑室编 郑州
　　河南省交通运输厅年鉴编辑室
〔馆藏卷期〕2009 2010

010227004
中国铁通河南分公司年鉴
河南铁通办公室事业发展部编 河南 中
　　国铁通河南分公司 2005—
〔馆藏卷期〕2001/2003

013369962
河南旅游年鉴
河南旅游年鉴编辑部编 河南省旅游局
　　主办 北京 中国广播电视出版
　　社 2010—

〔馆藏卷期〕2010

009913174
河南省邮政统计年鉴
河南省邮电统计年鉴
河南省邮政编 郑州 河南省邮政局
〔馆藏卷期〕1995 1996 1997 1998 1999/2001 2002

009014800
河南邮政年鉴
河南邮政年鉴编辑委员会编 郑州 中州古籍出版社 2002—
〔馆藏卷期〕2000/2002 2003 2004 2005 2006 2007 2009 2010 2011 2012 2013/2014

013395127
河南邮政统计年鉴
河南省邮政局计划财务处编 郑州 河南省邮政局计划财务处
〔馆藏卷期〕2003 2004 2005

012194199
河南电信统计年鉴
河南省电信统计年鉴
河南省电信公司编 郑州 河南省电信公司 2002—
〔馆藏卷期〕1998 1999 2000 2001

011140342
河南通信年鉴
中国网通(集团)有限公司河南省分公司史志编辑室编 郑州 中国网通(集团)有限公司河南省分公司 2006—
〔馆藏卷期〕2003 2011 2012 2013

010101946
河南网通统计年鉴
河南省通信统计年鉴 2002
河南通信统计年鉴 2003
中国网通(集团)有限公司河南省分公司编 郑州 中国网通(集团)有限公司河南省分公司
〔馆藏卷期〕2002 2003 2004 2005 2006 2007

012200419
豫商年鉴
河南省工商业联合会 河南省总商会编 郑州 中州古籍出版社 2009—
〔馆藏卷期〕2009

012617164
河南银监局监管统计年鉴
河南银监局编 郑州 河南银监局 2006—
〔馆藏卷期〕2006

008643778
河南金融年鉴
河南金融年鉴编辑部编 郑州 中州古籍出版社 1995—
〔馆藏卷期〕1995 1996 1997 1998 1999 2000 2001 2006 2007 2008 2009 2010 2011 2012 2013 2014

008941746

河南文化艺术年鉴

河南文化年鉴 1997/1999

河南文化文物年鉴 2000—

河南文化艺术年鉴编辑部编 河南省文化厅主办 郑州 河南省文化厅

〔馆藏卷期〕1992 1993 1994 1995 1996 1997/1999 2001 2002 2003 2004 2005 2006 2007 2008 2009 2010 2011 2012 2013 2014

011502146

河南信息化年鉴

河南省信息协会 河南省信息中心编 郑州 河南人民出版社 2008—

〔馆藏卷期〕2007 2008 2009/2010 2011/2012

009933565

河南新闻年鉴

河南新闻年鉴编辑委员会编 开封 河南大学出版社 2006—

〔馆藏卷期〕2005 2006 2007

008643779

河南科技年鉴

河南省科学技术志编辑室编 郑州 河南省科学技术志编辑室

〔馆藏卷期〕1984 1985 1987 1988 1989 1990 1991 1992 1993 1994 1995 1996 1997 1998 1999 2000 2001 2002 2003 2004 2005 2006 2007 2008 2009 2010 2011 2012

008275188

河南科技统计年鉴

河南省统计局等编 北京 中国统计出版社

〔馆藏卷期〕1994 1995 1996/1997 1998/1999 2001/2002 2003/2005 2006 2007 2008 2010 2011 2012

007698659

河南教育年鉴

开封 河南省教育厅 1930

〔馆藏卷期〕1930

005033327

河南教育年鉴

河南教育年鉴编纂委员会编 郑州 河南教育出版社

〔馆藏卷期〕1987 1988 1989 1990 1991 1992 1993 1994 1995 1996 1997 1998 1999 2000 2001 2002 2003 2004 2005 2006 2007 2008 2009 2010 2011 2012 2013

009933555

河南省教育统计年鉴

河南省教育委员会编 郑州 河南省教育委员会

〔馆藏卷期〕1987 1988 1989 1991 1992 1994 1995 1996 1997 1998 1999 2000 2001 2002 2003 2004 2005 2006 2007 2008 2009 2010 2011 2012

011140258
河南省高等学校人文社会科学研究年鉴
河南省教育厅社会科学研究与思想政治工作处编 郑州 郑州大学出版社
〔馆藏卷期〕2001 2002 2003 2006 2007

011966590
河南体育年鉴
河南省体育运动委员会编 郑州 河南省体育运动委员会
〔馆藏卷期〕1997

013635260
河南美术年鉴
河南省美术家协会编 郑州 河南省美术家协会
〔馆藏卷期〕2009 2010 2011 2012

011140328
河南书法年鉴
河南省书法家协会编 郑州 河南美术出版社 2006—
〔馆藏卷期〕2006 2007 2010

012591752
河南卫生统计年鉴
河南省卫生厅编 河南 河南省卫生厅
〔馆藏卷期〕1987 2007

013753734
河南卫生年鉴
河南卫生年鉴编辑委员会编 郑州 河南省卫生厅
〔馆藏卷期〕2010

009913167
河南省勘察设计协会年鉴
河南省勘察设计协会编 郑州 河南省勘察设计协会 2005—
〔馆藏卷期〕2004 2005 2006 2007 2008 2009 2010 2011 2012 2013

012526005
河南省南水北调年鉴
河南省南水北调年鉴编纂委员会 河南省南水北调中线工程建设领导小组办公室编 河南 河南省南水北调中线工程建设管理局
〔馆藏卷期〕2007 2008 2009 2010 2011 2012 2013 2014

012194195
河南安全生产年鉴
河南省安全生产年鉴 2007/2008
河南煤矿安全监察局编 香港 华夏文化艺术出版社 2008—
〔馆藏卷期〕2002 2003/2006 2007/2008 2009 2010 2011 2012

郑州市

008112143

陇海年鉴

陇海铁路管理局编 郑州 陇海铁路管理局

〔馆藏卷期〕1935

001992461

郑州年鉴

郑州年鉴编纂委员会编 郑州 郑州年鉴编辑部 1985—1988

〔馆藏卷期〕△1985 1986 1987 1988 1989 1990 1991 1992 1993 1994 1995 1996 1997 1998 1999 2000 2001 2002 2003 2004 2005 2006 2007 2008 2009 2010 2011 2012 2013 2014

013957771

郑州经济技术开发区统计年鉴

郑州经济技术开发区统计局编 郑州 郑州经济技术开发区统计局

〔馆藏卷期〕2012

008250228

郑州市统计年鉴

郑州统计年鉴

郑州市统计局编 郑州 郑州市统计局

〔馆藏卷期〕1983 1984 1985 1986 1987 1988 1989 1990 1991 1992 1993 1995 1996 1997 2002

009307890

郑州统计年鉴

郑州市统计年鉴

郑州市统计局编 北京 中国统计出版社 1999—

〔馆藏卷期〕1999 2000 2001 2002 2003 2004 2005 2006 2007 2008 2009 2010 2011 2012 2013 2014

013758763

郑州铁路分局工会年鉴

郑州铁路分局工会工运史志编纂委员会编 郑州 郑州铁路分局工会

〔馆藏卷期〕1997 2003

012079784

郑州人大年鉴

郑州市人民代表大会常务委员会编 郑州 郑州市人大常委会 2008—

〔馆藏卷期〕2004 2005

012926137

郑州政协年鉴

中国人民政治协商会议郑州市委员会编 北京 中国文史出版社 2011—

〔馆藏卷期〕2010 2011 2012

013791042

郑州经济普查年鉴

郑州市第二次经济普查领导小组办公室编 北京 中国统计出版社

〔馆藏卷期〕2008

012530592

郑州物流年鉴

郑州市物流协会编 郑州市物流协会 郑州现代物流中心有限公司主办 郑州 郑州市物流协会 2008—

〔馆藏卷期〕2006/2007

013974411

郑州房地产年鉴

郑州市房地产协会 郑州市统计学会编 郑州 郑州市房地产协会

〔馆藏卷期〕2005/2006 2006/2007

013790764

郑州市自来水公司年鉴

郑州市自来水公司编 郑州 郑州市自来水公司

〔馆藏卷期〕1990/1991

011503724

郑州市土地管理年鉴

香港 国际(香港)华人出版社 1999—

〔馆藏卷期〕1996/2001

013481746

郑煤集团年鉴

郑州煤炭工业(集团)有限责任公司史志编纂委员会编 郑州 中州古籍出版社 2012—

〔馆藏卷期〕2011 2012

008250218

郑州铁路分局年鉴

郑州分局史志办公室编辑 郑州铁路局 郑州分局主办 郑州 郑州分局史志办公室

〔馆藏卷期〕1984 1985 1986/1987 1988 1989 1990 1991 1992 1993 1994 1995 1996 1997 1998 2000 2001 2002 2003 2004

007849774

郑州铁路局年鉴

郑州铁路年鉴

郑州铁路局史志编纂委员会办公室编 北京 中国铁道出版社

〔馆藏卷期〕1985 1986 1987 1988 1989 1990 1991 1992 1993 1994 1995 1996 1997 1998 1999 2000 2001 2002 2003 2004 2005 2006 2007 2008 2009 2010 2011 2012 2013 2014

009170306

邮电部设计院年鉴

信息产业部邮电设计院年鉴

邮电部设计院文史中心编 郑州 黄河水利出版社

〔馆藏卷期〕1998 1999 2001

008878947

郑州邮政年鉴

郑州市邮政局史志编纂领导小组编 郑州 郑州市邮政局史志编纂领导小组

〔馆藏卷期〕1993 1994 1995 1996 1997 1998 1999 2000 2001

008997618
中讯邮电咨询设计院年鉴
中讯邮电咨询设计院有限公司年鉴 2009—
中讯邮电咨询设计院文史中心编 郑州 中讯邮电咨询设计院
〔馆藏卷期〕2002 2006 2007 2008 2009

012792546
河南电信实业有限公司年鉴
河南电信实业有限公司编 河南电信实业有限公司主办 郑州 河南电信实业有限公司 2007—
〔馆藏卷期〕2001/2005

011968161
郑州电信年鉴
郑州电信局文史编纂委员会编 郑州 郑州电信局 1997—
〔馆藏卷期〕1997 1998

011503743
郑州网通年鉴
郑州市网通分公司文史编纂委员会编 郑州 郑州网通公司
〔馆藏卷期〕2005 2006

013899492
中国联合网络通信有限公司河南省分公司年鉴
中国联合网络通信有限公司河南省分公司史志编辑室编 郑州 中国联合网络通信有限公司河南省分公司
〔馆藏卷期〕2009 2010

011141411
中国网通（集团）有限公司河南省分公司年鉴
中国网通（集团）有限公司河南省分公司史志编辑室编 郑州 中国网通（集团）有限公司河南省分公司
〔馆藏卷期〕2005 2006

011968193
郑州科技统计年鉴
郑州市科技局编 郑州 郑州市统计局 2003—
〔馆藏卷期〕2003

013603466
郑州外国语学校年鉴
郑州外国语学校年鉴编纂委员会编 郑州 郑州外国语学校
〔馆藏卷期〕2011

013603097
河南工业大学年鉴
河南工业大学年鉴编委会编 郑州 郑州大学出版社
〔馆藏卷期〕2010 2011

011822070
河南农业大学年鉴
河南农业大学校长办公室编 郑州 河南农业大学
〔馆藏卷期〕1996/1997 2003

014014999
郑州大学研究生院年鉴
〔馆藏卷期〕2008

013791039
郑州工学院年鉴
郑州 郑州工学院
〔馆藏卷期〕1988 1989/1990 1994

008643815
郑州工业大学年鉴
郑州工业大学编 郑州 郑州工业大学
〔馆藏卷期〕1996 1997

009913179
河南省卫生防疫站年鉴
河南省卫生防疫站年鉴编委会编 郑州 河南省卫生防疫站
〔馆藏卷期〕1999 2000 2002 2003 2004

009913155
河南省疾病预防控制中心年鉴
河南省疾病预防控制中心编 郑州 河南省疾病预防控制中心 2005—
〔馆藏卷期〕2004 2005 2006 2007 2008 2009

013933101
郑州市疾病预防控制中心年鉴
郑州市疾病预防控制中心编 郑州 郑州市疾病预防控制中心
〔馆藏卷期〕2010

008276748
黄河年鉴
水利部黄河水利委员会编 郑州 水利部黄河水利委员会黄河年鉴社
〔馆藏卷期〕1990 1995 1996 1997 1998 1999 2000 2001 2002 2003 2004 2005 2006 2007 2008 2009 2010 2011 2012 2013 2014

中原区

011503948
中原区年鉴
中原区人民政府 中原区地方史志办公室编 中原区人民政府主办 郑州 中州古籍出版社 2007—
〔馆藏卷期〕2007 2008 2009 2010 2011 2012 2013

011503727
郑州市中原区统计年鉴
中原区统计年鉴 2008—
郑州市中原区发展改革和统计局编 郑州 郑州市中原区发展改革和统计局
〔馆藏卷期〕1990 1991 1992 1993 1994 2001 2003 2005 2007 2008 2009 2010 2011 2012

012724396

郑州市中原区土地管理年鉴

中原区土地管理局编 中原 郑州市中原
区土地管理局 2000—

〔馆藏卷期〕1995/1999

008426299

中原油田年鉴

中原油田史志编纂委员会编 北京 石油
工业出版社

〔馆藏卷期〕1992 1993/1994 1995/1996
1997/1998 1999 2000 2001 2002
2003 2004 2005 2006 2007 2008
2009 2010 2011 2012 2013 2014

二七区

011139688

二七年鉴

二七年鉴编辑部编 史秉锐主编 郑州市
二七区人民政府主办 郑州 中州古籍
出版社 2006—

〔馆藏卷期〕2006 2007 2008 2009 2010
2011 2012 2014

011503717

郑州市二七区统计年鉴

二七区统计年鉴

郑州市二七区发展改革和统计局编 郑
州 郑州市二七区发展改革和统计局

〔馆藏卷期〕2006 2007 2008 2009 2010

管城回族区

012048904

管城回族区年鉴

郑州市管城回族区年鉴

管城年鉴 2011—

郑州市管城年鉴 2011—

郑州市管城回族区地方志办公室编 管
城回族区人民政府主办 呼和浩特 远
方出版社 2006—

〔馆藏卷期〕2006 2007 2008 2009 2010
2011 2012 2013 2014

011823317

郑州市管城回族区统计年鉴

管城统计年鉴 2010

管城回族区计划统计局编 郑州 郑州市
管城回族区统计局 2005—

〔馆藏卷期〕2004 2007 2008 2009 2010
2011 2012 2013 2014

金水区

012047362

金水年鉴

金水区人民政府主编 金水 金水区人民
政府 2007—

〔馆藏卷期〕2007 2008 2010 2011 2012

009913212

郑州市金水区统计年鉴

金水区统计年鉴

郑州市金水区统计局编 郑州 郑州市金水区统计局

〔馆藏卷期〕1995 1998 1999 2001 2002 2003 2004 2005 2006 2007 2008 2009 2010 2011

014014334
金水区土地管理年鉴
金水区土地管理局编 金水 郑州市金水区土地管理局
〔馆藏卷期〕2000

上街区

012724393
郑州市上街年鉴
上街年鉴 2011—
郑州市上街区地方史志办公室编 郑州市上街区人民政府主办 郑州 中州古籍出版社 2010—
〔馆藏卷期〕2010 2011 2012 2013 2014

013790031
上街统计年鉴
上街区统计局编 郑州 郑州市上街区统计局
〔馆藏卷期〕2004 2009 2010 2011

惠济区

011140346
惠济年鉴
惠济区地方史志办公室编 惠济区人民政府主办 郑州 中州古籍出版社 2007—
〔馆藏卷期〕2001/2005 2006/2007

011140223
郑州市惠济区统计年鉴
惠济区统计年鉴
郑州市惠济区计划统计科技局编 郑州 郑州市惠济区计划统计科技局 2005—
〔馆藏卷期〕2004 2007 2009 2010

巩义市

012176975
巩义年鉴
巩义市地方史志办公室编 巩义市人民政府主办 巩义 巩义市地方史志办公室 2007—
〔馆藏卷期〕2007 2008 2011 2012

011139754
巩义统计年鉴
巩义市统计局编印 巩义 巩义市统计局
〔馆藏卷期〕2004 2005 2008 2009

荥阳市

011503625
荥阳统计年鉴
荥阳市统计年鉴

荥阳市统计局编印 荥阳 荥阳市统计局
〔馆藏卷期〕2000 2001 2003 2004 2006 2008 2009

新密市

012361527
新密年鉴
中共新密市委史志办公室编 中共新密市委 新密市人民政府主办 新密 中共新密市委史志办公室
〔馆藏卷期〕2007 2008 2009 2010 2011 2012 2013

011503594
新密市统计年鉴
新密统计年鉴 2002
新密市统计局编印 新密 新密市统计局
〔馆藏卷期〕2002 2006 2011

011141209
新密教育年鉴
新密市教育史志编纂委员会编 新密 新密市教育史志编纂委员会
〔馆藏卷期〕2000 2001 2002 2003 2004 2005 2006 2007 2008 2009 2010 2011

新郑市

009913209
新郑年鉴
新郑市地方史志办公室编 新郑市人民政府主办 香港 香港银河出版社
〔馆藏卷期〕2004 2005 2006 2007 2008 2009 2010 2012 2013

011503602
新郑统计年鉴
新郑市统计局编 新郑 新郑市统计局
〔馆藏卷期〕2001 2002 2004 2005

中牟县

012361667
中牟年鉴
中牟县地方志办公室编 中牟县人民政府主办 郑州 中州古籍出版社 2009—
〔馆藏卷期〕2009

009459997
中牟统计年鉴
中牟县统计局编 北京 中国文联出版社 2004—
〔馆藏卷期〕1991/2001 2002 2005 2006 2010

开封市

008247783
开封年鉴
开封年鉴编纂委员会编 郑州 河南人民出版社 1993—
〔馆藏卷期〕1993 1994 1995 1996 1997 1998 1999 2000 2001 2002 2003 2004 2005 2006 2007 2008 2009 2010 2011 2012 2013 2014

007733434
开封统计年鉴
开封市统计局编 开封 开封市统计局 1996—
〔馆藏卷期〕1994 1995 1996 1997 1998 1999 2000 2001 2002 2003 2004 2005 2006 2007 2008 2009 2010 2011 2012 2013 2014

013932111
开封卫生年鉴
开封市卫生局编 开封 开封市卫生局 1985—
〔馆藏卷期〕1984 1993 1994

013974395
一五五医院年鉴
中国人民解放军第一五五中心医院年鉴编委会编 开封 中国人民解放军第一五五医院
〔馆藏卷期〕1997 2005 2010

兰考县

013957275
兰考年鉴
兰考县地方史志办公室编 中共兰考县委员会 兰考县人民政府主办 郑州 中州古籍出版社 2013—
〔馆藏卷期〕2013 2014

洛阳市

008604923
洛阳年鉴
洛阳年鉴编纂委员会编 北京 中华书局
〔馆藏卷期〕2000 2001 2002 2003 2005 2006 2007 2008 2009 2010 2011 2012 2013 2014

005215189
洛阳统计年鉴
洛阳市统计局编 北京 中国统计出版社

〔馆藏卷期〕1984 1987 1988 1989 1990 1992 1993 1994 1995 1996 1997 1998 1999 2000 2001 2002 2003 2004 2005 2006 2008 2009 2010 2011 2012 2013 2014

009492573
洛阳铁路分局工会年鉴
洛阳铁路分局工会编 洛阳 洛阳铁路分局工会
〔馆藏卷期〕2000/2001

013898682
洛阳经济普查年鉴
洛阳市第二次经济普查领导小组办公室编 北京 中国统计出版社
〔馆藏卷期〕2008

012199423
洛阳石化年鉴
洛阳石化年鉴编纂委员会编 洛阳 洛阳石化年鉴编纂委员会
〔馆藏卷期〕2001 2005 2009

012807791
洛阳石油化工总厂年鉴
洛阳石油化工总厂厂志编纂委员会编 洛阳 洛阳石油化工总厂 1993—
〔馆藏卷期〕1992 1993 1994 1995 1996 1997 1998

010102423
洛阳交通年鉴
洛阳市交通局编 郑州 中州古籍出版社 2001—
〔馆藏卷期〕2000

008477203
洛阳铁路分局年鉴
洛阳铁路分局志编纂委员会编 洛阳 洛阳铁路分局志编纂委员会
〔馆藏卷期〕1994 1995 1997 1998 1999 2000 2001 2002 2003 2004 2005

008396964
铁道部第十五工程局年鉴
中铁第十五工程局年鉴 2000—2001
中铁十五局集团年鉴 2002—
铁道部第十五工程局史志办公室编 北京 中国铁道出版社
〔馆藏卷期〕1993 1994 1995 1996 1997 1998 1999 2000 2001 2002 2003

009618468
中铁隧道集团年鉴
铁道部隧道工程局年鉴
中铁隧道集团有限公司史志编纂委员会编 北京 中国铁道出版社
〔馆藏卷期〕1999 2000 2001 2002 2003 2004 2005 2006 2007 2008 2009 2010 2011 2014

009215402
洛阳教育年鉴
洛阳教育年鉴编纂委员会编 洛阳 洛阳教育年鉴编纂委员会 2002—

〔馆藏卷期〕2001 2002 2003 2005 2006 2007 2008 2009

012047475
洛阳卫生年鉴
洛阳市卫生局编 洛阳 洛阳市卫生局 2005—
〔馆藏卷期〕2001 2005

西工区

013609018
洛阳市西工年鉴
西工年鉴
洛阳市西工区史志办公室编 洛阳市西工区人民政府主办 西工 洛阳市西工区史志办公室
〔馆藏卷期〕2009 2010 2011 2012

涧西区

012079228
洛阳市涧西年鉴
洛阳市涧西年鉴编纂委员会编 洛阳市涧西区人民政府主办 郑州 中州古籍出版社 2008—
〔馆藏卷期〕2007 2008 2009 2011 2012

吉利区

012753137
洛阳市吉利年鉴

吉利区地方史志办公室编 洛阳市吉利区人民政府主办 郑州 河南人民出版社 2010—
〔馆藏卷期〕2009 2011 2012 2013

洛龙区

012723618
洛阳市洛龙年鉴
洛龙年鉴
洛阳市洛龙区史志档案局编 洛阳市洛龙区人民政府主办 郑州 中州古籍出版社 2010—
〔馆藏卷期〕2008 2009 2010/2011

偃师市

013790737
偃师年鉴
偃师市地方史志办公室编 偃师市人民政府主办 郑州 中州古籍出版社 2011—
〔馆藏卷期〕2010

013790743
偃师统计年鉴
偃师市统计局编 偃师 偃师市统计局
〔馆藏卷期〕2005 2007 2008

孟津县

012357194

孟津年鉴

孟津县史志总编室编 孟津县人民政府主办 孟津 孟津县史志总编室

〔馆藏卷期〕2005 2011

新安县

012521620

新安年鉴

新安县地方史志办公室编 新安县人民政府主办 郑州 中州古籍出版社 2010—

〔馆藏卷期〕2009 2010 2012 2013

栾川县

005719903

栾川社会经济统计年鉴

栾川县统计委员会编 北京 中国统计出版社 1994—

〔馆藏卷期〕1949/1992 1993 1994 1995 1996 1997 1998 1999 2000 2001 2002 2003 2004 2005

嵩县

012361431

嵩县年鉴

嵩县地方史志办公室编 嵩县人民政府主办 郑州 中州古籍出版社 2009—

〔馆藏卷期〕2009 2010 2011 2012 2013 2014

宜阳县

008574204

宜阳年鉴

宜阳县地方史志编纂委员会编 北京 中国县镇年鉴社

〔馆藏卷期〕1998 2006 2007 2008 2009 2010 2011 2012 2013 2014

洛宁县

012357174

洛宁年鉴

中共洛宁县委档案馆编 中共洛宁县委员会 洛宁县人民政府主办 北京 中共党史出版社 2007—

〔馆藏卷期〕2006 2008

伊川县

009492647

伊川年鉴

伊川县史志总编室编 伊川县人民政府主办 乌鲁木齐 新疆人民出版社 2003—

〔馆藏卷期〕2002/2003 2004/2005 2006/2007 2008 2009

013933018

伊川统计年鉴

伊川县统计局编 伊川 伊川县统计局

〔馆藏卷期〕2003

平顶山市

008622492

平顶山年鉴

平顶山市年鉴编纂委员会编 郑州 中州古籍出版社

〔馆藏卷期〕1999 2000 2002 2003 2004 2005 2006 2007 2008 2009 2010 2011 2012 2013 2014

007683386

平顶山统计年鉴

河南省平顶山市统计局编 北京 中国统计出版社

〔馆藏卷期〕1995 1996 1997 1998 1999 2000 2001 2002 2003 2004 2005 2006 2007 2008 2009 2011 2012 2013

012724205

平顶山市精神文明建设年鉴

平顶山市精神文明建设年鉴编辑委员会编 平顶山 平顶山市精神文明建设年鉴编辑委员会

〔馆藏卷期〕2003 2008

013898877

平顶山经济普查年鉴

平顶山市第二次经济普查领导小组办公室编 北京 中国统计出版社

〔馆藏卷期〕2008

013898733

平顶山市通信年鉴

中国联合网络通信有限公司平顶山市分公司综合部编 平顶山 中国联通平顶山市分公司

〔馆藏卷期〕2009

新华区

008588965

新华区年鉴

平顶山市新华区年鉴 2012—

平顶山市新华区地方史志编纂委员会编 新华 平顶山市新华区地方史志编纂委员会

〔馆藏卷期〕1994 1997 2012 2013

卫东区

008588928

卫东区年鉴

平顶山市卫东区年鉴 2009—

平顶山市卫东区地方史志编纂委员会

编 卫东 平顶山市卫东区地方史志编委会

〔馆藏卷期〕1991 1992 1993 1994 1995 1996 1997 1998 1999 2000 2001 2002 2003 2004 2005 2006 2007 2008 2009 2010 2011 2012 2013 2014

湛河区

008588901

平顶山市湛河区年鉴

平顶山市湛河区地方史志办公室编 湛河 平顶山市湛河区地方史志办公室

〔馆藏卷期〕1998 2011 2012 2013 2014

舞钢市

008588959

舞钢市年鉴

舞钢区年鉴 1987—1990

河南省舞钢市地方史志编纂委员会编 舞钢 河南省舞钢市地方史志编纂委员会

〔馆藏卷期〕1989 1990 1991 1992 1993 1994 1996 1999 2000 2001 2002 2003 2004 2005 2006 2007 2008 2009 2010 2011 2012 2013 2014

汝州市

013677382

汝州年鉴

汝州市地方史志编纂委员会办公室编 汝州市人民政府主办 郑州 中州古籍出版社 2013—

〔馆藏卷期〕2012 2013 2014

宝丰县

008588857

宝丰年鉴

宝丰县年鉴编委会编 香港 天马图书有限公司

〔馆藏卷期〕1997 1998 1999 2009 2010 2011 2012 2013

013714682

宝丰统计年鉴

宝丰县统计局编 宝丰 宝丰县统计局

〔馆藏卷期〕2011 2012

叶县

009502389

叶县年鉴

叶县地方史志办公室编 叶县人民政府主办 郑州 中州古籍出版社 2010—

〔馆藏卷期〕2009 2010 2011 2013

鲁山县

009264752
鲁山年鉴
鲁山县地方史志编纂委员会编 香港 天马图书有限公司 2002—
〔馆藏卷期〕2002 2003 2004 2006/2010 2011/2012

郏县

009617292
郏县年鉴
郏县地方史志办公室编 郏县人民政府主办 香港 天马图书有限公司 2003—
〔馆藏卷期〕2003 2004 2005 2006 2007 2008 2009 2010 2011 2012 2013 2014

安阳市

008588845
安阳年鉴
安阳年鉴编纂委员会编 北京 方志出版社 1999—
〔馆藏卷期〕1999 2000 2001 2002 2003 2004 2005 2006 2007 2008 2009 2010 2011 2012 2012/2013

008728165
安阳统计年鉴
安阳市统计年鉴 1992
安阳市统计局编 安阳 安阳市统计局
〔馆藏卷期〕1992 1993 1994 1995 1997 1998 1999 2000 2001 2002 2003 2004 2005 2006 2007 2012 2013 2014

013843872
安阳经济普查年鉴
安阳市第二次经济普查领导小组办公室编 北京 中国统计出版社
〔馆藏卷期〕2008

011491034
安阳国土资源年鉴
安阳国土资源年鉴编辑部编辑 安阳 安阳国土资源年鉴编辑部
〔馆藏卷期〕2003

009014751
安钢年鉴
安钢年鉴编辑委员会编 北京 冶金工业出版社
〔馆藏卷期〕2001 2002 2003 2004 2005 2006 2007 2008 2009 2010 2011

2012 2013

008438142

安阳教育年鉴

安阳市教育史志编纂委员会编 安阳 安阳市教育史志编纂委员会

〔馆藏卷期〕1988 1989 1990 1991 1992 1993 1994 1995 1996 1997 1998 1999 2000 2001 2002 2003 2004 2005 2006 2007 2008 2009 2010 2011 2012 2013

林州市

009805185

林州年鉴

林州年鉴编纂委员会编 郑州 中州古籍出版社 2005—

〔馆藏卷期〕2003/2004 2005 2006 2007 2008 2011 2012

安阳县

011139602

安阳县年鉴

安阳县地方史志办公室编 郑州 中州古籍出版社 2005—

〔馆藏卷期〕2003/2004 2005 2006 2007 2008 2009 2010 2011 2012

汤阴县

010226850

汤阴年鉴

汤阴县年鉴编纂委员会编 汤阴县人民政府主办 北京 光明日报出版社

〔馆藏卷期〕2005 2006 2007 2008 2009 2010 2011 2012 2013

012521600

汤阴统计年鉴

汤阴县统计局编 汤阴 汤阴县统计局

〔馆藏卷期〕2002 2003 2004 2005 2006 2007 2008 2010 2011 2012

内黄县

013680549

内黄年鉴

内黄县地方史志编委会办公室编 内黄县人民政府主办 郑州 中州古籍出版社 2012—

〔馆藏卷期〕2012

010225514

河南省内黄县统计年鉴

内黄县统计局编 内黄 内黄县统计局

〔馆藏卷期〕1999

鹤壁市

008588877

鹤壁年鉴

鹤壁市地方史志编纂委员会编 郑州 中州古籍出版社

〔馆藏卷期〕1992 1993 1994/1995 1996 1997 1998 1999 2000 2001 2002 2003 2004 2005 2006 2007 2008 2009 2012 2014

009425991

鹤壁统计年鉴

鹤壁市统计年鉴 2011

鹤壁市统计局编 鹤壁 鹤壁市统计局

〔馆藏卷期〕1996 1998 1999 2000 2001 2003 2004 2005 2006 2007 2011 2012 2013

013788368

鹤壁国家经济技术开发区年鉴

鹤壁国家经济技术开发区 20 年鉴

鹤壁国家经济技术开发区年鉴编纂委员会编 郑州 中州古籍出版社 2012—

〔馆藏卷期〕1992/2011

013898630

鹤壁经济普查年鉴

鹤壁市第二次经济普查领导小组办公室编 北京 中国统计出版社

〔馆藏卷期〕2008

009307967

鹤煤集团年鉴

鹤壁煤业(集团)公司年鉴 2000

鹤煤年鉴 2008—

鹤煤(集团)公司史志编纂委员会编 北京 中华书局 2003—

〔馆藏卷期〕2000 2002 2003 2004 2006 2007 2008 2009 2010

淇滨区

012521524

鹤壁市郊区年鉴

鹤壁市郊区地方史志编纂委员会编 鹤壁 鹤壁市郊区地方史志编纂委员会 1994—

〔馆藏卷期〕1992/1993

浚县

013173236

浚县年鉴

浚县地方史志办公室编 浚县人民政府主办 浚县 浚县地方史志办公室

〔馆藏卷期〕2010 2011 2013

淇县

011503182

淇县年鉴

淇县地方史志办公室编 淇县人民政府主办 淇县 淇县地方史志办公室

〔馆藏卷期〕2005 2006 2007 2008 2011

新乡市

008396013
新乡年鉴
新乡年鉴编辑部编 新乡市人民政府主办 香港 国际商务出版社

〔馆藏卷期〕1996 1997 1998 1999 2000 2001 2002 2003 2004 2005 2006 2007 2008 2009 2010 2012 2013 2014

013174666
新乡调查年鉴
国家统计局新乡调查队编 新乡 国家统计局新乡调查队

〔馆藏卷期〕2007 2008

009425814
新乡统计年鉴
新乡市统计年鉴
新乡市统计局编 新乡 新乡市统计局

〔馆藏卷期〕1996 1997 1998 1999 2000 2001 2002 2003 2004 2005 2006 2007 2010 2011 2013 2014

013899343
新乡经济普查年鉴
新乡市第二次经济普查领导小组办公室编 北京 中国统计出版社

〔馆藏卷期〕2008

009913206
新乡国土资源年鉴
新乡市国土资源局编 新乡 新乡市国土资源局

〔馆藏卷期〕2002 2003 2004 2005 2006 2007

013791105
中国·新乡房地产年鉴
新乡市房产管理局编 新乡 新乡市房产管理局

〔馆藏卷期〕2007/2009

013791031
新乡市土地年鉴
新乡市土地管理局编 新乡 新乡市土地管理局

〔馆藏卷期〕2000 2001

014014962
新乡联通年鉴
中国联合网络通信有限公司新乡市分公司综合部编 新乡 中国联合网络通信有限公司新乡市分公司史志编纂委员会

〔馆藏卷期〕2010

013932997

新乡教育年鉴

新乡教育年鉴编纂委员会编 新乡 新乡教育年鉴编纂委员会 2002—

〔馆藏卷期〕2002

012617145

河南师范大学年鉴

河南师范大学编 新乡 河南师范大学 2009—

〔馆藏卷期〕2009

013634252

新乡医学院年鉴

新乡医学院编 新乡 新乡医学院 2011—

〔馆藏卷期〕2011

卫滨区

009436839

新华区年鉴

卫滨年鉴

新华区年鉴编辑委员会编 呼和浩特 远方出版社

〔馆藏卷期〕1995 1996 1997 1998/1999 2000 2001 2002

010226852

卫滨年鉴

新乡市卫滨年鉴

新华区年鉴

卫滨区史志编纂委员会编 卫滨区人民政府主办 北京 中国文联出版社 2005—

〔馆藏卷期〕2004 2006 2007 2008 2010 2011 2012 2013

红旗区

008802299

红旗区年鉴

新乡市红旗区史志编纂委员会编 新乡市红旗区人民政府主办 香港 国际商务出版社

〔馆藏卷期〕1987 1988 1989 1990 1991 1992 1993 1994 1995 1996 1997 1998 1999 2000 2001 2002 2003 2004 2005 2006 2007 2008 2009 2010 2011 2012 2013

凤泉区

009726037

新乡市北站区年鉴

新乡市北站区年鉴编纂委员会编 香港 香港国际商务出版社 2005—

〔馆藏卷期〕2001/2003

牧野区

008643483

新乡市郊区年鉴

河南省新乡市郊区史志编纂委员会编
新乡 河南省新乡市郊区史志编纂委员会
〔馆藏卷期〕1994 1995 1996 1997 1998 1999

卫辉市

008574201
卫辉市年鉴
卫辉市地方史志编纂委员会编 北京 北京燕山出版社
〔馆藏卷期〕1989/1993 1994/1997 1998/2000

辉县市

008250244
辉县市年鉴
辉县年鉴 1985
辉县市史志编纂委员会编 郑州 中州古籍出版社
〔馆藏卷期〕1985 1990/1993 1994/1995 1996 1997 1998 1999 2000 2001 2002/2003 2004 2005 2006 2007 2008 2009 2011 2012 2013

新乡县

008665733
新乡县年鉴
河南省新乡县地方史志编纂委员会编 新乡 河南省新乡县地方史志编纂委员会
〔馆藏卷期〕1987/1991 1992 1993 1994 2001/2002 2003 2009 2010

获嘉县

011140362
获嘉年鉴
获嘉年鉴编辑委员会编 获嘉县人民政府主办 获嘉 获嘉年鉴编辑委员会 2006—
〔馆藏卷期〕2001/2004 2005/2008

原阳县

009502392
原阳年鉴
原阳县年鉴编纂委员会编 原阳县人民政府主办 原阳 原阳县人民政府 2004—
〔馆藏卷期〕2004 2011

延津县

009502386
延津年鉴
延津县年鉴编纂委员会编 延津县人民政府主办 北京 中国国际商务出版社
〔馆藏卷期〕2001/2002 2009 2010 2011 2012 2013

封丘县

012351795
封丘县年鉴
封丘县地方史志办公室编 封丘县人民政府主办 封丘 封丘县地方史志办公室
〔馆藏卷期〕2003/2005

013788092
封丘县统计年鉴
封丘县统计局编 封丘 封丘县统计局
〔馆藏卷期〕2007

长垣县

009520090
长垣县年鉴
长垣县地方史志编纂委员会编 呼和浩特 远方出版社
〔馆藏卷期〕2001/2002 2001/2003

012909477
长垣人口计生年鉴
长垣人口计生年鉴编委会编 北京 中国作家出版社 2010—
〔馆藏卷期〕2009

焦作市

008433551
焦作年鉴
焦作市人民政府史志办公室编 郑州 中州古籍出版社
〔馆藏卷期〕1987/1991 1992/1995 1997 1998 1999 2000 2001 2002 2003 2004 2005 2006 2007 2008 2009 2010 2011 2012 2013 2014

010101949
焦作统计年鉴
焦作市统计局编 焦作 焦作市统计局
〔馆藏卷期〕1995 1996 1997 1998 2000 2001 2003 2004 2005 2006 2007 2009 2011 2012 2013

013898874
焦作经济普查年鉴
焦作市第二次经济普查领导小组办公室编 北京 中国统计出版社
〔馆藏卷期〕2008

013312095
中国铝业中州分公司年鉴
中铝公司中州企业年鉴
中国铝业中州分公司史志编纂委员会编 焦作 中国铝业中州分公司 2010—

〔馆藏卷期〕2006/2007 2008/2009

009913182

焦作教育年鉴

焦作教育年鉴编纂委员会编 焦作 焦作市教育局 2004—

〔馆藏卷期〕1991 2004

013793294

焦作市教育统计年鉴

焦作市教育局编 焦作 焦作市教育局

〔馆藏卷期〕1985 1986 1987 1988 1991 1994 1995 1998 1999 2000 2001 2002 2004 2005 2006 2008 2009 2010 2011 2012

解放区

013172742

焦作市解放区年鉴

解放区年鉴 2011—

焦作市解放区党史区志研究室编 焦作市解放区人民政府主办 郑州 河南人民出版社 2011—

〔馆藏卷期〕2010 2011

中站区

012617240

焦作市中站区年鉴

中站区档案史志局编 中站区人民政府主办 郑州 河南人民出版社

〔馆藏卷期〕2009 2011

马村区

013173531

马村区年鉴

焦作市马村区年鉴

马村区档案史志局编 马村区人民政府主办 郑州 中州古籍出版社 2011—

〔馆藏卷期〕2006/2007 2008/2009 2010/2011

山阳区

011966724

焦作市山阳区年鉴

山阳区档案史志办公室编 山阳区人民政府主办 郑州 中州古籍出版社 2008—

〔馆藏卷期〕2006

沁阳市

014014833

沁阳统计年鉴

沁阳市统计局编 沁阳 沁阳市统计局

〔馆藏卷期〕2005

孟州市

009520162

孟州年鉴

孟县年鉴 1993/1994

孟州通鉴 2001/2004

孟州市志编纂委员会编 孟州 孟州市志编纂委员会 1998—

〔馆藏卷期〕1993/1994 1995/1996 2001/2004 2005/2009

修武县

009502383

修武年鉴

修武县档案史志局编 修武 修武县档案史志局 1997—

〔馆藏卷期〕1995 2010

013790729

修武统计年鉴

修武县统计局编 修武 修武县统计局

〔馆藏卷期〕2010

011141495

中州铝厂年鉴

中州铝厂年鉴编纂领导小组编 修武 中州铝厂

〔馆藏卷期〕1999/2000 2001

博爱县

013369620

博爱年鉴

博爱县委史志办公室编 博爱县人民政府主办 郑州 中州古籍出版社 2012—

〔馆藏卷期〕2010

武陟县

009617301

武陟年鉴

武陟县档案史志局承编 中共武陟县委 县人民政府主办 北京 方志出版社 2004—

〔馆藏卷期〕2004 2004/2005 2006/2007 2008/2009 2010/2011

012801217

武陟统计年鉴

武陟县统计局编 武陟 武陟县统计局

〔馆藏卷期〕2009

温县

011823220

温县年鉴

温县史志办公室编 温县人民政府主办 温县 温县史志办公室 2007—

〔馆藏卷期〕2001/2003 2004/2006 2007/2010

013634422

温县统计年鉴

温县统计局编 温县 温县统计局

〔馆藏卷期〕2009 2010 2011 2012

濮阳市

007479029
濮阳年鉴
濮阳市地方史志编纂委员会编 北京 中国城市经济社会出版社 1989—
〔馆藏卷期〕1987 1988 1989 1990 1991 1992/1993 1994 1995 1996 1997 1998 1999 2000 2001 2002 2003 2004 2005 2006 2007 2008 2009 2010 2011 2012 2013 2014

009425953
濮阳统计年鉴
濮阳市统计局编 濮阳 濮阳市统计局
〔馆藏卷期〕1997 1998 1999 2000 2001 2002 2003 2004 2005 2006 2007 2008 2009 2010 2012 2013 2014

011967052
濮阳经济年鉴
濮阳经济年鉴编纂委员会编 北京 中国国际广播出版社 2007—
〔馆藏卷期〕2004/2006 2009/2010

012591933
濮阳市经济普查年鉴
濮阳市第一次全国经济普查领导小组办公室编 濮阳 濮阳市第一次全国经济普查领导小组办公室 2006—
〔馆藏卷期〕2004 2008

013378986
濮阳市文化艺术年鉴
文化艺术年鉴〔1992〕
濮阳市文化局编 濮阳 濮阳市文化局
〔馆藏卷期〕1992

013378985
濮阳市科技年鉴
濮阳科技年鉴
濮阳市科学技术委员会办公室编 濮阳 濮阳市科学技术委员会办公室
〔馆藏卷期〕1995 1997 1998 2000 2001 2002 2003 2005 2006 2007 2009 2010

华龙区

008555697
濮阳市区年鉴
濮阳华龙区年鉴 2003—
华龙年鉴 2011—
河南省濮阳市市区地方史志编纂委员会编 濮阳 濮阳市市区史志办公室
〔馆藏卷期〕1996/1997 1998 1999 2000 2001 2002 2003 2004 2005 2006 2007 2008 2009 2011 2012

清丰县

012048450
清丰年鉴
清丰县地方志办公室编 清丰县人民政府主办 清丰 清丰县地方志办公室 2006—
〔馆藏卷期〕2006 2007 2008

南乐县

012924016
南乐年鉴
南乐县地方史志办公室编 南乐县人民政府主办 北京 中共党史出版社
〔馆藏卷期〕2008 2009 2010

范县

013995998
范县年鉴
范县地方史志办公室编 范县人民政府主办 郑州 中州古籍出版社
〔馆藏卷期〕2012/2013

台前县

012079533
台前年鉴
台前县地方史志办公室编 台前县人民政府主办 台前 台前县地方史志办公室
〔馆藏卷期〕2007 2008 2010 2011 2012 2013 2014

濮阳县

011967056
濮阳县年鉴
濮阳县地方史志办公室编 濮阳 濮阳县地方史志办公室 1998—
〔馆藏卷期〕1998

许昌市

008633829
许昌年鉴
许昌市地方志史办公室编 香港 香港新风出版社
〔馆藏卷期〕2000 2001 2002 2003 2004 2005 2006 2007 2008 2009 2011 2012 2013 2014

008397285
许昌统计年鉴
许昌经济统计年鉴 1991—1992
许昌市统计局编 许昌 许昌市统计局
〔馆藏卷期〕1991 1992 1993 1994 1995 1996 1997 1998 1999 2000 2001 2002 2003 2004 2006 2007 2008

2011 2012 2014

013899358
许昌经济普查年鉴
许昌市第二次经济普查领导小组办公室编 北京 中国统计出版社
〔馆藏卷期〕2008

建安区

009520231
许昌县年鉴
许昌县地方史志办公室编 许昌县人民政府主办 许昌 许昌县人民政府 2002—
〔馆藏卷期〕1992 2002 2003 2004/2005 2006/2007 2009/2010 2011/2012

013790735
许昌县统计年鉴
许昌县统计局编 许昌 许昌县统计局
〔馆藏卷期〕2009

禹州市

009035948
禹州年鉴
禹州市地方史志办公室编 禹州市人民政府主办 上海 东方文化出版社 2001—
〔馆藏卷期〕2000 2001 2002 2003 2004 2005 2006 2007 2008 2009 2010

2011 2012 2013

012200519
中国钧瓷年鉴
中国钧瓷年鉴编纂委员会 禹州市地方史志编纂委员会编 郑州 河南美术出版社 2009—
〔馆藏卷期〕2000/2008 2009/2010 2011/2012

长葛市

009360380
长葛年鉴
长葛市地方史志办公室编 长葛市人民政府主办 北京 中国广播电视出版社 2003—
〔馆藏卷期〕2003 2004 2006 2007 2008 2009 2010 2011 2012 2013 2014

鄢陵县

012361563
鄢陵年鉴
鄢陵县地方史志办公室编 鄢陵县人民政府主办 北京 中共党史出版社
〔馆藏卷期〕2009 2010 2011 2012 2013 2014

襄城县

011399411
襄城年鉴
襄城县地方史志办公室编 襄城县人民政府主办 北京 方志出版社
〔馆藏卷期〕2005 2007 2009 2011 2013

014014942
襄城统计年鉴
襄城县统计局编 襄城 襄城县统计局
〔馆藏卷期〕2006

漯河市

008969119
漯河年鉴
漯河市史志档案局编 北京 新华出版社
〔馆藏卷期〕1999 2000 2001 2002 2003 2004 2005 2006 2007 2008 2009 2011 2012 2013 2014

007423420
漯河统计年鉴
漯河市统计局编 北京 中国统计出版社
〔馆藏卷期〕1994 1995 1996 1997 1998 1999 2000 2001 2002 2003 2004 2005 2006 2007 2011 2012 2013

013898684
漯河经济普查年鉴
漯河市第二次经济普查领导小组办公室编 北京 中国统计出版社
〔馆藏卷期〕2008

舞阳县

013996220
舞阳年鉴
舞阳县史志档案局编 中共舞阳县委 舞阳县人民政府主办 郑州 中州古籍出版社 2013—
〔馆藏卷期〕2012

三门峡市

008849770
三门峡年鉴
三门峡年鉴编纂委员会编 中共三门峡市委 三门峡市人民政府主办 北京 方志出版社
〔馆藏卷期〕2001 2002 2003 2004 2005 2006 2007 2008 2009 2010 2011 2012 2013 2014

005325813

三门峡统计年鉴

河南省三门峡市统计委员会编 北京 中国统计出版社

〔馆藏卷期〕1993 1994 1995 1996 1997 1998 1999 2000 2001 2002 2003 2004 2005 2006 2007 2008 2009 2010 2011 2012 2013 2014

013898887

三门峡经济普查年鉴

三门峡市第二次经济普查领导小组办公室编 北京 中国统计出版社

〔馆藏卷期〕2008

湖滨区

014014849

三门峡市湖滨区统计年鉴

湖滨区统计局编 三门峡 三门峡市湖滨区统计局 2009—

〔馆藏卷期〕2009

陕州区

011140383

陕县年鉴

陕县档案局史志总编室 中共陕县委员会编 中共陕县委员会 陕县人民政府主办 郑州 中州古籍出版社 2006—

〔馆藏卷期〕2006 2007 2008 2011 2012 2013

义马市

011823296

义马年鉴

义马市政府办公室编 义马市人民政府主办 郑州 中州古籍出版社 2008—

〔馆藏卷期〕2001/2006 2007 2009 2010 2011

013790746

义马市统计年鉴

义马市统计局编 义马 义马市统计局

〔馆藏卷期〕2003

灵宝市

009540756

灵宝年鉴

中共灵宝市委党史地方志办公室编 中共灵宝市委员会 灵宝市人民政府主办 北京 中央文献出版社 2003—

〔馆藏卷期〕2002 2003 2004 2005 2007 2008 2012 2013

渑池县

011503483

渑池年鉴

中共渑池县委党史方志办公室编 中共渑池县委 渑池县人民政府主办 北京 线装书局 2007—

〔馆藏卷期〕2001/2006 2011 2012 2013

012592308

渑池统计年鉴

渑池县统计局编 渑池 渑池县统计局

[馆藏卷期]2006 2007 2008 2011 2012

卢氏县

011503053

卢氏年鉴

卢氏县地方史志办公室编 卢氏县人民政府主办 北京 线装书局 2007—

[馆藏卷期]2001/2006 2007/2008

南阳市

009562283

南阳县年鉴

南阳县年鉴编辑委员会编 南阳 南阳县年鉴编辑委员会

[馆藏卷期]1987 1988 1990 1991 1992 1993

008623431

南阳年鉴

南阳县年鉴 1990—1993

南阳年鉴编辑委员会编 北京 北京燕山出版社

[馆藏卷期]1996 1997 1998 1999 2000 2001 2002 2003 2004 2005 2006 2007 2008 2009 2010 2011 2012 2013

005719940

南阳市年鉴

南阳市年鉴编纂委员会编 南阳 南阳市年鉴编纂委员会

[馆藏卷期]1986/1990 1992 1993 1994

014156247

南阳统计年鉴

南阳市统计局编 北京 中国统计出版社

[馆藏卷期]2004 2005 2006 2007 2008 2009 2010 2011 2012 2013

013898722

南阳经济普查年鉴

南阳市第二次经济普查领导小组办公室编 北京 中国统计出版社

[馆藏卷期]2008

008435151

南阳经济统计年鉴

南阳市统计局编 北京 中国统计出版社

[馆藏卷期]1990 1992 1993 1995 1999 2000 2001 2002 2003

009840810

南阳市国土资源年鉴

南阳市国土资源局编 郑州 中州古籍出
　　版社 2006—

〔馆藏卷期〕2002/2005

013788409

南阳市土地管理年鉴

南阳市土地管理局编 郑州 中州古籍出
　　版社

〔馆藏卷期〕1999 2000/2001

009805231

南阳农业年鉴

南阳农业年鉴编纂委员会编 南阳市人
　　民政府主办 郑州 中州古籍出版社

〔馆藏卷期〕2004 2007/2008 2009
　　2010/2011

009617286

河南油田年鉴

河南石油勘探局年鉴编纂委员会编 北
　　京 中国石化出版社

〔馆藏卷期〕2003 2004 2005 2006 2007
　　2008 2009 2010 2011 2012 2013

012079233

南阳市教育统计年鉴

南阳市教育局编 南阳 南阳市教育局
　　2004—

〔馆藏卷期〕2003 2004

卧龙区

008670253

南阳市卧龙区年鉴

南阳市卧龙区地方史志编纂委员会编
　　郑州 中州古籍出版社

〔馆藏卷期〕1996 1997 1998 1999 2000
　　2001

014014435

南阳市卧龙区经济统计年鉴

卧龙区统计局编 卧龙 南阳市卧龙区统
　　计局

〔馆藏卷期〕2000 2001 2002 2003

宛城区

009520260

宛城区年鉴

南阳市宛城区年鉴

南阳市宛城区地方史志办公室编 宛城
　　南阳市宛城区地方史志办公室

〔馆藏卷期〕1996 2001/2003 2004/2007
　　2008/2009

013788411

南阳市宛城区经济统计年鉴

宛城区经济统计年鉴

宛城区统计局编 宛城 南阳市宛城区统
　　计局

〔馆藏卷期〕2002

邓州市

011396069
邓州年鉴
邓州市年鉴编纂委员会编 邓州 邓州年鉴编纂委员会 2006—
〔馆藏卷期〕2006 2007 2008 2009 2010 2011 2012

014014144
邓州统计年鉴
邓州市统计年鉴 2000,2002
邓州市统计局编 邓州 邓州市统计局
〔馆藏卷期〕2000 2002 2003 2006 2007 2008 2009 2010

南召县

011823061
南召年鉴
南召县地方史志办公室编 南召县人民政府主办 北京 光明日报出版社 2007—
〔馆藏卷期〕2003/2006

方城县

012351791
方城年鉴
方城县地方史志办公室编 方城 方城县地方史志办公室 2000—
〔馆藏卷期〕1994/1997

淅川县

011399400
淅川年鉴
淅川县史志研究室 中共淅川县委编 中共淅川县委 淅川县人民政府主办 淅川 淅川县人民政府
〔馆藏卷期〕2005 2006

唐河县

009502374
唐河年鉴
唐河县地方史志编纂委员会编 唐河 唐河县人民政府 2003—
〔馆藏卷期〕2002 2003 2006 2007 2008 2011

新野县

008604938
新野年鉴
新野县年鉴编纂委员会编 呼和浩特 远方出版社
〔馆藏卷期〕1998 1999 2000/2001 2002 2003/2006 2007/2008 2009/2010

商丘市

008395994

商丘年鉴

商丘年鉴编辑委员会编 北京 中华书局

〔馆藏卷期〕1999 2000 2001 2002 2003 2004 2005 2006 2007 2008 2009 2010 2011 2012 2013

008395953

商丘县年鉴

商丘市睢阳区地方史志编纂委员会 商丘市睢阳区人民政府办公室编 合肥 黄山书社

〔馆藏卷期〕1991/1992 1996 1999

009459911

商丘统计年鉴

商丘市统计局编 商丘 商丘市统计局

〔馆藏卷期〕1997 1998 1999 2000 2001 2002 2003 2004 2006 2007 2008 2009 2010 2011 2012 2013 2014

013898978

商丘经济普查年鉴

商丘市第二次经济普查领导小组办公室编 北京 中国统计出版社

〔馆藏卷期〕2008

睢阳区

009425806

睢阳年鉴

商丘市睢阳区史志编纂委员会编 商丘市睢阳区人民政府办公室主办 合肥 黄山书社 2002—

〔馆藏卷期〕1998/2000 2001/2003

永城市

013949955

永城统计年鉴

永城市统计局编 永城 永城市统计局

〔馆藏卷期〕1998/2002 2006/2010

009501604

神火集团年鉴

神火年鉴 2012—

神火集团年鉴编纂委员会编 北京 中华书局 2004—

〔馆藏卷期〕1998/2002 2004 2005 2006 2007 2008 2009 2010 2012 2013

睢县

012361435

睢县年鉴

睢县地方史志办公室编 睢县人民政府主办 郑州 中州古籍出版社 2008—

〔馆藏卷期〕2001/2006 2007/2008 2009 2010 2011 2012 2013

柘城县

013974406
柘城县百科年鉴
河南省柘城县年鉴编辑委员会 河南省柘城县档案馆编 柘城 柘城县年鉴编委会
〔馆藏卷期〕1981

012617692
中共柘城年鉴
中共柘城县委办公室 中共柘城县委党史办公室编 柘城 中共柘城县委办公室 2009—
〔馆藏卷期〕2008

虞城县

013481738
虞城年鉴
虞城县地方史志办公室编 虞城县人民政府主办 郑州 中州古籍出版社 2012—
〔馆藏卷期〕2011 2013 2014

013939509
虞城县统计年鉴
虞城统计年鉴
虞城县统计局编 虞城 虞城县统计局
〔馆藏卷期〕2001 2002 2003 2007/2008

夏邑县

007375261
夏邑年鉴
夏邑县志编纂委员会编 郑州 河南人民出版社 1993
〔馆藏卷期〕1985/1991

信阳市

008588971
信阳年鉴
信阳市史志研究室承编 北京 中国文联出版社 1999—
〔馆藏卷期〕1999 2000 2001 2002 2003 2004 2005 2006 2007 2009 2011 2012 2013 2014

008403055
信阳统计年鉴

信阳市统计局编 信阳 信阳市统计局
〔馆藏卷期〕1991/1995 1996/1997 1998 1999 2000 2001 2003 2004 2005 2006 2007 2008 2009 2010 2011 2012 2013 2014

013899349
信阳经济普查年鉴
信阳市第二次经济普查领导小组办公室编 北京 中国统计出版社
〔馆藏卷期〕2008

013939364
信阳师范学院年鉴
信阳师范学院院长办公室编 信阳 信阳师范学院
〔馆藏卷期〕2005 2006

浉河区

012617447
浉河年鉴
信阳市浉河区地方史志办公室编 信阳市浉河区人民政府主办 北京 华夏出版社
〔馆藏卷期〕2005 2009 2012

平桥区

012048430
平桥年鉴
信阳市平桥年鉴 2014—

信阳市平桥区地方史志办公室编 信阳市平桥区人民政府主办 郑州 中州古籍出版社 2008—
〔馆藏卷期〕2007 2008 2009 2010 2011 2012 2013 2014

罗山县

009157745
罗山年鉴
罗山县史志研究室编 罗山 罗山县史志研究室
〔馆藏卷期〕1999 2000

新县

013481720
新县年鉴
新县党史地方志研究室编 新县人民政府主办 郑州 中州古籍出版社 2012—
〔馆藏卷期〕2011 2012 2013 2014

固始县

008588876
固始年鉴
固始县史志资料征编委员会编 固始 固始县史志资料征编委员会
〔馆藏卷期〕1996 1997 1998 2000 2011 2012 2013 2014

013788110

固始统计年鉴

固始县统计局编 固始 固始县统计局

〔馆藏卷期〕2007 2008/2009 2010/2011

潢川县

012792583

潢川年鉴

潢川县地方史志办公室编 潢川县人民政府主办 郑州 中州古籍出版社 2010—

〔馆藏卷期〕2010

淮滨县

008588887

淮滨年鉴

河南省淮滨县史志研究室编 淮滨 河南省淮滨县史志研究室

〔馆藏卷期〕1996/1997 1998

息县

012724285

息县年鉴

息县史志研究室编 息县人民政府主办 北京 华夏出版社 2010—

〔馆藏卷期〕2010 2011

周口市

008643769

周口地区年鉴

周口地区地方史志编纂办公室编 郑州 中州古籍出版社 1996—

〔馆藏卷期〕1991/1995 1997 1998 1999 2000

008643770

周口年鉴

周口市人民政府办公室 周口市地方史志办公室编 郑州 中州古籍出版社 2002—

〔馆藏卷期〕2001 2002/2003 2004 2005/2006 2007/2008 2009/2010 2011 2012 2013 2014

008728268

周口统计年鉴

周口地区统计局编 周口 周口地区统计局

〔馆藏卷期〕1994 1995 1997 1998 1999 2000 2001 2002 2003 2004 2005 2006 2007 2008 2010 2011 2012 2013 2014

013899532
周口经济普查年鉴
周口市第二次经济普查领导小组办公室编 北京 中国统计出版社
〔馆藏卷期〕2008

011968495
周口教育年鉴
周口教育年鉴编纂委员会编 郑州 中州古籍出版社 2008—
〔馆藏卷期〕2006 2008

项城市

013747922
项城市统计年鉴
项城市统计局编 项城 项城市统计局
〔馆藏卷期〕2011

扶沟县

013788096
扶沟统计年鉴
扶沟县统计局编 扶沟 河南省扶沟县统计局
〔馆藏卷期〕1999/2001 2002/2003

西华县

011823237
西华检察年鉴
西华县人民检察院年鉴编委会编 西华 西华县人民检察院 2008—
〔馆藏卷期〕2007

商水县

013790008
商水年鉴
商水县地方史志办公室编 商水县人民政府主办 商水 商水县人民政府办公室
〔馆藏卷期〕2009/2010

太康县

013996111
太康年鉴
太康县地方史志办公室编 太康县人民政府主办 郑州 中州古籍出版社 2013—
〔馆藏卷期〕2013 2014

鹿邑县

013898674
鹿邑统计年鉴
鹿邑县统计局编 鹿邑 鹿邑县统计局
〔馆藏卷期〕2005/2008 2009/2011

驻马店市

007683399

驻马店地区年鉴

驻马店年鉴 2001—

河南省驻马店地区地方史志编纂办公室驻马店地区年鉴编辑部编 郑州 河南人民出版社 1994—

〔馆藏卷期〕1993 1994 1995 1996 1997 1998 1999 2000 2001 2002 2003 2004 2005 2006 2007 2008 2009 2012 2013 2014

008749339

驻马店统计年鉴

河南省驻马店地区统计局编 驻马店 驻马店地区统计局

〔馆藏卷期〕1994 1995 1996 1997 1998 1999 2000 2001 2002 2003 2004 2005 2006 2007 2008 2009 2011 2012 2013 2014

013757908

[驻马店市]检察年鉴

驻马店市检察年鉴

河南省人民检察院驻马店分院编 驻马店 河南省人民检察院驻马店分院

〔馆藏卷期〕1997

西平县

011140394

西平年鉴

西平县地方史志编纂委员会 王廷军 王新强主编 郑州 中州古籍出版社 2006—

〔馆藏卷期〕2001/2005 2007 2007/2008 2009/2010

上蔡县

013965468

上蔡统计年鉴

上蔡县统计局编 上蔡 上蔡县统计局

〔馆藏卷期〕2003

正阳县

013939613

正阳年鉴

正阳县地方史志办公室编 正阳县人民政府主办 郑州 中州古籍出版社 2013—

〔馆藏卷期〕2006/2010

确山县

013932371
确山年鉴
确山县地方史志办公室编 确山县人民政府主办 郑州 中州古籍出版社 2013—
〔馆藏卷期〕2001/2010

泌阳县

013932159
泌阳县统计年鉴
泌阳县统计局编 泌阳 泌阳县统计局
〔馆藏卷期〕2006/2010

汝南县

013656093
汝南年鉴
汝南县地方史志编纂委员会办公室编 汝南 汝南县地方史志编纂委员会办公室
〔馆藏卷期〕1984

遂平县

012617471
遂平年鉴
遂平县地方史志办公室编 遂平县人民政府主办 郑州 中州古籍出版社
〔馆藏卷期〕2001/2006 2011 2012

新蔡县

013790728
新蔡县统计年鉴
新蔡县统计局编 新蔡 新蔡县统计局
〔馆藏卷期〕1995/2010

省直辖县级行政单位

济源市

008643428
济源年鉴
济源市地方史志办公室编 合肥 黄山书社
〔馆藏卷期〕1997 1998 1999 2000 2001 2002 2003 2004 2005 2006 2007 2008 2009 2010 2011 2012 2013

008728200
济源统计年鉴
济源市统计局编 济源 济源市统计局

〔馆藏卷期〕1996 1998 1999 2000 2001 2002 2003 2004 2005 2006 2007 2008 2011 2012

012354194
济钢工会年鉴
济钢工会年鉴编辑委员会编 济南 济钢工会年鉴编辑委员会

〔馆藏卷期〕2001/2005 2006/2010

013898643
济源市经济普查年鉴
济源经济普查年鉴
济源市第二次经济普查领导小组办公室编 济源 济源市统计局
〔馆藏卷期〕2008

湖北省

004724260
湖北年鉴
湖北省地方志编纂委员会编 武汉 省志办内部出版发行部 1984—1988 武汉 湖北人民出版社 1989—
〔馆藏卷期〕△1982 1983 1984 1985 1986 1987 1989 1990 1991 1992 1993 1994 1995 1996 1997 1998 1999 2000 2001 2002 2003 2004 2006 2007 2008 2009 2010 2011 2012 2013 2014

008119741
湖北省年鉴
湖北省政府秘书处统计室编 武昌 湖南省政府秘书处统计室
〔馆藏卷期〕1937

013747811
湖北调查年鉴
国家统计局湖北调查总队编 北京 中国统计出版社 2012—

〔馆藏卷期〕2012 2013 2014

004569177
湖北农村统计年鉴
湖北农村统计资料汇编 2000
湖北省农村统计年鉴
湖北省统计局编 北京 中国统计出版社
〔馆藏卷期〕1991 1992 1993 1995 1996 1997 1998 1999 2000 2001 2002 2003 2004 2005 2006 2007 2008 2009 2010 2011 2012 2013 2014

007699016
湖北省统计年鉴
湖北省政府编 武汉 湖北省政府 1945
〔馆藏卷期〕1945

001992652
湖北统计年鉴
湖北省统计局编 北京 中国统计出版社
〔馆藏卷期〕1985 1987 1988 1990 1991 1992 1993 1994 1995 1996 1997

1998　1999　2000　2001　2002　2003
2004　2005　2006　2007　2008　2009
2010　2011　2012　2013　2014

009913282
湖北人口年鉴
湖北省统计局　湖北省计划生育委员会
　　湖北省公安厅编　北京　中国统计出
　　版社
〔馆藏卷期〕1989

011822074
湖北共青团年鉴
共青团湖北省委编　武汉　共青团湖北省
　　委　2008—
〔馆藏卷期〕2007　2008　2009　2010

012194249
湖北工会年鉴
湖北工会年鉴编辑部　湖北省总工会编
　　湖北省总工会主办　武汉　湖北工会年
　　鉴编辑部
〔馆藏卷期〕2007　2008　2009　2011

012194247
湖北发展改革年鉴
湖北发展和改革委员会编纂　武汉　湖北
　　人民出版社　2009—
〔馆藏卷期〕2009　2010　2011　2012　2013
　　2014

013311761
湖北政协年鉴

中国人民政治协商会议湖北省委员会
　　编　北京　中国文史出版社
〔馆藏卷期〕2010　2011　2012

012526019
湖北民政统计年鉴
湖北省民政事业统计年鉴 1996
湖北省民政厅编　武汉　湖北省民政厅
〔馆藏卷期〕1994　1995　1996　1999　2007
　　2008

011140413
湖北宣传年鉴
中共湖北省委宣传部编　武汉　湖北人民
　　出版社　2006—
〔馆藏卷期〕2006　2007　2008　2009　2010
　　2011　2012　2013

009237412
湖北武警年鉴
中国人民武装警察部队湖北省总队编
　　史办公室编　武汉　湖北武警年鉴编辑
　　委员会　2000—
〔馆藏卷期〕2000

011140410
湖北民营经济年鉴
湖北民营经济年鉴编辑部编　武汉　湖北
　　人民出版社　2006—
〔馆藏卷期〕2006　2008

012983356
湖北工商行政管理统计年鉴

湖北省工商行政管理局编 武汉 湖北省工商行政管理局
〔馆藏卷期〕2010

009195517
湖北发展年鉴
湖北省人民政府发展研究中心编 北京 中国言实出版社
〔馆藏卷期〕2005

011139901
湖北经济普查年鉴
湖北省第一次经济普查领导小组办公室 湖北省统计局编 北京 中国统计出版社
〔馆藏卷期〕2004 2008

008651505
湖北社会经济评价年鉴
湖北省统计局 湖北省社会经济评价中心编 武汉 湖北人民出版社
〔馆藏卷期〕1994 1995 1997 1998 1999 2000

008848388
湖北企业年鉴
湖北省企业调查队编 北京 中国统计出版社
〔馆藏卷期〕2000 2001 2002 2003 2004

011966625
湖北建设年鉴
湖北建设年鉴编委会编 武汉 湖北人民出版社 2008—
〔馆藏卷期〕2008 2009 2010 2011 2012 2013 2014

008876502
湖北投资建设年鉴
湖北省统计局编 武汉 湖北人民出版社 1999—
〔馆藏卷期〕1949/1999 1949/2005 2001

009035672
湖北农业年鉴
湖北农业年鉴编辑委员会编 武汉 湖北辞书出版社 2002—
〔馆藏卷期〕2002 2003 2004 2005 2006 2007 2008 2009 2010/2011 2012

013788376
湖北冶金工业年鉴
湖北省冶金工业年鉴编纂委员会编 武汉 湖北省冶金工业年鉴编纂委员会
〔馆藏卷期〕1987

008437552
湖北工交统计年鉴
湖北省计划委员会 湖北省经济贸易委员会编 北京 中国统计出版社
〔馆藏卷期〕1949/1998

008251241
湖北交通年鉴
湖北交通运输年鉴 2010
湖北交通年鉴编辑委员会编 北京 人民

交通出版社 1991—
〔馆藏卷期〕1991 1992 1993 1994 1995 1996 1997 1998 1999 2000 2001 2002 2003 2004 2005 2006 2007 2008 2009 2010 2011 2012 2013 2014

010225585
湖北交通统计年鉴
武汉 湖北辞书出版社
〔馆藏卷期〕1993

012899651
湖北公路年鉴
湖北公路史志丛书暨年鉴编审委员会编 北京 人民交通出版社 1993—
〔馆藏卷期〕1991 1992

008433640
湖北公路运输年鉴
湖北省公路运输年鉴编纂委员会编 武汉 湖北人民出版社
〔馆藏卷期〕1990/1991 1993

008633768
湖北水运年鉴
湖北省水运史志编审委员会编 武汉 湖北省水运史志编审委员会
〔馆藏卷期〕1991 1992 1993 1994 1995 1996 1997 1998 2003

012983360
湖北旅游年鉴
湖北旅游年鉴编纂委员会编 武汉 湖北旅游年鉴编纂委员会
〔馆藏卷期〕2009 2011

008400199
湖北邮电年鉴
湖北省邮电史志编纂委员会编 武汉 湖北科学技术出版社
〔馆藏卷期〕1995 1996 1997 1998 1999

013928124
湖北邮政金融年鉴
湖北省邮政储汇局编 武汉 湖北省邮政储汇局
〔馆藏卷期〕2003

009617355
湖北邮政年鉴
湖北邮政年鉴编审委员会编 武汉 湖北省邮政局 2002—
〔馆藏卷期〕2000/2002 2003/2004 2004/2005

009036998
湖北电信年鉴
湖北电信年鉴编纂委员会主编 武汉 中国电信集团 湖北省电信公司
〔馆藏卷期〕2000 2001

008849744
湖北省贸易外经统计年鉴
湖北省计划委员会 湖北省经济贸易委员会 湖北省统计局联合编写 北京

中国统计出版社
〔馆藏卷期〕1996

007630640
湖北财政年鉴
湖北财政年鉴编纂委员会编 武昌 湖北财政年鉴编纂委员会
〔馆藏卷期〕1986 1987 1988 1989 1990 1991 1992 1993 1994 1995 1996 1998 1999 2000 2001 2002 2004 2005 2006 2007 2008 2009 2010 2011 2012

009541732
湖北地税年鉴
湖北地税年鉴编辑委员会编 武汉 湖北人民出版社
〔馆藏卷期〕1995 1996 2000 2002 2003 2004 2005 2006 2007 2008 2009 2010 2011 2013

008993680
湖北国税年鉴
湖北国税年鉴编纂委员会编 武汉 湖北人民出版社
〔馆藏卷期〕1995 1996 1997 1998 1999 2000 2001 2002 2003 2004 2005 2006 2007 2008 2009 2010

011396467
湖北税务年鉴
湖北税务年鉴编纂委员会编 北京 中国新闻出版社 1989—

〔馆藏卷期〕1989 1990 1991

010225586
湖北金融年鉴
湖北金融年鉴编辑部编 武汉 湖北人民出版社 2006—
〔馆藏卷期〕2006 2007 2008 2009 2010 2011 2012 2013 2014

013965292
湖北社会保险年鉴
湖北社会保险十年鉴
湖北省社会劳动保险统筹办公室编 武汉 湖北省社会劳动保险统筹办公室
〔馆藏卷期〕1990/1999

009062470
湖北信息年鉴
湖北省信息协会编 北京 新华出版社 2002—
〔馆藏卷期〕2002 2003 2004 2005 2006 2007 2008 2009 2010 2011 2012 2013 2014

008426168
湖北科技年鉴
湖北省科技志编辑室编 武汉 湖北省科技志编辑室
〔馆藏卷期〕1986 1987 1988 1989 1990 1991 1992 1993 1994 1995 1996 1997 1998 1999 2000 2001 2002 2003 2004 2006 2007 2008 2009 2010 2011 2012 2013

010102512
湖北科技统计年鉴
湖北省科学技术厅编 武汉 湖北省科学技术厅
〔馆藏卷期〕1993 1999 2001 2002 2004 2006 2007 2008 2011 2012 2013 2014

008118459
湖北科协年鉴
湖北省科学技术协会年鉴
湖北省科协办公室编 武汉 湖北省科协办公室
〔馆藏卷期〕1991 1993 1996 1999 2002 2004 2006 2007 2008 2009 2011 2012 2013

009805678
湖北教育考试年鉴
湖北省教育考试院编 武汉 湖北人民出版社
〔馆藏卷期〕1997/2003 2004 2005 2006 2007 2008 2009 2010 2011

012200731
湖北教育30年鉴
湖北省委高校工委 湖北省教育厅编 武汉 湖北人民出版社 2009
〔馆藏卷期〕1978/2008

008272939
湖北教育年鉴
湖北省教育委员会编 武汉 武汉大学出版社 1991—
〔馆藏卷期〕1949/1987 1988/1990 1991/1992 1994 1995 1996 1997 1998 1999 2000 2001 2002 2003 2004 2005 2006 2007 2008 2009 2010 2011 2012 2013 2014

011397468
湖北体育年鉴
湖北省体育运动委员会编 北京 人民体育出版社
〔馆藏卷期〕1986/1995 2000 2001 2002 2003 2004 2005 2006 2007 2008

013814828
湖北版画年鉴
武汉版画学会 中国美术家协会湖北分会编 武汉 武汉版画学会
〔馆藏卷期〕1979/1982

014014278
湖北省地面气象年鉴
湖北省武汉中心气象台编 武汉 湖北省武汉中心气象台
〔馆藏卷期〕1971 1972 1973 1974 1975 1976 1977 1978 1979 1980 1981 1982

013713407
湖北医改年鉴
湖北省医改办编 武汉 崇文书局
〔馆藏卷期〕2012 2013

014014280

湖北卫生防疫年鉴

湖北省卫生防疫站 湖北省医学科学院编 武汉 湖北省医学科学院

〔馆藏卷期〕1993 1998

012354164

湖北卫生年鉴

湖北卫生年鉴编辑委员会编 湖北省卫生厅主办 武汉 湖北人民出版社 2009—

〔馆藏卷期〕2009 2010 2011 2012 2013

武汉市

006036452

武汉年鉴

武汉经济年鉴

武汉年鉴编纂委员会主编 汉口 武汉年鉴编纂委员会 1986—

〔馆藏卷期〕1986 1987 1988 1989 1990 1991 1992 1993 1994 1995 1996 1997 1998 1999 2000 2001 2002 2004 2005 2006 2007 2008 2009 2010 2011 2012 2013 2014

008240724

武汉日报年鉴

武汉日报年鉴编辑委员会编纂 汉口 武汉日报

〔馆藏卷期〕1947

013747877

武汉东湖高新区统计年鉴

武汉东湖新技术开发区统计中心编 武汉 武汉东湖新技术开发区统计中心

〔馆藏卷期〕2011

006915791

武汉统计年鉴

武汉市统计局编 武汉 武汉市统计局

〔馆藏卷期〕1991 1992 1993 1994 1995 1996 1997 1998 1999 2000 2001 2002 2003 2004 2005 2006 2007 2008 2009 2010 2011 2012 2013 2014

012724279

武汉大学共青团工作年鉴

共青团武汉大学委员会编 武汉 共青团武汉大学委员会

〔馆藏卷期〕2009 2010 2011

010223884

长航工会年鉴

中国海员工会长江航务委员会编 武汉 中国海员工会长江航务委员会

〔馆藏卷期〕2003

013608983

湖北电力职工思想政治工作研究年鉴

湖北省电力公司思想政治工作研究年
　鉴 2009—
湖北省电力公司职工思想政治工作研
　究会编 武汉 湖北省电力公司
〔馆藏卷期〕2000 2009 2011

008325241
武汉工运年鉴
武汉市总工会工运史研究室编 沈阳 辽
　宁人民出版社 1991—
〔馆藏卷期〕1991 1992 1993 1994
　1995/1996 1997/1998 1999 2000
　2001 2002 2003 2004 2005 2006

011967502
武汉改革开放年鉴
武汉改革开放 30 年鉴
武汉地方志办公室编 武汉 武汉出版
　社 2008—
〔馆藏卷期〕1978/2008

008923185
武汉政协年鉴
刘善璧主编 武汉 武汉出版社
〔馆藏卷期〕1998 1999 2000 2001 2002
　2003 2004 2005 2006 2007 2008
　2009 2011 2012

008432860
武汉公安年鉴
武汉公安年鉴编辑部编 北京 中国人民
　公安大学出版社
〔馆藏卷期〕1996 1997 1998 1999 2000
　2001 2002 2003 2004 2005 2006
　2007 2008 2009 2010 2011 2012
　2014

013174658
武汉市常青花园社区年鉴
武汉市常青花园新区管理委员会编 武
　汉 武汉出版社 2010—
〔馆藏卷期〕1993/2009

012361511
武汉经济普查年鉴
武汉市人民政府第一次经济普查领导
　小组办公室 武汉市统计局编 武汉
　武汉市统计局 2006—
〔馆藏卷期〕2004

008199122
武汉经济年鉴
武汉年鉴
武汉年鉴编纂委员会编 汉口 武汉年鉴
　编辑委员会 1985
〔馆藏卷期〕1985

009617363
武汉市规划国土年鉴
武汉市城乡规划年鉴
张林主编 武汉 武汉出版社
〔馆藏卷期〕2004 2005 2006

013620035
武汉市国土规划年鉴
武汉市城乡规划年鉴

张文彤主编 武汉 武汉出版社 2010—
〔馆藏卷期〕2010 2011 2012 2013 2014

009136659
武汉私营企业年鉴
武汉私营企业年鉴编纂委员会编 武汉
　武汉出版社 1999—
〔馆藏卷期〕1999

002397208
中国企业登记年鉴 武汉市专辑
国家工商行政管理局 武汉市工商行政
　管理局编 陈永芳总编辑 北京 中国
　展望出版社 1985
〔馆藏卷期〕1984

013932576
武汉城市管理年鉴
武汉市城市管理执法局编 武汉 武汉市
　城市管理局
〔馆藏卷期〕2005 2006 2010

012048637
武汉城市圈年鉴
武汉地方志编纂委员会办公室编 武汉
　武汉出版社 2009—
〔馆藏卷期〕2008 2009 2010 2011 2012
　2013

008405239
武汉房地产年鉴
武汉房地产年鉴编辑委员会编 北京 中
　国大地出版社

〔馆藏卷期〕1998 1999 2000 2001 2002
　2003 2005 2006 2007 2008 2009
　2010 2011 2012 2013 2014

008271981
武汉城建年鉴
武汉建设年鉴
武汉城建年鉴编委会编 武汉 湖北教育
　出版社
〔馆藏卷期〕1991 1992 1993 1994 1995
　1996 1997 1998 1999 2000

008894133
武汉建设年鉴
武汉城建年鉴
武汉建设年鉴编委会编 武汉 武汉出版
　社 2001—
〔馆藏卷期〕2001 2002 2003 2004 2005
　2006 2007 2008 2009 2010 2011
　2012 2013

008944155
武汉农村经济年鉴
武汉农村经济年鉴编委会编 武汉 武汉
　出版社 2000—
〔馆藏卷期〕2000 2001 2002

013758752
长江水利委员会统计年鉴
水利部长江水利委员会计划局编 南京
　长江水利委员会计划局
〔馆藏卷期〕1990 1991 1992 1993 1994
　1995 1996 1997 1998 1999 2000

2001　2002　2003　2004　2005/2006

012591777
湖北省电力公司年鉴
湖北省电力公司编　武汉　湖北人民出版社　2010—
〔馆藏卷期〕2010　2011　2012

013635203
湖北省电力建设第二工程公司年鉴
湖北省电力建设第二工程公司编　武汉　湖北省电力建设第二工程公司　2011—
〔馆藏卷期〕2011

007211265
武钢年鉴
武钢年鉴编纂委员会编　北京　中国科学技术出版社
〔馆藏卷期〕1987　1988　1989　1990　1991　1992　1993　1994　1995　1996　1997　1998　1999　2000　2001　2002　2003　2004　2005　2006　2007　2008　2009　2010　2011　2012　2013

013711511
中南院综合年鉴
中国水电顾问集团中南勘测设计研究院编　武汉　中南勘测设计研究院　2009—
〔馆藏卷期〕1995/2009

013677537
武汉交通运输年鉴
武汉市交通运输委员会　武汉市交通运输协会编　武汉　武汉出版社　2011—
〔馆藏卷期〕2011　2012　2013

010226784
武汉市交通统计年鉴
武汉交通统计年鉴　2003—
武汉市交通委员会编　武汉　武汉市交通委员会　2002—
〔馆藏卷期〕2001　2003　2004　2005　2006

007555725
平汉年鉴
平汉铁路管理委员会编辑　汉口　平汉铁路管理委员会　1932
〔馆藏卷期〕1932

008396598
铁道部第十一工程局年鉴
中铁第十一工程局年鉴　2000—
中铁十一局集团年鉴　2002—
铁道部第十一工程局史志编审委员会编　北京　中国铁道出版社
〔馆藏卷期〕1994　1995　1996　1997　1998　1999　2000　2001　2002　2003　2004　2005/2006

008432809
武汉铁路分局年鉴
武汉铁路局年鉴
武汉铁路分局志编纂委员会编　武汉　武

汉铁路分局志编纂委员会
〔馆藏卷期〕1991 1992 1995 1996 1997 1998 1999 2000 2001 2002 2003 2004 2005 2006 2007 2009 2010 2011

013932570
武汉铁路运输经济年鉴
武汉铁路分局志编纂委员会编 武汉 武汉铁路分局志编纂委员会
〔馆藏卷期〕1985

012806190
中国铁通湖北分公司年鉴
中国铁通集团有限公司湖北分公司编 武汉 中国铁通集团有限公司湖北分公司 2007—
〔馆藏卷期〕2001/2005

010227003
铁道部大桥工程局年鉴
中铁大桥局集团年鉴
铁道部大桥工程局史志编纂委员会编 武汉 铁道部大桥工程局 1995—
〔馆藏卷期〕1994 1995 2001

012692329
中铁大桥局集团年鉴
铁道部大桥工程局年鉴
中铁大桥局集团有限公司史志编纂委员会编 武汉 中铁大桥局集团有限公司 2002—
〔馆藏卷期〕2002

011500327
长江航运年鉴
中国航海史研究会长江片委员会编 武汉 中国航海史研究会长江片委员会 2000—
〔馆藏卷期〕2000 2003 2004 2005 2006 2007 2008 2009

012521615
武汉长江轮船公司年鉴
武汉长江轮船公司编 武汉 武汉长江轮船公司
〔馆藏卷期〕1993 1995 1996 1997 1998 1999 2000

009037008
武汉电信年鉴
武汉电信年鉴编纂委员会主编 武汉 湖北省电信公司武汉市分公司 2001—
〔馆藏卷期〕2001 2002 2003 2007

013312048
武汉地税年鉴
武汉地税年鉴编纂委员会编 武汉 武汉地税年鉴编纂委员会
〔馆藏卷期〕2010 2011 2013

011503545
武汉国税年鉴
武汉国税年鉴编纂委员会编 武汉 武汉国税年鉴编纂委员会
〔馆藏卷期〕2004 2005 2006 2007 2008 2009 2010 2011 2012 2013

014014322
交通银行武汉分行统计年鉴
交通银行武汉分行编 武汉 交通银行武汉分行
〔馆藏卷期〕1989/1997

009425811
武汉金融年鉴
武汉金融年鉴编辑部编 武汉 武汉出版社 2003—
〔馆藏卷期〕2003 2004 2005

011502208
湖北日报报业集团年鉴
湖北日报报业集团年鉴编辑室编 武汉 湖北日报报业集团年鉴编辑室
〔馆藏卷期〕2006

013713430
湖北日报传媒集团年鉴
湖北日报传媒集团年鉴编辑室编 武汉 湖北日报传媒集团年鉴编辑室
〔馆藏卷期〕2011 2012

013311722
湖北博物馆年鉴
湖北省博物馆协会编 武汉 湖北人民出版社 2011—
〔馆藏卷期〕2010 2011 2013

009617362
武汉科技统计年鉴
武汉市科技统计年鉴 武汉市科学技术局 武汉市统计局编 武汉 武汉市科学技术局
〔馆藏卷期〕1992 1993 1996 1997 2002 2003 2004 2005 2006 2007 2008 2009 2011 2012 2013 2014

008405272
武汉教育年鉴
武汉教育年鉴编纂委员会编 武汉 湖北教育出版社
〔馆藏卷期〕1986/1990 1991/1995 1996/1998 1999/2000 2001/2003 2004 2005 2006 2007 2008 2009 2010 2011 2012

009081348
华中科技大学年鉴
华中科技大学年鉴编纂委员会编 武汉 华中科技大学出版社
〔馆藏卷期〕2000/2001 2002 2003 2004 2005

013634187
华中科技大学启明学院Dian团队年鉴
基于导师制的人才孵化站(Dian团队)年鉴
武汉 华中科技大学
〔馆藏卷期〕2010 2011

014014288
华中科技大学土木工程与力学学院年鉴

华中科技大学土木工程与力学学院年鉴编纂委员会编 武汉 华中科技大学土木工程与力学学院年鉴编纂委员会
〔馆藏卷期〕2009

012792570
华中师范大学年鉴
华中师范大学年鉴编委会编 武汉 华中师范大学出版社 2010—
〔馆藏卷期〕2010 2011 2012

012983815
武汉大学年鉴
武汉大学年鉴编纂委员会编 武汉 武汉大学出版社 2010—
〔馆藏卷期〕2008 2009 2010

009927873
武汉理工大学年鉴
武汉理工大学年鉴编纂委员会编 武汉 武汉理工大学出版社 2004—
〔馆藏卷期〕2000/2001 2002 2003 2004 2005 2006

012592753
武汉理工大学年鉴华夏学院年鉴
武汉理工大学华夏学院编 武汉 武汉理工大学华夏学院 2004—
〔馆藏卷期〕2004

011968431
中南财经政法大学科研统计年鉴
中南财经政法大学科学研究处编 武汉 中南财经政法大学 2007—
〔馆藏卷期〕2006 2007

013928118
湖北美术馆年鉴
湖北美术馆编 武汉 湖北美术馆 2012—
〔馆藏卷期〕2007/2012

014277247
武汉美术馆年鉴
樊枫主编 武汉 武汉出版社 2014—
〔馆藏卷期〕2008/2013

013711508
中国冶金地质总局中南局大事年鉴
中国冶金地质总局中南局大事年鉴编委会编 武汉 中国冶金地质总局中南局
〔馆藏卷期〕1952/2012

009617367
中国科学院武汉病毒研究所综合年鉴
武汉病毒所综合年鉴编辑委员会编 北京 科学出版社 2002—
〔馆藏卷期〕1956/2001

008405265
武汉卫生年鉴
武汉卫生年鉴编纂委员会编 武汉 武汉出版社
〔馆藏卷期〕1986/1995 1996/1997

1998/2000 2001 2002 2004 2005 2006 2007 2008 2009 2010 2011 2013

013396583

武汉光电国家实验室(筹)年鉴

武汉光电国家实验室编 武汉 武汉光电国家实验室(筹)

〔馆藏卷期〕2010 2011

012049042

中国科学院武汉岩土力学研究所综合年鉴

中国科学院武汉岩土力学研究所综合年鉴编辑委员会编 北京 科学出版社 2008—

〔馆藏卷期〕1958/2008

012014982

武汉市城乡规划年鉴

武汉市规划国土年鉴

武汉市国土规划年鉴

武汉市规划局编 武汉 武汉出版社 2008—2009

〔馆藏卷期〕2008 2009

007511608

长江年鉴

治江年鉴

长江年鉴编纂委员会编 水利部长江水利委员会主办 武汉 水利部长江水利委员会长江年鉴社 1995—

〔馆藏卷期〕1992/2001 1993 1994/1995 1996 1997 1998 1999 2000 2001 2002 2003 2004 2005 2006 2007 2008 2009 2010 2011 2012 2013 2014

008477476

治江年鉴

长江年鉴

水利部长江水利委员会编 武汉 水利部长江水利委员会 1993

〔馆藏卷期〕1992

009520025

铁道部第四勘测设计院年鉴

铁道第四勘察设计院年鉴

铁道部第四勘测设计院年鉴编辑委员会编 武汉 铁道部第四勘测设计院年鉴编辑委员会 1998—

〔馆藏卷期〕1993/1997 1998/2001 2003/2004

江岸区

011822194

江岸年鉴

武汉市江岸区地方志编纂委员会办公室编 武汉市江岸区人民政府主办 武汉 长江出版社 2010—

〔馆藏卷期〕2008 2010 2011 2012 2013 2014

江汉区

011822205

江汉年鉴

江汉区地方志办公室编 江汉区人民政府主办 武汉 长江出版社 2007—

〔馆藏卷期〕2007 2008 2009 2010 2011 2012 2013 2014

009307942

江汉油田年鉴

江汉油田年鉴编纂委员会主编 江汉 江汉油田年鉴编委会 2001—

〔馆藏卷期〕2002 2003 2004 2006 2008 2011

硚口区

011823122

硚口年鉴

中共硚口区委党史办公室 硚口区地方志办公室编 武汉 长江出版社 2007—

〔馆藏卷期〕2007 2012 2013 2014

汉阳区

008323884

汉阳年鉴

汉阳县年鉴编辑委员会编 汉阳 汉阳县年鉴编辑委员会

〔馆藏卷期〕1989 1990

012551027

汉阳年鉴

中共武汉市汉阳区委党史办公室 武汉市汉阳区地方志办公室编 汉阳 汉阳年鉴编辑部 2006—

〔馆藏卷期〕2006 2009 2010 2011 2012 2013 2014

013898572

汉阳县水利年鉴

蔡甸区水利局编 汉阳 汉阳县水利局

〔馆藏卷期〕1986/1990

武昌区

009324462

武昌年鉴

武汉市武昌区地方志编纂委员会办公室编 武汉市武昌区人民政府主办 武汉 武汉出版社 2003—

〔馆藏卷期〕2003 2004 2005 2006 2007 2008 2009 2011 2012 2013 2014

010226875

武昌车辆厂年鉴

中国南车集团武昌车辆厂年鉴 2002—武昌车辆厂史志编纂委员会编 武昌 武昌车辆厂 1995—

〔馆藏卷期〕1995 1996 1997 1998 1999 2000 2001 2002 2003 2005

青山区

011823125
青山年鉴
武汉市青山区地方志编纂委员会办公室编 武汉市青山区人民政府主办 武汉 长江出版社 2007—
〔馆藏卷期〕2007 2011 2012 2013 2014

013758188
武汉市青山区统计年鉴
青山区统计局编 青山 武汉市青山区统计局
〔馆藏卷期〕2007

洪山区

009360357
洪山年鉴
武汉市洪山区地方志编纂委员会编 香港 香港天马图书有限公司
〔馆藏卷期〕2002 2003 2004 2011 2012 2013 2014

东西湖区

011821857
东西湖年鉴
武汉市东西湖区地方志编纂委员会办公室编 武汉市东西湖区人民政府主办 武汉 长江出版社
〔馆藏卷期〕2009 2010 2011 2012 2013 2014

汉南区

011502086
汉南年鉴
武汉市汉南区地方志办公室编 武汉市汉南区人民政府主办 武汉 长江出版社 2007—
〔馆藏卷期〕2004 2007 2009 2011 2012 2013 2014

蔡甸区

008466008
蔡甸年鉴
武汉市蔡甸年鉴编纂委员会编 武汉市蔡甸区人民政府主办 武汉 长江出版社 1999—
〔馆藏卷期〕1991/1995 2006 2007 2011 2012 2013 2014

江夏区

011822232
江夏年鉴
武汉市江夏区地方志编纂委员会编 武汉 长江出版社 2008—
〔馆藏卷期〕2008 2009 2010 2011 2012 2013 2014

014014314

江夏统计年鉴

江夏区统计局编 江夏 武汉市江夏区统计局

〔馆藏卷期〕2008

黄陂区

009805580

黄陂县年鉴

黄陂年鉴 2010—

黄陂县年鉴编纂委员会编 黄陂 黄陂县年鉴编纂委员会

〔馆藏卷期〕1985 2007 2008 2010 2012 2013

新洲区

012801256

新洲年鉴

武汉市新洲区地方志编纂委员会办公室编 武汉市新洲区人民政府主办 武汉 长江出版社 2010—

〔馆藏卷期〕2006/2008 2010 2011 2012 2013

黄石市

008399237

黄石年鉴

黄石市地方志编纂委员会编 武汉 湖北人民出版社

〔馆藏卷期〕1995 1996 1997 1998 1999 2000 2001 2002 2003 2004 2005 2006 2007 2008 2009 2011 2012 2013

008234824

黄石统计年鉴

黄石市统计局编 北京 中国统计出版社

〔馆藏卷期〕1993 1995 1996 1997 1998 2000 2002 2003 2004 2005 2006 2007 2008 2009 2010 2011 2012 2013 2014

012033441

黄石统计年鉴 黄石改革开放三十年

黄石市统计局 国家统计局黄石调查队编 北京 中国统计出版社 2008

〔馆藏卷期〕2008 特刊

012317204

黄石统计年鉴 黄石辉煌六十年

黄石市统计局 国家统计局黄石调查队

编 北京 中国统计出版社 2009
〔馆藏卷期〕2009 特刊

大冶市

008315297
大冶年鉴
湖北省大冶县地方志编纂委员会编 武汉 武汉测绘科技大学出版社 1990—
〔馆藏卷期〕1990/1992 1993/1997 1998/2002 2011 2012 2013

014014122
大冶统计年鉴
大冶统计局编 大冶 大冶市统计局

〔馆藏卷期〕2008 2009

阳新县

012801285
阳新年鉴
阳新县志编纂委员会编 阳新县人民政府主办 阳新 阳新县志编纂委员会
〔馆藏卷期〕2006 2007 2008 2009 2010

014014969
阳新县统计年鉴
阳新县统计局编 阳新 阳新县统计局
〔馆藏卷期〕2008 2009

十堰市

008438574
十堰年鉴
十堰市人民政府办公室 十堰市地方志办公室编 十堰 十堰市人民政府办公室 十堰市地方志办公室
〔馆藏卷期〕1996 1997 1998 1999 2000 2001 2002 2003 2004 2005 2006 2007 2008 2009 2010 2011 2012 2013

008399438
十堰统计年鉴

十堰市统计局编 北京 中国统计出版社
〔馆藏卷期〕1996 1998 2000 2001 2002 2003 2004 2005 2006 2007 2008 2009 2010 2011 2012 2013 2014

008749359
东风汽车公司年鉴
东风汽车公司年鉴编纂委员会 东风汽车公司史志办公室编 十堰 东风汽车公司史志办公室
〔馆藏卷期〕2000 2002 2004 2006 2008 2009 2010 2011 2012 2013

013710665

东风汽车有限公司商用车重型车厂年鉴

东风汽车有限公司商用车重型车厂年鉴编纂委员会编 十堰 东风汽车有限公司商用车重型车厂年鉴编纂委员会

〔馆藏卷期〕2002/2003

013711439

十堰地税年鉴

十堰地税年鉴编委会编 十堰 十堰地税年鉴编委会

〔馆藏卷期〕2006 2008

012592672

十堰地税青干班年鉴

十堰地税年鉴编委会编 十堰 十堰地税年鉴编委会

〔馆藏卷期〕2005/2006

013467367

湖北汽车工业学院年鉴

湖北汽车工业学院办公室 湖北汽车工业学院年鉴编纂委员会编 十堰 湖北汽车工业学院 2002—

〔馆藏卷期〕2002

茅箭区

009492922

茅箭年鉴

茅箭区人民政府办公室 茅箭区地方志办公室编 茅箭 茅箭区地方志办公室 1998—

〔馆藏卷期〕1997 1998 1999 2000 2001 2002/2003 2004/2005 2006/2007 2007/2008 2011 2012 2013 2014

张湾区

012617659

十堰市张湾年鉴

张湾年鉴

张湾区地方志编纂委员会编 张湾 张湾区地方志编纂委员会 2009—

〔馆藏卷期〕2008 2009 2010 2011 2012 2013 2014

郧阳区

012617594

郧县年鉴

郧县地方志办公室编 郧县 郧县人民政府办公室 2009—

〔馆藏卷期〕2006/2007 2008 2011 2012

丹江口市

012176919

丹江口年鉴

丹江口市史志办公室编 武汉 长江出版社 2009—

〔馆藏卷期〕2006 2007 2008 2009 2010 2011 2012 2013

郧西县

012617575
郧西年鉴
郧西县史志办公室编 郧西 郧西县人民政府办公室 2009—
〔馆藏卷期〕2009 2011 2012 2013

竹山县

008406296
竹山年鉴
竹山年鉴编纂委员会编 竹山 竹山县地方志办公室
〔馆藏卷期〕1995 1996 1998 1999

2000/2001 2002/2003 2004 2005 2006 2007 2008 2009 2010

竹溪县

012617812
竹溪年鉴
竹溪县人民政府办公室 竹溪县史志办公室编 竹溪 竹溪县人民政府办公室 2009—
〔馆藏卷期〕2008 2009 2012

房县

008438744
房县年鉴
房县人民政府办公室 房县地方志办公室编 房县 房县地方志办公室
〔馆藏卷期〕1986/1992 2011 2012 2013

宜昌市

008251239
宜昌年鉴
宜昌年鉴编纂委员会编 武汉 武汉大学出版社 1989—
〔馆藏卷期〕1989 1990 1991 1993 1994 1995 1996 1997 1998 1999 2000 2002 2003 2004 2005 2006 2007 2008 2009 2010 2011 2012 2013 2014

008251273
宜昌统计年鉴
宜昌市统计年鉴 1985—1987
宜昌市统计局编 北京 中国统计出版社

〔馆藏卷期〕1985 1986 1987 1994 1996 1997 1998 1999 2000 2001 2002 2003 2004 2005 2006 2007 2008 2009 2010 2011 2012 2013

013957660
清江年鉴
清江年鉴编纂委员会编 宜昌 清江公司
〔馆藏卷期〕2011

013656182
宜昌财政年鉴
宜昌财政年鉴编辑部编 宜昌 宜昌财政年鉴编辑部
〔馆藏卷期〕2007 2008

011503613
宜昌地税年鉴
宜昌市地方税务局编 宜昌 宜昌市地方税务局
〔馆藏卷期〕2004/2006 2007/2008

008957540
宜昌金融统计年鉴
宜昌金融统计年鉴编辑委员会编著 北京 中国金融出版社 2001—
〔馆藏卷期〕1949/2000

013758215
宜昌市卫生防疫站年鉴
宜昌市卫生防疫站年鉴编纂委员会编 宜昌 宜昌市卫生防疫站年鉴编纂委员会

〔馆藏卷期〕1997

011503618
宜昌卫生监督年鉴
宜昌市卫生局卫生监督中心编 宜昌 宜昌市卫生局卫生监督中心
〔馆藏卷期〕2005 2006

013933083
长江三峡通航年鉴
长江三峡通航管理局年鉴编纂委员会编 宜昌 长江三峡通航管理局
〔馆藏卷期〕2003

008449424
葛洲坝工程局年鉴
陈燕璇主编 葛洲坝工程局年鉴编纂委员会编 武汉 湖北科学技术出版社 1994
〔馆藏卷期〕1994

008875772
葛洲坝集团年鉴
中国葛洲坝集团有限公司 葛洲坝集团年鉴编辑部编 中国葛洲坝集团有限公司主办 宜昌 葛洲坝集团年鉴编辑部
〔馆藏卷期〕1995 1996 1997 1998 1999 2000 2001 2002 2003 2004 2005 2006 2007 2008 2009 2010 2011 2012

007712975
中国三峡建设年鉴
中国三峡建设年鉴编纂委员会编 中国长江三峡工程开发总公司主办 北京 中国三峡出版社 1995—
〔馆藏卷期〕1994 1996 1997 1998 1999 1999/2001 2000 2001 2002 2003 2004 2005 2006 2007 2008 2009 2010 2011 2012 2013

伍家岗区

009492640
伍家岗年鉴
宜昌市伍家岗区人民政府编 宜昌 宜昌市伍家岗区人民政府
〔馆藏卷期〕2002 2003 2004 2005 2006 2007 2008 2011 2012 2013 2014

夷陵区

013393872
夷陵年鉴
宜昌市夷陵区地方志编纂委员会办公室编 宜昌市夷陵区人民政府主办 武汉 长江出版社
〔馆藏卷期〕2011 2012 2013 2014

当阳市

009237408
当阳年鉴
当阳年鉴编纂委员会编 中共当阳市委员会 当阳市人民政府主办 当阳 当阳年鉴编纂委员会 2000—
〔馆藏卷期〕1994/1999 2012 2013

枝江市

013957775
枝江年鉴
枝江年鉴编撰委员会编 宜昌 三峡电子音像出版社
〔馆藏卷期〕2011 2013 2014

长阳土家族自治县

013793223
长阳年鉴
长阳年鉴编纂委员会编 中共长阳土家族自治县委员会 长阳土家族自治县人民政府主办 宜昌 三峡电子音像出版社
〔馆藏卷期〕2012 2013

五峰土家族自治县

013312027
五峰年鉴
中共五峰土家族自治县委员会 五峰土家族自治县人民政府主办 五峰 五峰土家族自治县人民政府 2010—
〔馆藏卷期〕2010

襄阳市

009037023
襄阳县年鉴
襄阳年鉴 1986/1995
襄阳县地方志办公室编 北京 中国县镇年鉴社
〔馆藏卷期〕1986/1995 1996/1998 1999/2001

012833418
襄阳年鉴
襄樊年鉴
襄阳市地方志编纂委员会编 中共襄阳市委 襄阳市人民政府主办 武汉 湖北人民出版社 2010—
〔馆藏卷期〕2010 2011 2012 2013 2014

013531533
襄阳统计年鉴
襄阳市统计局编 襄阳 襄阳市统计局 2011—
〔馆藏卷期〕2011 2012

襄城区

007462385
襄樊年鉴
襄樊市地方志办公室编 北京 中国文史出版社 1989—
〔馆藏卷期〕1988 1991/1992 1993 1994 1995 1996 1997 1998 1999 2000 2001 2002 2003 2004/2005 2006 2007 2008 2009

008275226
襄樊统计年鉴
湖北省襄樊市统计年鉴 1989/1990
襄樊市统计局编 北京 中国统计出版社
〔馆藏卷期〕1989/1990 1995 1996 1997/1998 2000/2001 2002 2003 2004 2005 2006 2007 2008 2009 2010

011503579
襄樊政协年鉴
政协襄樊市委员会编 襄樊 政协襄樊市委员会
〔馆藏卷期〕1999/2003

008477426
襄樊铁路分局年鉴
襄樊铁路分局史志编纂委员会编 襄樊 襄樊铁路分局编纂委员会
〔馆藏卷期〕1986 1987 1989 1990 1991 1992 1993 1994 1995 1996 1997 1998 1999 2000 2001 2002 2003 2004

012243284

襄樊财政年鉴

襄樊市财政局编 襄樊 襄樊市财政局

〔馆藏卷期〕1992 1999 2000 2001

襄州区

013957768

襄州年鉴

襄州区党史地方志编纂委员会办公室编 中共襄州区委员会 襄州区人民政府主办 襄州 襄州区党史地方志编纂委员会办公室 2013—

〔馆藏卷期〕2012 2013 2014

老河口市

009459824

老河口年鉴

老河口市地方志编纂委员会办公室编 老河口 老河口市地方志办公室 1998—

〔馆藏卷期〕1994/1996 1997/1999

枣阳市

009104908

枣阳年鉴

中共枣阳市委党史地方志办公室编 枣阳 中共枣阳市委党史地方志办公室 2000—

〔馆藏卷期〕2000 2001 2002 2003 2004 2005 2006 2007 2010/2011 2012/2013

宜城市

008438066

宜城年鉴

宜城市党史地方志编纂委员会办公室编 北京 中国县镇年鉴社

〔馆藏卷期〕1989 1991 1992 1994 1995/1997 1996 1997 2000 2002 2004 2005 2006 2007 2008 2010 2012 2013

南漳县

008520903

南漳年鉴

南漳县地方志办公室 南漳县档案局编 南漳 南漳县地方志办公室 1990—

〔馆藏卷期〕1990 1993 1994 1997 1999 2001 2005 2007 2009 2011 2012 2013 2014

014014785

南漳统计年鉴

南漳县统计局编 南漳 南漳县统计局

〔馆藏卷期〕2008

谷城县

008555500

谷城年鉴

湖北省谷城县地方志编纂委员会办公室编 谷城 湖北省谷城县地方志编纂委员会办公室

〔馆藏卷期〕1999

保康县

009840857

保康年鉴

保康县史志办公室编 中共保康县委 保康县人民政府主办 武汉 长江出版社

〔馆藏卷期〕2011 2012 2013 2014

鄂州市

008574176

鄂州年鉴

鄂州年鉴编辑委员会主编 北京 北京燕山出版社

〔馆藏卷期〕1997 1998 1999 2000 2001 2002 2003 2004 2005 2006 2007 2008 2009 2010 2011 2012

009426077

鄂州统计年鉴

湖北省鄂州市统计局编 鄂州 湖北省鄂州市统计局

〔馆藏卷期〕1983/2013 1997 1999 2001 2003 2004 2006 2006/2010 2008 2009 2011 2013

011821831

程潮铁矿年鉴

程潮铁矿年鉴编纂委员会编 武汉 程潮铁矿年鉴编纂委员会

〔馆藏卷期〕2004 2005 2006 2007 2008

008432829

鄂钢年鉴

鄂钢年鉴编纂委员会编 鄂州 鄂钢年鉴编纂委员会

〔馆藏卷期〕1994 1995 1996 1997 2004 2010

013173450

鄂州供电公司年鉴

鄂州供电公司编 鄂州 鄂州供电公司 2010—

〔馆藏卷期〕2010 2011

华容区

007847481

华容年鉴

华容年鉴编委会编 华容 华容年鉴编辑部 1992—

〔馆藏卷期〕1992 1993 1994 1995 1996 1997 1998 1999 2000 2001 2002

2003 2004 2005 2006 2007 2008 2010 2012

荆门市

008432802
荆门年鉴
湖北省荆门市地方志编纂委员会编 北京 北京燕山出版社
〔馆藏卷期〕1997 1998 1999 2000 2001 2002 2003 2004 2005 2006 2007 2008 2009 2010 2011 2012 2013 2014

009840903
荆门统计年鉴
荆门市国民经济和社会发展统计年鉴 1990
荆门市统计局编 荆门 荆门市统计局
〔馆藏卷期〕1990 2004 2005 2006 2007 2008 2009 2010 2011 2012 2013 2014

012526064
荆门公安年鉴
荆门公安年鉴编纂委员会编 荆门 荆门公安年鉴编纂委员会 2005—
〔馆藏卷期〕2004

013753419
荆门供电公司年鉴
荆门供电公司年鉴编辑委员会编 荆门 荆门市文化体育和新闻出版局
〔馆藏卷期〕2012

013753420
荆门地税年鉴
荆门地税年鉴编委会编 荆门 荆门地税年鉴编委会
〔馆藏卷期〕2012

009840902
荆门国税年鉴
荆门国税年鉴编纂委员会编 荆门 荆门国税年鉴编纂委员会
〔馆藏卷期〕2001 2009

013711346
荆门税务年鉴
荆门税务年鉴编纂委员会编 荆门 荆门税务年鉴编纂委员会
〔馆藏卷期〕1991 1992

013753418
荆门卫生监督年鉴
荆门市卫生监督局编 荆门 荆门市卫生监督局
〔馆藏卷期〕2012

东宝区

013470920
东宝年鉴
东宝年鉴编委会编 东宝区人民政府主办 东宝 东宝年鉴编委会
〔馆藏卷期〕2011 2012

掇刀区

013470926
掇刀年鉴
荆门市掇刀区地方志编纂委员会办公室编 荆门市掇刀区人民政府主办 掇刀 荆门市掇刀区人民政府 2011—
〔馆藏卷期〕2011 2012 2013

钟祥市

009502483
钟祥年鉴
钟祥年鉴编纂委员会编 钟祥 钟祥年鉴编纂委员会
〔馆藏卷期〕1995 2009 2010 2011 2012 2013 2014

京山县

008998435
京山年鉴
京山年鉴编纂委员会编 北京 红旗出版社 1992—
〔馆藏卷期〕1986/1990 1991/1995 1996/2000 2012 2014

沙洋县

011967117
沙洋年鉴
沙洋年鉴编辑委员会编 沙洋县人民政府主办 沙洋 沙洋年鉴编辑委员会 2008—
〔馆藏卷期〕1998/2007 2011 2012 2013

孝感市

008438093
孝感年鉴
湖北省孝感年鉴编纂委员会编 北京 中国县镇年鉴社
〔馆藏卷期〕1993/1995 1999 2002 2005 2008 2009 2010 2011 2012 2013

009492608
孝感统计年鉴
孝感市统计局编 孝感 孝感市统计局
〔馆藏卷期〕1995 1996 1997 1999 2000 2002 2003 2004 2005 2006 2007 2008 2009 2010 2011 2012 2013

013821787
孝感供电年鉴
孝感供电年鉴编纂委员会编 孝感 孝感供电公司
〔馆藏卷期〕2001/2003 2004/2007

012593433
孝感国税年鉴
孝感国税年鉴编纂委员会编 孝感 孝感国税年鉴编纂委员会
〔馆藏卷期〕1997 1998 1999 2000/2001 2002/2003 2004 2005 2007 2008

013791054
中国工商银行孝感市分行年鉴
中国工商银行孝感地区分行年鉴 1992
中国工商银行孝感市分行年鉴编辑委员会编 孝感 中国工商银行孝感市分行
〔馆藏卷期〕1992 1993/1995 2001/2003 2004/2005

013791015
孝感学院年鉴
孝感学院发展规划处编 孝感 孝感学院发展规划处
〔馆藏卷期〕2010

孝南区

013996304
孝南统计年鉴
孝南区统计局编 孝南 孝感市孝南区统计局
〔馆藏卷期〕2012

应城市

008434168
应城年鉴
应城年鉴编辑委员会编 应城 应城年鉴编辑委员会
〔馆藏卷期〕1986/1992 1993/1998 1999/2003 2004/2006

011399612
应城统计年鉴
应城市统计局编 应城 应城市统计局
〔馆藏卷期〕1993 1994 1995 1996 1997 1998 1999 2000 2001 2002 2003 2004 2005 2006 2007 2008 2010 2012

安陆市

013859208
安陆年鉴
安陆市地方志编纂委员会办公室编 安陆市人民政府主办 安陆 安陆市地方志编纂委员会办公室 2013—
〔馆藏卷期〕2012 2013

013809401
安陆统计年鉴
安陆市国民经济统计资料 2000

安陆市统计局编 安陆 安陆市统计局
〔馆藏卷期〕2000 2001 2002 2006 2008 2009 2010

汉川市

011966567

汉川年鉴

汉川市地方志编纂委员会办公室编 汉川市人民政府主办 汉川 汉川年鉴编纂委员会 2008—
〔馆藏卷期〕1997/2006 2007/2009 2011

013859212

汉川统计年鉴

汉川市统计局编 汉川 汉川市统计局
〔馆藏卷期〕2008 2012

012525975

汉川水利年鉴

汉川水利年鉴编纂委员会编 汉川 汉川市水利局 2008—
〔馆藏卷期〕1997/2007

孝昌县

013791004

孝昌统计年鉴

孝昌县统计局编 孝昌 孝昌县统计局
〔馆藏卷期〕1993/2001 1996 2000 2007

大悟县

012983130

大悟年鉴

大悟县地方志编纂委员会办公室编 大悟县人民政府主办 大悟 大悟县人民政府 2010—
〔馆藏卷期〕2010 2011 2012

013753561

大悟县统计年鉴

大悟县统计局编 大悟 大悟县统计局
〔馆藏卷期〕2000 2001 2005 2006 2007 2008 2009 2012 2013

云梦县

008438624

云梦年鉴

云梦年鉴编纂委员会编 云梦 云梦年鉴编纂委员会
〔馆藏卷期〕1988/1995 1996/2000

013758745

云梦统计年鉴

云梦县统计局编 云梦 云梦县统计局
〔馆藏卷期〕1997 2001 2003 2004/2005 2008/2009 2010

荆州市

008432917

荆沙年鉴

荆沙年鉴编辑委员会编 北京 中国三峡出版社

〔馆藏卷期〕1995 1996

008432786

荆州年鉴

荆州年鉴编辑委员会编 北京 中国三峡出版社

〔馆藏卷期〕1997 1998 1999 2000 2001 2002 2003 2004 2005 2006 2007 2008 2009 2010 2011 2012 2013 2014

009234096

荆州统计年鉴

荆沙统计年鉴 1996

荆州统计局编 北京 中国统计出版社

〔馆藏卷期〕1992 1995 1996 1997 1998 2000 2001 2002 2003 2004 2005 2006 2007 2008 2009 2010 2011 2012 2013 2014

013172745

荆州交通年鉴

荆州交通局编 荆州 荆州市交通局 2008—

〔馆藏卷期〕2008 2010

013711490

长江大学文理学院年鉴

长江大学文理学院办公室编 荆州 长江大学文理学院办公室

〔馆藏卷期〕2004

013788391

荆州师范学院年鉴

荆州师范学院办公室编 荆州 荆州师院办公室

〔馆藏卷期〕2001 2002

014014351

荆州卫生年鉴

荆州卫生年鉴编辑委员会编 荆州 荆州卫生年鉴编辑委员会 2010—

〔馆藏卷期〕2003 2004/2005 2010

沙市区

006058859

沙市年鉴

沙市市地方志办公室 沙市市地方志编纂委员会编 沙市 沙市地方志办公室 沙市年鉴编辑部 1987—

〔馆藏卷期〕1987 1988 1989 1990 1991 1992 1993/1994

013677623

沙市年鉴

荆州市沙市年鉴

沙市年鉴编纂委员会编 中共荆州市沙市区委员会 荆州市沙市区人民政府主办 沙市 沙市年鉴编纂委员会

〔馆藏卷期〕2005/2009 2011 2012 2014

石首市

005701126

石首年鉴

湖北省石首市地方志编纂委员会编 北京 红旗出版社 1992—

〔馆藏卷期〕1986/1990 1991/1993 1994/1998 1999/2003 2007/2012 2013

洪湖市

009840898

洪湖统计年鉴

洪湖市统计局编 洪湖 洪湖市统计局 2008—

〔馆藏卷期〕2008 2009

松滋市

008215832

松滋年鉴

湖北省松滋县地方志办公室编 松滋 湖北省松滋县地方志办公室

〔馆藏卷期〕1987 1991

007211174

松滋统计年鉴

松滋县统计局编 北京 中国统计出版社

〔馆藏卷期〕1993 1995

013953617

松滋统计年鉴

松滋统计十年鉴

松滋市统计局编 松滋 松滋市统计局 2006—

〔馆藏卷期〕1997/2006 2004

公安县

013604540

公安年鉴

公安县党史和地方志办公室编 中共公安县委员会 公安县人民政府主办 公安 公安县党史和地方志办公室

〔馆藏卷期〕2011 2012 2013 2014

监利县

013677835

监利年鉴

监利年鉴编辑委员会编 中共监利县委员会 监利县人民政府主办 监利 监利县地方志办公室

〔馆藏卷期〕2009 2010 2011 2012 2013 2014

013603126
监利统计年鉴
监利县统计局编 监利 监利县统计局
〔馆藏卷期〕2007 2011

江陵县

013928142
江北年鉴
江北监狱年鉴
湖北省江北监狱编 荆州 湖北省江北监狱
〔馆藏卷期〕2009

008466012
江陵年鉴
江陵年鉴编纂委员会编 江陵 江陵县县志办公室 1992—
〔馆藏卷期〕1992 1993

012261265
江陵年鉴
江陵五年鉴
江陵年鉴编纂委员会编 中共江陵县委员会 江陵县人民政府主办 江陵 江陵年鉴编纂委员会 2006—
〔馆藏卷期〕1995/1999 2000/2004

黄冈市

008397152
黄冈年鉴
黄冈年鉴编纂委员会编 北京 北京燕山出版社
〔馆藏卷期〕1997 1998 1999 2000 2001 2002 2003 2004 2005 2006 2007 2008 2009 2010 2011 2012 2013 2014

009805702
黄冈统计年鉴
黄冈市统计局编 黄冈 黄冈市统计局 1997—
〔馆藏卷期〕1991 1994 1996 1997 1999 2000 2001 2004 2005 2006 2007 2008 2009 2010 2011 2014

008432820
黄冈邮电年鉴
黄冈市邮电年鉴编纂委员会编 合肥 黄山书社
〔馆藏卷期〕1998

012923574
黄冈财政年鉴
黄冈财政年鉴编纂委员会编 黄冈 黄冈财政年鉴编纂委员会
〔馆藏卷期〕1992/1996

013608986
黄冈地区财政税务年鉴
黄冈地区财政年鉴 1988—
黄冈地区财政税务年鉴编纂委员会编 黄冈 黄冈地区财政税务年鉴编纂委员会
〔馆藏卷期〕1986 1987 1988 1989

013753930
黄冈市教育统计年鉴
黄冈市教育委员会编 黄冈 黄冈市教育委员会
〔馆藏卷期〕1996/1998 1999/2000 2003/2004

011502935
黄冈卫生年鉴
黄冈卫生年鉴编纂委员会编 黄冈市卫生局主办 黄冈 黄冈市卫生局 2000—
〔馆藏卷期〕1999

黄州区

013859205
黄州统计年鉴
黄州区统计局编 黄州 黄冈市黄州区统计局
〔馆藏卷期〕2012

麻城市

009502486
麻城年鉴
麻城年鉴编纂委员会编 麻城市人民政府主办 合肥 黄山书社 1998—
〔馆藏卷期〕1986/1997 2012

014014401
麻城市统计年鉴
麻城统计年鉴
麻城市统计局编 麻城 麻城市统计局
〔馆藏卷期〕1999/2003 2002 2004 2005 2006 2007 2008

武穴市

008465996
武穴年鉴
武穴市地方志编纂委员会编 武穴市人民政府主办 武穴 武穴市地方志编纂委员会
〔馆藏卷期〕1998 2003 2003/2006 2010/2011

013899334
武穴统计年鉴
武穴市统计年鉴
武穴市统计局编 武穴 武穴市统计局
〔馆藏卷期〕1997 1998 2001 2003

团风县

013790127
团风统计年鉴
团风县财政局编 团风 团风县统计局
〔馆藏卷期〕1995/1998 2001

红安县

008466000
红安年鉴
红安县地方志办公室年鉴编辑部编 红安 红安县地方志编纂委员会
〔馆藏卷期〕1990/1993 1994/1997 1998/2000

013753740
红安县统计年鉴
红安县统计局编 红安 红安县统计局
〔馆藏卷期〕1998 2005

013608978
红安教育年鉴
红安县教育局编 红安 红安县教育局 2008—
〔馆藏卷期〕2008 2009 2010

罗田县

008828449
罗田年鉴
罗田年鉴编纂委员会编 罗田 罗田县人民政府
〔馆藏卷期〕2000 2001 2002 2004 2005 2006 2008 2009 2011 2012

013747813
罗田统计年鉴
罗田县财政局编 罗田 罗田县统计局
〔馆藏卷期〕2002 2003 2004 2005 2006 2007 2011

浠水县

009520191
浠水年鉴
湖北省浠水县地方志编纂委员会办公室编 浠水县人民政府主办 浠水 浠水县人民政府
〔馆藏卷期〕1994 1995 1996 1997 1998 1999 2000 2001 2002 2003 2004 2005 2006 2007 2008 2009 2010 2011 2012 2013 2014

013936566
浠水统计年鉴
浠水县统计局编 浠水 浠水县统计局
〔馆藏卷期〕2001 2002

013397148
浠水教育年鉴
浠水教育年鉴编辑组编 浠水 浠水县教育局 2010—
〔馆藏卷期〕2010 2012

蕲春县

009054718
蕲春年鉴
蕲春年鉴编委会主编 蕲春县人民政府主办 深圳 海天出版社
[馆藏卷期]1994/1998

013609043
蕲春统计年鉴
蕲春县统计年鉴 2003—

国民经济统计年鉴 2010
蕲春县统计局编 蕲春 蕲春县统计局
[馆藏卷期]1991 1992 1993 1994 1998 1999 2000/2001 2002 2003 2004 2005 2007 2008 2010

013608671
蕲春国税年鉴
蕲春国税年鉴编纂委员会编 蕲春 蕲春国税年鉴编纂委员会
[馆藏卷期]1994/1999 2004/2012

咸宁市

008957076
咸宁年鉴
咸宁年鉴编辑委员会编 咸宁市人民政府主办 武汉 湖北辞书出版社 2001—
[馆藏卷期]2001 2002 2003 2004 2005 2006 2007 2008 2009 2010 2011 2012 2013

009436823
咸宁统计年鉴
咸宁市人民政府编 咸宁 咸宁市人民政府
[馆藏卷期]2002 2004 2008 2009 2010 2011 2012 2013 2014

咸安区

013957694
咸安年鉴
咸安区地方志编纂委员会编 咸宁市咸安区人民政府主办 咸安 咸安区地方志编纂委员会
[馆藏卷期]2011 2012 2013

赤壁市

009081314
赤壁年鉴
赤壁年鉴编纂委员会编 赤壁 赤壁年鉴编纂委员会 2000—
[馆藏卷期]1998/2000 2001/2002 2003 2004 2005 2006 2007 2008 2009

2010 2011 2012 2014

005033010
蒲圻年鉴
蒲圻市蒲圻年鉴编辑部编 北京 中国文史出版社
〔馆藏卷期〕1987 1988 1989 1990 1991 1994/1997

嘉鱼县

012923626
嘉鱼年鉴
嘉鱼县地方志办公室编 嘉鱼县人民政府主办 嘉鱼 嘉鱼县地方志办公室 2010—
〔馆藏卷期〕2009 2010 2011 2012 2013

通城县

008063523
通城年鉴
通城县地方年鉴编纂委员会编 北京 中国文史出版社 1989—
〔馆藏卷期〕1989 1990 1991 1992 1995 1996 1997 1999 2000 2001 2002 2003 2004 2005 2006 2007 2008 2012

崇阳县

010102651
崇阳年鉴
崇阳县地方志编纂委员会主编 崇阳县人民政府主办 崇阳 崇阳县地方志编纂委员会 2008—
〔馆藏卷期〕2007 2010 2012

通山县

013957679
通山年鉴
通山县地方志办公室编 通山县人民政府主办 通山 通山县地方志办公室
〔馆藏卷期〕2011 2012 2013

随州市

009135307
随州年鉴
随州年鉴编辑委员会编 随州 随州年鉴编辑委员会
〔馆藏卷期〕2002 2003 2004 2005 2006 2007 2008 2009 2010 2011 2012 2013 2014

011967363
随州统计年鉴

随州市统计局编 随州 随州市统计局
〔馆藏卷期〕2000 2008 2009 2010 2011 2012 2013 2014 2015

011398899
随州经济普查年鉴
随州市人民政府第一次全国经济普查领导小组办公室 随州市统计局编 随州 随州市统计局 200
〔馆藏卷期〕2004

曾都区

012617643
曾都年鉴
随州市曾都区地方志办公室 中共随州市曾都区委党史办公室编 曾都 随州市曾都区地方志办公室
〔馆藏卷期〕2000/2002

广水市

009459801
广水年鉴
广水市地方志编纂委员会编 广水 广水市地方志编纂委员会
〔馆藏卷期〕1997/2001 2002/2006 2007/2011

014014251
广水市统计年鉴
广水统计年鉴
国家统计局广水调查队编 广水 广水市统计局
〔馆藏卷期〕2008

随县

013467747
随县年鉴
随县地方志办公室 中共随县县委党史办公室编 随县 随县地方志办公室 2010—
〔馆藏卷期〕2010 2012 2013 2014

恩施土家族苗族自治州

008579678
恩施州年鉴
恩施土家族苗族自治州地方志办公室编 恩施 恩施州年鉴编辑委员会
〔馆藏卷期〕1999 2000 2001 2002 2003 2004 2005 2006 2007 2008 2009 2011 2012 2013

009426246
恩施州统计年鉴
恩施土家族苗族自治州统计局编 恩施 恩施土家族苗族自治州统计局
〔馆藏卷期〕1994 2002 2003 2004 2005 2006 2007 2008 2009 2010 2011 2012 2013

恩施市

013747977
恩施市年鉴
恩施市史志办公室编 恩施市人民政府主办 恩施 恩施市史志办公室
〔馆藏卷期〕2011

利川市

008520887
利川年鉴
利川市地方史志编纂委员会编 利川 利川年鉴编辑部
〔馆藏卷期〕1999 2000 2001 2002 2003 2004 2005 2006 2007 2008 2011 2012 2013

建始县

008941752
建始县年鉴
建始年鉴 2003
建始县年鉴编辑委员会编 建始 建始县地方志编纂委员会办公室 2000—
〔馆藏卷期〕2000 2003 2005 2013

巴东县

009406042
巴东年鉴
巴东县史志办公室编 中共巴东县委 巴东县人民政府主办 巴东 巴东县史志办公室
〔馆藏卷期〕2000/2001 2003 2004 2005 2006 2007 2010 2012

宣恩县

013714534
宣恩年鉴
宣恩年鉴编纂委员会编 中共宣恩县委 宣恩县人民政府主办 宣恩 宣恩年鉴编纂委员会
〔馆藏卷期〕2010 2011 2012

009933612
宣恩统计年鉴
宣恩县统计局编 宣恩 宣恩县统计局
〔馆藏卷期〕1999

咸丰县

012655826
咸丰年鉴
咸丰县年鉴编辑委员会 中共咸丰县委

史志办公室编 湖北省咸丰县人民政府主办 咸丰 咸丰县年鉴编辑委员会 2008—
〔馆藏卷期〕2008 2011 2012 2013

来凤县

012923777
来凤年鉴
来凤县年鉴编纂委员会编 湖北省来凤县人民政府主办 来凤 来凤县年鉴编纂委员会
〔馆藏卷期〕2000 2000/2007 2008/2009

013932115
来凤统计年鉴
来凤县统计局编 来凤 湖北省来凤县统计局
〔馆藏卷期〕2005 2006

鹤峰县

008577068
鹤峰年鉴
鹤峰年鉴编辑委员会编 鹤峰 鹤峰年鉴编辑委员会
〔馆藏卷期〕1986/1990 1991/1995 1996/2000 2001/2005 2009 2011 2012 2013

014014273
鹤峰县统计年鉴
鹤峰县统计局编 鹤峰 鹤峰县统计局
〔馆藏卷期〕2008

省直辖县级行政单位

仙桃市

012801238
仙桃年鉴
仙桃年鉴编辑委员会编 中共仙桃市委员会 仙桃市人民政府主办 仙桃 仙桃年鉴编辑委员会 2010—
〔馆藏卷期〕2010 2011 2012 2013 2014

009426259
仙桃统计年鉴
仙桃市统计局编 仙桃 仙桃市统计局
〔馆藏卷期〕1999 2000 2001 2002 2003 2004 2005 2006 2007 2008 2009 2011 2012 2013

013753421
仙桃国税年鉴
仙桃国税年鉴编纂委员会编 仙桃 仙桃市国家税务局
〔馆藏卷期〕2012

潜江市

013957645
潜江年鉴
潜江市地方志办公室编 潜江 潜江市地方志办公室
〔馆藏卷期〕2011

009459870
潜江统计年鉴
潜江市统计局编 潜江 潜江市统计局
〔馆藏卷期〕2003 2004 2005 2006 2007 2008 2009 2011 2012 2013

天门市

008395269
天门年鉴
天门市地方志办公室编 中共天门市委员会 天门市人民政府主办 天门 天门市地方志办公室
〔馆藏卷期〕1986/1989 1990/1991 1992/1995 2012 2013 2014

009426253
天门统计年鉴
天门市统计局编 天门 天门市统计局
〔馆藏卷期〕2002 2003 2004 2005 2006 2007 2008 2009 2011 2012 2013

神农架林区

011503460
神农架年鉴
神农架林区地方志办公室编 神农架 神农架林区地方志办公室 2006—
〔馆藏卷期〕2001/2005

湖南省

008133959
湖南年鉴
湖南省年鉴
湖南省政治年鉴
湖南省政府秘书处第五科编纂 长沙 湖
　南省政府秘书处
〔馆藏卷期〕1930 1933

001733890
湖南年鉴
湖南省地方志编纂委员会编 长沙 湖南
　省地方志编纂委员会
〔馆藏卷期〕1986 1987 1988 1989 1990
　1991 1992 1993 1994 1995 1996
　1997 1998 1999 2000 2001 2002
　2003 2004 2006 2007 2008 2009
　2010 2011 2013

009926309
湖南社会科学年鉴
湖南省社会科学界联合会编 北京 中国
　商业出版社 1990—

〔馆藏卷期〕1987/1989

013664711
湖南社会科学年鉴
湖南社科联年鉴
湖南省社会科学界联合会编 湘潭 湘潭
　大学出版社 2012—
〔馆藏卷期〕2012

008477000
湖南社科联年鉴
湖南社科联年鉴编辑部编 北京 中国商
　业出版社
〔馆藏卷期〕1992 2000 2000/2005

013655938
湖南城市统计年鉴
湖南省统计局编 长沙 湖南省统计局
〔馆藏卷期〕2010

001709145
湖南统计年鉴

湖南省统计年鉴

湖南省统计局编 北京 中国统计出版社

〔馆藏卷期〕1982 1983 1985 1986 1987
1988 1989 1990 1991 1992 1993
1994 1995 1996 1997 1998 1999
2000 2001 2002 2003 2004 2005
2006 2007 2008 2009 2011 2012
2013 2014

012923540

湖南共青团年鉴

共青团湖南省委编 长沙 共青团湖南省委

〔馆藏卷期〕2009 2010 2011

013680592

湖南宣传年鉴

中共湖南省委宣传部编 长沙 湖南人民出版社 2012—

〔馆藏卷期〕2012 2013 2014

008516762

湖南省政治年鉴

湖南省政府秘书处第五科编纂 长沙 湖南省政府秘书处 1930—1932

〔馆藏卷期〕1932

012194262

湖南法院年鉴

湖南省高级人民法院编 长沙 湖南省高级人民法院 2006—

〔馆藏卷期〕2006 2007 2008 2009 2011 2012 2013

013753745

湖南检察年鉴

湖南检察年鉴编辑部编 长沙 湖南省人民检察院

〔馆藏卷期〕2010

013714746

湖南小康年鉴

湖南省城乡小康发展中心编 长沙 湖南人民出版社 2012—

〔馆藏卷期〕2012 2013 2014

012591792

湖南开发区年鉴

湖南省发展和改革委员会编 长沙 湖南地图出版社 2010—

〔馆藏卷期〕2010 2011 2012 2013

013173479

湖南质量技术监督年鉴

湖南省质量技术监督局编 长沙 湖南省质量技术监督局

〔馆藏卷期〕2007 2008

012361863

中国外向型企业年鉴 湖南分卷

光明日报出版社年鉴编辑部编 北京 光明日报出版社 1989—

〔馆藏卷期〕1989

013173459

湖南林业年鉴

湖南省林业厅编 长沙 湖南省林业厅

〔馆藏卷期〕1986/1991

008405489
湖南农业年鉴
湖南省地方志编纂委员会 湖南农业年鉴编辑部编 长沙 湖南年鉴社
〔馆藏卷期〕1996

009933618
湖南农业统计年鉴
湖南农村统计年鉴 2000—
湖南省统计局农业处编 长沙 湖南省统计局农业处
〔馆藏卷期〕1995 1996 1997 1998 1999 2000 2001 2002 2003 2004 2005 2006 2007 2008 2009 2010 2011 2012 2013 2014

012923551
湖南煤炭工业年鉴
湖南省煤炭工业局编 香港 天马出版有限公司 2009—
〔馆藏卷期〕2002/2008 2009/2011

013655954
湖南能源统计年鉴
湖南省发展和改革委员会编 北京 中国统计出版社 2012—
〔馆藏卷期〕2005/2010

013173474
湖南省工程机械行业年鉴
湖南省机械行业管理办公室 中国工程机械工业协会信息工作委员会编 长沙 湖南省机械行业管理办公室
〔馆藏卷期〕2010

012521530
湖南省农村水电统计年鉴
湖南省农村水电及电器化发展局编 长沙 湖南省农村水电及电器化发展局 2007—
〔馆藏卷期〕2005 2006 2007

012526027
湖南省石化统计年鉴
湖南省石油化学工业厅编 长沙 湖南省石油化学工业厅
〔馆藏卷期〕1988 1989 1991 1992 1993 1995 1996 1997

012354171
湖南水利统计年鉴
湖南省水利厅编 长沙 湖南省水利厅
〔馆藏卷期〕2006 2007 2008 2009

013172739
湖南烟草工业年鉴
湖南中烟工业有限责任公司编 长沙 湖南人民出版社
〔馆藏卷期〕2008 2009 2010

011140415
湖南冶金年鉴
湖南冶金年鉴编辑委员会编 长沙 湖南科学技术出版社 1993—

〔馆藏卷期〕1986/1990 1991/1995

011502884
湖南工业统计年鉴
湖南省统计局工交能源处 湖南省经贸委经济运行处编 长沙 湖南省统计局
〔馆藏卷期〕1987/1993 2000/2006 2007/2011

013752780
湖南101市县IT渠道年鉴
湖南101市县IT渠道年鉴编纂委员会编 湖南 湖南101市县IT渠道年鉴编纂委员会 2012
〔馆藏卷期〕2012

008437561
湖南交通年鉴 湖南年鉴分册
湖南交通年鉴编辑委员会编 长沙 湖南交通年鉴编辑委员会
〔馆藏卷期〕1998

009062474
湖南邮电年鉴
湖南省邮电管理局编 长沙 湖南人民出版社
〔馆藏卷期〕1997 1998 1999

009805705
湖南邮政年鉴
湖南省邮政局编 长沙 湖南省邮政局 2000—
〔馆藏卷期〕2000 2001 2002 2003 2004 2005 2007 2008 2009

009617384
湖南电信年鉴
湖南电信年鉴编辑部编 长沙 湖南省电信公司
〔馆藏卷期〕2000 2003 2004 2006 2008 2009 2010 2011 2012

012923558
湖南物价年鉴
湖南省物价局编 长沙 湖南省物价局
〔馆藏卷期〕2002/2003 2004 2005 2006 2007 2008 2011 2012

013753883
湖南异地商会年鉴
湖南异地商会年鉴编委会 湖南省经济技术协作办公室编 北京 中央文献出版社
〔馆藏卷期〕2007/2009 2010/2011

009913543
湖南财政年鉴
湖南省财政厅编 长沙 湖南人民出版社 2005—
〔馆藏卷期〕2005 2006 2007 2008 2009 2010 2011 2012 2013 2014

012923535
湖南地税年鉴
湖南省地方税务局编 长沙 湖南省地方税务局

〔馆藏卷期〕2006 2007 2008 2009

012047281
湖南保险年鉴
湖南省保险行业协会秘书处编 湖南省保险行业协会主办 长沙 湖南保险年鉴编辑部 2007—
〔馆藏卷期〕2003 2004 2005 2006 2007 2008 2009 2010 2011 2012 2013 2014

011502901
湖南省扫黄打非年鉴
湖南省扫黄打非工作小组办公室编 长沙 湖南省扫黄打非工作小组 2007—
〔馆藏卷期〕2006 2007 2008 2009 2010 2011 2012

012591797
湖南信息年鉴
湖南省信息协会编 湖南省信息协会主办 长沙 湖南省信息协会 2007—
〔馆藏卷期〕2005/2006 2009 2010 2011 2012 2013

005033362
湖南广播电视年鉴
湖南省广播电视厅史志编辑室编纂 长沙 湖南省广播电视厅史志编辑室
〔馆藏卷期〕1986 1987/1988 1989/1990 1991/1992 1993 1994/1995 1996 1997 1998 1999 2000 2001 2002 2003 2004 2005 2006 2007 2011

008944102
湖南出版年鉴
湖南省新闻出版局编 长沙 湖南人民出版社
〔馆藏卷期〕1996 1997 1998 1999 2000 2001 2002 2003 2004 2005 2006

009436870
湖南科技年鉴
湖南省科学技术厅编 长沙 湖南省科学技术厅 2003—
〔馆藏卷期〕2002 2003 2004 2005 2006 2007 2008 2009 2010 2011 2012 2013 2014

013655941
湖南科技统计年鉴
湖南省统计局编 长沙 湖南省科学技术厅
〔馆藏卷期〕2005 2010

009502491
湖南教育年鉴
湖南省教育厅编 长沙 湖南省教育厅 2002—
〔馆藏卷期〕2002 2003 2004 2005 2006 2007 2008 2009 2010 2011 2012

009726063
湖南教育事业统计年鉴
湖南省教育厅编 长沙 湖南教育出版社 2001
〔馆藏卷期〕2000 2001 2002 2003 2004

2005　2006　2007　2008　2009　2010

011502895
湖南省教育经费统计年鉴
湖南省教育委员会财务建设处　湖南省统计局社会与科技统计处编　长沙　湖南师范大学出版社
〔馆藏卷期〕1996　1997　1998

011822080
湖南体育年鉴
湖南体育年鉴编辑部编　长沙　湖南省体育局　2000—
〔馆藏卷期〕1990/1991　1992　1993/1994　1995/1996　1997/1998　1999/2000　2001/2002　2003/2004

013788108
芙蓉国年鉴
湖南作家网编选　北京　中国文联出版社
〔馆藏卷期〕2007

012723557
湖南省文学艺术界联合会年鉴
湖南省文联年鉴编辑委员会编　长沙　湖南省文联年鉴编辑委员会　2010—
〔馆藏卷期〕2009

013753750
湖南青年书法年鉴
湖南省青年书法家协会编　长沙　中国艺术出版社　2012—
〔馆藏卷期〕1985/2012

013752793
湖南硬笔书坛年鉴
湖南省硬笔书法家协会编　北京　中国文艺出版社　2012—
〔馆藏卷期〕2012

013753874
湖南省卫生监督所年鉴
湖南省卫生厅卫生监督所编　长沙　湖南省卫生监督所
〔馆藏卷期〕2009

008241761
湖南卫生年鉴
湖南卫生年鉴编辑委员会编　长沙　湖南出版社　1991—
〔馆藏卷期〕1991　1992　1993　1994　1995　1996　1997　1998　1999/2000　2001　2002　2003　2004　2005　2006　2007　2009　2010　2011

013752788
湖南建设造价年鉴
湖南省建设工程造价管理总站编　长沙　湖南地图出版社　2012—
〔馆藏卷期〕2012　2013

009519982
湖南建设年鉴
湖南年鉴社编辑　长沙　湖南年鉴社　1996—
〔馆藏卷期〕1996　1998　2000/2001　2002　2003　2004　2005　2006　2007　2008

2009 2010 2011 2012 2013 2014

013311777

湖南火灾统计年鉴

湖南省公安厅消防总队编 长沙 湖南省公安消防总队 1995—

〔馆藏卷期〕1990/1994

008139732

湖南省环境监测年鉴

湖南省环境保护局编 北京 中国环境科学出版社 1990—

〔馆藏卷期〕1976/1985

013173458

湖南安全生产年鉴

湖南省安全生产委员会办公室 湖南省安全生产监督管理局编 长沙 湖南安全生产年鉴编辑委员会 2007—

〔馆藏卷期〕2006

长沙市

002456453

长沙年鉴

长沙市志编纂委员会办公事编 长沙 长沙市志编纂委员会办公事 1987—

〔馆藏卷期〕1987 1988 1989 1990 1991 1992 1993 1994 1995 1996 1997 1998 1999 2000 2001 2002 2003 2004 2005 2006 2007 2008 2009 2010 2011 2012 2013 2014

013397045

长株潭试验区年鉴

湖南省长株潭两型社会建设改革试验区领导协调委员会办公室 湖南省长株潭两型社会建设改革试验区领导协调委员会智力办公室编 长沙 湖南人民出版社 2012—

〔馆藏卷期〕2011 2012 2013 2014

004534886

长沙统计年鉴

长沙市统计局编 长沙 长沙市统计局

〔馆藏卷期〕1986 1987 1988 1989 1990 1993 1994 1995 1996 1997 1998 1999 2000 2001 2002 2003 2004 2005 2007 2008 2009 2010 2011 2012 2013 2014

012926212

中南大学共青团工作年鉴

共青团中南大学委员会编 长沙 中南大学共青团

〔馆藏卷期〕2009 2010 2011

012243205

长沙公安年鉴

长沙市公安局编 长沙 长沙市公安局

2003—

〔馆藏卷期〕2003　2005　2006

013311461

长沙经济普查年鉴

长沙市第二次全国经济普查领导小组办公室编　长沙　长沙市统计局

〔馆藏卷期〕2008

008977258

湖南长株潭经济年鉴

湖南长株潭经济年鉴编辑部编　湖南省地方志编委会主办　北京　方志出版社

〔馆藏卷期〕2002

013758756

长沙市企业和产品年鉴

长沙市质量技术监督局编　深圳　海天出版社

〔馆藏卷期〕2003/2004

013677456

长沙房地产广告年鉴

长沙市住房和城乡建设委员会　长沙市房地产开发协会编　长沙　长沙房地产杂志

〔馆藏卷期〕2012

011821817

长沙房地产年鉴

长沙市房地产业协会编　长沙　长沙市房屋产权管理局

〔馆藏卷期〕2006　2007　2008　2009　2010　2011　2012

013173435

长株潭城市群年鉴

湖南省长株潭领导协调委员会智力办公室编　长沙　湖南教育出版社　2010—

〔馆藏卷期〕2010

013791036

长沙卷烟厂年鉴

湖南中烟工业有限责任公司长沙卷烟厂编　长沙　湖南中烟工业有限责任公司长沙卷烟厂

〔馆藏卷期〕2008　2009

013655949

湖南路桥建设集团公司年鉴

湖南路桥建设集团公司综合管理部档案管理中心编　长沙　湖南路桥建设集团公司　2011—

〔馆藏卷期〕2009　2010

011140345

华菱年鉴

华菱年鉴编辑委员会编　长沙　湖南科学技术出版社　2002—

〔馆藏卷期〕1996/2001

008017165

长沙铁路总公司年鉴

长沙铁路总公司年鉴编辑委员会编　北京　中国铁道出版社

〔馆藏卷期〕1995 1996 1997 1998 1999 2000 2001 2002 2003 2004 2005

012617779
中国农业发展银行湖南省分行统计年鉴
中国农业发展银行湖南省分行编 长沙 中国农业发展银行湖南省分行 2002—
〔馆藏卷期〕1995/2001

012593544
中国农业银行湖南省分行统计年鉴
中国农业银行湖南省分行编 长沙 中国农业银行湖南省分行
〔馆藏卷期〕2000/2001

013369656
长沙信息年鉴
长沙市信息协会编 香港 天马出版有限公司 2011—
〔馆藏卷期〕2010

012048742
湖南省博物馆年鉴
陈建明主编 长沙 湖南美术出版社 2007—
〔馆藏卷期〕2003/2005 2006/2007

013369968
湖南社会科学院年鉴
湖南社会科学院年鉴编辑部编 长沙 湖南人民出版社 2011—
〔馆藏卷期〕2010

012176897
长沙大学年鉴
长沙大学年鉴编辑部编 长沙 长沙大学 2001—
〔馆藏卷期〕2000 2001 2004

013467335
长沙理工大学年鉴
长沙理工大学年鉴编委会编 长沙 长沙理工大学
〔馆藏卷期〕2008 2009 2010

011395780
长沙铁道学院年鉴
长沙铁道学院年鉴编纂委员会编 长沙 长沙铁道学院 1987—
〔馆藏卷期〕1953/1987

012517859
长沙学院年鉴
长沙学院年鉴编辑部编 长沙 长沙学院
〔馆藏卷期〕2007 2009

011500338
长沙医学院年鉴
长沙医学院年鉴编辑委员会编 长沙 长沙医学院出版社 2006—
〔馆藏卷期〕2005

013090001
国防科学技术大学年鉴

国防科学技术大学年鉴编纂委员会编
长沙 国防科学技术大学
〔馆藏卷期〕2009

013965302
湖南财经高等专科学校年鉴
湖南财经高等专科学校统计年鉴 2003
湖南财经高等专科学校年鉴编委会编
长沙 湖南财经高等专科学校
〔馆藏卷期〕2003 2005 2008

008805276
湖南大学年鉴
湖南大学校长办公室编 长沙 湖南大学出版社
〔馆藏卷期〕1998 1999 2000 2001 2002 2003 2004 2005 2006 2007 2008 2009 2010 2011

012521528
湖南农业大学年鉴
湖南农业大学年鉴编辑委员会编 长沙 湖南农业大学
〔馆藏卷期〕2001/2002 2003/2004 2005 2006 2007 2008 2009 2010

012194269
湖南商学院年鉴
湖南商学院党政办公室编 长沙 湖南商学院 2009—
〔馆藏卷期〕1997 1998 1999 2000 2001 2004 2005 2006 2008

013753878
湖南师范大学统计年鉴
湖南师范大学校长办公室编 长沙 湖南师范大学
〔馆藏卷期〕1996 2003

009726191
中南大学年鉴
中南大学年鉴编辑委员会编 长沙 中南大学出版社
〔馆藏卷期〕2000 2001 2002 2003 2004 2005 2006 2007 2008 2009 2010 2011 2012

013610081
中南大学土木建筑学院年鉴
土木建筑学院年鉴编辑部编 长沙 中南大学土木建筑学院
〔馆藏卷期〕2002 2003 2004

009492888
中南工业大学年鉴
中南工业大学年鉴编辑委员会编 长沙 中南工业大学出版社
〔馆藏卷期〕1996 1997 1998 1999 2000

013714738
中南林业科技大学年鉴
中南林业科技大学年鉴编纂委员会编 长沙 中南大学出版社 2012—
〔馆藏卷期〕2011

013603025
长沙环境保护职业技术学院年鉴
长沙环境保护职业技术学院编 长沙 长沙环境保护职业技术学院
〔馆藏卷期〕2011 2012

013714695
长沙书法年鉴
长沙市书法家协会编 长沙 长沙市书法家协会
〔馆藏卷期〕2011 2012

013677453
长沙城市规划年鉴
长沙市城市规划协会编 长沙 长沙市城乡规划局
〔馆藏卷期〕2011

雨花区

013603033
长沙市雨花区统计年鉴
雨花区统计局编 长沙 长沙市雨花区统计局
〔馆藏卷期〕2005 2006 2007 2008 2009 2010 2011 2012

望城区

009542184
望城年鉴
望城年鉴编辑部编 中共望城县委 望城县人民政府主办 北京 方志出版社 2004—
〔馆藏卷期〕2004 2005 2006 2007 2008 2009 2010 2011 2012 2013 2014

浏阳市

008435454
浏阳年鉴
浏阳年鉴编辑部编 浏阳 浏阳年鉴编辑部
〔馆藏卷期〕1986 1987 1988 1989 1990 1992 1993 1994 1996 1997 1998 1999 2000 2001 2002 2003 2004 2005 2006 2007 2008 2009 2010 2012 2014

宁乡市

010226665
宁乡年鉴
宁乡县史志档案局编 中共宁乡县委 宁乡县人民政府主办 宁乡 宁乡县史志档案局
〔馆藏卷期〕2005 2006 2007 2008 2009 2010 2011 2012 2013 2014

013965409
宁乡统计年鉴
宁乡县统计局编 宁乡 宁乡县统计局
〔馆藏卷期〕2009 2010

长沙县

008437874
长沙县年鉴

长沙县年鉴编纂委员会编 北京 中华书局

〔馆藏卷期〕1993/1997 1998/2002 2003/2007 2008/2011

株洲市

007211286
株洲年鉴

株洲市地方志编纂委员会办公室编 株洲 株洲年鉴编辑部 1989—

〔馆藏卷期〕1989 1990 1991 1992 1993 1994 1995 1996 1997 1998 1999 2000 2001 2002 2003 2004 2005 2006 2007 2008 2009 2010 2011 2012 2013

009459966
株洲新区年鉴

株洲国家高新技术产业开发区管理委员会 株洲市天元区人民政府编 株洲 株洲市天元区人民政府 2003—

〔馆藏卷期〕2003

012593603
株洲高新技术产业开发区统计年鉴

株洲高新技术产业开发区管理委员会编 株洲 株洲高新技术产业开发区管委会 1998—

〔馆藏卷期〕1998 2000 2001 2002

008391585
株洲统计年鉴

株洲市统计局编 株洲 株洲市统计局

〔馆藏卷期〕1991 1992 1993 1994 1995 1996 1997 1998 2000 2001 2002 2003 2004 2005 2006 2007 2008 2010 2011 2012 2013 2014

013821920
株洲新区统计年鉴

天元区发展和改革局(统计局)编 株洲 天元区发展和改革局

〔馆藏卷期〕2010

011504680
株洲公安年鉴

株洲市公安局史志办公室编 株洲 株洲市公安局

〔馆藏卷期〕1992/1995 1996 1997 1999 2000/2001 2002/2003 2004

011504682
株洲经济普查年鉴

株洲市人民政府第一次全国经济普查领导小组办公室编 株洲 株洲市人民

政府第一次全国经济普查领导小组办公室 2006—
〔馆藏卷期〕2004

011824374
中国南车集团株洲车辆厂年鉴 2002—
株洲车辆工厂年鉴 1992—1993
株洲车辆厂年鉴 1994—2001
中国南方机车车辆工业集团公司株洲车辆厂技术中心信息技术部 中国南车集团株洲车辆厂年鉴编纂委员会编 株洲 株洲车辆厂
〔馆藏卷期〕1992 1993 1994 1995 1996 1997 1998 1999 2000 2001 2002 2003 2004 2005 2006 2007

008397438
株洲电力机车工厂年鉴
株洲电力机车厂年鉴 1998
中国南车集团株洲电力机车厂年鉴 2003
中国南车集团株洲电力机车有限公司年鉴 2006—2007
南车株洲电力机车有限公司年鉴 2008—
株洲电力机车工厂档案中心(厂志办公室)编 株洲 株洲电力机车工厂档案中心(厂志办公室)
〔馆藏卷期〕1983/1988 1990 1992 1994 1995 1996 1997 1998 1999 2000 2001 2003 2004 2005 2006 2007 2008 2010 2011

011504685
株洲冶炼厂年鉴
株洲冶炼集团有限责任公司年鉴 2001/2002—
株洲冶炼厂年鉴编纂委员会编 株洲 株洲冶炼厂 1996—
〔馆藏卷期〕1993/1994 1995/1996 1997/1998 1999/2000 2001/2002 2003/2004 2009/2010

011504687
株洲硬质合金厂年鉴
株洲硬质合金厂年鉴编辑委员会编 株洲 株洲硬质合金厂年鉴编辑委员会 1995—
〔馆藏卷期〕1995 1996 1997

012792558
湖南工业大学年鉴
湖南工业大学年鉴编委会编 株洲 湖南工业大学
〔馆藏卷期〕2006

013814847
湖南铁道职业技术学院年鉴
湖南铁道职业技术学院编 株洲 湖南铁道职业技术学院
〔馆藏卷期〕2004

013174718
株洲卫生监督年鉴
株洲市卫生执法监督处编 株洲 株洲市卫生执法监督处

〔馆藏卷期〕2003/2005

013656199

株洲市环境统计年鉴

株洲市环境保护局编 株洲 株洲市环境保护局

〔馆藏卷期〕2007 2008 2010

014015085

株洲市环境监测年鉴

株洲市环境监测中心站编 株洲 株洲市环境监测中心站

〔馆藏卷期〕2000

醴陵市

007275149

醴陵年鉴

湖南省醴陵市地方志编纂委员会办公室编 醴陵 醴陵市地方志编纂委员会办公室

〔馆藏卷期〕1987 1988 1989 1990 1992 1993 1994 1995 1996 1997 1998 1999 2000 2001 2002 2003 2004 2005 2006 2007 2008 2009 2010 2011 2012 2013

008272048

醴陵统计年鉴

湖南省醴陵市统计局编 醴陵 醴陵市统计局

〔馆藏卷期〕1994 1995 1996 1997 1998 1999 2000 2001 2002 2003 2004 2005 2006 2007 2008

012923792

醴陵企业年鉴

醴陵企业年鉴编辑委员会编 醴陵市人民政府主办 香港 中国国际文艺出版社 2007—

〔馆藏卷期〕2007

株洲县

008435142

株洲县年鉴

株洲县年鉴编辑委员会编 株洲 株洲县年鉴编辑委员会

〔馆藏卷期〕1996 1997 1998 2000 2002 2004 2005 2006 2007 2008 2009 2010 2011 2012 2013

013821923

株洲县统计年鉴

株洲县统计局编 株洲 株洲县统计局

〔馆藏卷期〕1993 1994 1995 1997 1998 1999 2000 2001 2002 2003 2005 2006 2007

攸县

008435127

攸县年鉴

攸县地方志编纂委员会编 攸县 攸县地方志编纂委员会

〔馆藏卷期〕1991 1992 1993 1995 1996 1997 1998 1999 2000 2001 2002 2003 2004 2005 2006 2007 2008 2009 2010 2011

014014970
攸县统计年鉴
攸县统计局编 攸县 湖南省攸县统计局
〔馆藏卷期〕2005/2006

茶陵县

008923222
茶陵年鉴
茶陵年鉴编辑部编 茶陵县人民政府主办 茶陵 茶陵县人民政府
〔馆藏卷期〕1993/1996 1997/2000 2001/2002 2003/2004 2005/2006 2007/2008

炎陵县

009015887
炎陵年鉴
炎陵县地方志编纂委员会编 炎陵 炎陵县地方志编纂委员会 1996—
〔馆藏卷期〕1995 1996 1997 1998 1999 2000 2001 2003 2005 2007 2009

湘潭市

013373876
九华年鉴
湘潭九华经济区管理委员会编 湘潭 湘潭九华经济区管理委员会
〔馆藏卷期〕2003/2008

008267116
湘潭年鉴
湘潭年鉴编辑委员会编 北京 中国广播电视出版社
〔馆藏卷期〕1992 1993 1994 1995 1996 1997 1998 1999 2000 2001 2002 2003 2004 2005 2006 2007 2008 2009 2010 2011 2012 2013 2014

008381627
湘潭统计年鉴
湘潭市统计年鉴 1991年提要本
湘潭市统计局编 湘潭 湘潭市统计局
〔馆藏卷期〕1991 1992 1993 1994 1995 1996 1997 1998 2000 2001 2002 2003 2004 2005 2006 2007 2010 2011 2012 2013 2014

013936569
湘潭大学年鉴
湘潭大学校长办公室编 湘潭 湘潭大学
〔馆藏卷期〕1999 2000 2001

湘乡市

011823244
湘乡年鉴
湘乡年鉴编纂委员会编 中共湘乡市委 湘乡市人民政府主办 长沙 中南大学出版社 2005—
〔馆藏卷期〕2005 2006 2007 2008 2009 2010

湘潭县

008438843
湘潭县年鉴
湘潭县年鉴编辑部 湘潭县人民政府编 湘潭 湘潭县年鉴编辑部
〔馆藏卷期〕1997 1998 1999 2000 2001 2002 2003 2004 2005 2006 2007 2008 2009 2010

衡阳市

008399566
衡阳年鉴
衡阳市地方志编纂委员会 衡阳市人民政府办公室编 长沙 湖南文艺出版社
〔馆藏卷期〕1994 1995 1996 1997 1998 1999 2000 2001 2002 2003 2004 2005 2006 2007 2008 2009 2010 2011 2012 2013 2014

008848383
衡阳统计年鉴
衡阳市统计局编 衡阳 衡阳市统计局
〔馆藏卷期〕2000 2001 2002 2003 2004 2005 2006 2007 2008 2010 2011 2012 2013 2014

010102186
南华大学共青团工作年鉴
共青团南华大学委员会编 衡阳 共青团南华大学委员会
〔馆藏卷期〕2005

007211234
衡阳社会经济统计年鉴
衡阳市统计局编 北京 中国统计出版社 1994—
〔馆藏卷期〕1994 1995 1996 1997 1998

012079158
衡阳信息年鉴
衡阳信息年鉴编辑委员会编 衡阳市人民政府信息化工作办公室主办 衡阳 衡阳信息年鉴编辑委员会 2004—
〔馆藏卷期〕2001/2002 2003/2004

南岳区

008435359
南岳年鉴
南岳年鉴编辑部编 南岳 南岳区人民政府 南岳年鉴编辑部
〔馆藏卷期〕1996 1997/2002 2003/2008 2009 2010 2011 2012 2013

耒阳市

008437641
耒阳年鉴
耒阳市地方志编纂委员会办公室编 耒阳 耒阳年鉴编辑部
〔馆藏卷期〕1993 1994 1995 1996 1997 1998 1999 2000 2001 2002 2003 2004 2005 2007 2008 2009 2010 2012

013814880
耒阳统计年鉴
耒阳市统计局编 耒阳 湖南省耒阳市统计局
〔馆藏卷期〕2002 2005

常宁市

008633712
常宁年鉴
常宁年鉴编纂委员会编 常宁 常宁年鉴编纂委员会
〔馆藏卷期〕1991/1994 1995/1998 2008 2009 2010 2011 2012

衡阳县

013655924
衡阳县年鉴
衡阳县年鉴编纂委员会编 衡阳 衡阳县年鉴编纂委员会
〔馆藏卷期〕1996 2009/2010

衡山县

013173457
衡山年鉴
衡山年鉴编纂委员会编 衡山 衡山年鉴编纂委员会 2009—
〔馆藏卷期〕2006/2008

衡东县

012354145
衡东年鉴
湖南省衡东县人民政府编 湖南省衡东县人民政府主办 衡东 衡东县史志办公室 1998—
〔馆藏卷期〕1990/1996 2002/2007 2008/2009

邵阳市

008437627

邵阳年鉴

邵阳年鉴编纂委员会编 邵阳 邵阳年鉴社

〔馆藏卷期〕1998 1999 2000 2001 2002 2003 2004 2005 2007 2008 2009/2010 2011 2012 2013 2014

009933623

邵阳统计年鉴

邵阳市统计局编 邵阳 邵阳市统计局 2004—

〔馆藏卷期〕2004 2005 2006 2007

武冈市

012983808

武冈年鉴

武冈市史志资料征集编纂办公室编 中共武冈市委 武冈市人民政府主办 武冈 武冈市史志资料征集编纂办公室 2008—

〔馆藏卷期〕2007 2008 2009

邵东县

013790996

邵东统计年鉴

邵东县统计局编 邵东 邵东县统计局

〔馆藏卷期〕2008 2009

邵阳县

011140387

中共邵阳县委工作纪事·邵阳县年鉴

邵阳县年鉴

县委党史研究室（县志办） 县委党史联络组合编 中共邵阳县委 邵阳县人民政府主办 邵阳 中共邵阳县委

〔馆藏卷期〕2005 2006 2008 2010

隆回县

011140371

隆回年鉴

中共隆回县委 隆回县党史地方志办公室编 中共隆回县委 隆回县人民政府主办 隆回 隆回县人民政府 2005

〔馆藏卷期〕2005 2006 2007 2008 2009 2010 2011 2012 2014

岳阳市

008728241
岳阳年鉴
岳阳年鉴编辑委员会编 长沙 湖南人民出版社
〔馆藏卷期〕1997 1998 2000 2001 2002 2003 2004 2005 2006 2007 2008 2009 2010 2011 2012 2013

008274866
岳阳统计年鉴
岳阳市统计年鉴 1984/1985
岳阳市统计局编 岳阳 岳阳市统计局
〔馆藏卷期〕1984/1985 1990/1991 1992/1993 1994/1995 1997 1999 2000 2001 2002 2003 2004 2005/2006 2007 2008 2009/2010 2011 2013

013974403
岳阳茶业年鉴
岳阳市茶叶协会编 岳阳 岳阳市茶叶协会
〔馆藏卷期〕2010

013899414
岳阳市金融经济统计年鉴
中国人民银行岳阳市中心支行编 岳阳 中国人民银行岳阳市中心支行
〔馆藏卷期〕1999

岳阳楼区

012983877
岳阳楼区年鉴
岳阳楼区史志档案局 岳阳楼区年鉴编辑部编 岳阳楼区人民政府主办 岳阳 岳阳楼区年鉴编辑部 2007—
〔馆藏卷期〕2006 2008 2009 2011

云溪区

012530577
云溪年鉴
岳阳市云溪区史志档案局编 中共岳阳市云溪区委员会 岳阳市云溪区人民政府主办 北京 方志出版社 2009—
〔馆藏卷期〕2009 2010 2012 2013 2014

汨罗市

008438833
汨罗年鉴
汨罗年鉴编辑委员会 汨罗年鉴编辑部编 汨罗 汨罗年鉴编辑部
〔馆藏卷期〕1994/1996 1997 1998 1999 2000 2001 2002 2003 2006 2008 2009 2011 2012

009840914
汨罗统计年鉴
汨罗县统计局编 汨罗 汨罗县统计局
〔馆藏卷期〕1984 1988 1989 1990 1991 1992 1993 1995 1997 1999 2000 2001 2002 2003 2004 2007 2009 2010 2011

临湘市

008574187
临湘年鉴
临湘年鉴编纂委员会编辑 临湘 临湘年鉴编纂委员会
〔馆藏卷期〕1993/1997 1998 1999 2002 2004 2008 2012

岳阳县

009502614
岳阳县年鉴
岳阳县年鉴编纂委员会编 岳阳 岳阳县年鉴编纂委员会
〔馆藏卷期〕1997 1998 2002 2004 2006 2008 2010 2014

013747946
岳阳县统计年鉴
岳阳县统计局编 岳阳 湖南省岳阳县统计局
〔馆藏卷期〕2012

华容县

013898633
华容统计年鉴
华容县统计局编 华容 华容县统计局
〔馆藏卷期〕1990 1995 1996 1998 1999 2004 2005

湘阴县

013634413
湘阴年鉴
湘阴年鉴编辑委员会 中共湘阴县委史志办公室编 中共湘阴县委员会 湘阴县人民政府主办 湘阴 湘阴年鉴编辑委员会 2011—
〔馆藏卷期〕2011 2012 2013 2014

013609292
湘阴统计年鉴
湘阴县统计局编 湘阴 湘阴县统计局
〔馆藏卷期〕2004 2006

平江县

009237392
平江年鉴
平江县史志办公室编 平江 平江县史志
办公室
〔馆藏卷期〕1996 1997 1998 1999 2000
2001 2002 2003 2004 2005 2006
2007 2008 2009 2010

常德市

008378198
常德年鉴
常德年鉴编辑部编 常德 常德市年鉴编
纂委员会
〔馆藏卷期〕1989/1993 1993/1997 2001
2002 2003 2004 2005 2006 2007
2008 2009 2010 2011 2012 2013

008378194
常德统计年鉴
常德市统计局编 常德 常德市统计局
〔馆藏卷期〕1987 1989 1991 1993 1995
1996 1997 1998 1999 2001 2002
2003 2004 2005 2006 2007 2008
2009 2010 2011 2012 2013

武陵区

013758195
常德市武陵区统计年鉴
武陵区统计年鉴
武陵统计年鉴 2007—
武陵区统计局编 武陵 武陵区统计局

〔馆藏卷期〕2001 2002 2003 2004
2005 2007

鼎城区

013710660
鼎城年鉴
鼎城区地方志办公室编 常德市鼎城区
人民政府主办 海口 海南出版社
〔馆藏卷期〕2007 2008 2009 2010

013809459
常德市鼎城区统计年鉴
鼎城区统计局编 鼎城 常德市鼎城区统
计局
〔馆藏卷期〕1989 1990 1991 1992 1996
1998 2003 2005 2007 2009 2010

津市市

008435347
津市年鉴
津市年鉴编纂委员会 津市年鉴编辑部

编 长沙 湖南出版社
〔馆藏卷期〕1991/1994

009324887
津市统计年鉴
津市市统计局编 津市 津市市统计局
〔馆藏卷期〕1988 1989 1990 1991 1992/1993 1994 1996 1997 1998 1999 2000 2001 2002 2003 2004 2005/2006 2010

安乡县

009033479
安乡年鉴
安乡县地方志办公室编 安乡县人民政府主办 安乡 安乡县人民政府
〔馆藏卷期〕1990/1997 1998/2002

汉寿县

009502490
汉寿年鉴
汉寿县年鉴编纂委员会编 汉寿 汉寿县年鉴编纂委员会
〔馆藏卷期〕1986 1990/1999

澧县

009502495
澧县年鉴
澧县年鉴编辑部编 澧县 澧县年鉴编纂委员会 1999—
〔馆藏卷期〕1990/1996 2006 2007 2008 2009 2011 2013

013932118
澧县统计年鉴
澧县统计局编 澧县 澧县统计局
〔馆藏卷期〕1988 1989 1990 2002 2006 2007

临澧县

012530101
临澧年鉴
临澧县地方志办公室编 临澧县人民政府主办 临澧 临澧县人民政府地方志办公室
〔馆藏卷期〕2006 2007

桃源县

013932462
桃源年鉴
桃源县档案馆编 桃源 桃源县档案馆
〔馆藏卷期〕1987 2003/2009

013820251
桃源统计年鉴
桃源县统计局编 桃源 桃源县统计局
〔馆藏卷期〕1986 1987 1988 1989 1992 1996 1998 1999 2000 2001 2003 2004 2005 2006

石门县

009035864
石门年鉴
石门年鉴编纂委员会编 石门 石门年鉴编纂委员会
〔馆藏卷期〕1990/1996 2003/2007 2008

013714697
石门统计年鉴
石门县统计局编 石门 石门县统计局
〔馆藏卷期〕2011 2012 2013 2014

张家界市

008397779
张家界年鉴
张家界市史志办公室 中共张家界市委员会编 合肥 黄山书社
〔馆藏卷期〕1996 1997/2000

009805720
张家界统计年鉴
张家界市统计局编 张家界 张家界市统计局 1998—
〔馆藏卷期〕1989/1997 2000 2001 2002 2003 2004 2005 2006 2007 2008 2009 2011 2012 2013

武陵源区

013820279
武陵源统计年鉴
武陵源区统计局编 武陵源 张家界市武陵源区统计局
〔馆藏卷期〕2011

桑植县

011140381
桑植年鉴
中共桑植县委党史研究室 桑植县地方志编纂委员会办公室编 中共桑植县委员会 桑植县人民政府主办 桑植 中共桑植县委党史研究室 2007—
〔馆藏卷期〕2001/2005 2006 2007/2008 2009/2010

益阳市

008438020
益阳年鉴
益阳年鉴编辑部编 益阳 益阳市人民政府 益阳年鉴编辑部
〔馆藏卷期〕1994/1998 2001 2002 2003 2004 2005 2006 2007 2008 2011

008879225
益阳统计年鉴
益阳市统计局编 益阳 益阳市统计局
〔馆藏卷期〕1991 1992 1994 1995 1996 1998 1999 2000 2001 2002 2003 2004 2005 2006 2007 2008 2010 2011 2012 2013 2014

赫山区

013470936
赫山区统计年鉴
赫山区统计局编 赫山 益阳市赫山区统计局
〔馆藏卷期〕2006 2011

沅江市

013481741
沅江统计年鉴
沅江市统计局编 沅江 沅江市统计局
〔馆藏卷期〕2011

南县

013932259
南县统计年鉴
南县统计局编 南县 湖南省南县统计局
〔馆藏卷期〕2004 2008

桃江县

013471076
桃江统计年鉴
桃江县统计局编 桃江 湖南省桃江县统计局
〔馆藏卷期〕2011

安化县

013470777
安化统计年鉴
安化县统计局编 安化 安化县统计局
〔馆藏卷期〕2001 2007 2011

郴州市

008437991

郴州年鉴

郴州年鉴编辑部编 郴州 郴州市人民政府 郴州年鉴编辑部

〔馆藏卷期〕1996/1997 1998 1999 2000 2001 2002 2003 2004 2005 2006 2007 2008 2009 2011 2012 2013 2014

008728169

郴州统计年鉴

郴州地区统计年鉴

郴州市统计局编 北京 中国统计出版社

〔馆藏卷期〕1992 1996 1997 1998 1999 2000 2001 2002 2003 2004 2005 2006 2007 2008 2009 2011 2012 2013 2014

北湖区

009436915

北湖年鉴

北湖年鉴编辑部编 北湖区人民政府主办 北湖 北湖区人民政府 2003—

〔馆藏卷期〕2003 2004 2005 2006 2007 2008 2009 2010

苏仙区

012983726

苏仙年鉴

苏仙区史志办公室编 苏仙区人民政府主办 苏仙 苏仙区史志办 2010—

〔馆藏卷期〕2007/2009

永兴县

009502610

永兴年鉴

永兴年鉴编辑部编 中共永兴县委 永兴县人民政府主办 永兴 永兴年鉴编辑部 1999—

〔馆藏卷期〕1989/1998

永州市

009436876

永州年鉴

中共永州市委 永州市人民政府编 中共永州市委 永州市人民政府主办 香港 香港天马图书出版社 2003—

〔馆藏卷期〕2002 2003 2004 2005 2006

2007 2008 2009 2010 2011 2012 2013 2014

009324714
永州统计年鉴
永州市统计局编 永州 永州市统计局
〔馆藏卷期〕1997 1998 2000 2001 2002 2003 2004 2005 2006 2007 2008 2009 2010 2011 2012 2013 2014

013821808
永州信息年鉴
永州市永州信息年鉴编委会编 永州 永州信息年鉴编委会
〔馆藏卷期〕2008

冷水滩区

013814890
冷水滩市统计年鉴
永州市冷水滩区统计年鉴 2007—
冷水滩区统计局编 冷水滩 冷水滩区统计局
〔馆藏卷期〕1995 1996 1998 1999 2001 2002 2003 2004 2005 2006 2007 2008 2009 2010

零陵区

012199219
零陵年鉴
零陵地区办公室秘书科编 零陵地区行署办公室主办 零陵 零陵地区行署办公室 1994—
〔馆藏卷期〕1992

009324534
零陵统计年鉴
零陵地区统计局编 零陵 零陵地区统计局
〔馆藏卷期〕1989 1991 1992 1993 2005 2008 2009 2011

怀化市

008728186
怀化年鉴
怀化年鉴总编室编 北京 五洲传播出版社
〔馆藏卷期〕1998 1999 2000 2002 2004 2006 2007 2008 2009 2010 2012

008997596
怀化统计年鉴
怀化市统计局编 怀化 怀化市统计局
〔馆藏卷期〕2001 2002 2003 2004 2005 2006 2007 2008 2009 2010 2011 2012 2013 2014

009617370
怀化铁路总公司年鉴
怀化铁路总公司史志编纂委员会编 北京 中国铁道出版社
〔馆藏卷期〕2003 2004 2005

鹤城区

009436905
鹤城年鉴
鹤城年鉴编辑委员会编 鹤城 鹤城年鉴编辑委员会
〔馆藏卷期〕1999 2003

洪江市

012194242
洪江年鉴
洪江年鉴编纂委员会编 洪江区管理委员会主办 洪江 洪江年鉴编纂委员会 2005—
〔馆藏卷期〕1999/2001

008437470
黔阳年鉴
黔阳县地方志办公室年鉴编辑部编 黔阳 黔阳县地方志办公室年鉴编辑部
〔馆藏卷期〕1991 1991/1997

会同县

008788773
会同年鉴
会同县史志编纂委员会编 会同 会同年鉴编辑部
〔馆藏卷期〕1989/1991 1992/1995 1996/2000 2001/2005 2006 2007 2008 2009/2010

芷江侗族自治县

009502621
芷江年鉴
芷江年鉴编辑委员会编 芷江侗族自治县人民政府主办 芷江 芷江年鉴编辑委员会 2001—
〔馆藏卷期〕1992 1998/2000 2002 2003 2008/2009

通道侗族自治县

009502499
通道年鉴
通道侗族自治县史志办编 香港 华夏文化艺术出版社 2004—
〔馆藏卷期〕1996/2000

娄底市

008551478

娄底年鉴

娄底年鉴编辑部编 娄底 娄底年鉴编纂委员会 1993—

〔馆藏卷期〕1993 1993/1998 2000

011447300

娄底统计年鉴

娄底市统计局编 娄底 娄底市统计局

〔馆藏卷期〕1988 1989 1990 1991 1992 1993 1994 1995 1996 1997 1998 2000 2004 2007 2008 2011 2012 2013 2014

011503047

娄底工会年鉴

湖南省娄底市总工会主编 娄底工会年鉴编纂委员会编辑 娄底 娄底工会年鉴编纂委员会

〔馆藏卷期〕2002 2002/2006

冷水江市

011503014

冷水江年鉴

冷水江市人民政府经济研究室编 冷水江市人民政府主办 冷水江 冷水江市人民政府 2006—

〔馆藏卷期〕2006

涟源市

009840920

涟源市统计年鉴

涟源统计年鉴 2004

涟源市统计局编 涟源 涟源市统计局

〔馆藏卷期〕1997 1998 1999 2000 2001 2002 2003 2004

湘西土家族苗族自治州

008866919

湘西州年鉴

湘西自治州人民政府办公室 湘西州政府地方志办公室编 北京 五洲传播出版社 2001—

〔馆藏卷期〕1996/2000 2002 2003 2004 2005 2006 2007 2008 2009 2010 2011 2012

009617376

湘西统计年鉴

湘西土家族苗族自治州统计局编 湘西 湘西自治州统计局

〔馆藏卷期〕1986 1987 1988 1989 1990 1991 1992 1993 1994 1995 1996 1997 1998 1999 2000 2001 2002 2003 2004 2005 2006 2007 2008 2010 2011 2012

013974362

湘西金融统计年鉴

中国人民银行吉首分行编 吉首 中国人民银行吉首分行 1991—

〔馆藏卷期〕1949/1989 1997/1999

吉首市

009436902

吉首年鉴

吉首市人民政府办公室 吉首市史志办公室主编 吉首 吉首市人民政府

〔馆藏卷期〕2002 2003 2004 2005 2006 2007 2008

011140423

吉首统计年鉴

吉首市统计局编 吉首 吉首市统计局

〔馆藏卷期〕1999 2000 2002 2003 2004 2005 2006 2007 2008

泸溪县

011140115

泸溪县统计年鉴

泸溪统计年鉴 2005

泸溪县统计局编 泸溪 泸溪县统计局

〔馆藏卷期〕2000 2001 2002 2003 2004 2005 2011

凤凰县

011139694

凤凰统计年鉴

凤凰县统计年鉴 1990—1991

凤凰县统计局编 凤凰 凤凰县统计局

〔馆藏卷期〕1990 1991 2002 2003 2004 2005

花垣县

011140093

花垣统计年鉴

花垣县统计局编 花垣 花垣县统计局

〔馆藏卷期〕2001 2002 2003 2004 2005

保靖县

011139604

保靖统计年鉴

保靖县统计局编 保靖 保靖县统计局

〔馆藏卷期〕1990 1996 1997 1998 2000 2002 2003 2004 2005 2006

古丈县

011139762

古丈统计年鉴

古丈县统计局编 古丈 古丈县统计局

〔馆藏卷期〕2003 2005

永顺县

011140170

永顺统计年鉴

永顺县统计局编 永顺 永顺县统计局

〔馆藏卷期〕1989 1990 1992 1998 1999 2000 2001 2002 2003 2004 2005 2006 2007

龙山县

011140109

龙山统计年鉴

湖南省龙山县统计局编 龙山 龙山县统计局

〔馆藏卷期〕2001 2002 2003 2004 2005 2006 2007 2008 2009 2010

广东省

008583852
广东年鉴［缩微资料］
曲江 广东省政府秘书处 1942
〔馆藏卷期〕1941

001823985
广东年鉴
广东年鉴编纂委员会编 广州 广东人民出版社 1987—
〔馆藏卷期〕1987 1988 1990 1991 1992 1993 1994 1995 1996 1997 1998 1999 2000 2001 2002 2003 2004 2005 2006 2007 2008 2009 2010 2011 2012 2013 2014

005264103
广东农村统计年鉴
广东农村统计年鉴编辑部编 北京 中国统计出版社
〔馆藏卷期〕1993 1994 1995 1996 1997 1998 1999 2000 2001 2002 2003 2005 2006 2007 2008 2009 2010 2011 2012 2013 2014

012525964
广东社会统计年鉴
广东省统计局编 广州 广东科技出版社 2010—
〔馆藏卷期〕2009

008153029
广东省统计年鉴
广东统计年鉴
广东省统计局编 香港 香港经济导报社 1984—
〔馆藏卷期〕1984 1985 1986 1987 1988 1989 1990

006915850
广东统计年鉴
广东省统计年鉴
广东省统计局编 北京 中国统计出版社 1991—
〔馆藏卷期〕1991 1992 1993 1994 1995

1996 1997 1998 1999 2000 2001 2002 2003 2004 2005 2006 2007 2008 2009 2010 2011 2012 2013 2014

011139771
广东共青团年鉴
广东省共青团年鉴 2009
共青团广东省委员会编 广州 共青团广东省委员会
〔馆藏卷期〕2006 2007 2008 2009 2010 2011

009237363
广东工会年鉴
广东工会年鉴编纂委员会编 广州 花城出版社
〔馆藏卷期〕1997 1998 1999 2000 2001 2002 2003 2004 2005 2006 2007 2008 2009 2010 2011 2012 2013 2014

009104884
广东精神文明建设年鉴
广东精神文明建设年鉴编辑委员会编 广州 广州出版社 2002
〔馆藏卷期〕2002 2003 2004 2005 2006 2007 2008 2009 2010 2011 2012 2013 2014

009616827
广东城市调查年鉴
广东城市调查统计年鉴
广东省城市社会经济调查队编 广州 中山大学出版社 2004—
〔馆藏卷期〕2004 2005 2006

009395463
广东法院年鉴
广东省高级人民法院年鉴编纂委员会编 广州 广东省高级人民法院
〔馆藏卷期〕1998 1999 2000 2001 2002 2003 2004 2005 2006 2007 2008 2009 2010 2011 2012

009237336
广东司法行政年鉴
广东司法行政年鉴编辑委员会编 广州 广东司法行政年鉴编辑部
〔馆藏卷期〕2001 2002

008969081
广东知识产权年鉴
广东省知识产权局编 广州 花城出版社 2002—
〔馆藏卷期〕2002 2003 2004 2005 2006 2007 2008 2009 2010 2011 2012 2013 2014

008457806
广东经济年鉴［缩微资料］
广东省银行经济研究室编 曲江 广东省银行经济研究室
〔馆藏卷期〕1940

011966547
广东经济年鉴
广东经济年鉴编委会编 广州 广东旅游出版社 2008—
〔馆藏卷期〕2007 2008 2012

010224181
广东经济普查年鉴
广东省第一次全国经济普查领导小组办公室编 北京 中国统计出版社 2006—
〔馆藏卷期〕2004 2008

009033490
广东国土资源年鉴
广东地政地产年鉴
广东国土资源年鉴编纂委员会编 广州 广东省地图出版社 2001—
〔馆藏卷期〕2000 2001 2002 2003 2005 2006 2007 2008 2009 2010 2011 2012

013752764
广东火炬统计年鉴
广东省科学技术厅编 广州 广东省科学技术厅
〔馆藏卷期〕2012

012790995
广东企业年鉴
广东省企业联合会编 广东企业年鉴编辑部主办 广州 暨南大学出版社 2010—
〔馆藏卷期〕2010 2011 2012 2013

008968662
中国企业登记年鉴 广东专辑 公司
中华人民共和国国家工商行政管理局 江门市工商行政管理局编 广州 广东人民出版社 1990
〔馆藏卷期〕2000

012517876
广东建设年鉴
广东建设年鉴编纂委员会编 广州 广东人民出版社 2010—
〔馆藏卷期〕2009 2010 2011 2012 2013 2014

009169434
广东地政地产年鉴
广东国土资源年鉴
广东地政地产年鉴编纂委员会编 广州 广东地图出版社 1996—
〔馆藏卷期〕1996 1997 1998 1999

012351836
广东纺织年鉴
广东省纺织协会编 广州 广东旅游出版社 2010—
〔馆藏卷期〕2005/2008

008993661
广东机械产品年鉴
广东机械产品年鉴编辑部编 贵阳 贵州人民出版社 2003
〔馆藏卷期〕2003

008876493
广东建材年鉴
广东建材编辑部编 广州 广东建材编辑部
〔馆藏卷期〕2001/2002

009169598
广东建筑及建材年鉴
广东省建设信息中心编 广州 广东人民出版社
〔馆藏卷期〕2002

013753709
广东省煤矿安全生产年鉴
广东省煤矿安全监察局编 广州 广东省煤矿安全监察局
〔馆藏卷期〕1993/1995

013173454
广东土木建筑年鉴
广东省土木建筑学会编 北京 中国建筑业出版社
〔馆藏卷期〕2008

008578415
广东工业统计年鉴
广东省统计局编 北京 中国统计出版社
〔馆藏卷期〕2000 2001 2002 2003 2005 2006 2007 2008 2009 2010 2011 2012 2013 2014

008406220
广东省工业统计年鉴
广东省统计局编 广州 广东省统计局
〔馆藏卷期〕1997 1998 1999

009840751
广东信息产业年鉴
广东省信息产业厅编 广州 广东经济出版社 2005—
〔馆藏卷期〕2005

009840746
广东交通年鉴
广东交通年鉴编辑部编辑 广东省交通运输协会主办 广州 广东省交通运输协会 2006—
〔馆藏卷期〕2002 2006 2007

009726028
广东旅游年鉴
广东旅游年鉴编委会编 广州 广东旅游出版社 2004—
〔馆藏卷期〕2004 2005 2006 2007 2008 2009 2010 2011 2012 2013

009062441
广东电信实业年鉴
中国通信服务广东公司年鉴
广东电信实业年鉴编纂委员会编 广东省电信实业集团公司主办 广州 广东省电信实业集团公司
〔馆藏卷期〕2002 2003 2004 2005 2006 2007

012351848

广东微波卫星机动通信年鉴

广东省电信有限公司微波通信局编 广州 广东省电信有限公司微波通信局

〔馆藏卷期〕2003 2005 2006

012759042

中国通信服务广东公司年鉴

广东电信实业年鉴

中国通信服务股份有限公司广东公司编 广州 中国通信服务广东公司 2008—

〔馆藏卷期〕2008

009357351

广东物价年鉴

广东省物价局编 广州 广东省物价局 1985—

〔馆藏卷期〕1985 1986

008481202

广东物价年鉴

广东省物价局编 广州 广东人民出版社 1987—

〔馆藏卷期〕1987 1988 1989 1990 1991 1992 1993 1996 1997 1998 1999 2000 2001 2002 2003 2005

007698977

广东商业年鉴

广东广州总商会 广州市商会合编 广州 广州市商会发行 1931

〔馆藏卷期〕1931

009913107

广东财政年鉴

广东财政年鉴编辑委员会编 广州 广东经济出版社 2006—

〔馆藏卷期〕2005 2006 2007 2008 2009 2010 2011 2012 2013 2014

009014768

广东地税年鉴

广东省地方税务局编 北京 中国税务出版社 2002—

〔馆藏卷期〕1994/2000 2002 2003 2004 2005 2006 2007 2008 2009 2010 2011 2012 2013 2014

013926375

广东台商投资年鉴

陈恩主编 北京 九州出版社 2010—

〔馆藏卷期〕2009

012176984

广东信用担保年鉴

广东省信用担保协会编 广州 广东信用担保年鉴编辑部 2009—

〔馆藏卷期〕2009 2010 2011 2012 2013

012047173

广东保险年鉴

广东保险学会编 广州 广东保险学会 2006—

〔馆藏卷期〕2006 2007 2008 2009 2010

013788113

广东保险统计年鉴

广东保险统计年鉴编写委员会编 广州 广东高等教育出版社 2010—

〔馆藏卷期〕1980/2008

012517879

广东省文化文物统计年鉴

广东省文化厅编 广州 广东省文化厅

〔馆藏卷期〕2009 2010 2011 2012 2013 2014

008728182

广东新闻年鉴

广东省新闻工作者协会编 广州 新世纪出版社

〔馆藏卷期〕1998 1999 2000 2001

009062444

广东科技年鉴

广东省科学技术厅编 广州 广东省科技音像出版社

〔馆藏卷期〕2000 2001 2002 2003 2004 2005 2006 2007 2008 2009 2010 2011 2012 2013

011501939

广东科技统计年鉴

广东省统计局 广东省科学技术厅编 北京 中国统计出版社 2007—

〔馆藏卷期〕2006 2007 2008

009913112

广东科协年鉴

广东省科学技术协会编 广州 广东省科协

〔馆藏卷期〕2003 2004 2005 2006 2007 2008 2009 2010 2011 2012 2013

011139778

广东科协统计年鉴

广东省科学技术协会编 广州 广东省科协

〔馆藏卷期〕2003 2004 2005 2010

012525953

广东教育年鉴

广东省教育厅编 广州 广东高等教育出版社 2008—

〔馆藏卷期〕2007 2008 2009 2010 2011 2013

011501943

广东职业培训和技工教育年鉴

广东省职业培训和技工教育协会编 广州 华南理工大学出版社

〔馆藏卷期〕2007

013898461

当代岭南中国画年鉴

广州 中国文化艺术出版社

〔馆藏卷期〕2008 2009/2010

012361853

广东商业摄影年鉴

广东省广告摄影研究会编 广州 岭南美
　术出版社 1995—
〔馆藏卷期〕1995

008035402
广东设计年鉴
岭南美术出版社编 广东岭南美术出版
　社等主办 广州 广东岭南美术出版
　社 1993—
〔馆藏卷期〕1993 2004

008103307
广东省戏剧年鉴
广东省戏剧研究室编 广州 广东省戏剧
　研究室 1980—
〔馆藏卷期〕1980 1981 1982 1984 1985
　1986 1986/1995 1996/2000

009927820
广东省卫生统计年鉴
广东省卫生厅编 广州 花城出版社
〔馆藏卷期〕2004 2005 2006 2007 2008
　2009 2010 2011 2012

011139774
广东疾病控制工作年鉴

广东省疾病预防控制中心科教信息科
　编 广东省疾病预防控制中心主办 广
　州 广东省疾病预防控制中心
〔馆藏卷期〕2005 2006 2007 2008 2009

011966554
广东卫生年鉴
广东卫生年鉴编辑委员会编 广州 广东
　人民出版社 2008—
〔馆藏卷期〕2006 2007 2008 2009
　2010 2011

007630643
广东省防灾减灾年鉴
广东省防灾减灾年鉴编纂委员会编 广
　州 广东人民出版社 1995—
〔馆藏卷期〕1995 1996 1997 1998 1999
　2000 2001 2002 2003 2005 2006
　2007 2008 2009 2010 2011 2012
　2013 2014

013396958
广东省安全生产年鉴
广东省安全生产委员会办公室编 广州
　广东省安全生产委员会办公室
〔馆藏卷期〕2011 2012

广州市

008230598
广州年鉴

广州市政府统计年鉴
广州年鉴编纂委员会编辑 广州 广州年

鉴编纂委员会
〔馆藏卷期〕1935

001733982
广州年鉴
广州经济年鉴
广州年鉴编纂委员会编 广州 广州年鉴编纂委员会 1985—
〔馆藏卷期〕1983/2002 1985 1986 1987 1988 1989 1990 1991 1992 1993 1994 1995 1996 1997 1998 1999 2000 2001 2002 2003 2005 2006 2007 2008 2009 2010 2011 2012 2013 2014

012791016
广州社会科学年鉴
广州市社会科学界联合会编 广州 广东人民出版社
〔馆藏卷期〕2010 2011 2012 2013 2014

002288510
广州统计年鉴
广州市统计局编 北京 中国统计出版社
〔馆藏卷期〕1985 1986 1987 1988 1989 1990 1991 1992 1993 1994 1995 1996 1997 1998 1999 2000 2001 2002 2003 2004 2005 2006 2007 2008 2009 2010 2011 2012 2013 2014

008457800
广州市市政府统计年鉴 ［缩微资料］
广州 广州市市政府编印

〔馆藏卷期〕1929

009616800
广州民营经济年鉴
广州民营经济年鉴编委会编 广州 广东经济出版社 2004—
〔馆藏卷期〕2004 2005 2006 2007 2008 2009 2011 2012 2013

007542310
广州工商年鉴
广州 工商出版社 1947
〔馆藏卷期〕1947

001734022
广州经济年鉴
广州年鉴 1985
广州经济年鉴编纂委员会编辑 广州 广州经济年鉴编纂委员会 1983—
〔馆藏卷期〕1983 1984

010224257
广州市全国经济普查年鉴
广州市第一次全国经济普查领导小组办公室编 广州 广州市第一次全国经济普查领导小组办公室 2006—
〔馆藏卷期〕2004 2008

008968700
中国企业登记年鉴 总48号 广州专辑
中华人民共和国国家工商行政管理局 广州市工商行政管理局编 北京 人民日报出版社

〔馆藏卷期〕1990 1993

009233901
广州房地产年鉴
广州房地产年鉴编辑委员会 广州房地产年鉴社编 广州 广东建筑工业出版社 2002—
〔馆藏卷期〕2001 2002 2003 2005 2006 2007 2008

008137500
广州建设年鉴 广州年鉴分卷
广州年鉴
广州建设年鉴编纂委员会编 广州 广州年鉴社 1996—
〔馆藏卷期〕1996 1997 1998 1999 2000 2001 2002 2003 2004 2005 2006 2007

012806204
珠江三角洲城市群年鉴
珠江三角洲城市群年鉴编纂委员会编 广州 广东人民出版社
〔馆藏卷期〕2010 2011 2012 2013 2014

008849849
广钢年鉴
广州钢铁企业集团有限公司史志鉴编纂委员会编 广州 广州钢铁企业集团有限公司
〔馆藏卷期〕2000 2001 2002 2003/2004 2009/2011

010102214
广州建筑集团有限公司年鉴
广州建筑集团有限公司年鉴编纂委员会编 广州 广州建筑集团有限公司
〔馆藏卷期〕2000

009841249
中国南方电网公司年鉴
中国南方电网有限责任公司编 广州 中国南方电网有限责任公司 2004—
〔馆藏卷期〕2004 2005 2006 2007 2008 2009 2010

008435261
广州铁路(集团)公司年鉴
广州铁路局局志(年鉴)编纂委员会编 北京 中国铁道出版社
〔馆藏卷期〕1994 1995 1996 1997 1998 1999 2000 2001 2002 2003 2004 2005 2006 2007 2008 2009 2010 2011 2012

008788306
羊城铁路总公司年鉴
羊城铁路总公司年鉴史志编纂委员会编 北京 中国铁道出版社
〔馆藏卷期〕1995 1996 1997 1998 1999 2000 2001 2002 2003

011139813
广州远洋运输公司年鉴
广州远洋运输公司年鉴编纂委员会编 广州 广东人民出版社 2007—

〔馆藏卷期〕2001/2005 2006 2007 2008 2009

008935583
广东电信年鉴
中国电信广东公司年鉴 2007—
中国电信集团广东省电信公司编 广州 中国电信集团广东省电信公司
〔馆藏卷期〕2000 2001 2002 2003 2004 2006 2007 2008

008728183
广州电信年鉴
广州市电信局编 广州 广州市电信局
〔馆藏卷期〕1997 1998 1999 2000 2001 2002 2003

012617798
中国移动广东公司年鉴
中国移动通信集团广东有限公司编 广州 中国移动通信集团广东有限公司 2009—
〔馆藏卷期〕2007 2008 2009 2010 2011 2012 2013 2014

012593446
旭日年鉴
旭日广告公司编 广州 旭日广告公司
〔馆藏卷期〕1994/1999

013396747
今日酒店年鉴
今日酒店杂志编 广州 今日酒店杂志

〔馆藏卷期〕2012 2013

007556626
广州商场年鉴 民国三十五年度
陈梓秋编 广州 商场杂志社 1947
〔馆藏卷期〕1946

008113404
广州商业年鉴
广州市商会编 广州 广州市商会
〔馆藏卷期〕1933

007705657
[广州市]商业年鉴
何国华等编辑 广州 广州市商会商业年鉴出版委员会 1947
〔馆藏卷期〕1946

012351903
广州市地方税务局年鉴
广州市地方税务局编 广州 广州市地方税务局
〔馆藏卷期〕2007 2008 2009 2010 2012

013608609
广东省博物馆年鉴
广东省博物馆编 北京 文物出版社
〔馆藏卷期〕2010

012079128
广州艺术博物院年鉴
广州艺术博物院编 广州 新世纪出版社 2007—

〔馆藏卷期〕2006 2007 2008 2009 2010 2011

010102168
广东工业大学年鉴
广东工业大学年鉴编纂委员会编 广州 广东高等教育出版社
〔馆藏卷期〕1996/1998 1999 2000 2005

012351843
广东外语外贸大学年鉴
广东外语外贸大学年鉴编辑部编 广州 广东外语外贸大学年鉴编辑部 2008—
〔馆藏卷期〕2007

009324784
华南理工大学年鉴
华南理工大学年鉴编委会编 广州 华南理工大学出版社
〔馆藏卷期〕1996 1997 1998/1999 2000 2001 2002 2003 2004 2005 2006 2007 2008 2009 2010 2011 2012

011822088
华南师范大学年鉴
华南师范大学办公室编 广州 华南师范大学
〔馆藏卷期〕1999/2001 2007/2008

012079196
暨南大学年鉴
暨南大学年鉴编辑部编 广州 暨南大学出版社 2009—
〔馆藏卷期〕2007 2008 2010 2011 2012 2013

011399959
中山大学年鉴
中山大学校长办公室编 广州 中山大学出版社
〔馆藏卷期〕1997 1998 2000 2002 2003 2004 2005 2006 2007 2008 2009 2010 2011

010224211
广东美术馆年鉴
广东美术馆编 澳门 澳门出版社
〔馆藏卷期〕1998 1999 2000 2001 2002 2003 2004 2005 2006 2007 2008 2009

011139781
广东省植物发育生物工程重点实验室年鉴
广东省植物发育生物工程重点实验室编 广州 广东省植物发育生物工程重点实验室
〔馆藏卷期〕2005 2006

011139810
广州市卫生统计年鉴
广州市卫生局编 广州 广东科技出版社
〔馆藏卷期〕2004 2005 2006 2007 2008

007698656

[广州市]卫生年鉴

广州市卫生局医务课教育股编 广州 广州市卫生局医务课教育股

〔馆藏卷期〕1925/1926 1926/1927

008405389

广州市卫生年鉴

广州 广州市卫生局

〔馆藏卷期〕1998

012923466

广州市市政园林建设统计年鉴

广州市市政园林局编 广州 广州市市政园林局

〔馆藏卷期〕2005 2006

越秀区

008435426

越秀年鉴

广州市越秀年鉴 2014

越秀年鉴编纂委员会编 广州 广州年鉴社

〔馆藏卷期〕1996 1996/2003 1997 1998 1999 2000 2001 2002 2003 2004 2005 2006 2007 2008 2009 2010 2011 2012 2013 2014

014014257

广州市越秀区全国经济普查年鉴

广州市越秀区第二次全国经济普查年鉴 2008

广州市越秀区第二次全国经济普查领导小组办公室编 越秀 广州市越秀区全国经济普查领导小组办公室

〔馆藏卷期〕2008

荔湾区

009062483

荔湾年鉴

广州市荔湾区年鉴编纂委员会编 广州 花城出版社 2009—

〔馆藏卷期〕2008 2009 2010 2011 2012 2013

012530093

荔湾统计年鉴

荔湾区人民政府统计科编 广州 荔湾区人民政府统计科

〔馆藏卷期〕2008 2009 2010 2011 2012

011396264

广州市荔湾区经济社会事业发展年鉴

广州市荔湾区经济社会事业发展年鉴编纂委员会编 广州 华南理工大学出版社 2007—

〔馆藏卷期〕2006

009616792

广州市荔湾区商贸文化旅游年鉴

广州市荔湾区地方志编纂委员会编著 广州 广东经济出版社 2004—

〔馆藏卷期〕2004

海珠区

009437217

海珠年鉴

海珠年鉴编纂委员会编 北京 中华书局

〔馆藏卷期〕2002 2003 2004 2005 2006 2007 2008 2009 2010 2011 2012 2013 2014

013747940

海珠统计年鉴

海珠区统计局编 海珠 广州市海珠区统计局

〔馆藏卷期〕2011

天河区

009015853

天河年鉴

广州市天河年鉴 2006

天河年鉴编辑部编 北京 中华书局 2002—

〔馆藏卷期〕2002 2003 2004 2005 2006 2007 2008 2009 2010 2011 2012 2013

白云区

009840742

白云年鉴

广州市白云区地方志编纂委员会 广州市白云区白云年鉴编纂委员会编 广州 广州市白云区白云年鉴编纂委员会 2004—

〔馆藏卷期〕2004 2005 2006 2007 2008 2009 2010 2011 2012 2013

013680515

广州市白云区统计年鉴

白云区统计局编 广州 广州市白云区统计局

〔馆藏卷期〕2011

黄埔区

008432508

芳村年鉴

广州市芳村区地方志编纂委员会编 广州 广东省地图出版社

〔馆藏卷期〕1995/1996 1997 1999 2000 2001 2002 2003 2004 2005

008749943

黄埔年鉴

黄埔年鉴编纂委员会编 北京 中华书局

〔馆藏卷期〕1999 2000 2001 2002 2003 2004 2005 2006 2007 2008 2009 2010 2011 2012 2013

011503063

萝岗年鉴

广州市萝岗区地方志编纂委员会编 北京 中华书局 2007—

〔馆藏卷期〕2007 2008 2009 2010 2011 2012 2013 2014

番禺区

007683379

番禺年鉴

番禺市地方志编纂委员会 番禺年鉴编辑部编 广州 广东人民出版社 1995—

〔馆藏卷期〕1995 1996 1997 1998 1999 2000 2001 2002 2003 2004 2005 2006 2007 2008 2009 2010 2011 2012 2013 2014

012047146

番禺统计年鉴

番禺区统计局编 番禺 广州市番禺区统计局 2007—

〔馆藏卷期〕2007 2008 2009 2010 2011 2012 2013

花都区

008398349

花都年鉴

广州市花都年鉴 2014—

花都市地方志编纂委员会 花都年鉴编辑部编 广州 广东精装印务有限公司

〔馆藏卷期〕1997 1998 1999 2000 2001 2002 2003 2004 2005 2006 2007 2008 2009 2010 2011 2012 2013 2014

013772636

广州市花都区统计年鉴

花都统计年鉴

花都区统计局编 花都 广州市花都区统计局

〔馆藏卷期〕2011

南沙区

012530116

南沙年鉴

广州市南沙区地方志编纂委员会编 广州 广东经济出版社 2009—

〔馆藏卷期〕2007 2008 2009 2010 2011 2012 2013

增城区

008435163

增城年鉴

增城年鉴编纂委员会编 广州 广东人民出版社

〔馆藏卷期〕1997 1998 1999 2000 2001 2002 2003 2004 2005 2006 2007 2008 2009 2010 2011 2012 2013 2014

从化区

008848372

从化年鉴

从化市地方志编纂委员会 从化年鉴编

辑部编 从化市人民政府办公室主办
从化 从化市人民政府办公室
〔馆藏卷期〕1999 2000/2001 2002 2003 2004 2005 2006 2007 2008 2009 2010 2011 2012 2013 2014

013747964
从化统计年鉴
从化市统计局编 从化 从化市统计局
〔馆藏卷期〕2011

韶关市

008773097
韶关年鉴
韶关年鉴编纂委员会编 韶关 韶关年鉴编纂委员会
〔馆藏卷期〕1986 1991/1995 1996/2000 2001/2005 2009 2010 2011 2012 2013 2014

008402756
韶关市统计年鉴
韶关统计年鉴 2002
韶关市统计局编 韶关 韶关市统计局
〔馆藏卷期〕1998 1999 2000 2001 2002 2003 2005 2006 2007 2008 2009 2010 2011 2012 2013

浈江区

012926152
浈江年鉴
韶关市浈江区综合年鉴编纂委员会编 广州 广东人民出版社 2011—
〔馆藏卷期〕2010 2011 2012 2013 2014

武江区

013771893
武江年鉴
武江年鉴编纂委员会编 北京 方志出版社
〔馆藏卷期〕2011 2012 2013

曲江区

013471041
曲江年鉴
曲江年鉴编纂委员会编 北京 方志出版社 2011—
〔馆藏卷期〕2011 2012 2013

乐昌市

012792624
乐昌年鉴
乐昌年鉴编纂委员会编 北京 方志出版社 2010—
〔馆藏卷期〕2010 2012 2013

南雄市

008849765
南雄年鉴
南雄市地方志编纂委员会编 南雄 南雄市地方志编纂委员会
〔馆藏卷期〕1993/1997 1998 1998/2002

仁化县

009062521
仁化年鉴
仁化县地方志编纂委员会办公室编 仁化 仁化县地方志编纂委员会办公室 2001
〔馆藏卷期〕1988/1999 2012 2013

翁源县

013603334
翁源年鉴
翁源年鉴编纂委员会编 广州 广东人民出版社 2012—
〔馆藏卷期〕2011 2012 2013 2014

新丰县

013603427
新丰年鉴
新丰年鉴编纂委员会编 中共新丰县委员会 新丰县人民政府主办 新丰 新丰年鉴编纂委员会 2011—
〔馆藏卷期〕2011

乳源瑶族自治县

013771899
乳源年鉴
乳源年鉴编纂委员会编 北京 方志出版社
〔馆藏卷期〕2012 2013 2014

深圳市

008261218
深圳经济特区年鉴增刊 深圳辉煌 15 年
曾曲宏主编 深圳 深圳特区年鉴社 1995
〔馆藏卷期〕1995

004943456
深圳经济特区年鉴
深圳年鉴
深圳经济特区年鉴编辑委员会编辑 深圳 深圳经济特区年鉴编辑委员会 1985—
〔馆藏卷期〕1985 1987 1989 1990 1991 1992 1993 1994 1996

007694740
深圳年鉴

深圳经济特区年鉴

深圳年鉴编辑委员会编 深圳 深圳年鉴社 1997—

〔馆藏卷期〕1997 1998 1999 2000 2001 2002 2003 2004 2005 2006 2007 2008 2009 2010 2011 2012 2013 2014

005801121
深圳统计年鉴

深圳统计信息年鉴

深圳市统计局编 北京 中国统计出版社 1991—

〔馆藏卷期〕1991 1992 1993 1995 1996

008183146
深圳统计信息年鉴

深圳统计年鉴

深圳统计信息年鉴编委会编 北京 中国统计出版社 1997—2001

〔馆藏卷期〕1997 1998 1999 2000 2001

009434787
深圳统计年鉴

深圳统计信息年鉴

深圳市统计局编 北京 中国统计出版社 2002—

〔馆藏卷期〕2002 2003 2004 2005 2006 2007 2008 2009 2010 2011 2012 2013 2014

013758075
深圳狮子会年鉴

深圳狮子会编 深圳 深圳狮子会

〔馆藏卷期〕2002/2012

013467726
深圳律师年鉴

深圳市律师协会编 深圳 深圳市律师协会

〔馆藏卷期〕2010/2012

008434600
深圳政法年鉴

深圳政法年鉴编辑委员会编 深圳 海天出版社

〔馆藏卷期〕1996 1997 1998 1999 2000 2001 2002 2003 2004 2005 2006 2007 2008 2009 2010 2011 2012 2013

014014860
深圳仲裁年鉴

深圳仲裁委员会编 深圳 深圳仲裁委员会

〔馆藏卷期〕1998/2003

011967298
深圳经济普查年鉴

深圳市第一次全国经济普查领导小组办公室 深圳市统计局编 深圳 深圳市统计局 2006

〔馆藏卷期〕2004 2008

008399483
深圳劳动年鉴

深圳市劳动局编 北京 中国劳动出版社 1998—
〔馆藏卷期〕1979/1997 1999

006296731
深圳经济特区产品年鉴
深圳市计划局编 香港 经济导报社 1994—
〔馆藏卷期〕1994 1995

009933359
深圳企业年鉴
深圳企业年鉴编辑委员会编 深圳市统计局 深圳市国家税务局 深圳市工商局 深圳市国有资产管理委员会主办 深圳 海天出版社 2005—
〔馆藏卷期〕2005 2006 2007/2008 2009

013936470
深圳外商投资企业协会年鉴
深圳外商投资企业协会编 深圳 深圳外商投资企业协会
〔馆藏卷期〕2003

002397539
中国企业登记年鉴 深圳经济特区专辑
中华人民共和国国家工商行政管理局 深圳市工商行政管理局编 北京 中国展望出版社 1984
〔馆藏卷期〕1984

008378172
深圳房地产年鉴
深圳房地产年鉴编辑委员会编 深圳 海天出版社
〔馆藏卷期〕1992 1993 1994 1995 1997 1998 1999 2000 2001 2002 2003 2005 2006 2007 2008 2009 2010 2011 2012 2013 2014

011503444
深港房地产年鉴
深圳房地产年鉴
深港房地产年鉴编辑委员会编 北京 人民中国出版社 1997
〔馆藏卷期〕1997

009397836
深圳物业管理年鉴
深圳物业管理年鉴编辑委员会编 深圳 海天出版社
〔馆藏卷期〕2003 2005 2006 2007 2008 2009 2010

009395512
[深圳]交通年鉴
深圳交通年鉴
深圳交通运输年鉴 2011—
深圳交通年鉴编委会编 深圳 深圳市交通局
〔馆藏卷期〕2003 2004 2005 2006 2007 2008 2009 2010 2011 2012 2013 2014

010102191
深圳电信年鉴

深圳市电信年鉴编辑委员会编 深圳 深圳市电信局 2000—
〔馆藏卷期〕2000 2003 2004

013711438
深圳市无线电管理年鉴
深圳市无线电管理办公室编 广州 广东人民出版社 1997—
〔馆藏卷期〕1997 2005/2006

011966102
中国电信深圳分公司年鉴
广东省电信有限公司深圳市分公司编 深圳 广东省电信有限公司深圳市分公司 2007—
〔馆藏卷期〕2007 2008 2009

013936439
深圳工商物价年鉴
深圳工商物价年鉴编辑委员会编 深圳 深圳工商物价年鉴编辑委员会
〔馆藏卷期〕2001

009426247
深圳财政年鉴
深圳市财政局编 深圳 深圳市财政局
〔馆藏卷期〕1997

009805060
深圳地税年鉴
深圳地税年鉴编辑委员会编 深圳 深圳地税年鉴编辑委员会
〔馆藏卷期〕2004 2005 2006 2007 2008

2009 2010 2011 2012 2013 2014

010226820
招商银行统计年鉴
招商银行总行计划资金部编 深圳 招商银行总行
〔馆藏卷期〕1995/1997 1998/2001 2002/2004

008001260
深圳证券交易所市场统计年鉴
深圳证券交易所编 北京 中国统计出版社
〔馆藏卷期〕1994 1995 1996 1997 1998 1999 2000 2001 2006 2007 2008 2009 2010 2011 2012 2013

008011148
中国深圳资信评估年鉴
深圳市资信评估公司编 北京 中国金融出版社 1994—
〔馆藏卷期〕1993

009933350
深圳保险年鉴
深圳保险学会编印 深圳 深圳保险学会
〔馆藏卷期〕2002 2005

009616823
深圳社会保险年鉴
深圳市社会保险管理局编 深圳 深圳市社会保险管理局 2000—
〔馆藏卷期〕2000

009805070
深圳科技年鉴
深圳市特区科技杂志社编 深圳市科技
　　和信息局主办 深圳 海天出版社
〔馆藏卷期〕2005 2006 2007 2008 2009
　　2010 2011 2012 2013

009933353
深圳高等职业技术学院年鉴
深圳高等职业技术学院年鉴编辑部编
　　深圳 深圳高等职业技术学院
〔馆藏卷期〕1996

011140687
深圳文艺年鉴
深圳文艺年鉴编辑委员会编 深圳 海天
　　出版社 2006—
〔馆藏卷期〕2006 2007 2008 2009 2010
　　2011 2012 2013

009805038
关山月美术馆年鉴
关山月美术馆研究收藏部编 深圳 深圳
　　市关山月美术馆
〔馆藏卷期〕1998 1999 2000 2001 2002
　　2003 2004 2005 2006 2007 2008
　　2009 2010 2011

011396287
何香凝美术馆年鉴
任克雷主编 深圳 何香凝美术馆
　　2001—
〔馆藏卷期〕1997/2001 2003/2006 2007

014014855
深圳摄影年鉴
深圳摄影学会编 深圳 深圳摄影学会
〔馆藏卷期〕1987 1989 1990 1991

013820230
深圳市水文资料年鉴
深圳市水务局编 深圳 深圳市水务
　　局 2004—
〔馆藏卷期〕1957/1973 1974/1981
　　1982/1989 1990/1996 1997/2000
　　2001/2002

010226749
深圳出入境检验检疫年鉴
深圳出入境检验检疫年鉴编辑委员会
　　编 深圳 深圳出入境检验检疫年鉴编
　　辑委员会 2005—
〔馆藏卷期〕2005 2010 2011

013936468
深圳勘察设计行业年鉴
深圳勘察设计行业协会编 深圳 深圳报
　　业集团出版社
〔馆藏卷期〕2010

010102211
深圳室内设计年鉴
深圳市室内设计师协会编 长沙 湖南科
　　学技术出版社 2007—
〔馆藏卷期〕2006

福田区

013965191

福田年鉴

福田区年鉴编纂委员会编 深圳 海天出版社

〔馆藏卷期〕2009/2011

011967308

深圳市福田区统计年鉴

福田区统计局编 福田 深圳市福田区统计局 2007—

〔馆藏卷期〕1998 1999 2001 2002 2003 2004 2005 2006 2007 2008 2009 2010 2011 2012 2013

罗湖区

012530112

罗湖年鉴

深圳市罗湖区年鉴编纂委员会编 中共深圳市罗湖区委员会 深圳市罗湖区人民政府主办 深圳 深圳市罗湖区年鉴编纂委员会

〔馆藏卷期〕2005/2008 2010

011140125

深圳市罗湖区统计年鉴

罗湖区统计年鉴

罗湖统计年鉴 2007

深圳市罗湖区统计局编 深圳 深圳市罗湖区统计局

〔馆藏卷期〕2002 2003 2004 2005 2007 2009 2010 2011 2012 2013 2014

南山区

012924912

南山年鉴

中国·深圳南山年鉴 1996

南山区区志编纂委员会办公室编 深圳 海天出版社 2010—

〔馆藏卷期〕1996 2009 2010 2011 2012 2013 2014

012530188

深圳市南山区统计年鉴

南山统计年鉴 2002—

南山区统计局编 南山 深圳市南山区统计局

〔馆藏卷期〕2002 2003 2004 2005 2006 2007 2008 2009 2010 2011

012199565

深圳市南山天后博物馆年鉴

天后博物馆编 南山 天后博物馆 2004—

〔馆藏卷期〕2004 2005 2007

宝安区

010102162

宝安年鉴

宝安年鉴编辑委员会编 深圳 深圳市宝

安报社

〔馆藏卷期〕1995 1996 1997 1998 1999 2000 2001 2002 2003 2004 2005 2006 2007 2008 2009 2010 2011 2012 2013

011140122

深圳市宝安区统计年鉴

宝安统计年鉴 2002

深圳市宝安区统计局编 宝安 深圳市宝安区统计局

〔馆藏卷期〕2002 2003 2004 2005 2006 2007 2008 2009 2010 2011

013751797

宝安公路年鉴

宝安区公路局编 宝安 深圳市宝安区公路局

〔馆藏卷期〕2007/2009

013467184

宝安环境年鉴

宝安区环境保护局编 深圳 深圳市宝安区环境保护局 2007—

〔馆藏卷期〕2007 2008 2009 2010

龙岗区

010226755

深圳市龙岗区统计年鉴

深圳市龙岗区统计局编 深圳 深圳市龙岗区统计局

〔馆藏卷期〕1999 2000 2001 2002 2003 2004 2005 2006 2007 2008 2009 2010 2011 2013

012755673

大亚湾核电运营管理有限责任公司年鉴

广东大亚湾核电站岭澳核电站生产运行年鉴

大亚湾核电运营管理有限责任公司编 北京 原子能出版社 2010—

〔馆藏卷期〕2009 2010 2011 2012 2013

008175295

广东大亚湾核电站生产运行年鉴

北京 原子能出版社 1995—

〔馆藏卷期〕1994 1995 1996 1997 1998 1999 2000 2001

009036988

广东大亚湾核电站岭澳核电站生产运行年鉴

广东大亚湾核电站生产运行年鉴

北京 原子能出版社 2004—

〔馆藏卷期〕2003 2004 2005 2006 2007 2008

盐田区

013481735

盐田年鉴

盐田区年鉴编纂委员会编 北京 方志出版社 2011—

〔馆藏卷期〕2011 2012

011503452
深圳市盐田区统计年鉴
深圳市盐田区统计局编 深圳 深圳市盐田区统计局 2007—
〔馆藏卷期〕2006 2007 2008 2009 2010 2011 2012 2013

珠海市

001992409
珠海年鉴
珠海经济年鉴
珠海年鉴编纂委员会编 广州 广东人民出版社 1987—
〔馆藏卷期〕1987 1988 1989 1990/1991 1992 1993 1994 1995 1996 1997 1998 1999 2000 2001 2002 2003 2005 2006 2007 2008 2009 2010 2011 2012 2013

008244988
珠海统计年鉴
珠海市统计局编 珠海 珠海市统计局
〔馆藏卷期〕1990 1991 1992 1994 1995 1996 1997 1998 1999 2000 2001 2002 2003 2004 2005 2007 2008 2009 2010 2011 2012 2013 2014

011399974
珠海经济普查年鉴
珠海市经济普查领导小组办公室编 珠海 珠海市经济普查领导小组办公室 2006
〔馆藏卷期〕2004 2008

001992399
珠海经济年鉴
珠海年鉴
珠海经济年鉴编纂委员会编 广州 广东人民出版社 1986
〔馆藏卷期〕1979/1986

013467790
珠海企业文化年鉴
珠海企业文化年鉴编纂委员会编 珠海市企业文化协会 中国电信股份有限公司珠海分公司 珠海格力集团有限公司主办 珠海 珠海出版社 2010—
〔馆藏卷期〕2010

012243179
珠海市企业和产品年鉴
珠海市质量技术监督局等主编 北京 中国标准出版社
〔馆藏卷期〕2008

汕头市

003098907

汕头经济特区年鉴

汕头年鉴 2005—

汕头经济特区年鉴编纂委员会编 广州 广东人民出版社

〔馆藏卷期〕1989 1990 1991 1992 1993 1994 1995 1996 1997 1998 1999 2000 2001 2002 2003 2004 2005 2006 2007 2008 2009 2010 2011 2012 2013 2014

008476087

汕头市统计年鉴

汕头统计年鉴 2011—

广东省汕头市统计局编 汕头 汕头市统计局

〔馆藏卷期〕1995 1996 1997 1998 1999 2000 2001 2002 2003 2004 2005 2006 2007 2008 2009 2010 2011 2012

012242638

汕头市企业和产品年鉴

汕头市技术监督局编 北京 中国标准出版社 1999—

〔馆藏卷期〕1999/2000

009197893

汕头电信年鉴

广东省电信公司汕头市分公司 广东省电信实业集团汕头市有限公司编 广州 广东经济出版社 2003—

〔馆藏卷期〕2002

010102158

潮剧年鉴

汕头市艺术研究室编 汕头 汕头市艺术研究室

〔馆藏卷期〕1990 1991 1992 1993 1994 1995 1996 1997 1998 1999 2000 2001 2002 2003 2004 2005 2006

潮阳区

013677409

潮阳年鉴

潮阳年鉴编纂委员会编 中共汕头市潮阳区委 汕头市潮阳区人民政府主办 广州 广东人民出版社 2012—

〔馆藏卷期〕2012 2013

澄海区

013470914

澄海年鉴

澄海年鉴编纂委员会编 中共汕头市澄海区委 汕头市澄海区人民政府主办 北京 方志出版社 2011—

〔馆藏卷期〕2011 2012 2013

南澳县

013677400

南澳年鉴

南澳年鉴编委会编 中共南澳县委 南澳县人民政府主办 广州 广东人民出版社

〔馆藏卷期〕2011 2012 2013 2014

佛山市

008138090

佛山年鉴

佛山年鉴编纂委员会编 广州 广东人民出版社 1993—

〔馆藏卷期〕1993 1994 1995 1996 1997 1998 1999 2000 2001 2002 2003 2004 2005 2006 2007 2008 2009 2010 2011 2012 2013 2014

008405313

佛山统计年鉴

佛山市统计局编 佛山 佛山市统计局

〔馆藏卷期〕1999 2000 2001 2002 2003 2004 2005 2006 2007 2008 2009 2010 2011 2012 2013 2014

013752857

佛山旅游年鉴

佛山市旅游局编 佛山 佛山市旅游局

〔馆藏卷期〕2011

008436659

佛山文化年鉴

佛山市文化局编 佛山 佛山市文化局

〔馆藏卷期〕1992 1993/1994 1995/1996 1997 1998 1999 2000 2001 2002 2003

禅城区

011139653

禅城统计年鉴

佛山市禅城区统计局编 佛山 佛山市禅城区统计局

〔馆藏卷期〕2004 2005 2006 2007 2008 2009 2010

南海区

008277831

南海年鉴

南海年鉴编纂委员会编 南海 南海年鉴社 1994—

〔馆藏卷期〕1994 1995 1996 1997 1998 1999 2000 2001 2002 2003 2004 2005 2006 2007 2008 2009 2010 2011 2012 2013 2014

008555408
南海统计年鉴
南海市统计局编 南海 南海市统计局 1996—
〔馆藏卷期〕1996 1997 1998 1999 2000 2001 2002 2003 2004 2005 2006 2007 2008 2009 2010 2011 2012 2013

顺德区

012048599
顺德年鉴
顺德年鉴编纂委员会 佛山市顺德区地方志办公室编 广州 广东经济出版社 2009—
〔馆藏卷期〕2008 2009 2010 2011 2012 2013

013609107
顺德统计年鉴
顺德区发展规划和统计局编 顺德 顺德区发展规划和统计局
〔馆藏卷期〕2010 2011 2012 2013 2014

三水区

008432775
三水年鉴
三水市地方志编纂委员会 三水年鉴编辑部编 广州 广东人民出版社
〔馆藏卷期〕1996 1997 1998 1999 2000 2001 2002 2003 2004 2005 2006 2007 2008 2009 2010 2011 2012 2013 2014

009616818
三水统计年鉴
佛山市三水区统计局编 三水 佛山市三水区统计局
〔馆藏卷期〕2003 2004 2005 2006 2007 2008 2009 2010 2011 2012 2013

高明区

008574183
高明年鉴
高明市地方志编纂委员会 高明年鉴编辑部编 广州 广东人民出版社
〔馆藏卷期〕1999 2000 2001 2002 2003 2004 2005 2006 2007 2008 2009 2010 2011 2012 2013 2014

011966542
高明统计年鉴
高明区统计局编 高明 佛山市高明区统计局
〔馆藏卷期〕2007 2008 2009 2010 2011 2012 2013

江门市

008438817
江门年鉴
江门年鉴编纂委员会编 广州 广东人民出版社
〔馆藏卷期〕1996/1997 1998/1999 1999/2000 2001 2002 2003 2004 2005 2007 2008 2009 2010 2011 2012 2013

008270553
江门统计年鉴
江门市统计局编 江门 江门市统计局
〔馆藏卷期〕1990 1991 1992 1993 1994 1995 1997 1998 1999 2000 2001 2002 2003 2004 2007 2008 2009 2010 2011 2012 2013 2014

012200231
五邑大学年鉴
蒋纪蓓主编 北京 中国档案出版社 2006—
〔馆藏卷期〕2004

蓬江区

013714541
蓬江统计年鉴
蓬江区发展改革和统计局编 蓬江 江门市蓬江区发展改革和统计局
〔馆藏卷期〕2012 2013

新会区

008437445
新会年鉴
新会年鉴编纂委员会编 广州 广东人民出版社
〔馆藏卷期〕1995/1996 1997/1998 1999/2000 2001/2002 2011/2012

012530515
新会统计年鉴
新会统计局编 新会 江门市新会区统计局
〔馆藏卷期〕2005 2006 2007 2008 2009 2010 2011 2012 2013

台山市

005430956
台山年鉴
台山年鉴编纂委员会编 台山 台山年鉴编纂委员会 1986—
〔馆藏卷期〕△1986 1988 1993 1994 1998/1999

008463685
台山经济年鉴
台山市地方史志编辑部编 台山 台山市地方史志编辑部
〔馆藏卷期〕1996

开平市

013467408
开平年鉴
开平年鉴编纂委员会编 中共开平市委员会 开平市人民政府主办 广州 广东人民出版社 2012—
〔馆藏卷期〕2008/2009

鹤山市

009425866
鹤山年鉴
党史地方志办公室鹤山年鉴编辑部编 北京 中国县镇年鉴社 2003—
〔馆藏卷期〕2003 2005 2007 2011 2013

恩平市

010223968
恩平年鉴
恩平市委党史市志办公室编 中共恩平市委员会 恩平市人民政府主办 北京 中国县镇年鉴社 2005—
〔馆藏卷期〕2001/2003 2004/2006

湛江市

008397880
湛江年鉴
湛江年鉴编纂委员会编 湛江 湛江年鉴编纂委员会
〔馆藏卷期〕1994 1996 1997 1998 1999 2000 2001 2002 2003 2004 2005 2006 2007 2008 2009 2010 2011 2012 2014

008403062
湛江统计年鉴
"八五"时期湛江统计年鉴 1990/1995
"九五"时期湛江统计年鉴 1996/2000
湛江市统计年鉴 2004—
广东省湛江市统计局编辑 湛江 广东省湛江市统计局 1996—
〔馆藏卷期〕1978/1993 1990/1995 1994 1996/2000 1997 1998 2000 2002 2003 2004 2005 2006 2007 2008 2009 2010 2011 2012 2013 2014

012200439
湛江经济普查年鉴
湛江市第一次全国经济普查领导小组办公室编 湛江 湛江市第一次全国经济普查领导小组办公室 2006—
〔馆藏卷期〕2004 2008

013758749
湛江市科技年鉴
湛江市科学技术局编 湛江 湛江市科学技术局
〔馆藏卷期〕2001/2005 2006/2008

赤坎区

011965724
赤坎统计年鉴
赤坎区统计局编 赤坎 湛江市赤坎区统计局 2006—
〔馆藏卷期〕2006 2007 2008 2009 2011 2012 2013

霞山区

013996336
湛江市霞山年鉴
霞山区档案局编 中共湛江市霞山区委员会 湛江市霞山区人民政府主办 广州 广东人民出版社 2013—
〔馆藏卷期〕2012 2013

廉江市

010226318
廉江年鉴
廉江市地方志编纂委员会 廉江市年鉴编纂委员会编 中共廉江市委员会 廉江市人民政府主办 北京 时代出版社 2005—

〔馆藏卷期〕2005 2006/2008

011140099
廉江统计年鉴
廉江市统计局编 廉江 广东省廉江市统计局
〔馆藏卷期〕2008

雷州市

012243248
雷州年鉴
雷州年鉴编辑部编 雷州市党史市志研究室 雷州年鉴编辑部主办 北京 人民日报出版社 2009—
〔馆藏卷期〕2007/2008 2009/2010

吴川市

013792397
吴川统计年鉴
吴川市统计局编 吴川 广东省吴川市统计局
〔馆藏卷期〕2011

遂溪县

012243278
遂溪年鉴
遂溪县年鉴编纂委员会编 北京 人民日报出版社 2008—
〔馆藏卷期〕2008 2010 2011 2012 2013 2014

徐闻县

009726034
徐闻年鉴
徐闻县地方志编纂委员会编 广州 广东省地图出版社 2005—
〔馆藏卷期〕2004 2005 2006/2007 2008 2010 2011 2012

茂名市

011140377
茂名年鉴
茂名年鉴编纂委员会编 北京 线装书局 2006—
〔馆藏卷期〕2006 2007 2008 2012 2013

007733433
茂名统计年鉴
茂名市统计局编 茂名 茂名市统计局 1996—
〔馆藏卷期〕1992 1993 1994 1995 1996 1997 1998 1999 2000 2001 2002 2003 2004 2005 2006 2007 2008 2009 2010 2011 2012 2013 2014

009104894
茂名石化年鉴
茂名石化年鉴编纂委员会编 北京 中国石化出版社
〔馆藏卷期〕2001 2002 2003 2004 2005 2006 2007 2008 2009 2010 2011 2012 2013 2014

茂南区

013603192
茂南年鉴
茂南年鉴编纂委员会编 茂名市茂南区人民政府主办 广州 广东人民出版社 2012—
〔馆藏卷期〕2011 2012 2013

电白区

013467344
电白年鉴
电白年鉴编纂委员会编 北京 北京大学出版社 2009—
〔馆藏卷期〕2009

高州市

013089988
高州年鉴
高州年鉴编委会编 中共高州市委员会 高州市人民政府主办 北京 中华书

局 2010—
〔馆藏卷期〕2009

009182790
高州统计年鉴
高州市统计局 高州市统计信息咨询中心编 高州 高州市统计局
〔馆藏卷期〕2001 2002 2003 2004 2005 2007 2008 2009 2010 2011 2012

化州市

008426293
化州年鉴
化州市年鉴 1988
化州市地方志编纂委员会编 北京 中国县镇年鉴社 2009—

〔馆藏卷期〕1998 2009

信宜市

008426291
信宜年鉴
信宜年鉴编纂委员会编 广州 广东人民出版社
〔馆藏卷期〕1989/1995 1996/2000

009195451
信宜统计年鉴
广东省信宜市统计局编 信宜 广东省信宜市统计局
〔馆藏卷期〕2000 2001 2002 2004 2005 2006 2007 2008 2009 2010 2011 2012

肇庆市

013608947
肇庆高新区年鉴
肇庆高新区地方志编纂委员会编 北京 中华书局 2012—
〔馆藏卷期〕2007/2010

008438713
肇庆年鉴
肇庆市地方志编纂委员会编 肇庆 肇庆市地方志编纂委员会
〔馆藏卷期〕1998 1999 2000 2001 2002 2003 2004 2005 2006 2007 2008 2009 2010 2011 2012 2013 2014

008400240
肇庆统计年鉴
肇庆市统计局编 肇庆 肇庆市统计局
〔馆藏卷期〕1992 1993 1994 1995 1996 1998 1999 2000 2001 2002 2003 2004 2005 2006 2007 2008 2009 2010 2011 2012 2013 2014

011503779

中共肇庆年鉴

中共肇庆年鉴编纂委员会编 中共肇庆市委员会主办 北京 中共党史出版社 2008—

〔馆藏卷期〕2007 2008 2009 2010 2011 2012 2013

011139949

肇庆经济普查年鉴

肇庆市第一次全国经济普查领导小组办公室编 肇庆 肇庆市第一次全国经济普查领导小组办公室 2006—

〔馆藏卷期〕2004 2008

端州区

008438776

端州年鉴

肇庆市端州区地方志编纂委员会办公室编 端州 肇庆市端州区地方志编纂委员会办公室

〔馆藏卷期〕1997 1999/2000 2001 2002 2003 2004/2005 2006/2007

鼎湖区

013311508

鼎湖年鉴

肇庆市鼎湖区地方志办公室编 中共肇庆市鼎湖区委员会 肇庆市鼎湖区人民政府主办 北京 中华书局 2011—

〔馆藏卷期〕2009/2010 2011 2012 2013 2014

高要区

006088566

高要年鉴

高要县年鉴编纂委员会编辑组编 高要 高要县年鉴编纂委员会 1989—

〔馆藏卷期〕1989 2000 2002 2004 2008 2010 2011 2012 2013 2014

012525950

高要统计年鉴

高要市统计局编 高要 高要市统计局

〔馆藏卷期〕2005 2006 2007 2008 2009 2010 2011 2012

四会市

008438174

四会年鉴

四会年鉴编纂委员会编 四会 四会年鉴编纂委员会

〔馆藏卷期〕1997 1998 1999 2000/2001 2002 2003 2004 2005 2006 2009

012592710

四会统计年鉴

四会市统计局编 四会 四会市统计局 2007—

〔馆藏卷期〕2007 2008 2011 2013

广宁县

008438570
广宁年鉴
广宁年鉴编辑部编 广宁 广宁年鉴编辑部
〔馆藏卷期〕1998 1999 2000 2001/2002 2013 2014

怀集县

008466709
怀集年鉴
怀集年鉴编纂委员会编 怀集 怀集年鉴编纂委员会
〔馆藏卷期〕1987/1994 1995 1996/1997 1998/1999 2000 2001/2002 2003/2004 2005/2008

封开县

008433608
封开年鉴
封开县地方志编纂委员会办公室 封开年鉴编辑部编 封开 封开年鉴编辑部
〔馆藏卷期〕1996/1997 1998/2002 2003/2004 2007/2009

德庆县

008848377
德庆年鉴
德庆年鉴编纂委员会 德庆年鉴编辑部编 德庆 德庆年鉴编辑部 2001—
〔馆藏卷期〕1999 2001

惠州市

008555421
惠州年鉴
惠州市地方志办公室编 北京 中国经济出版社
〔馆藏卷期〕1999 2000 2001 2002 2003 2004 2005 2006 2007 2008 2009 2010 2011 2012 2013 2014

011501795
大亚湾统计年鉴
惠州大亚湾经济技术开发区统计局编 惠州 大亚湾统计年鉴编辑部 2006—
〔馆藏卷期〕2001/2006 2012 2013 2014

006409013
惠州统计年鉴
惠州市统计局编 北京 中国统计出版社 1994—
〔馆藏卷期〕1949/1993 1995 1996 1997 1998 1999 2000 2001 2002 2003

2004　2005　2006　2007　2008　2009
2010　2011　2012　2013　2014

011502945
中国广东惠州邮电年鉴
惠州邮电年鉴
惠州市邮电局编　惠州　惠州市邮电局
〔馆藏卷期〕1995　1998

010225593
惠州教育年鉴
惠州市教育局编　北京　中国文史出版社　2006—
〔馆藏卷期〕2000/2005

惠城区

012194311
惠城年鉴
惠州市惠城区地方志编纂委员会办公室编　惠州市惠城区人民政府主办　北京　中国文史出版社　2008—
〔馆藏卷期〕2008　2009　2010　2011　2012　2013　2014

惠阳区

009927841
惠阳年鉴
惠州市惠阳区地方志编纂委员会办公室编　中共惠州市惠阳区委员会　惠州市惠阳区人民政府主办　北京　中华书局

〔馆藏卷期〕2005　2006　2007　2008　2009　2010　2011/2012

博罗县

009182944
博罗年鉴
博罗县地方志编纂委员会办公室编　博罗县人民政府主办　博罗　博罗县地方志编纂委员会办公室
〔馆藏卷期〕2003/2005　2008

惠东县

009004428
惠东年鉴
惠东县地方志编纂委员会办公室编　惠东县人民政府主办　北京　中华书局　2002—
〔馆藏卷期〕1997/2002　2003/2004　2005/2006　2007/2008　2009/2010　2011　2012　2013

龙门县

009616813
龙门年鉴
龙门县地方志编纂委员会编　龙门县人民政府主办　北京　中国社会出版社　2004—
〔馆藏卷期〕2003　2005　2007　2008　2009　2010　2011　2012　2013

梅州市

007657036

梅州年鉴

梅州年鉴编纂委员会编 广州 广东年鉴社 1993—

〔馆藏卷期〕1992/1993 1994 1995 1996 1997 1998 1999 2000 2002 2003 2004 2005 2006 2007 2008 2009 2010 2011 2012 2013 2014

008272965

梅州市统计年鉴

梅州统计年鉴

梅州市统计局编 梅州 梅州市统计局

〔馆藏卷期〕1990 1992 1993 1994 1995 1996 1998 1999 2000 2001 2002 2003 2004 2005 2006 2007 2008 2009 2010 2011 2012 2013 2014

012199428

梅州市经济普查年鉴

梅州市第一次全国经济普查领导小组办公室编 梅州 梅州市统计局 2008—

〔馆藏卷期〕2004

梅县区

008477217

梅县年鉴

梅县年鉴编纂委员会编 梅县 梅县年鉴编纂委员会 1994—

〔馆藏卷期〕1994 1995 1996 1997 1998 1999 2000 2001 2002 2003 2004 2005 2006 2007 2008 2009 2010 2011 2012 2013

008443162

梅县学校年鉴

梅县教育局编 梅县 梅县教育局 1936

〔馆藏卷期〕1935

兴宁市

008588975

兴宁年鉴

兴宁年鉴编纂委员会编 兴宁 兴宁年鉴编纂委员会

〔馆藏卷期〕1996 1997 1998 1999 2000 2001 2002 2003 2004 2005 2006 2007 2008 2009 2010 2011 2012 2013 2014

011968031

兴宁市统计年鉴

兴宁统计局编 兴宁 兴宁市统计局 2002—

〔馆藏卷期〕2002 2003

大埔县

008438053
大埔年鉴
大埔年鉴编纂委员会编 大埔 大埔年鉴编纂委员会
〔馆藏卷期〕1993 1994 1995 1996 1997 1998 1999 2000 2001 2002 2003 2004 2005 2006 2008 2009 2010 2011 2012 2013

丰顺县

008588870
丰顺年鉴
广东省丰顺年鉴编纂委员会编 丰顺 广东省丰顺年鉴编纂委员会
〔馆藏卷期〕1994/1995 1997/1998 1999/2000 2001/2002 2004 2006 2012

五华县

009182893
五华年鉴
五华年鉴编纂委员会编 五华 五华年鉴编纂委员会
〔馆藏卷期〕1994 1995 1997 1998 1999/2000 2001 2002 2003 2004 2005 2006 2008 2009 2010 2011 2012 2013 2014

平远县

008315302
平远年鉴
平远县地方志办公室编 平远 平远县地方志办公室 1993—
〔馆藏卷期〕1993 1994/1997 1998 1999 2000 2001 2002 2004 2005 2006 2007 2008 2009 2010 2011 2012 2013 2014

蕉岭县

008401611
蕉岭年鉴
蕉岭年鉴编辑部编 蕉岭 广东省蕉岭县地方志编纂委员会
〔馆藏卷期〕1999 2001 2003 2004 2005 2006 2007 2008 2009 2010 2011 2012

013898659
蕉岭县统计年鉴
蕉岭县统计局编 蕉岭 蕉岭县统计局
〔馆藏卷期〕2007

汕尾市

008555473
汕尾年鉴
汕尾年鉴编纂委员会编 广州 花城出版社
〔馆藏卷期〕1999 2000 2001 2002 2003 2004 2005 2006 2007 2008 2009 2010 2011 2012 2013 2014

008433828
汕尾市国民经济和社会统计年鉴
汕尾市统计局编 汕尾 汕尾市统计局
〔馆藏卷期〕1994

008378199
汕尾统计年鉴
汕尾市统计局编 汕尾 汕尾市统计局
〔馆藏卷期〕1996 1997 1998 1999 2000 2001 2002 2003 2004 2005 2006 2007 2008 2009 2010 2011 2012 2013 2014

海丰县

013996014
海丰年鉴
海丰县地方志办公室编 中共海丰县委 海丰县人民政府主办 北京 方志出版社
〔馆藏卷期〕2012 2013

河源市

009062461
河源年鉴
河源年鉴编纂委员会编 河源 河源年鉴编纂委员会 2002—
〔馆藏卷期〕2002 2003 2004 2005 2006 2007 2008 2009 2010 2011 2012 2013 2014

008388824
河源统计年鉴
河源市统计局编 河源 河源市统计局
〔馆藏卷期〕1995 1996 1997 1998 1999 2000 2001 2002 2003 2004 2005 2006 2007 2008 2009 2010 2011 2012 2013 2014

011396308
河源经济普查年鉴
河源市第一次全国经济普查领导小组办公室编 河源 河源市第一次全国经

济普查领导小组办公室 2006
〔馆藏卷期〕2004

013710912
河源职业技术学院年鉴
河源职业技术学院编 广州 广东经济出版社 2011—
〔馆藏卷期〕2008/2009

紫金县

008788167
紫金年鉴
紫金年鉴编辑部编 北京 中华书局
〔馆藏卷期〕1989/1998 1998/2002 2005 2006 2007 2008 2009 2010 2011 2012

连平县

011822990
连平年鉴
连平县地方志编纂委员会办公室编 中共连平县委 连平县人民政府主办 连平 连平县地方志编纂委员会办公室 2008—
〔馆藏卷期〕2007 2008/2009

东源县

013793229
东源年鉴
东源县地方志编纂委员会编 东源 东源县地方志编纂委员会 2013—
〔馆藏卷期〕2012 2013

阳江市

011140405
阳江年鉴
中共阳江市委 阳江年鉴编辑部编 中共阳江市委员会 阳江市人民政府主办 北京 中华书局 2007—
〔馆藏卷期〕2001/2005 2006/2008 2009/2010 2012

008278847
阳江统计年鉴
广东省阳江市统计局编 阳江 广东省阳江市统计局
〔馆藏卷期〕1995 1996 1997 1998 1999 2000 2001 2002 2003 2004 2005 2006 2007 2008 2009 2010 2011 2012 2013 2014

012200291
阳江市经济普查年鉴
阳江市第一次全国经济普查领导小组办公室编 阳江 阳江市统计局 2006—
〔馆藏卷期〕2004 2008

阳东区

013090429
阳东年鉴
阳东年鉴编纂委员会编 广州 岭南美术出版社 2011—
〔馆藏卷期〕2001/2008 2012 2013

清远市

008574192
清远年鉴
清远年鉴编纂委员会编 清远 清远年鉴编纂委员会
〔馆藏卷期〕1999 2000 2001 2002 2003 2004 2005 2006 2007 2008 2009 2010 2011 2012 2013 2014

008555396
清远统计年鉴
清远市统计局编 清远 清远市统计局
〔馆藏卷期〕1998 1999 2000 2002 2003 2004 2005 2006 2007 2008 2009 2010 2011 2012 2013 2014

008325287
清远市国民经济统计年鉴
清远市统计局编 清远 清远市统计局
〔馆藏卷期〕1992 1995 1996 1997

011398712
清远市经济普查年鉴
清远市第一次全国经济普查领导小组办公室编 清远 清远市第一次全国经济普查领导小组办公室 2006
〔馆藏卷期〕2004

清城区

013772646
清城年鉴
清远市清城区年鉴编纂委员会编 中共清远市清城区委员会 清远市清城区人民政府主办 广州 世界图书出版公司 2012—
〔馆藏卷期〕2012 2014

清新区

009542164
清新年鉴
清新年鉴编纂委员会 清新年鉴编辑部编 清新 清新年鉴编纂委员会 2003—
〔馆藏卷期〕1988/2002 2003 2004 2005

英德市

010226881
英德年鉴
英德市史志办公室 英德年鉴编辑部编 中共英德市委员会 英德市人民政府主办 英德 英德年鉴编纂委员会 2007—
〔馆藏卷期〕2003/2005 2006 2012 2013 2014

连州市

009805712
连州年鉴
连州年鉴编纂委员会编 香港 中国国际英才新闻出版有限公司 2004—
〔馆藏卷期〕2004 2006 2007 2008 2009 2010 2011 2012 2013

佛冈县

011821963
佛冈年鉴
佛冈年鉴编纂委员会编 中共佛冈县委 佛冈县人民政府主办 佛冈 佛冈年鉴编纂委员会 2008—
〔馆藏卷期〕2008 2012 2013

011396140
佛冈统计年鉴
佛冈县统计局编 佛冈 佛冈县统计局
〔馆藏卷期〕2001/2005 2006 2007 2008 2010

阳山县

012079667
阳山年鉴
阳山年鉴编纂委员会编 中共阳山县委员会 阳山县人民政府主办 阳山 阳山年鉴编纂委员会 2008—
〔馆藏卷期〕2007/2008 2011 2012 2013 2014

连山壮族瑶族自治县

013772665
连山年鉴
连山年鉴编纂委员会编 中共连山壮族瑶族自治县委员会 连山壮族瑶族自治县人民政府主办 连山 连山年鉴编纂委员会 2012—
〔馆藏卷期〕2012 2013 2014

东莞市

012923418

东莞大朗镇年鉴

东莞市大朗镇年鉴 2011—2013

大朗年鉴 2014—

东莞大朗镇年鉴编纂委员会编 广州 广东人民出版社 2010—

〔馆藏卷期〕2010 2011 2012 2013 2014

008876472

东莞年鉴

东莞年鉴编纂委员会编 北京 中华书局

〔馆藏卷期〕2005 2006 2007 2008 2009 2010 2011 2012 2013 2014

008285481

东莞统计年鉴

东莞市统计局编 北京 中国统计出版社 1997—

〔馆藏卷期〕1993 1995 1996 1997 1998 1999 2000 2001 2002 2003 2004 2005 2006 2007 2008 2009 2010 2011 2012 2013 2014

011966336

东莞政协年鉴

中国人民政治协商会议广东省东莞市委员会编 东莞 政协东莞市委员会 2004—

〔馆藏卷期〕1999/2003

013396615

莞城美术馆年鉴

东莞市莞城美术馆编辑 香港 中国艺术家出版社

〔馆藏卷期〕2009 2010 2011

012047139

东莞建设年鉴

东莞建设报编 东莞市天健建设信息服务中心主办 东莞 东莞建设报 2007—

〔馆藏卷期〕2007 2009

中山市

008406161

中山年鉴

中山年鉴编纂委员会编 广州 广东人民出版社

〔馆藏卷期〕1991/1997 1999 2000 2001 2002 2003 2004 2005 2006 2008 2009 2010 2011 2012 2013 2014

008403046

中山市统计年鉴

中山统计年鉴 1996—1999

中山市统计局编 中山 中山市统计局

〔馆藏卷期〕1995 1996 1997 1998 1999
2001 2002 2003 2004 2005 2006
2007 2008 2009 2010 2011 2012
2013 2014

011139954

中山市经济普查年鉴

中山市第一次全国经济普查领导小组办公室编 中山 中山市统计局 2006

〔馆藏卷期〕2004 2008

潮州市

008438009

潮州年鉴

潮州市年鉴编纂委员会编 广州 广东人民出版社

〔馆藏卷期〕1997 1998 1999 2000 2002
2003 2004 2005 2006 2007 2008
2009 2010 2011 2012 2013 2014

008403024

潮州市统计年鉴

潮州统计年鉴 2000—

潮州市统计局编 潮州 广东省潮州市统计局

〔馆藏卷期〕1993 1994 1995 1996 1997
1998 1999 2000 2001 2003 2004
2005 2006 2007 2008 2009 2010
2011 2012 2013 2014

饶平县

013771987

饶平年鉴

饶平年鉴编纂委员会编 中共饶平县委员会 饶平县人民政府主办 饶平 饶平年鉴编纂委员会 2012—

〔馆藏卷期〕2011

揭阳市

008405361

揭阳年鉴

揭阳年鉴编纂委员会编 揭阳 揭阳年鉴编纂委员会

〔馆藏卷期〕1992/1995 1997 1998 1999
2000 2001 2002 2003 2004 2005
2006 2007 2008 2009 2010 2011
2012 2013 2014

008388823

揭阳统计年鉴

揭阳市统计局编 揭阳 揭阳市统计局

〔馆藏卷期〕1993 1994 1996 1997 1998 1999 2000 2001 2002 2003 2004 2005 2006 2007 2008 2009 2010 2011 2012 2013 2014

普宁市

013677404

普宁年鉴

普宁年鉴编纂委员会编 中共普宁市委 普宁市人民政府主办 广州 广东人民出版社 2012—

〔馆藏卷期〕2012 2014

揭西县

013772642

揭西年鉴

揭西年鉴编纂委员会编 中共揭西县委员会 揭西县人民政府主办 广州 广东人民出版社

〔馆藏卷期〕2012 2013 2014

云浮市

008588982

云浮年鉴

云浮年鉴编纂委员会编 云浮 云浮年鉴编纂委员会

〔馆藏卷期〕1999 2000 2001 2002 2003 2004 2005 2006 2007 2008 2009 2010 2011 2012 2013 2014

008403875

云浮统计年鉴

云浮市统计局编 云浮 云浮市统计局

〔馆藏卷期〕1998 1999 2000 2001 2002 2003 2004 2005 2006 2007 2008 2009 2010 2011 2012

011503639

云浮市经济普查年鉴

云浮经济普查年鉴 2008

云浮市第一次全国经济普查领导小组办公室 云浮市统计局编 云浮 云浮市统计局 2006—

〔馆藏卷期〕2004 2008

云城区

009195398

云城年鉴

云城区综合年鉴 2001/2005

云城区年鉴 2006/2007—

云浮市云城区年鉴 2012—

云浮市云城区地方志编纂委员会编 中共云浮市云城区委员会 云浮市云城区人民政府主办 云浮 云浮市云城区地方志编纂委员会

〔馆藏卷期〕1999 2001/2005 2006/2007 2008/2009 2011 2012

云安区

008849821

云安年鉴

云安年鉴编纂委员会编 云安 云安年鉴编纂委员会

〔馆藏卷期〕1997 1998 1999 2001 2002 2004 2005 2006 2007 2008 2009 2011 2012 2013 2014

罗定市

008773078

罗定年鉴

罗定年鉴编纂委员会编 广州 广东人民出版社

〔馆藏卷期〕1998/1999 2003 2003/2008

新兴县

009806758

新兴年鉴

新兴年鉴编辑部编 北京 中华书局 2005—

〔馆藏卷期〕2005 2007 2009 2011 2013

011140152

新兴县统计年鉴

广东省新兴县国民经济统计年鉴 2000—2001

新兴县统计局编 新兴 新兴县统计局

〔馆藏卷期〕2000 2001 2002 2003 2004 2005 2006 2007 2008 2009 2010 2011 2012

广西壮族自治区

008134240
广西年鉴
广西省政府总务处编 南宁 广西省政府
总务处
〔馆藏卷期〕1933

005325884
广西年鉴
广西经济年鉴
广西年鉴编辑部编辑 南宁 广西年鉴编
辑部 1987—
〔馆藏卷期〕1987 1988 1989 1990 1991
1992 1994 1995 1996 1997 1998
1999 2000 2001 2002 2003 2004
2006 2007 2008 2009 2010 2011
2012 2013 2014

009324807
广西社会科学年鉴
广西社会科学年鉴编辑部编 北京 方志
出版社 2003—
〔馆藏卷期〕2003 2005 2006 2007 2008
2009 2010 2011 2012 2013

011502044
广西社会科学界联合会年鉴
广西社科联办公室编 南宁 广西社科联
办公室 2002—
〔馆藏卷期〕2002

011502038
广西调查年鉴
国家统计局广西调查总队编 北京 中国
统计出版社 2007—
〔馆藏卷期〕2007 2008 2009 2010 2011
2012 2013 2014

001992547
广西统计年鉴
广西壮族自治区统计局编 北京 中国统
计出版社
〔馆藏卷期〕1982 1983 1984 1986 1987
1988 1989 1990 1991 1992 1993
1994 1995 1996 1997 1998 1999

2000 2001 2002 2003 2004 2005
2006 2007 2008 2009 2010 2011
2012 2013

011139800
广西共青团年鉴
共青团广西区委编 南宁 共青团广西区委
〔馆藏卷期〕2002 2003 2004 2005 2006

010224228
广西公安统计年鉴
广西壮族自治区公安厅办公室编 南宁 广西壮族自治区公安厅
〔馆藏卷期〕1988

009913131
广西民政统计年鉴
广西壮族自治区民政厅编 南宁 广西壮族自治区民政厅
〔馆藏卷期〕2001 2005 2006 2007 2010 2011

012791003
广西检察年鉴
广西壮族自治区人民检察院编 南宁 广西壮族自治区人民检察院
〔馆藏卷期〕2010

012791012
广西政法年鉴
广西政法年鉴编纂委员会 中共广西壮族自治区委员会政法委员会编 中共广西壮族自治区委员会政法委员会主办 南宁 广西人民出版社 2010—
〔馆藏卷期〕2010 2011 2012 2013 2014

008108803
广西经济年鉴
广西经济年鉴编辑部编 南宁 广西经济年鉴编辑部 1985—
〔馆藏卷期〕1985

011396243
广西经济普查年鉴
广西壮族自治区全国经济普查领导小组办公室编 南宁 广西壮族自治区第一次全国经济普查领导小组办公室 2006— 北京 中国统计出版社 2011
〔馆藏卷期〕2004 2008

014014253
广西县域经济年鉴
广西县域经济网编 南宁 广西县域经济网 2009—
〔馆藏卷期〕2009

012923462
广西国土资源年鉴
广西国土资源年鉴编纂委员会编 广西壮族自治区国土资源厅主办 南宁 广西人民出版社 2011—
〔馆藏卷期〕2010 2011 2012 2013

009217460
广西工商行政管理年鉴

广西工商行政管理年鉴编辑部编辑　南宁　广西人民出版社　1998—
〔馆藏卷期〕1998

009501733
广西审计年鉴
陈秋华主编　北京　中国财政经济出版社　2004—
〔馆藏卷期〕2002/2003　2004/2005

009426071
广西劳动和社会保障年鉴
广西劳动和社会保障年鉴编纂委员会编　南宁　广西劳动和社会保障年鉴编辑部　2002—
〔馆藏卷期〕2002　2003

010224252
广西质量技术监督年鉴
广西壮族自治区质量技术监督局编　南宁　广西人民出版社
〔馆藏卷期〕2005

011139803
广西企业集团和重点企业统计监测年鉴
国家统计局广西壮族自治区企业调查队编　南宁　国家统计局广西壮族自治区企业调查队
〔馆藏卷期〕2002　2003

009062446
广西企业年鉴
广西企业年鉴编辑部编　广西壮族自治区经济贸易委员会主办　南宁　广西民族出版社
〔馆藏卷期〕1996　1997　1998　1999　2000　2001　2002　2004　2005　2006

013634093
广西企业与企业家年鉴
广西企业与企业家联合会编　南宁　广西人民出版社
〔馆藏卷期〕2011　2012

009104887
广西建设年鉴
广西建设年鉴编辑委员会编　南宁　广西人民出版社　2003—
〔馆藏卷期〕2002　2003　2004/2005　2006　2007　2011　2012

012047174
广西林业年鉴
广西林业年鉴编委会编　南宁　广西人民出版社　2008—
〔馆藏卷期〕1950/2003　2008/2009　2010　2011　2012

012176997
广西农业年鉴
广西壮族自治区农业厅编　南宁　广西科学技术出版社　2000
〔馆藏卷期〕1998

010224225
广西电力年鉴
广西电力有限公司年鉴 2004—
广西壮族自治区电力工业局编 南宁 广西壮族自治区电力工业局 1997—
〔馆藏卷期〕1994/1995 1996/1997 1998 1999 2001 2002 2003 2004

011396255
广西水利统计年鉴
广西壮族自治区水利厅编 南宁 广西水利厅 2006—
〔馆藏卷期〕2005 2006 2007

009933473
广西交通年鉴
广西交通年鉴编辑部编 广西壮族自治区交通厅主办 南宁 广西交通年鉴编辑部
〔馆藏卷期〕1992 1993 1994 1995 1996 1997 1998 1999 2000 2001 2002 2003 2004 2005 2006 2007 2008 2009 2010 2011 2012

010102216
广西旅游年鉴
广西旅游年鉴编辑部编辑 广西壮族自治区旅游局 广西旅游协会主办 南宁 广西壮族自治区旅游局
〔馆藏卷期〕2001 2002 2003 2004 2007 2008

008400221
广西邮电年鉴
广西壮族自治区邮电管理局编 南宁 广西壮族自治区邮电管理局
〔馆藏卷期〕1997 1998 1999

009616884
广西电信年鉴
广西邮电年鉴
广西电信年鉴编辑委员会编 南宁 广西电信年鉴编辑委员会 2000—
〔馆藏卷期〕2000 2001 2002 2003 2004 2005 2006 2007 2008 2011

011502048
广西通信年鉴
广西通信年鉴编辑委员会编辑 广西壮族自治区通信管理局主办 南宁 广西壮族自治区通信管理局 2004—
〔馆藏卷期〕2001/2003

009237367
广西物价年鉴
广西壮族自治区物价局编 南宁 广西人民出版社
〔馆藏卷期〕1997

012177003
广西壮族自治区物价调查统计年鉴
广西壮族自治区城市抽样调查队编 南宁 广西壮族自治区城市抽样调查队
〔馆藏卷期〕1987

007916517
广西财政年鉴
广西财政年鉴编辑室编 南宁 广西人民出版社
〔馆藏卷期〕1985/1989 1990/1994 2001/2003 2004/2005 2006 2007 2008 2010 2011 2012 2013 2014

012176993
广西地税年鉴
广西地税年鉴编委会编 南宁 广西教育出版社 2009—
〔馆藏卷期〕2008 2009 2010 2011 2012

008940435
广西金融年鉴
广西金融学会编 南宁 广西人民出版社 1998—
〔馆藏卷期〕1996

013089996
广西保险年鉴
广西保险学会广西保险年鉴编辑委员会编 南宁 广西保险年鉴编辑委员会
〔馆藏卷期〕2002

012517880
广西文化年鉴
广西壮族自治区文化厅编 海口 南海出版公司 2009—
〔馆藏卷期〕2009 2010 2011 2012 2013

009215377
广西科技年鉴
广西壮族自治区科学技术委员会编 南宁 广西人民出版社
〔馆藏卷期〕1995 1996 1996/2000 2001/2005 2006/2010

011502063
广西壮族自治区招生考试工作年鉴
广西壮族自治区招生工作年鉴 1994
广西招生考试年鉴 2008—
广西高等学校招生研究会编 南宁 广西壮族自治区招生考试院
〔馆藏卷期〕1991 1994 1996 1998 1999 2000 2001 2002 2003 2004 2005 2008 2009 2010

013710792
广西教育经费统计年鉴
广西壮族自治区教育厅编 南宁 广西壮族自治区教育厅
〔馆藏卷期〕2008

008957069
广西教育年鉴
广西壮族自治区教育厅编 南宁 广西民族出版社
〔馆藏卷期〕1991 1992 1993 1994 1995 1996 1997 1998 1999 2000 2001 2002 2004 2005 2006 2007 2008 2009 2010

012351890
广西壮族自治区自学考试工作年鉴
广西自考年鉴
广西壮族自治区招生考试院编 南宁 广西壮族自治区招生考试院 2002—
〔馆藏卷期〕2001

013753713
广西体育年鉴
容小宁主编 南宁 广西人民出版社
〔馆藏卷期〕2008/2009 2010/2011

006088434
广西壮族自治区戏剧年鉴
广西壮族自治区艺术研究所编 南宁 广西壮族自治区艺术研究所 1985
〔馆藏卷期〕1985

011822008
广西检验检疫年鉴
广西检验检疫局编 南宁 广西检验检疫局 2006—
〔馆藏卷期〕2000/2006 2007/2008

013172728
广西壮族自治区疾病预防控制中心年鉴
广西壮族自治区疾病预防控制中心年鉴编委会编 南宁 广西人民出版社 2012—

〔馆藏卷期〕2010

009805076
广西卫生年鉴
广西卫生年鉴编辑委员会编 南宁 广西壮族自治区卫生厅 2002—
〔馆藏卷期〕2002 2003 2004 2005 2006 2007 2008 2009 2010 2011 2012

011396232
广西环境年鉴
广西壮族自治区环境保护局编 南宁 广西人民出版社 2007—
〔馆藏卷期〕2006 2007/2008 2009 2010 2011 2012 2013

012351882
广西壮族自治区地下水质年鉴
广西壮族自治区地下水动态年鉴 1986—
广西环境水文地质总站编 南宁 广西环境水文地质总站
〔馆藏卷期〕1981/1985 1986 1987 1988 1989/1990

011502056
广西壮族自治区环境监测年鉴
广西壮族自治区环境监测中心站编 南宁 广西壮族自治区环境监测中心站
〔馆藏卷期〕1993 1994 1995

南宁市

008315321
南宁年鉴
南宁市人民政府主办 南宁年鉴编纂委员会编 南宁 广西民族出版社 1997—
〔馆藏卷期〕1996 1997 1998 1999 2000 2001 2002 2003 2004 2005 2006 2007 2008 2009 2010 2011 2012 2013 2014

012047572
南宁调查年鉴
国家统计局南宁调查队编 北京 中国统计出版社 2008—
〔馆藏卷期〕2008 2012

008241769
南宁统计年鉴
南宁市统计局编 南宁 南宁市统计局
〔馆藏卷期〕1986 1990 1991 1994 1996 1997 1998 1999 2000 2001 2002 2003 2004 2005 2006 2007 2008 2009 2010 2011 2012 2013 2014

008278814
南宁经济社会统计年鉴
南宁统计年鉴
南宁经济社会统计年鉴编委会编 北京 中国统计出版社 1995—
〔馆藏卷期〕1995

012199457
南宁市全国经济普查年鉴
南宁市人民政府经济普查领导小组办公室编 南宁 南宁市统计局
〔馆藏卷期〕2004 2008

011502035
广西电网公司年鉴
广西电力年鉴
广西电力有限公司年鉴
广西电网公司编 南宁 广西电网公司 2005—
〔馆藏卷期〕2005 2007 2011 2013

011140521
南宁供电局年鉴
南宁供电企业管理协会编 南宁 南宁供电企业管理协会
〔馆藏卷期〕2000 2002 2003 2010

009616851
南宁铁路分局年鉴
南宁铁路分局史志办公室编 北京 中国铁道出版社
〔馆藏卷期〕1996

013079104
南宁铁路局年鉴
柳州铁路局年鉴
南宁铁路局年鉴编辑部编 南宁铁路局

主办　柳州　南宁铁路局档案史志室
2008—
〔馆藏卷期〕2008　2009　2010　2011
2012　2013

011139797
广西长途电信线务局年鉴
广西壮族自治区长途电信线务局编　南
　　宁　广西壮族自治区长途电信线务局
〔馆藏卷期〕1998　1999　2000　2001
2002　2003

011734431
广西电信长途传输局年鉴
广西壮族自治区电信有限公司长途传
　　输局编　南宁　广西壮族自治区电信有
　　限公司长途传输局
〔馆藏卷期〕2005

011396258
广西微波通信局年鉴
广西壮族自治区微波通信局编　南宁　广
　　西微波通信局　2001—
〔馆藏卷期〕2000

011968390
中国移动广西公司年鉴
中国移动广西公司年鉴编纂委员会编
　　南宁　中国移动广西公司　2008—
〔馆藏卷期〕2008　2010　2012

011140523
南宁市财政年鉴
南宁市财政年鉴编辑委员会编　广西南
　　宁市财政局主办　南宁　广西南宁市财
　　政局
〔馆藏卷期〕1999　2000　2001

012176989
广西财经学院年鉴
广西财经学院年鉴编辑委员会编　南宁
　　广西财经学院　2007—
〔馆藏卷期〕2004/2005

012791007
广西教育学院年鉴
广西教育学院年鉴编委会编　南宁　广西
　　人民出版社　2010—
〔馆藏卷期〕2010　2011　2012　2013　2014

009933477
广西民族学院年鉴
广西民族大学年鉴　2006
广西民族学院年鉴编委会编　南宁　广西
　　人民出版社
〔馆藏卷期〕2003　2004　2005　2006　2007
2008　2009　2010　2011　2012　2013
2014

青秀区

012617392
青秀年鉴
南宁市青秀区地方志编纂委员会编　青
　　秀区人民政府主办　南宁　广西人民出
　　版社　2010—

〔馆藏卷期〕2005/2008 2009/2010 2012

兴宁区

013996309
兴宁区年鉴
南宁市兴宁区年鉴编纂委员会编 南宁 广西人民出版社 2013—
〔馆藏卷期〕2012

013680528
兴宁区统计年鉴
兴宁统计年鉴 2006—2007
兴宁区统计局编 兴宁 南宁市兴宁区统计局
〔馆藏卷期〕2006 2007 2011

江南区

013603132
江南区年鉴
江南区年鉴编纂委员会编 南宁 广西人民出版社 2011—
〔馆藏卷期〕2011 2012 2013 2014

西乡塘区

013603364
西乡塘区年鉴
南宁市西乡塘区年鉴编纂员会编 南宁 广西人民出版社 2012—
〔馆藏卷期〕2011 2012 2013

013974360
西乡塘统计年鉴
西乡塘区统计局编 南宁 南宁市西乡塘区统计局
〔馆藏卷期〕2008 2009 2010

良庆区

011140368
良庆年鉴
良庆年鉴编纂委员会编 南宁 广西人民出版社 2006—
〔馆藏卷期〕2006 2007 2008 2009 2010 2011 2012

邕宁区

008438194
邕宁年鉴
邕宁年鉴编纂委员会编 南宁 广西人民出版社
〔馆藏卷期〕1991/1996 1997/1998 1999/2001 2002 2003 2005/2009 2011 2012

武鸣区

009004487
武鸣年鉴
武鸣年鉴编纂委员会编 武鸣县人民政府主办 南宁 广西民族出版社 2002—

〔馆藏卷期〕1991/2000 2001/2002 2003 2005 2006 2007 2008 2009 2010 2011 2012 2013

013899333
武鸣统计年鉴
武鸣县统计局编 武鸣 武鸣县统计局
〔馆藏卷期〕2008

隆安县

011503040
隆安年鉴
隆安年鉴编纂委员会编 隆安县人民政府主办 隆安 隆安年鉴编纂委员会
〔馆藏卷期〕2004/2005 2009/2011

马山县

011140375
马山年鉴
马山年鉴编纂委员会编 马山县人民政府主办 马山 马山县人民政府 2000—
〔馆藏卷期〕1987/1999 1999/2002

013603189
马山统计年鉴
马山县统计局编 马山 马山县统计局
〔馆藏卷期〕2012

上林县

011140384
上林年鉴
上林年鉴编纂委员会编 上林县人民政府主办 上林 上林年鉴编纂委员会
〔馆藏卷期〕1992/1997 2004/2005

宾阳县

008315311
宾阳年鉴
宾阳年鉴编辑部编 宾阳 宾阳年鉴编辑部 1989—
〔馆藏卷期〕1987 1988 1989 1990 1991 1992 1993 1995 1996 1997/1998 1999 2000/2001 2002/2003 2004/2005 2006/2007 2010/2011

横县

008247768
横县年鉴
横县年鉴编纂委员会编 横县 横县年鉴编纂委员会
〔馆藏卷期〕1987/1990 1993 1994 1996/1997 1998/1999 2000/2001 2007/

013173563
良圻农场年鉴
良圻农场年鉴编纂委员会编 横县 良圻农场年鉴编纂委员会
〔馆藏卷期〕1992/2003

柳州市

008250233

柳州年鉴

柳州市人民政府主办 柳州年鉴编纂委员会编辑 南宁 广西人民出版社

〔馆藏卷期〕1993 1994 1995 1996 1997 1998 1999 2000 2001 2002 2003 2004 2005 2006 2007 2008 2009 2010 2011 2012 2013 2014

010102220

柳州社会科学年鉴

蓝天强主编 南宁 广西人民出版社

〔馆藏卷期〕2005 2006/2007 2008 2010 2011 2012

013291799

柳州统计年鉴

柳州经济统计年鉴

柳州市统计局编 北京 中国统计出版社 2011—

〔馆藏卷期〕2011 2012 2013 2014

007423419

柳州经济统计年鉴

柳州市统计年鉴

柳州经济统计年鉴编辑部编 北京 中国统计出版社 1994—

〔馆藏卷期〕1994 1995 1996 1997 1998 1999 2000 2001 2002 2003 2004 2005 2006 2007 2008 2009 2010

008277836

柳铁年鉴

柳州铁路局主办 北京 中国铁道出版社 1997—

〔馆藏卷期〕1996 1997 1998 1999 2000

008749131

柳州铁路局年鉴

柳州铁路局年鉴编委会编 北京 中国铁道出版社 2000—

〔馆藏卷期〕2001 2002 2003 2004 2006 2007

013752759

广西工学院鹿山学院年鉴

广西工学院鹿山学院年鉴编委会编 南宁 广西人民出版社 2012—

〔馆藏卷期〕2011

012351851

广西工学院年鉴

广西工学院年鉴编写组编 柳州 广西工学院年鉴编写组

〔馆藏卷期〕1997/1999

柳北区

013714669

柳北年鉴

柳北年鉴编纂委员会编 中共柳州市柳北区委员会 柳州市柳北区人民政府主办 南宁 广西人民出版社 2012—
〔馆藏卷期〕2011 2012 2013

鱼峰区

013790756
鱼峰年鉴
柳州市鱼峰区地方志编纂委员会编 鱼峰 柳州市鱼峰区人民政府
〔馆藏卷期〕2005

柳江区

009519853
柳江年鉴
柳江年鉴编纂委员会编 柳江县人民政府主办 柳江 柳江县人民政府 2001—
〔馆藏卷期〕2000/2001 2002/2003 2007 2010 2011 2012

柳城县

012723614
柳城年鉴
柳城县地方志办公室编 中共柳城县委 柳城县人民政府主办 北京 中国文化出版社 2009—
〔馆藏卷期〕2001/2004

鹿寨县

009588915
鹿寨年鉴
鹿寨县人民政府 鹿寨年鉴编委会编 鹿寨 鹿寨年鉴编委会 2002—
〔馆藏卷期〕1996/2000

融安县

009502363
融安年鉴
融安年鉴编纂委员会编 融安县人民政府主办 融安 融安年鉴编纂委员会 2006—
〔馆藏卷期〕1990/2002

三江侗族自治县

009928072
三江年鉴
三江侗族自治县地方志编纂委员会编 中共三江侗族自治县委员会 三江侗族自治县人民政府主办 昆明 云南民族出版社 2004—
〔馆藏卷期〕1986/2000

桂林市

008002829

桂林市鉴

桂林市年鉴

桂林市鉴编纂委员会编 中共桂林市委员会 桂林市人民政府主办 1991—1995 桂林 漓江出版社 1993—1997

〔馆藏卷期〕1986/1990 1991/1995 2000

008311371

桂林市年鉴

桂林年鉴 2005—

桂林市鉴

中共桂林市委员会 桂林市人民政府主办 "桂林市鉴"编纂委员会编 桂林 漓江出版社 1997—

〔馆藏卷期〕1997 1998 1999 2001 2002 2003 2004 2005 2006 2007 2008 2009 2010 2011 2012 2013 2014

008399421

桂林地区统计年鉴

广西壮族自治区桂林地区统计年鉴 1985—1987

桂林地区统计年鉴编辑委员会编 北京 中国统计出版社

〔馆藏卷期〕1985 1986 1987 1998

006088403

桂林统计年鉴

桂林经济社会统计年鉴

桂林市统计局编 北京 中国统计出版社

〔馆藏卷期〕1988 1990 1991 1992

004569375

桂林经济社会统计年鉴

桂林统计年鉴

桂林经济社会统计年鉴编委会编 北京 中国统计出版社 1993—

〔馆藏卷期〕1993 1994 1995 1996 1997 1998 1999 2000 2001 2002 2003 2004 2005 2006 2007 2008 2009 2010 2011 2012 2013 2014

011139958

桂林市公安年鉴

桂林公安年鉴

桂林市公安年鉴编辑室编 桂林 桂林市公安局

〔馆藏卷期〕1997 1998 1999 2000 2001

007722475

桂林地区经济统计年鉴

桂林地区经济统计年鉴编委会编 北京 中国统计出版社 1995—

〔馆藏卷期〕1995 1996 1997

011139897

桂林市经济普查年鉴

桂林市统计局 桂林市第一次全国经济普查领导小组办公室编 桂林 桂林市

统计局 2006

〔馆藏卷期〕2004

008177731
广西师范大学年鉴
张昌武 黄荫荣主编 桂林 广西师范大学出版社
〔馆藏卷期〕1993/1994 1995/1996 1997/1998 1999/2000 2001/2002 2003/2004 2005 2006 2007 2008 2009 2010 2011 2012

临桂区

013793300
临桂年鉴
临桂县地方志编纂委员会编 桂林 广西师范大学出版社 2012—
〔馆藏卷期〕2012

秀峰区

013677524
秀峰年鉴
秀峰区地方志编纂委员会编 北京 方志出版社 2012—
〔馆藏卷期〕2012 2013

阳朔县

009288855
阳朔年鉴
阳朔县地方志编纂委员会编 北京 方志出版社
〔馆藏卷期〕1986/1990 1991/1995 2010 2011 2012 2013

梧州市

008435236
梧州年鉴
梧州年鉴编辑委员会编 梧州 广西壮族自治区梧州市统计局 梧州年鉴编辑委员会
〔馆藏卷期〕1995 1996 1999 2000 2001 2002 2003 2004 2005 2006 2007 2009 2010 2011 2012 2014

009927842
梧州市综合年鉴
梧州综合年鉴 2005/2006—
梧州市地方志编纂委员会编 梧州市人民政府主办 北京 线装书局
〔馆藏卷期〕2005 2005/2006 2007 2008

008659620
梧州统计年鉴
梧州市统计局编 梧州 梧州市统计局
〔馆藏卷期〕1992 1993 2008 2009 2010 2011 2012 2013 2014

岑溪市

009933470
岑溪年鉴
岑溪市志编纂委员会编 香港 中国国际英才新闻出版社 2005—
〔馆藏卷期〕2003/2005 2010 2012

藤县

013608683
藤县年鉴
藤县地方志编纂委员会编 藤县人民政府主办 南宁 广西人民出版社 2012—
〔馆藏卷期〕2009/2010

蒙山县

013932147
蒙山年鉴
蒙山年鉴编纂委员会编 蒙山县人民政府主办 南宁 广西人民出版社 2012—
〔馆藏卷期〕2009/2010

北海市

008395691
北海年鉴
北海市年鉴编纂委员会编 广州 岭南美术出版社
〔馆藏卷期〕1994 1996 1997 1998 1999 2000 2001/2002 2003 2004 2005 2006 2007 2008 2009 2010 2011 2012 2013 2014

008378200
北海统计年鉴
北海市统计局编 北海 北海市统计局
〔馆藏卷期〕1990 1991 1993 1995 1996 1997 1998 1999 2000 2001 2002 2004 2007 2008 2009 2010 2011/2012

合浦县

013655910
合浦年鉴
合浦县志编纂委员会编 合浦县人民政府主办 南宁 广西民族出版社
〔馆藏卷期〕2009/2010 2012 2013 2014

防城港市

008944091

防城港市年鉴

防城港年鉴 2010—

防城港市年鉴编辑部编 防城港市人民政府 港口区人民政府 防城区人民政府 上思县人民政府 东兴市人民政府主办 南宁 广西人民出版社 1999—

〔馆藏卷期〕1993/1998 1999/2001 2002 2004 2005 2006 2007 2008 2009 2010 2011 2012 2013

009616847

防城港市统计年鉴

防城港统计年鉴

防城港市统计局编 防城港 防城港市统计局

〔馆藏卷期〕1999 2000 2003 2004 2005 2009/2010 2011

东兴市

013311513

东兴年鉴

东兴市地方志编纂委员会编 东兴市人民政府主办 南宁 广西人民出版社 2011—

〔馆藏卷期〕2009/2010 2012 2013

钦州市

008942005

钦州市年鉴

钦州年鉴 1995—

钦州市地方志编纂委员会办公室编 钦州 钦州市地方志编纂委员会办公室

〔馆藏卷期〕1990 1991 1992 1995 1996 1997/1998 1999/2001 2002/2003 2004 2005 2006 2007 2008 2009 2010 2011 2012 2013

009616859

钦州统计年鉴

钦州市统计局编 钦州 钦州市统计局

〔馆藏卷期〕2001 2008 2010 2011 2012

灵山县

011503037

灵山年鉴

灵山县县志编纂委员会办公室编 灵山县人民政府主办 南宁 广西人民出

版社
〔馆藏卷期〕2011 2012

浦北县

008438674
浦北年鉴
浦北县志办编 南宁 广西民族出版社
〔馆藏卷期〕1991/1995

贵港市

008777389
贵港年鉴
贵港年鉴编纂委员会编 南宁 广西人民出版社
〔馆藏卷期〕1996/1997 1998/2005 2006 2007 2008 2009/2010 2011 2012 2014

港北区

011822019
贵港市港北区人民法院年鉴
贵港市港北区人民法院编 港北 贵港市港北区人民法院 2006—
〔馆藏卷期〕1996/2006

桂平市

008413149
桂平年鉴
桂平市地方志编纂委员会编 南宁 广西人民出版社
〔馆藏卷期〕1988/1994 2006

009927843
贵港统计年鉴
贵港统计年鉴编辑委员会编 贵港市人民政府主办 南宁 广西民族出版社
〔馆藏卷期〕2004 2005 2006/2007 2010/2011 2012

玉林市

009492878
玉林年鉴
玉林市年鉴 1997—
玉林地区行政公署主编 南宁 广西人民出版社
〔馆藏卷期〕2001 2002 2004 2005 2006 2007 2008 2009 2010 2011 2012 2013

011140172
玉林市统计年鉴
玉林市统计局编 玉林 玉林市统计局 2000—
〔馆藏卷期〕1949/1999 2006 2007 2008 2011 2012 2013

玉州区

012200321
玉州区年鉴
玉林市玉州区地方志编纂委员会编 玉林市玉州区人民政府主办 南宁 广西人民出版社 2007—
〔馆藏卷期〕2002/2005 2006/2007 2008/2010 2012 2013 2014

北流市

013787986
北流年鉴
北流市地方志编纂委员会办公室编 北流市人民政府主办 郑州 中州古籍出版社
〔馆藏卷期〕2010/2011

容县

012617408
容县年鉴
容县地方志编纂委员会办公室编 容县人民政府主办 南宁 广西美术出版社 2011—
〔馆藏卷期〕2008 2009 2010 2011 2012

陆川县

011966827
陆川年鉴
陆川县地方志办公室编 南宁 广西美术出版社 2008—
〔馆藏卷期〕2008 2009 2010 2011 2012

博白县

011500280
博白年鉴
博白年鉴编纂委员会编 博白县人民政府主办 南宁 广西人民出版社 2007—

兴业县

011823289
兴业年鉴
〔馆藏卷期〕1990/2003 2004/2008 2012 2013 2014

兴业县地方志编纂委员会编 兴业县人民政府主办 南宁 广西人民出版社 2009—
〔馆藏卷期〕2006/2007 2008/2009 2010/2011 2013

百色市

008941943
百色年鉴
百色年鉴编纂委员会编 广西百色地区行政公署主办 百色 百色年鉴编纂委员会
〔馆藏卷期〕1997 1998 1999 2005/2006 2007/2008 2009/2010

右江区

012079739
右江区年鉴
右江区地方志编纂委员会编 右江区人民政府主办 南宁 广西人民出版社 2009—
〔馆藏卷期〕2008 2009/2010

靖西市

010226307
靖西年鉴
靖西年鉴编纂委员会编 靖西县人民政府主办 南宁 广西人民出版社 2005—
〔馆藏卷期〕2004 2007/2008 2009/2010

田阳县

009927846
田阳年鉴
田阳县志编纂委员会办公室编 南宁 广西民族出版社 2004—
〔馆藏卷期〕1996/2000 2001/2005

田东县

008588924
田东年鉴
广西田东年鉴编纂委员会编 北京 中国县镇年鉴社
〔馆藏卷期〕1989/1992 1993 1994/1998 1999/2002 2003/2006 2007/2009

德保县

012923414
德保年鉴
德保县地方志编纂委员会编 德保县人民政府主办 南宁 广西人民出版社 2011—
〔馆藏卷期〕2008/2009 2010/2011

凌云县

012199210
凌云年鉴
凌云年鉴编纂委员会编 凌云县人民政府主办 南宁 广西人民出版社 2011—
〔馆藏卷期〕2008/2009

田林县

012801194
田林年鉴
田林年鉴编纂委员会编 田林县人民政府主办 南宁 广西人民出版社 2011—
〔馆藏卷期〕2007/2009

西林县

011967509
西林年鉴
西林县年鉴编纂委员会编 北京 中国文史出版社 2008—
〔馆藏卷期〕2001/2005

隆林各族自治县

012923804
隆林年鉴
隆林各族自治县年鉴编纂委员会编 中共隆林各族自治县委员会 隆林各族自治县人民政府主办 隆林 隆林各族自治县年鉴编纂委员会 2009—
〔馆藏卷期〕2007/2008 2009/2010

贺州市

009616864
贺州市年鉴
贺州年鉴
贺州市地方志编纂委员会编 中共贺州市委员会 贺州市人民政府主办 南宁 广西人民出版社 2005—
〔馆藏卷期〕2003 2004/2005 2006/2008 2011/2012 2013

013173579
平桂年鉴
贺州市平桂管理区年鉴编纂委员会编

中共贺州市平桂管理区工作委员会
贺州市平桂管理区管理委员会主办
郑州 中州古籍出版社 2011—
〔馆藏卷期〕2008/2009 2010/2011

008405516
贺州地区社会经济统计年鉴
贺州市社会经济统计年鉴 2003—
广西人民出版社编 南宁 广西人民出版社
〔馆藏卷期〕1998 2000 2002 2003 2005 2011 2013

八步区

010225548
贺州市八步区年鉴
八步区年鉴
贺州市八步区年鉴编纂委员会编 中共贺州市八步区委员会 贺州市八步区人民政府主办 八步 贺州市八步区人民政府
〔馆藏卷期〕2002/2003 2004/2005 2006/2007 2008

昭平县

009502367
昭平年鉴
昭平县党史县志编纂办公室编 郑州 中州古籍出版社 2013—
〔馆藏卷期〕2011/2012

012593462
昭平统计年鉴
昭平统计年鉴编委会编 昭平 昭平统计年鉴编委会
〔馆藏卷期〕1995/2001

钟山县

013859278
钟山年鉴
钟山县县志编辑委员会办公室编 中共钟山县委员会 钟山县人民政府主办 郑州 中州古籍出版社 2013—
〔馆藏卷期〕2011/2012

富川瑶族自治县

013311649
富川年鉴
富川瑶族自治县地方志编纂委员会办公室编 中共富川瑶族自治县委员会 富川瑶族自治县人民政府主办 郑州 中州古籍出版社 2012—
〔馆藏卷期〕2010/2011

河池市

008633718
河池市年鉴
河池年鉴 2004—
河池市年鉴编纂委员会编 南宁 广西人民出版社
〔馆藏卷期〕1991/1996 1997 1998 1999/2000 2004 2005 2006 2007 2008/2009 2010 2011 2012 2013 2014

009426055
河池地区经济社会统计年鉴
河池地区经济社会统计年鉴编委会编 北京 中国统计出版社
〔馆藏卷期〕1998 1999 2000 2001 2002

009406099
河池统计年鉴
河池统计年鉴编委会编 北京 中国统计出版社 2003—
〔馆藏卷期〕2003 2004 2005 2006 2007 2008

南丹县

013932244
南丹县统计年鉴
南丹县统计局编 南丹 南丹县统计局
〔馆藏卷期〕2002 2008

来宾市

009272099
来宾年鉴
来宾年鉴编纂委员会编 南宁 广西人民出版社 2002—
〔馆藏卷期〕1991/2000 2004 2005 2006 2007 2008 2010 2011 2012 2013

009324732
来宾市统计年鉴
来宾市统计年鉴编委会编 北京 中国统计出版社 2003—

〔馆藏卷期〕2003 2004 2005 2006 2007 2008 2009 2010 2011 2012 2013

008391315
柳州地区社会经济统计年鉴
柳州地区统计年鉴 1999—
柳州地区社会经济统计年鉴编委会编 北京 中国统计出版社
〔馆藏卷期〕1997 1998 1999 2000 2001 2002

兴宾区

013090423

兴宾年鉴

兴宾年鉴编纂委员会编 来宾市兴宾区人民政府主办 南宁 广西人民出版社 2010—

〔馆藏卷期〕2009/2010 2011

忻城县

010102217

忻城年鉴

忻城县志编纂委员会办公室编 忻城县人民政府主办 南宁 广西人民出版社 2005—

〔馆藏卷期〕1996/2003

象州县

008588963

象州年鉴

象州县人民政府编 香港 天马图书有限公司

〔馆藏卷期〕1991/1995 1996/2000

武宣县

012048641

武宣年鉴

武宣年鉴编纂委员会编 中共武宣县委员会 武宣县人民政府主办 南宁 广西人民出版社 2009—

〔馆藏卷期〕1997/2006

金秀瑶族自治县

011398589

金秀年鉴

金秀瑶族自治县史志办公室编 金秀瑶族自治县人民政府主办 南宁 广西民族出版社 2005—

〔馆藏卷期〕1988/2002

崇左市

011965731

崇左年鉴

崇左市地方志编纂委员会编 崇左市人民政府主办 南宁 广西人民出版社 2008—

〔馆藏卷期〕2008 2009 2010 2011 2012 2013 2014

009215401

南宁地区年鉴

南宁地区年鉴编纂委员会编 南宁地区行政公署主办 南宁 广西人民出版社 2000—

〔馆藏卷期〕1999 2000 2001 2002

008963269
南宁地区经济社会统计年鉴
南宁地区统计年鉴 2001—
南宁地区经济社会统计年鉴编委会编　北京　中国统计出版社
〔馆藏卷期〕1988　1996　1998　1999　2001

江州区

011966714
江州年鉴
江州区编纂地方志委员会编　中共崇左市江州区委员会　崇左市江州区人民政府主办　南宁　广西美术出版社 2008—
〔馆藏卷期〕2008　2009　2010　2011　2012　2013　2014

凭祥市

009927849
凭祥年鉴
凭祥年鉴编辑部编　凭祥市人民政府主办　凭祥　凭祥市人民政府 2003—
〔馆藏卷期〕2002/2003

宁明县

012357216
宁明年鉴
宁明年鉴编纂委员会编　宁明县人民政府主办　南宁　广西人民出版社 2010—
〔馆藏卷期〕2002/2003　2008/2009　2010　2012　2013

龙州县

009519848
龙州年鉴
龙州年鉴编委会主编　龙州县人民政府主办　龙州　龙州县人民政府 2003—
〔馆藏卷期〕2001

大新县

007977721
大新年鉴
广西壮族自治区大新年鉴编辑部编　大新　大新年鉴编辑部
〔馆藏卷期〕1987　1988　1990　1991　1992　1993　1994　1995　2002　2007　2008　2009　2012　2013　2014

天等县

012925101
天等年鉴
天等县地方志编纂委员会编　中共天等县委员会　天等县人民政府主办　南宁　广西人民出版社
〔馆藏卷期〕2008　2009　2010　2011　2012　2013

海南省

005032911

海南年鉴

海南省人民政府社会经济发展研究中心 海南高科技产业国际合作中心合编 北京 新华出版社 1990—

〔馆藏卷期〕1990 1992 1993 1994 1995 1996 1997 1998 1999 2000 2001 2002 2003 2004 2006 2007 2008 2009 2010 2011 2012 2013

003601324

海南统计年鉴

海南行政区统计局编 北京 中国统计出版社 1988—

〔馆藏卷期〕1987 1988 1989 1990 1991 1992 1993 1994 1995 1996 1997 1998 1999 2000 2001 2002 2003 2004 2005 2006 2007 2008 2009 2010 2011 2012 2013 2014

013470988

海南公安年鉴

海南公安史志编纂委员会编 海口 海南公安史志编纂委员会

〔馆藏卷期〕2010

012791035

海南法院年鉴

海南省高级人民法院编 海口 海南省高级人民法院 2010—

〔馆藏卷期〕2008 2009

011139898

海南经济普查年鉴

海南省第一次经济普查领导小组办公室编 海口 海南出版社

〔馆藏卷期〕2004 2008

008199179

海南特区经济年鉴

张思平主编 海南特区经济年鉴编辑委员会编 海口 海南特区经济年鉴编辑部 1989

〔馆藏卷期〕1989

011140232
海南省企业管理年鉴
海南省企业年鉴 2007—
海南省企业管理年鉴编辑委员会编 香港 经济导报社 2006—
〔馆藏卷期〕2006 2007 2008 2009 2010

012591726
海南核电年鉴
海南核电有限公司年鉴纂委员会编 海南 海南核电有限公司 2010—
〔馆藏卷期〕2010 2011 2013

009805115
海南邮电年鉴
海南邮电年鉴编辑委员会编 海口 海南邮电管理局 1994—
〔馆藏卷期〕1994 1995 1996 1997

009616898
海南邮政年鉴
海南省邮政局编 海口 海南省邮政局 2001—
〔馆藏卷期〕2000 2001 2002 2003 2004 2005 2006 2007 2008 2010

009805083
海南教育年鉴
海南省教育厅编 海口 海南出版社 2005—
〔馆藏卷期〕2005 2006

009541728
海南生态省建设年鉴
海南生态省建设年鉴编辑部编 海口 海南年鉴社 2004—
〔馆藏卷期〕2000/2004

海口市

007511734
海口年鉴
海口市年鉴 2010—
海口年鉴编纂委员会编 海口市人民政府主办 深圳 海天出版社 1996—
〔馆藏卷期〕1995 1996 1997 1998 1999 2000 2001 2002 2003 2004 2005 2006 2007 2008 2009 2010 2011 2012 2013 2014

004683523
海口统计年鉴
海口市计划统计局编 海口 海口市计划统计局
〔馆藏卷期〕1989 1996 1997 1999 2000 2001 2002 2003 2004 2005 2006 2007 2008 2009 2010 2011 2012 2013 2014

011966560
海南大学年鉴

海南大学年鉴编辑部 海南大学档案馆
　编 海口 海南出版社 2008—
〔馆藏卷期〕2008　2009　2010　2011
　2012　2013

琼山区

008749164
琼山统计年鉴
琼山市计划统计局编 琼山 琼山统计年
　鉴编辑委员会
〔馆藏卷期〕1999　2000

三亚市

012199544
三亚年鉴
三亚市年鉴 2012—
三亚市史志工作办公室编 海口 海南出
　版社 2008—
〔馆藏卷期〕2007　2008　2011　2012　2013

008272023
三亚市统计年鉴
三亚统计年鉴 2010—
三亚市统计局编 三亚 三亚市统计局
〔馆藏卷期〕1997　1998　1999　2000　2001
　2002　2003　2004　2005　2006　2007
　2008　2010　2011　2012　2013　2014

三沙市

015282363
三沙年鉴
三沙市人民政府办公室主编海口 海南

出版社 2013—
〔馆藏卷期〕2013

儋州市

013652726
儋州市年鉴
中共儋州市委史志办公室编 中共儋州

市委 儋州市人民政府主办 海口 海
　南出版社 2011—
〔馆藏卷期〕2009　2011　2012

省直辖县级行政单位

五指山市

012983803
五指山市年鉴
五指山市史志办公室编 中共五指山市委 五指山市人民政府主办 海口 南方出版社 2010—
〔馆藏卷期〕2009 2010 2011 2012 2013

琼海市

009926255
琼海年鉴
琼海市年鉴 2011—
海南省地方年鉴 第1辑
琼海市地方志办公室编 琼海市人民政府主办 海口 海南出版社 2010—
〔馆藏卷期〕2009 2011 2012 2013

文昌市

009926257
文昌市年鉴
文昌市地方志办公室编 中共文昌市委 文昌市人民政府主办 海口 南方出版社 2010—
〔馆藏卷期〕2009 2011 2012 2013

万宁市

012521608
万宁市年鉴
万宁市年鉴编纂委员会编 海口 海南出版社 2011—
〔馆藏卷期〕2010 2013

定安县

013369802
定安县年鉴
定安县地方志办公室编 中共定安县委 定安县人民政府主办 海口 海南出版社 2011—
〔馆藏卷期〕2009

临高县

013996061
临高县年鉴
临高县地方志编纂委员会办公室编 中共临高县委员会 临高县人民政府主办 海口 南方出版社
〔馆藏卷期〕2011 2012 2013

昌江黎族自治县

009616904
昌江年鉴
昌江黎族自治县年鉴 2011
昌江黎族自治县地方志编纂委员会编 昌江黎族自治县人民政府主办 昌江昌江县地方志编纂委员会 2004—
〔馆藏卷期〕1991/2002 2011 2012

乐东黎族自治县

013467442
乐东黎族自治县年鉴
乐东黎族自治县地方志办公室编 乐东黎族自治县人民政府主办 海口 南海出版社 2012—
〔馆藏卷期〕2009 2010

陵水黎族自治县

013859274
陵水黎族自治县年鉴
陵水黎族自治县史志办公室编 中共陵水黎族自治县委员会 陵水黎族自治县人民政府主办 海口 南海出版社
〔馆藏卷期〕2011 2012

琼中黎族苗族自治县

012521557
琼中黎族苗族自治县年鉴
琼中黎族苗族自治县党史县志办公室编 海口 南海出版公司 2012—
〔馆藏卷期〕2010

重庆市

005756710

重庆年鉴

重庆市地方志编纂委员会编 重庆 科学技术文献出版社重庆分社 1987—

〔馆藏卷期〕1987 1989 1991 1993 1994 1995 1996 1997 1998 1999 2000 2001 2002 2003 2004 2006 2007 2008 2009 2010 2011 2012 2013 2014

011141502

重庆直辖十年鉴

中共重庆市委宣传部 重庆社会科学院 重庆市人民政府发展研究中心编 重庆 重庆出版社 2007

〔馆藏卷期〕1997/2007

008980645

重庆社会科学年鉴

重庆市社会科学界联合会编 重庆 西南师范大学出版社

〔馆藏卷期〕1999 2001 2004 2005 2006 2007 2008 2009

012361608

重庆调查年鉴

重庆统计局编 北京 中国统计出版社 2009—

〔馆藏卷期〕2008 2009 2010 2011 2012 2013 2014

003548982

重庆统计年鉴

重庆市统计局编 北京 中国统计出版社 1989

〔馆藏卷期〕△1989 1990 1992 1994 1996 1997 1998 1999 2000 2001 2002 2003 2004 2005 2006 2007 2008 2009 2010 2011 2012 2013 2014 2015

009806785

重庆人口年鉴

重庆人口年鉴编辑部编 重庆市计划生

育委员会主办 重庆 重庆市计划生育委员会
〔馆藏卷期〕2000/2001 2002

009324820
重庆人大年鉴
重庆市人大常委会编 重庆 重庆出版社 1992—
〔馆藏卷期〕1997/2002 2003/2007

009926663
重庆市民政统计年鉴
重庆市民政局计财处编 重庆 重庆市民政局计财处 2007—
〔馆藏卷期〕2005 2007 2009

011824418
重庆法院年鉴
重庆高级人民法院编 重庆 重庆市高级人民法院 2006—
〔馆藏卷期〕2002 2003 2004 2005 2006

008944153
重庆经济年鉴
重庆市人民政府发展研究中心 重庆社会科学院编 重庆 重庆出版社 2001—
〔馆藏卷期〕2001 2002 2003 2005 2006 2007 2008 2009 2010 2011 2012

010226746
重庆经济普查年鉴
重庆市经济普查领导小组办公室编 北京 中国统计出版社

〔馆藏卷期〕2004 2008

010102154
重庆企业调查年鉴
重庆市企业调查队编 重庆 重庆市企业调查队
〔馆藏卷期〕1997/2004

009806780
重庆城市建设综合开发年鉴
重庆城市建设综合开发管理办公室编 重庆 重庆城市建设综合开发管理办公室
〔馆藏卷期〕2002 2003 2004 2005 2006 2007 2008

011141496
重庆市国土资源和房地产年鉴
重庆市国土资源和房屋管理局编 重庆 重庆市国土资源和房屋管理局
〔馆藏卷期〕2006 2007 2008 2011 2012 2013 2014

008957749
四川石油管理局川东开发公司年鉴
川东开发公司年鉴
川东开发公司史志编纂委员会编 重庆 四川石油管理局
〔馆藏卷期〕1997 1999

007916837
重钢年鉴
重钢年鉴编辑委员会编 成都 四川科学

技术出版社

〔馆藏卷期〕1993 1994 1995 1996 1997 1998 1999 2000 2001 2002 2003 2004 2005 2006 2007 2008 2009 2010 2011 2012

011503952

重庆建筑业年鉴

重庆市建设委员会编 北京 人民日报出版社 2007—

〔馆藏卷期〕2006 2007

012593591

重庆市交通统计年鉴

重庆市交通委员会编 重庆 重庆市交通委员会 2002—

〔馆藏卷期〕2001 2002 2003

009157729

重庆邮政年鉴

重庆邮政年鉴编辑部编 重庆 重庆邮政年鉴编辑部

〔馆藏卷期〕1998/2000 2001 2002 2003 2004 2005 2006 2007 2008/2010

004683503

重庆财政年鉴

重庆市财政局编 重庆 科学技术文献出版社重庆分社

〔馆藏卷期〕1987 1988 1989 1990 1991 1992 1993 1994 1997 1998 1999 2000 2001 2002 2003 2004 2005 2006 2007 2008 2009 2010

011399970

重庆金融年鉴

重庆金融年鉴编委会编纂 重庆 重庆大学出版社 2007—

〔馆藏卷期〕2005 2008

008957561

重庆广播电视年鉴

重庆广播电视年鉴编辑委员会编 重庆 重庆广播电视年鉴编辑委员会

〔馆藏卷期〕1998 1999 2000 2001 2002 2003 2006 2012

013712289

重庆出版年鉴

重庆出版年鉴编纂委员会编 重庆 重庆出版社 2011—

〔馆藏卷期〕2010

011399964

重庆市城市建设档案年鉴

重庆市建设委员会编 重庆 重庆市城市建设档案馆

〔馆藏卷期〕2005/2006 2011/2012

011824425

重庆教育年鉴

重庆市教育委员会编 北京 群众出版社 2006—

〔馆藏卷期〕1997/2003 2005 2010

011139676

第三军医大学年鉴

第三军医大学校办公室编 重庆 第三军
　医大学
〔馆藏卷期〕1997

011503559
西南大学年鉴
西南大学校长办公室编 重庆 西南大学
　校长办公室 2006—
〔馆藏卷期〕2005/2006 2007

009928054
西南师范大学年鉴
西南师范大学校长办公室编 重庆 西南
　师范大学出版社
〔馆藏卷期〕1996 2002 2003

014015079
重庆大学建筑城规学院年鉴
重庆大学建筑城规学院年鉴编撰委员
　会编 重庆 重庆大学出版社 2011—
〔馆藏卷期〕2010

009542218
重庆大学年鉴
重庆大学校长办公室编 重庆 重庆大学
〔馆藏卷期〕1998 2005 2006 2007 2008
　2009 2010 2011 2012 2013

013680608
重庆工商大学年鉴
重庆工商大学党政办公室编 重庆 重庆
　工商大学
〔馆藏卷期〕2011

013933121
重庆市气象灾害年鉴
重庆气象局编 北京 气象出版社 2013—
〔馆藏卷期〕2006/2010

009934614
重庆市疾病预防控制工作年鉴
重庆市疾病预防控制中心办公室编 重
　庆市疾病预防控制中心主办 重庆 重
　庆市疾病预防控制中心
〔馆藏卷期〕2003 2004

012049086
重庆市卫生监督年鉴
重庆卫生局卫生监督所编 重庆 重庆市
　卫生局卫生监督所
〔馆藏卷期〕2007

009726401
重庆安全生产年鉴
重庆市安全生产监督管理局编 重庆 重
　庆出版社
〔馆藏卷期〕2006

渝中区

008435400
渝中年鉴
重庆市渝中区人民政府地方志编纂委
　员会编 重庆 重庆出版社
〔馆藏卷期〕1995/1996 1997/1998
　1999/2000 2001/2004 2005/2006

009081521

渝中统计年鉴

重庆市渝中区统计局编 重庆 重庆市渝中区统计局

〔馆藏卷期〕1998 2000 2001 2004 2005 2006 2007 2008

万州区

008313053

万县地区年鉴

万县市年鉴

万县地区地方志编纂委员会办公室编 万州 万县地区地方志编纂委员会 1990—1992

〔馆藏卷期〕1990 1991 1992

008312364

万县市年鉴

万县地区年鉴

万县市地方志编纂委员会办公室编纂 成都 四川科学技术出版社

〔馆藏卷期〕1993 1994 1995 1996 1997 1998

008902120

万州年鉴

万县市年鉴

重庆市万州区史志研究编纂办公室编辑 重庆 重庆市万州区史志研究编纂办公室

〔馆藏卷期〕1999 2000 2001 2002 2003 2004 2005 2006 2007 2008 2009 2010

009081510

万州统计年鉴

万县市统计年鉴

重庆市万州移民开发区统计局编 重庆 重庆市万州移民开发区统计局 1998—

〔馆藏卷期〕1993 1996 1997 1998 1999 2000 2001 2002 2003 2005 2006 2007 2008 2009 2011 2012 2013

涪陵区

008957472

涪陵年鉴

涪陵年鉴编辑部编 重庆市涪陵区人民政府办公室主办 涪陵 涪陵年鉴编辑部

〔馆藏卷期〕2001 2002 2003 2004 2005 2006 2007 2008 2012 2013

009081331

涪陵统计年鉴

涪陵经济社会统计年鉴 1995—1996

涪陵地区统计局编 涪陵 涪陵地区统计局 1992—

〔馆藏卷期〕1991 1993 1995 1996 1997 1999 2000 2001 2002 2003 2004 2005 2006 2007 2008 2009 2011 2012 2013 2014

沙坪坝区

009081477

重庆市沙坪坝区统计年鉴

重庆市沙坪坝区统计年鉴编辑部编 沙坪坝 重庆市沙坪坝区统计局

〔馆藏卷期〕2002 2003 2004 2005 2006

九龙坡区

013757924

九龙坡年鉴

九龙坡区地方志编纂委员会办公室编 九龙坡区人民政府办公室主办 九龙坡 九龙坡区地方志编纂委员会办公室 2007—

〔馆藏卷期〕2007

南岸区

008435388

南岸区年鉴

重庆市南岸区年鉴编辑委员会编 南岸 重庆市南岸区人民政府办公室 重庆市南岸区年鉴编辑委员会

〔馆藏卷期〕1990/1992 1993/1997 1998/2002 2003/2006

北碚区

009618345

北碚年鉴

北碚区地方志编纂委员会编 重庆市北碚区人民政府主办 北碚 北碚区地方志编纂委员会 2003—

〔馆藏卷期〕2000/2001 2002/2003 2004/2006

013994053

北碚区统计年鉴

北碚统计年鉴

北碚区统计局编 北碚 重庆市北碚区统计局

〔馆藏卷期〕2012 2013 2014

綦江区

009503284

綦江年鉴

綦江年鉴编纂委员会编印 綦江 綦江年鉴编纂委员会

〔馆藏卷期〕1986/1990 1991/1995 1996/2000 2008

大足区

013753571

大足年鉴

大足县地方志办公室编 大足县人民政府主办 大足 大足县地方志办公室

〔馆藏卷期〕2007 2008 2010 2011 2012 2014

渝北区

008651528
渝北年鉴
渝北年鉴总编室编辑 渝北 渝北年鉴总编室
〔馆藏卷期〕1999 2000 2001/2002 2003/2004 2005/2006 2007/2008 2009/2010 2011/2012

巴南区

009503019
巴南年鉴
重庆市巴南区地方志编纂委员会编纂 西安 西安地图出版社 2004—
〔馆藏卷期〕1998/2002 2003/2004

009233908
重庆市巴南区统计年鉴
巴南统计年鉴 2002—
重庆市巴南区统计局编 巴南 重庆市巴南区统计局
〔馆藏卷期〕2000 2001 2002 2003 2005 2008

黔江区

008143279
黔江年鉴
黔江土家族苗族自治县人民政府主办 黔江年鉴编纂委员会编辑 黔江 黔江年鉴编纂委员会 1997—
〔馆藏卷期〕1996 1997

009406121
黔江统计年鉴
重庆市黔江区统计局编 黔江 重庆市黔江区统计局
〔馆藏卷期〕2003 2004 2005 2006 2007 2008 2011

长寿区

009324873
长寿统计年鉴
重庆市长寿区统计局编 长寿 重庆市长寿区统计局
〔馆藏卷期〕2003

江津区

013470938
江津年鉴
重庆市江津区档案局 地方志办公室编 重庆市江津区人民政府主办 江津 重庆市江津区人民政府
〔馆藏卷期〕2011 2012 2013 2014

009081357
江津统计年鉴
江津市统计年鉴
江津市统计局编 江津 江津市统计局
〔馆藏卷期〕2002 2003 2004 2005 2006

2007　2008　2011　2012　2013

合川区

008435329
合川年鉴
合川年鉴编辑部编　合川　合川市人民政府　合川年鉴编辑部
〔馆藏卷期〕1999　2000　2001　2002　2003　2004　2005　2006　2007　2008

永川区

009288842
永川年鉴
永川年鉴编辑委员会编纂　永川市人民政府主办　成都　四川人民出版社
〔馆藏卷期〕1997　1998　1999　2000　2001　2002　2003　2004　2005　2006　2007　2008　2010　2011　2012

009081519
永川统计年鉴
永川市统计局编　永川　永川市统计局
〔馆藏卷期〕2000　2001　2002　2004　2005

璧山区

008434015
璧山年鉴
璧山年鉴编纂委员会编　璧山　璧山年鉴编纂委员会

〔馆藏卷期〕1998　1999　2000　2001　2002　2003　2004　2005　2006　2007　2008　2009　2010　2011　2012　2013　2014

013470858
璧山统计年鉴
璧山县统计局编　璧山　璧山县统计局
〔馆藏卷期〕2011　2012

荣昌区

009589513
荣昌年鉴
荣昌年鉴编辑委员会编　荣昌　荣昌年鉴编辑委员会　1989—
〔馆藏卷期〕1986　1987　1988　1989　1990/1991　2001　2002　2003　2004　2005　2006　2007　2008

开州区

009503280
开县年鉴
开县志编辑部主编　开县　开县志续修编纂委员会办公室　2004—
〔馆藏卷期〕2004　2005　2006

武隆区

009503296
武隆年鉴
武隆年鉴编纂委员会编纂　武隆县人民

政府主办 成都 四川人民出版
社 2000—
〔馆藏卷期〕1996/1997

009309834
武隆县统计年鉴
武隆县统计局编 武隆 武隆县统计局
〔馆藏卷期〕2002 2003 2004 2005

丰都县

009503030
丰都年鉴
丰都年鉴编辑部编 丰都县人民政府办
　公室 丰都县档案局主办 丰都 丰都
　年鉴编辑部 2004—
〔馆藏卷期〕2004 2005 2006 2007 2008
　2009 2010 2011 2012 2014

垫江县

009588951
垫江年鉴
垫江县档案局编 垫江 垫江县档案局
〔馆藏卷期〕2001/2002 2003/2004
　2005/2006

009081328
垫江统计年鉴
垫江县统计局编 垫江 垫江县统计
　局 2001—
〔馆藏卷期〕1996/2000

忠县

009588949
忠县年鉴
忠县人民政府地方志办公室主编 忠县
　忠县人民政府地方志办公室
〔馆藏卷期〕1988/2000 2001/2002
　2003/2004

云阳县

009324527
云阳县年鉴
云阳年鉴 2002—
云阳县地方志办公室编印 云阳县人民
　政府主办 云阳 云阳县地方志办公室
〔馆藏卷期〕1993 2000 2002 2003 2004
　2005 2007 2008 2009

奉节县

008438658
奉节年鉴
重庆市奉节县志办公室编 成都 巴蜀
　书社
〔馆藏卷期〕1991/1996

巫山县

009104906
巫山年鉴
巫山年鉴编纂辑部 中共巫山县委党史

研究室编 中共巫山县委 巫山县人民政府主办 呼和浩特 远方出版社 2004—

〔馆藏卷期〕2002 2004

巫溪县

013714561

巫溪统计年鉴

巫溪县国民经济和社会发展统计年鉴 巫溪县统计局编 巫溪 巫溪县统计局

〔馆藏卷期〕2011

石柱土家族自治县

012801170

石柱年鉴

石柱年鉴编辑部编 石柱土家族自治县人民政府主办 石柱 石柱年鉴编辑部 2010—

〔馆藏卷期〕2010 2013

秀山土家族苗族自治县

013899353

秀山统计年鉴

秀山土家族苗族自治县统计局编 秀山 重庆市秀山土家族苗族自治县统计局

〔馆藏卷期〕2008

酉阳土家族苗族自治县

013899400

酉阳统计年鉴

国家统计局酉阳调查队编 酉阳 重庆市酉阳自治县统计局

〔馆藏卷期〕2007

彭水苗族土家族自治县

013814910

彭水年鉴

彭水年鉴编辑部编 重庆 重庆出版社

〔馆藏卷期〕2010/2011

013898726

彭水统计年鉴

彭水苗族土家族自治县统计局编 彭水 彭水苗族土家族自治县统计局

〔馆藏卷期〕2006 2007

四川省

004943482
四川年鉴
四川经济年鉴

四川年鉴编辑委员会编辑 成都 四川年鉴编辑委员会 1989—

〔馆藏卷期〕1989 1990 1991 1992 1993 1994 1995 1996 1997 1998 1999 2000 2001 2002 2003 2005 2006 2007 2008 2009 2010 2011 2012 2013 2014

013379049
四川农村统计年鉴
四川省统计局编 成都 四川省统计局

〔馆藏卷期〕2000/2005

007700037
[民国三十五年度]四川省统计年鉴
〔馆藏卷期〕1946

013714692
四川统计分析年鉴
四川省统计局编 成都 四川省统计局

〔馆藏卷期〕2011 2012

006036613
四川统计年鉴
四川省统计局编 北京 中国统计出版社

〔馆藏卷期〕1989 1990 1991 1992 1993 1994 1995 1996 1997 1998 1999 2000 2001 2002 2003 2004 2005 2006 2007 2008 2009 2010 2011 2012 2013 2014

013609121
四川人才年鉴
四川人才年鉴编委会编 成都 四川辞书出版社

〔馆藏卷期〕1995/2005

009542174
四川青少年年鉴
四川青少年年鉴编委会编 成都 四川科学技术出版社 2004—

〔馆藏卷期〕2003 2004/2005 2006 2007 2008 2009 2010

009913768
四川统一战线年鉴
中共四川省委统战部编 成都 成都时代出版社 2005—
〔馆藏卷期〕2004 2005

009542177
四川省人民代表大会年鉴
四川省人民代表大会年鉴编委会编 成都 天地出版社
〔馆藏卷期〕2004 2005 2006 2007 2008 2009

012617467
四川民政统计年鉴
四川省民政厅计划财务处编 成都 四川省民政厅计划财务处
〔馆藏卷期〕1995 2002 2003 2004 2005 2008 2009 2012 2013

013965479
四川省残联年鉴
四川省残疾人联合会办公室编 成都 四川省残疾人联合会办公室
〔馆藏卷期〕2008

013635408
四川监狱年鉴
四川省监狱管理局编 成都 四川省监狱管理局

〔馆藏卷期〕2011 2012 2013

008998196
四川武警年鉴
中国人民武装警察部队四川省总队编史办公室编 成都 中国人民武装警察部队四川省总队编史办公室
〔馆藏卷期〕2000 2002

009589789
四川省民营经济年鉴
四川省民营经济年鉴编委会编 成都 巴蜀书社 2004—
〔馆藏卷期〕2003 2004 2005

008968760
四川经济贸易年鉴
四川工业年鉴
四川省经济贸易委员会编 成都 四川人民出版社
〔馆藏卷期〕2003

011503494
四川经济普查年鉴
四川省人民政府经济普查领导小组办公室 四川省统计局编 成都 西南财经大学出版社 2007—
〔馆藏卷期〕2004

013609289
四川民营经济统计年鉴
四川省民营经济统计监测办公室编 成都 四川省统计局 2005—

〔馆藏卷期〕2005 2006 2011 2013

001709257
四川经济年鉴
四川年鉴
四川经济年鉴编辑委员会编 成都 四川科学技术出版社 1987—1988
〔馆藏卷期〕1986 1987

009062531
四川乡镇年鉴
四川乡镇年鉴编委会编 成都 四川科学技术出版社
〔馆藏卷期〕1999 2002

013311976
四川国土资源年鉴
四川省国土资源厅编 成都 四川省国土资源厅
〔馆藏卷期〕2004 2009

011503497
四川资源开发年鉴
四川资源开发年鉴编辑部编 成都 四川人民出版社 2002—
〔馆藏卷期〕2001

013311983
四川劳动和社会保障统计年鉴
四川省统计局编 成都 四川省劳动和社会保障厅
〔馆藏卷期〕2005 2006

013609212
四川招标投标年鉴
四川省招标局编 成都 四川科学技术出版社
〔馆藏卷期〕2007

011823183
四川企业年鉴
四川企业年鉴编辑委员会编 成都 四川企业年鉴编辑委员会
〔馆藏卷期〕1996 1999

013609116
四川城市年鉴
四川城市年鉴编辑委员会编 成都 四川城市年鉴编辑委员会
〔馆藏卷期〕2002 2005 2007

011141175
四川房地产年鉴
四川省房地产业协会 四川师范大学编 四川省建设厅 四川省国土资源厅主办 成都 四川大学出版社 2007—
〔馆藏卷期〕2006 2007 2008 2009 2011 2012 2013 2014

012048603
四川建设年鉴
四川省建设厅编 成都 四川省建设厅 2006—
〔馆藏卷期〕2003 2005 2006 2007 2008 2009 2010 2011 2012 2013 2014

005885042
四川省建设统计年鉴
四川省建设统计年鉴编辑部编 成都 四川省建设统计年鉴编辑部 1941—
〔馆藏卷期〕1941

009913771
四川农村年鉴
四川省人民政府主办 成都 电子科技大学出版社 2006—
〔馆藏卷期〕2005 2006 2007 2008 2009 2010 2011 2012 2013 2014

013899021
四川农业年鉴 抗震救灾专卷
〔馆藏卷期〕2010

009726368
四川电力年鉴
四川电力年鉴编纂委员会编 成都 四川科学技术出版社 2004—
〔馆藏卷期〕2003 2004 2005 2006 2007/2009 2010/2011 2012 2013 2014

014014867
四川省二轻工业统计年鉴
四川省第二轻工业厅编 成都 四川省第二轻工业厅
〔馆藏卷期〕1984

013965481
四川省水利统计年鉴
四川省水利厅编 成都 四川省水利厅
〔馆藏卷期〕2000

009726372
四川工业年鉴
四川经济贸易年鉴
四川省经济委员会编 成都 成都时代出版社 2005—
〔馆藏卷期〕2004 2005 2006 2007 2008 2009 2010 2011 2012 2013

004625088
四川交通年鉴
四川省交通厅年鉴编委会编 成都 四川人民出版社
〔馆藏卷期〕1987 1988 1989 1990 1991 1992 1993 1994 1995 1996 1997 1998 1999 2000 2001 2002 2003 2004 2005 2006 2007 2008 2009 2010 2011 2012 2013 2014

013714693
四川旅游年鉴
四川旅游年鉴编辑委员会编 成都 四川师范大学电子出版社 2012—
〔馆藏卷期〕2012 2014

012048605
四川邮政年鉴
四川省邮政局编 成都 四川省邮政局 2003—
〔馆藏卷期〕1999/2001 2009

013932454
四川价格年鉴
四川省物价局主编 成都 四川省物价局
〔馆藏卷期〕2000

012199631
四川商务年鉴
四川省商务经济学会编 成都 四川省商务厅
〔馆藏卷期〕2009 2010 2011

008968776
四川商检局年鉴
四川商检局年鉴编审委员会编 成都 四川商检局年鉴编审委员会
〔馆藏卷期〕1993/1999

008426178
四川证券年鉴
四川证券年鉴编委会编 北京 人民出版社
〔馆藏卷期〕1995 1996 1997

013396634
四川文化年鉴
四川省文化厅编 成都 四川师范大学电子出版社 2012—
〔馆藏卷期〕2011 2012 2013

008433691
四川科技年鉴
四川省科学技术委员会 四川省科委史志办公室编 成都 四川省科学技术委员会
〔馆藏卷期〕1996 1998 2000 2002 2004 2005 2006 2007 2009 2010

011140128
四川科技统计年鉴
四川省科学技术委员会编 成都 四川省科学技术委员会
〔馆藏卷期〕1996 1997 2002 2003 2004 2005 2006 2011 2012 2013

006036620
四川高等教育中等专业教育年鉴
四川高等教育和中等专业教育年鉴编辑委员会编 成都 四川教育出版社 1988
〔馆藏卷期〕1949/1985

013467731
四川教育年鉴
四川省教育厅编 成都 四川教育出版社
〔馆藏卷期〕2010

013467735
四川教育事业统计年鉴
四川省教育厅编 成都 四川省教育厅
〔馆藏卷期〕2003 2009 2010

012080578
四川普通教育年鉴
四川省教育委员会四川普通教育年鉴编写组编 成都 四川教育出版社 1992—

〔馆藏卷期〕1949/1985

008426343
四川体育年鉴
四川省体育运动委员会编 成都 四川省体育运动委员会
〔馆藏卷期〕1986 1987 1988 1989 1992 1993 1994 1995 1996 1997 1998 1999 2000 2001 2002/2004 2005 2006 2007 2008 2009 2010 2011 2013

011967348
四川文艺年鉴
中共四川省委宣传部 四川省社会科学院文学研究所编 成都 四川人民出版社 2008—
〔馆藏卷期〕2007 2008 2009 2010 2011

011824390
中国西南设计年鉴
西南设计年鉴 2004—
中国西南设计年鉴编委会编 重庆 西南师范大学出版社 2000—
〔馆藏卷期〕1999 2001 2004 2009 2012

013311988
四川名城古镇年鉴
四川省名城古镇文化旅游发展促进会编 成都 科学与财富杂志出版社
〔馆藏卷期〕2010

013790089
四川地震年鉴
四川地震年鉴编辑组编 成都 四川省地震局 1984—
〔馆藏卷期〕1983 1984 1985 1986

013396651
四川出入境检验检疫年鉴
四川省出入境检验检疫局编 成都 四川出入境检验检疫局
〔馆藏卷期〕2010 2011 2012 2013 2014

013173610
四川卫生统计年鉴
四川省卫生信息中心编 成都 四川大学出版社 2009—
〔馆藏卷期〕2008 2009

008998187
四川卫生年鉴
四川卫生年鉴编辑室编 成都 四川人民出版社 2001—
〔馆藏卷期〕2001 2002 2003 2004 2005 2006 2007 2008 2009 2010 2011 2012 2013

012925070
四川医药年鉴
四川省医药化工产业发展领导小组办公室 四川省医药行业协会编 成都 四川省医药化工产业发展领导小组办公室 2004—
〔馆藏卷期〕2004

013609210
四川食品药品监督管理年鉴
四川省食品药品监督管理局编 成都 四川省食品药品监督管理局
〔馆藏卷期〕2004/2006 2007 2009 2010 2011 2012 2013 2014

010102754
四川环境年鉴
四川省环境保护局编 成都 电子科技大学出版社 2005—
〔馆藏卷期〕2004 2006

008958042
四川减灾年鉴
四川救灾年鉴
四川省人民政府救灾办公室编 成都 四川减灾年鉴编辑部
〔馆藏卷期〕1990 1991 1992 1999 2000 2001 2002 2004 2005 2006 2007

013311971
四川地质环境监测年鉴
四川省地质环境监测总站编 成都 四川省地质环境监测总站
〔馆藏卷期〕2010

009928060
四川安全生产年鉴
四川省安全生产委员会办公室 四川省安全生产监督管理局编 成都 四川科学技术出版社 2005—
〔馆藏卷期〕2001/2003 2004

成都市

004625168
成都年鉴
成都市经济年鉴
成都年鉴编辑部编 成都 成都出版社 1988—
〔馆藏卷期〕1988 1989 1990 1991 1992 1993 1994 1995 1996 1997 1998 1999 2000 2001 2002 2003 2004 2005 2006 2007 2008 2009 2010 2011 2012 2013 2014

013790331
肖家河街道年鉴
中共成都高新区肖家河街道工作委员会 成都高新区肖家河街道办事处编 成都 肖家河街道办事处 2007—
〔馆藏卷期〕2007

013935861
成都市城市（县城）和村镇建设统计年鉴
成都市城乡建设委员会 成都市建设统计专业委员会编 成都 成都市城乡建

设委员会

〔馆藏卷期〕2010

007916600

成都统计年鉴

成都市统计局编 成都 成都市统计局

〔馆藏卷期〕1989 1991 1992 1993 1994 1995 1996 1997 1998 2000 2001 2002 2003 2004 2005 2006 2007 2008 2009 2010 2011 2012 2013 2014

013608675

四川党校行政学院年鉴

四川党校行政学院年鉴编纂委员会编 成都 电子科技大学出版社 2012—

〔馆藏卷期〕2009/2011

011965718

成都城市社会经济调查年鉴

成都城市社会经济调查队编 成都 成都市城市社会经济调查队 2006—

〔馆藏卷期〕2001/2005

013173446

成都高新技术产业开发区桂溪街道年鉴

桂溪街道年鉴

成都高新区桂溪街道年鉴

中共成都高新区桂溪街道工作委员会 成都高新区桂溪街道办事处编 北京 新华出版社 2011—

〔馆藏卷期〕2010 2011 2012 2013 2014

011821824

成都高新技术产业开发区年鉴

成都高新区年鉴 2010—

成都高新技术产业开发区管理委员会 成都高新区地方志编纂委员会办公室编 成都 四川科学技术出版社 2010—

〔馆藏卷期〕2007 2008 2009 2010 2011 2012 2013

008108737

成都经济年鉴

成都年鉴

成都经济年鉴编辑部编 成都 成都经济年鉴编辑部 1987

〔馆藏卷期〕1987

009041813

成都市企业和产品年鉴

成都市标准化所 成都市中质质量技术监督服务中心编 成都 电子科技大学出版社 2005—

〔馆藏卷期〕2002/2003 2005

012047124

成都市城市建设统计年鉴

成都市建设委员会编 成都 成都市建设委员会 2005—

〔馆藏卷期〕1949/1998 1991/1997 1999/2005

009806766

成都印钞公司年鉴

成都印钞有限公司年鉴 2010—
成都印钞公司年鉴编纂委员会编 成都
　四川人民出版社 2004—
〔馆藏卷期〕2002/2003 2004 2005 2010

013311490
川庆钻探工程有限公司年鉴
川庆钻探工程有限公司年鉴编纂委员
　会编 成都 四川科学技术出版
　社 2010—
〔馆藏卷期〕2009 2010 2011 2012

011139963
国电大渡河公司年鉴
国电大渡河公司年鉴编纂委员会编 成
　都 四川科学技术出版社 2006—
〔馆藏卷期〕2006 2007 2008

009926357
国家电力公司成都勘测设计研究院综合年鉴
成都勘测设计研究院综合年鉴
国家电力公司成都勘测设计研究院综
　合年鉴编委会编 成都 成都勘测设计
　研究院 2004—
〔馆藏卷期〕1996/2002

011823189
四川省电力公司年鉴
国网四川省电力公司年鉴 2014—
四川省电力公司年鉴编纂委员会编 北
　京 方志出版社 2008—
〔馆藏卷期〕2007 2008 2009 2010 2011
　2012 2013 2014

012361429
四川石油管理局地球物理勘探公司年鉴
四川省石油管理局地球物理勘探公司
　史志编纂委员会编 成都 西南交通大
　学出版社 2008—
〔馆藏卷期〕2006

008426316
四川石油管理局年鉴
四川石油管理局史志编纂委员会编纂
　成都 四川石油管理局
〔馆藏卷期〕1991/1995 1996 1997 1998
　1999 2000 2001 2002 2003

008957753
四川石油管理局物资总公司年鉴
四川石油管理局物资总公司年鉴编纂
　委员会编纂 成都 四川石油管理局
〔馆藏卷期〕1991/1995 1997/2000

012925084
四川油气田年鉴
四川石油管理局年鉴
西南油气田分公司年鉴
四川油气田年鉴编纂委员会编 成都 四
　川油气田年鉴编纂委员会
〔馆藏卷期〕2004 2005 2006 2008 2009
　2010 2011 2012 2013

012593329

西南石油年鉴

西南石油年鉴编纂委员会编 北京 中国石化出版社 2009—

〔馆藏卷期〕2008 2009 2010 2011 2012 2013

009520041

西南油气田分公司年鉴

西南油气田分公司年鉴编纂委员会编纂 成都 西南油气田分公司

〔馆藏卷期〕2000 2001 2002 2003

009934747

中国二重年鉴

中国第二重型机械集团公司党政办公室编 成都 二重集团公司党政办公室

〔馆藏卷期〕2003 2004 2005

013933115

中国石油四川销售分公司年鉴

中国石油四川销售公司年鉴

中国石油四川销售分公司编 成都 中国石油四川销售分公司

〔馆藏卷期〕2000 2006

009617994

中国石油西南油气田分公司信息中心年鉴

信息中心年鉴

西南油气田分公司信息中心年鉴编纂委员会编纂 成都 西南油气田分公司 2003—

〔馆藏卷期〕2000/2002

005719372

成都铁路分局年鉴

成都铁路分局志编纂委员会编 北京 中国铁道出版社

〔馆藏卷期〕1993 1994 1995 1996 1997 2000

008378180

成都铁路局年鉴

成都铁路局志编纂委员会编 成都 成都铁路局志编纂委员会 1990—

〔馆藏卷期〕1990 1991 1992 1993 1994 1995 1996 1997 1998 1999 2000 2001 2002 2003 2004 2005 2006 2007 2008 2009 2010 2011

009406183

铁道部第二工程局年鉴

中铁二局集团年鉴

铁道部第二工程局局史编辑委员会编 铁道部第二工程局主办 成都 铁道部第二工程局局史编辑委员会

〔馆藏卷期〕1991 1992 1993 1994 1995 1996 1997 1998

009406163

中铁二局集团年鉴

铁道部第二工程局年鉴

中铁二局集团有限公司史志编辑委员会编辑 中铁二局集团有限公司主办 成都 中铁二局集团有限公司史志编

辑委员会
〔馆藏卷期〕1999 2000 2001 2002 2003 2004 2005 2006 2007 2008 2009 2010 2011 2012

010102845
中铁二十一局集团有限公司年鉴
中铁二十一局集团有限公司史志编审委员会编 成都 中铁二局集团有限公司史志编辑委员会 2005—
〔馆藏卷期〕2005 2006 2008 2010 2011 2012

013090444
中铁二院工程集团有限责任公司年鉴
铁道第二勘察设计院年鉴
中铁二院工程集团有限责任公司史志编辑委员会编 成都 中铁二院工程集团有限责任公司
〔馆藏卷期〕2010 2012

013898443
成都市电信局年鉴
成都电信年鉴
成都市电信局年鉴编辑部编 成都 成都市电信局 1999—
〔馆藏卷期〕1999 2000

013898842
成都电信年鉴
成都市电信局年鉴
中国电信集团四川省电信公司成都市分公司编 成都 成都电信 2002—

〔馆藏卷期〕2001

012080546
成都招商年鉴
成都招商年鉴编辑部编 成都 成都招商年鉴编辑部 1995—
〔馆藏卷期〕1996 1997 1998 2002 2003

010226829
中国工商银行四川省分行统计年鉴
中国工商银行四川省分行编 成都 中国工商银行四川省分行 2000—
〔馆藏卷期〕2000

009934532
中国农业银行四川省分行年鉴
中国农业银行四川省分行年鉴编辑部编 成都 中国农业银行四川省分行 2004—
〔馆藏卷期〕2004

013656195
中国农业银行四川省分行统计年鉴
中国农业银行四川省分行统计年鉴编辑部编 成都 中国农业银行四川省分行
〔馆藏卷期〕1997/2004

008980499
成都证券期货市场年鉴
倪光祖主编 成都 西南财经大学出版社 2000—
〔馆藏卷期〕1999

009541708
成都信息化年鉴
成都市信息化办公室 成都市经济信息中心编 成都 四川科学技术出版社 2003—
〔馆藏卷期〕2001/2002

013819215
四川博物院年鉴
盛建武主编 成都 四川博物院 2012
〔馆藏卷期〕2012

012916357
成都市教育年鉴
成都教育局编 成都 成都市教育局
〔馆藏卷期〕2010 2011 2013

013935850
成都七中初中学校年鉴
成都七中初中学校编 成都 成都七中初中学校
〔馆藏卷期〕2010/2011

013965159
成都中医药大学年鉴
成都中医药大学办公室 成都中医药大学高教研究所编 成都 成都中医药大学办公室
〔馆藏卷期〕2000

013714627
[电子科技大学成都学院]图形艺术系毕业作品年鉴
电子科技大学成都学院图形艺术系编 成都 成都学院图形艺术系
〔馆藏卷期〕2012

011966334
电子科技大学年鉴
电子科技大学学校办公室编 成都 电子科技大学学校办公室 2003—
〔馆藏卷期〕2003 2007 2009 2011

008851355
四川大学年鉴
四川联合大学年鉴 1994/1995—1996/1997
四川大学校长办公室编 成都 四川大学出版社
〔馆藏卷期〕1991 1992 1994/1995 1996/1997 1998/1999 2000 2001 2004 2005 2006 2007 2008 2009 2011 2012

010226845
四川音乐学院年鉴
四川音乐学院办公室编 成都 四川音乐学院 2003—
〔馆藏卷期〕2002 2007/2008

009324501
西南交通大学年鉴
西南交通大学校长办公室编 成都 西南交通大学出版社 1990—
〔馆藏卷期〕1990 1992 1993 1994 1996 1997 1999 2000 2001 2002 2003

2004 2005 2006 2007 2008 2009 2010 2011 2012

010227007
西南民族大学年鉴
西南民族大学学校办公室编 成都 西南民族大学
〔馆藏卷期〕2005

012916359
成都卫生年鉴
成都卫生年鉴编纂委员会编 成都 电子科技大学出版社
〔馆藏卷期〕2009 2010 2011 2012

010102797
铁道部第二勘测设计院年鉴
铁道第二勘察设计院年鉴 2002—
铁道部第二勘测设计院史志编辑委员会编 成都 铁道部第二勘测设计院史志编辑委员会 1995—
〔馆藏卷期〕1993 1994 1995 1996 2000 2001 2002 2003 2004 2005 2006

武侯区

011503551
武侯年鉴
成都市武侯区地方志编纂委员会办公室编 成都市武侯区人民政府主办 北京 新华出版社 2007—
〔馆藏卷期〕2006 2008 2009 2010 2011 2012 2013 2014

锦江区

008426306
锦江年鉴
成都市锦江区地方史志编纂委员会编 成都 成都市锦江区地方志编纂委员会 1999—
〔馆藏卷期〕1991/1997 1998/2002 2008 2009 2010 2011 2012 2013 2014

青羊区

008406236
青羊年鉴
成都市青羊区地方志编纂委员会编纂 青羊 成都市青羊区地方志编纂委员会编纂
〔馆藏卷期〕1991/1997 1998/2002 2006 2008 2009 2010 2011 2012 2013 2014

金牛区

009492947
金牛年鉴
成都市金牛区人民政府编 成都 四川辞书出版社 2003—
〔馆藏卷期〕2003 2004 2005 2006 2007 2008 2009 2010 2011 2012 2013 2014

成华区

008879148

成华年鉴

成华区地方志办公室主编 成华区人民政府主办 成都 四川科学技术出版社

〔馆藏卷期〕1991/1998 1999/2000 2009 2010 2011 2012 2013 2014

龙泉驿区

008879212

龙泉驿年鉴

成都市龙泉驿区人民政府编 成都 巴蜀书社

〔馆藏卷期〕1989/1998 2000 2001 2002 2003 2004 2005 2006 2007 2008 2009 2010 2011 2012

青白江区

008438809

成都市青白江年鉴

青白江年鉴 1999/2002—

成都市青白江区年鉴编纂领导小组编 成都 成都市青白江区年鉴编纂领导小组

〔馆藏卷期〕 1991/1994 1995/1998 1999/2002 2010 2011 2012 2013

新都区

005563230

新都年鉴

新都年鉴编纂委员会编 新都 新都年鉴编纂委员会 1935

〔馆藏卷期〕1934

009520060

新都年鉴

成都市新都区地方志编纂委员会办公室编 成都 成都市新都区地方志编纂委员会办公室 2003—

〔馆藏卷期〕2002 2004 2010 2011 2012 2013

温江区

008325244

温江年鉴

成都市温江区综合年鉴

四川省温江县志编纂委员会办公室编 温江 四川省温江县志编纂委员会办公室 1991—

〔馆藏卷期〕 1986/1989 1990/1993 1994/1996 1997/1999 2000/2002 2003/2004 2005 2006 2007 2009 2010 2013

013820270

温江县统计年鉴

温江统计年鉴 2003—

温江区统计局编 温江 成都市温江区统计局
〔馆藏卷期〕2001 2003 2006 2008 2009 2010

双流区

008331588
双流年鉴
双流县人民政府年鉴编写委员会编 成都 电子科技大学出版社 1993—
〔馆藏卷期〕1986/1990 1991 1992 1993 1994 1995 1996 1997 1998 1999 2000 2001 2002 2003 2004 2005 2006 2008 2009 2010 2011 2012 2013

郫都区

007683410
郫县年鉴
四川省郫县人民政府县志办公室编 郫县 四川省郫县人民政府县志办公室
〔馆藏卷期〕2004/2006

都江堰市

008968734
都江堰年鉴
都江堰市年鉴 2004—
都江堰市地方志编纂委员会编 都江堰市人民政府主办 都江堰 都江堰市地方志编纂委员会 2000—
〔馆藏卷期〕2000 2004 2011 2013 2014

彭州市

008426350
彭州年鉴
彭州市地方志编纂委员会办公室编 彭州 彭州市地方志编纂委员会办公室
〔馆藏卷期〕1998 1999 2000 2002 2003 2004 2005 2006 2007 2008 2009 2010 2013

邛崃市

009502995
邛崃年鉴
邛崃市地方志编纂委员会编 中共邛崃市委 邛崃市人民政府主办 北京 方志出版社 2005—
〔馆藏卷期〕1999/2003 2009 2010 2012 2014

013936425
邛崃统计年鉴
邛崃市统计局编 邛崃 邛崃市统计局
〔馆藏卷期〕2005 2006 2008 2009

崇州市

008433581
崇庆年鉴

崇庆县人民政府县志办公室编 崇庆 崇
　庆县人民政府县志办公室
〔馆藏卷期〕1986/1990

013809468
崇州年鉴
崇州市地方志编纂委员会编 崇州 崇州
　市人民政府
〔馆藏卷期〕2010

简阳市

009502680
简阳年鉴
简阳市地方志办公室编 简阳市人民政
　府主办 简阳 简阳市地方志办公室
　2004—
〔馆藏卷期〕2003 2004 2005 2006 2007
　2008 2011

金堂县

008879201
金堂年鉴
金堂县地方志办公室编 金堂 金堂县地
　方志办公室
〔馆藏卷期〕1991/1997 1998/1999 2000/
　2001 2002/2003 2006 2008 2013

大邑县

008643516
大邑年鉴
四川省大邑县地方志编纂委员会编 大
　邑 大邑县地方志编纂委员会
〔馆藏卷期〕1998 1999 2000 2002 2003
　2004 2005 2006 2007 2010 2011
　2012 2013

蒲江县

008426352
蒲江年鉴
蒲江县县志编纂委员会编 蒲江 蒲江县
　县志编纂委员会
〔馆藏卷期〕1986/1992 1993/1997
　1998/2001 2002/2006 2009 2010
　2011 2012 2013 2014

新津县

008327867
新津年鉴
四川省新津县志编纂委员会编纂 新津
　四川省新津县志编纂委员会 1991—
〔馆藏卷期〕1986/1989 1990/1992
　1993/1995 1996/1998 1999/2001
　2002/2005 2006/2007 2008 2009
　2011 2012

自贡市

008397738
自贡年鉴
自贡年鉴编辑委员会编 成都 四川大学出版社
〔馆藏卷期〕1991/1994 1995 1997 1998 1999 2000 2001 2002 2003 2004 2005 2006 2007 2008 2009 2010 2011 2012 2013 2014

008276754
自贡统计年鉴
自贡市统计局编 自贡 自贡市统计局
〔馆藏卷期〕1990 1991 1992 1993 1994 1995 1996 1997 1998 1999 2000 2001 2002 2003 2004 2005 2006 2007 2009 2011 2012 2013 2014

013965164
川润年鉴
川润年鉴编委会编 成都 天地出版社 2011—
〔馆藏卷期〕2002/2006 2010

012983216
东锅年鉴
东锅年鉴编审委员会编 自贡 东锅年鉴编审委员会 2007—
〔馆藏卷期〕2007

012592702
四川石油管理局川西南矿区年鉴
川西南矿区年鉴
川西南矿区石油志编纂委员会编 自贡 川西南矿区石油志编纂委员会 1997—
〔馆藏卷期〕1996

自流井区

012530660
自流井区年鉴
自流井年鉴 2011
自贡市自流井区地方志编纂委员会编 自贡市自流井区人民政府主办 自流井 自贡市自流井区地方志编纂委员会 2009—
〔馆藏卷期〕2008 2009 2010 2011 2012 2013

012926235
自流井区图片年鉴
自贡市自流井区地方志编纂委员会编 自贡市自流井区人民政府主办 自流井 自贡市自流井区地方志编纂委员会 2009—
〔馆藏卷期〕2007/2008 2009/2010

大安区

009427190

大安年鉴

自贡市大安区地方志办公室编纂 自贡市大安区人民政府主办 自贡 自贡市大安区地方志办公室 1993—

〔馆藏卷期〕1989/1992

荣县

008426303

荣县年鉴

荣县市志编纂研究室编 荣县 荣县地方志办公室 1996—

〔馆藏卷期〕1986/1994 1995/1996 1998 1999/2000 2001/2002 2003/2007 2008 2009 2012 2014

富顺县

009913764

富顺年鉴

富顺年鉴编辑委员会编 富顺县人民政府主办 重庆 重庆出版社 2004—

〔馆藏卷期〕2004 2005 2006 2007 2008 2009 2010 2011 2012

攀枝花市

005719988

攀枝花年鉴

四川省攀枝花市年鉴编辑委员会编 成都 成都科技大学出版社 1993—

〔馆藏卷期〕1986/1990 1991/1992 1994 1995 1996 1997 1998 1999 2000 2001 2002 2003 2004 2005 2006 2007 2008 2009 2010 2011 2012 2014

008437658

攀枝花统计年鉴

攀枝花市统计局编 北京 中国统计出版社

〔馆藏卷期〕1995 1999 2000 2001 2002 2003 2004 2005 2006 2007 2008 2009 2011 2012 2013 2014

008669486

钢城企业总公司年鉴

攀钢集团钢城企业总公司年鉴

攀钢集团钢城企业总公司编 攀枝花 攀钢集团钢城企业总公司

〔馆藏卷期〕1998

008241773

攀钢年鉴

攀枝花钢铁公司编 北京 科学出版

社 1992—

〔馆藏卷期〕1992 1993 1994 1995 1996 1997 1998 1999 2000 2001 2002 2003 2004 2005 2006 2007 2008

009459709

攀枝花钢铁有限责任公司钢铁研究院年鉴

攀钢钢铁研究院年鉴

攀钢钢铁研究院年鉴编委会编 攀枝花 攀枝花钢铁有限责任公司钢铁研究院

〔馆藏卷期〕2003

东区

010226670

攀枝花市东区年鉴

东区年鉴

攀枝花市东区地方志办公室编 攀枝花市东区人民政府主办 北京 方志出版社

〔馆藏卷期〕2001/2004 2006 2007 2008 2009 2010 2012 2013 2014

西区

011823093

攀枝花市西区年鉴

西区年鉴 2007

攀枝花市西区年鉴编纂委员会编 成都 四川科学技术出版社 2008—

〔馆藏卷期〕2007 2008 2009 2010 2012 2013

仁和区

009062508

仁和年鉴

仁和年鉴编纂委员会编 攀枝花市仁和区人民政府主办 攀枝花 仁和区人民政府

〔馆藏卷期〕2002 2003 2006 2008 2009 2010

米易县

009502917

米易年鉴

米易年鉴编纂委员会编纂 米易县人民政府主办 米易 米易年鉴编纂委员会 2004—

〔馆藏卷期〕2004 2005 2006 2007 2008 2009 2011 2013 2014

盐边县

011823295

盐边年鉴

盐边县地方志编纂委员会编 盐边县人民政府主办 成都 四川科学技术出版社 2007—

〔馆藏卷期〕2006 2007 2008 2009 2010 2011 2012 2014

泸州市

008398277

泸州年鉴

泸州市人民政府编 成都 四川科学技术出版社

[馆藏卷期]1997 1998 1999 2000 2001 2002 2003 2004 2005 2006 2007 2008 2009 2010 2012 2013 2014

008944125

泸州统计年鉴

泸州市地方志编纂委员会编纂 泸州 泸州市统计局

[馆藏卷期]1998 1999 2000 2001 2002 2003 2004 2005 2006 2007 2009 2013 2014

009617991

泸州乡镇经济年鉴

中共泸州市委农村工作领导小组办公室 泸州市统计局 泸州市乡镇评价考核领导小组办公室编 泸州 泸州市统计局 2004—

[馆藏卷期]2003 2004 2005

008426311

泸州交通年鉴

泸州市交通志编辑部编 泸州 泸州市交通志编辑部

[馆藏卷期]1988 1993 1994 1995 1996 1997 1998 1999 2000 2001 2002 2003

江阳区

009502888

江阳年鉴

泸州市江阳区地方志办公室编 泸州市江阳区人民政府主办 泸州 泸州市江阳区地方志办公室 2003—

[馆藏卷期]2003 2004 2005 2006 2007 2008 2010 2011 2012

纳溪区

008426347

纳溪年鉴

纳溪县地方志编纂委员会办公室编 纳溪 纳溪县地方志编纂委员会办公室

[馆藏卷期]1986/1991 2002 2003 2004 2005 2006 2007 2008 2009 2011 2012 2013

龙马潭区

013311815

龙马潭年鉴

泸州市龙马潭区地方志办公室编 泸州市龙马潭区人民政府主办 龙马潭 泸州市龙马潭区地方志办公室

[馆藏卷期]2008 2010

泸县

012983673
泸县年鉴
泸县地方志办公室编 泸县人民政府主办 泸县 泸县地方志办公室
〔馆藏卷期〕2007 2009 2010 2011 2012 2013

合江县

008998169
合江年鉴
合江县人民政府地方志办公室编印 合江 合江县人民政府地方志办公室
〔馆藏卷期〕2000 2001 2002 2003 2004 2005 2006 2008 2009 2011 2012 2013

叙永县

013312068
叙永年鉴
叙永年鉴编辑部编 叙永县人民政府主办 叙永 叙永县人民政府
〔馆藏卷期〕2010

古蔺县

012983243
古蔺年鉴
古蔺县地方志办公室编 古蔺县人民政府主办 古蔺 古蔺县地方志办公室 2009—
〔馆藏卷期〕2003/2006 2008 2009 2010 2011 2012 2013

德阳市

008426339
德阳年鉴
德阳年鉴编辑委员会编 成都 四川科学技术出版社
〔馆藏卷期〕1999 2000 2001 2002 2003 2004 2005 2006 2007 2008 2009 2010 2011 2012 2014

008923238
德阳统计年鉴
德阳市统计局编 德阳 德阳市统计局
〔馆藏卷期〕2000 2003 2004 2005 2006 2007 2008 2009 2011 2012 2013 2014

旌阳区

012199118
旌阳年鉴
德阳市旌阳区年鉴 2012—

旌阳年鉴编纂委员会编纂 德阳市旌阳区人民政府主办 成都 四川科学技术出版社 2009—

〔馆藏卷期〕2006 2007 2008 2009 2010 2011 2012 2013

罗江区

012792637
罗江年鉴
罗江年鉴编辑部编 罗江县人民政府主办 北京 方志出版社 2011—
〔馆藏卷期〕2010 2011 2012 2013

广汉市

013311683
广汉年鉴
广汉市地方志办公室广汉年鉴编辑部编 广汉 广汉年鉴编辑部
〔馆藏卷期〕2006 2010/2011

什邡市

012617454
什邡年鉴
什邡市地方志编纂委员会编 什邡市人民政府主办 北京 中国文史出版社 2010—
〔馆藏卷期〕2009 2010 2011

绵竹市

008437973
绵竹年鉴
绵竹年鉴编辑委员会编 成都 四川科学技术出版社
〔馆藏卷期〕1998 1999 2000 2001 2002 2003 2004 2005 2006 2007 2008 2009 2010 2011

中江县

008426348
中江年鉴
中江县地方志编纂委员会办公室编 中江 中江县地方志编纂委员会办公室
〔馆藏卷期〕1996 1997

008426318
中江县救灾年鉴
中江县救灾年鉴编辑部编 中江 中江县人民政府农业办公室
〔馆藏卷期〕1950/1988

绵阳市

008109000
绵阳年鉴
绵阳市人民政府主办 绵阳年鉴编纂委员会编 成都 四川辞书出版社 1996—
〔馆藏卷期〕1996 1997 1998 1999 2000 2001 2002 2003 2004 2005 2006 2007 2008 2009 2010 2011 2012 2013 2014

008378193
绵阳统计年鉴
绵阳市统计局编 绵阳 绵阳市统计局
〔馆藏卷期〕1985 1987 1988 1989 1990 1991 1992 1993 1994 1995 1996 1997 1998 1999 2000 2001 2002 2003 2004 2005 2006 2007 2008 2010 2011 2013

013311838
绵阳国家高新技术产业开发区年鉴
绵阳国家高新技术产业开发区编 绵阳 绵阳国家高新技术产业开发区 2002—
〔馆藏卷期〕1992/2000

013656076
绵阳经济普查年鉴
绵阳市经济普查领导小组办公室编 绵阳 绵阳市统计局
〔馆藏卷期〕2008

012923986
绵阳交通年鉴
绵阳市交通局年鉴编委会编 绵阳 绵阳市交通局年鉴编委会
〔馆藏卷期〕1998 2000 2001 2002 2003 2005 2007

013656080
绵阳师范学院年鉴
绵阳师范学院办公室编 绵阳 绵阳师范学院
〔馆藏卷期〕2004 2005 2006 2007 2008 2009 2010 2011 2012

012617508
西南工学院年鉴
西南工学院党委办公室 西南工学院办公室编 绵阳 西南工学院
〔馆藏卷期〕1998 1999 2000

013312057
西南科技大学年鉴
西南科技大学党委办公室 西南科技大学学校办公室编 绵阳 西南科技大学
〔馆藏卷期〕2001 2002 2003

涪城区

008397936

涪城年鉴

绵阳市涪城区人民政府编 成都 四川科学技术出版社

〔馆藏卷期〕1993/1995 1997 1998 1999 2000 2001 2002 2003 2004 2005 2006 2007 2008 2009 2010 2011 2012 2013 2014

游仙区

010226889

游仙年鉴

绵阳市游仙区地方志编纂办公室编 绵阳市游仙区人民政府主办 游仙 绵阳市游仙区人民政府

〔馆藏卷期〕1993/1997 1998/1999

安州区

009502675

安县年鉴

中共安县县委党史研究室 安县地方志办公室编 安县 安县地方志办公室

〔馆藏卷期〕1993 1995 1996 1997 2000 2001 2002 2003 2004 2006 2007 2008 2009

江油市

008998177

江油年鉴

江油市地方志编纂委员会办公室编 江油 江油市人民政府

〔馆藏卷期〕2001 2002 2003 2004 2005 2006 2007 2008 2009 2010 2011 2012 2013 2014

013965326

江油县统计年鉴

四川省江油县统计年鉴 1985

江油统计年鉴 1986—

江油统计局编 江油 江油县统计局

〔馆藏卷期〕1983 1985 1986 1988 1989 1990 1991 1993

009520099

四川石油管理局川西北矿区年鉴

川西北矿区年鉴

川西北矿区年鉴编纂委员会编纂 江油 川西北矿区年鉴编纂委员会

〔馆藏卷期〕1991/1995 1996/1999 2000 2001 2002 2003 2004

三台县

008438689

三台年鉴

三台县人民政府编 成都 四川人民出版社

〔馆藏卷期〕1993/1996 1998 1999 2002 2003 2004 2005 2006 2007 2008 2009 2010 2011 2012 2013

008413109

三台县综合年鉴

三台县人民政府地方志编纂办公室编 成都 四川人民出版社

〔馆藏卷期〕1988/1992

013758043

三台县统计年鉴

三台县统计局编 三台 三台县统计局

〔馆藏卷期〕2006 2007 2008 2009 2010

盐亭县

008643565

盐亭年鉴

盐亭县年鉴 1989

四川省盐亭县地方志办公室编 盐亭 四川省盐亭县地方志办公室

〔馆藏卷期〕1989 1997 1998 1999 2000 2001 2002 2003

014014965

盐亭统计年鉴

盐亭县统计局编 盐亭 盐亭县统计局

〔馆藏卷期〕2008

梓潼县

011824438

梓潼年鉴

中华文昌故里·梓潼年鉴

梓潼年鉴编辑部编 梓潼县地方志办公室 梓潼县人民政府主办 梓潼 梓潼县地方志办公室

〔馆藏卷期〕1994/2000 2004/2006 2008 2010 2011 2012

平武县

009502976

平武年鉴

平武年鉴编辑部编印 平武县人民政府主办 平武 平武年鉴编辑部 2000—

〔馆藏卷期〕1999 2000 2001 2002 2003 2004 2005 2006

北川羌族自治县

008437955

北川年鉴

北川县人民政府编 成都 巴蜀书社

〔馆藏卷期〕1988/1997 1998/1999 2001 2002

009459624

北川羌族自治县年鉴

北川年鉴

北川年鉴编纂委员会编 北川县羌族自

治县人民政府主办 北川 北川县羌族自治县人民政府 2003—

〔馆藏卷期〕2003 2004 2005 2006 2007 2010

广元市

008665799

广元年鉴

广元市地方志编纂委员会办公室编 广元 广元市人民政府

〔馆藏卷期〕1985/1994 1995/1997 1999 2001 2003 2004 2005 2006 2010 2011 2012

008923240

广元统计年鉴

广元市统计局编 广元 广元市统计局

〔馆藏卷期〕1985 1986 1987 1988 1989 1990 1991 1993 1994/1995 1996 1997 1998 1999 2000 2001 2002 2003 2004 2005 2006 2007 2008 2012 2013 2014

013926376

广元邮政年鉴

广元市邮政局编 广元 广元市邮政局

〔馆藏卷期〕1999/2001

利州区

012983672

利州年鉴

利州区地方志办公室编 利州 广元市利州区人民政府

〔馆藏卷期〕2010

昭化区

012983868

元坝年鉴

广元市元坝区人民政府编 广元 广元市元坝区人民政府

〔馆藏卷期〕2008 2009 2010 2011

朝天区

012982959

朝天年鉴

广元市朝天区地方志编纂委员会办公室编 广元市朝天区人民政府主办 朝天 广元市朝天区地方志编纂委员会办公室

〔馆藏卷期〕2006/2007 2010 2012

旺苍县

008643558

旺苍年鉴

旺苍县人民政府编 旺苍 旺苍县人民政府

〔馆藏卷期〕1986/1997 2006 2007 2009 2010 2012 2013 2014

009520181
旺苍县发展计划年鉴
旺苍县发展计划局编 旺苍 旺苍县发展计划局
〔馆藏卷期〕1986/2000

009520185
旺苍邮政年鉴
旺苍县邮政局编 旺苍 旺苍县人民政府 2002—
〔馆藏卷期〕1998/2001

青川县

009589816
青川年鉴
青川县年鉴 1986—1987/1989
青川县地方志编纂委员会办公室编 青川 青川县地方志编纂委员会办公室
〔馆藏卷期〕1986 1987/1989 1990/1992 1993/1996 2003 2003/2004 2005/2006 2011/2012

剑阁县

011822163
剑阁年鉴
剑阁县人民政府主办 剑阁 剑阁县人民政府 2009—
〔馆藏卷期〕2008 2009 2010 2011 2012 2013

苍溪县

009033488
苍溪年鉴
苍溪年鉴编辑委员会 苍溪县县志办公室编 苍溪 苍溪年鉴编辑委员会
〔馆藏卷期〕1991/1996 1997/2000

遂宁市

008426355
遂宁年鉴
遂宁市年鉴编辑委员会编 遂宁 遂宁市年鉴编辑委员会
〔馆藏卷期〕1985/1995 1996/1998 1999/2000 2001 2002 2004 2005 2006 2007 2008 2009 2010 2011 2012 2013

011140130
遂宁统计年鉴
遂宁市统计局 遂宁市统计学会编 遂宁 遂宁市统计局 2005—
〔馆藏卷期〕1985/2004 2006 2011 2014

船山区

012982968
船山年鉴
船山区地方志办公室编 船山区人民政府主办 船山 船山区地方志办公室
〔馆藏卷期〕2008 2009

蓬溪县

009588884
蓬溪年鉴
蓬溪年鉴编辑部编 蓬溪 蓬溪县人民政府
〔馆藏卷期〕2003

射洪县

008230500
射洪年鉴
射洪县地方志办公室编 射洪 射洪县地方志办公室 1993—
〔馆藏卷期〕1986/1990

013898984
射洪统计年鉴
射洪县统计局编 射洪 射洪县统计局
〔馆藏卷期〕2006/2007 2010

大英县

009460033
大英年鉴
大英年鉴编辑部编 中共大英县委员会 大英县人民政府主办 大英 大英年鉴编辑部 2002—
〔馆藏卷期〕1997/2001 2002/2005

内江市

008426300
内江年鉴
内江年鉴编辑部编 内江市人民政府主办 成都 四川辞书出版社
〔馆藏卷期〕1985/1990 1992 1993 1994 1995 1996 1997 1998 1999 2000 2001 2002 2003 2004 2005 2006 2007 2008 2010 2011

010226494
内江统计年鉴
内江市统计局编 内江 内江市统计局
〔馆藏卷期〕2001 2002 2003 2004 2005 2006 2013 2014

013656084
内江师范学院年鉴
内江师范学院办公室编 内江 内江师范学院
〔馆藏卷期〕2005 2006

隆昌市

014014872
四川石油管理局井下作业处年鉴
井下作业处年鉴
四川省石油管理局井下作业处史志编纂委员会编 隆昌 四川石油管理局井下作业处史志编纂委员会
〔馆藏卷期〕1991/1995

资中县

011824427
资中年鉴
资中县地方志办公室编 资中县人民政府主办 资中 资中县地方志办公室 2012—
〔馆藏卷期〕2010

乐山市

008426308
乐山年鉴
乐山市地方志编纂委员会编 成都 成都科技大学出版社 1993—
〔馆藏卷期〕1993 1994 1995 1996 1997 1998 1999 2000 2001 2002 2003 2004 2005 2006 2007 2008 2009 2010 2011 2012 2013 2014

008396574
乐山统计年鉴
乐山市统计局编 乐山 乐山统计年鉴编委会
〔馆藏卷期〕1995 1996 1997 1998 1999 2000 2001 2002 2003 2006 2007 2008 2009 2012 2013 2014

008879208
乐山市城乡建设年鉴
乐山市建设局编 乐山 乐山市建设局
〔馆藏卷期〕2001 2002 2003 2004

013814864
乐山教育年鉴
乐山市教育志编辑部 乐山教育年鉴编辑部编 乐山 乐山教育年鉴编辑部
〔馆藏卷期〕2010

市中区

008998302
乐山市市中区年鉴
四川省乐山市市中区地方志办公室编 四川省乐山市市中区人民政府主办 乐山 四川省乐山市市中区地方志办公室
〔馆藏卷期〕1985/1986 1987 1988 1989 1990 1991 1992 1993 1994 1995

1996 1997 1998 1999 2000 2001 2002 2003 2004 2005 2006 2007 2008 2009

沙湾区

009520020
沙湾年鉴
乐山市沙湾区地方志办公室编 乐山 乐山市沙湾区地方志办公室 2003—
〔馆藏卷期〕1996/2001 2002 2003 2004 2005 2006 2007 2010

五通桥区

008426366
五通桥区年鉴
五通桥区地方办公室编 乐山 五通桥区人民政府
〔馆藏卷期〕1994 1995 1996 1997 1998 1999 2000 2001 2002 2003 2004 2005 2006 2007 2009 2012

金口河区

012923759
金口河区年鉴
金口河区办公室编 乐山市金口河区市人民政府主办 金口河 乐山市金口河区市人民政府办公室
〔馆藏卷期〕2006 2007 2008 2009

峨眉山市

012983220
峨眉山市年鉴
峨眉山办公室编 峨眉山 峨眉山市人民政府 2003—
〔馆藏卷期〕2003 2004 2005 2007 2008 2009 2010

犍为县

007544510
犍为年鉴
四川省犍为县地方志办公室编 犍为 四川省犍为县地方志办公室 1992—
〔馆藏卷期〕1986/1989 1991 1992 1993 1994 1995 1996 1997 1998 1999/2000 2001 2002/2003 2004 2005 2006 2007 2008 2009 2010 2012

井研县

009519830
井研县年鉴
井研年鉴 1992—1998
井研县志编纂委员会办公室编 井研 井研县志编纂委员会 1989—
〔馆藏卷期〕1986/1987 1988 1989 1990 1991 1992 1993 1994 1995 1996 1997 1998 1999 2000 2001 2002 2003 2004 2005 2006 2007 2008

夹江县

006913038
夹江县年鉴
四川省夹江县编史修志委员会办公室编 夹江 四川省夹江县编史修志委员会 1987—
〔馆藏卷期〕1986 1988 1989 1990 1991 1992 1993 1994 1995 1996 1997 1998 1999 2000 2001 2002 2004 2005 2006 2007 2008 2009 2010 2012

沐川县

009520173
沐川年鉴
沐川县地方志编纂委员会编纂 沐川 沐川县地方志编纂委员会 1995—
〔馆藏卷期〕1986/1992 1994 1995 1996 1997 1998 2001/2004 2005 2006 2007 2008 2009 2010

013932162
沐川县交通年鉴
沐川县交通运输管理局编 沐川 四川省沐川县交通运输局 2013—
〔馆藏卷期〕2006/2012

峨边彝族自治县

011396114
峨边彝族自治县年鉴
峨边彝族自治县地方志编纂委员会编 北京 中国文化出版社 2009—
〔馆藏卷期〕2007 2008 2009 2013 2014

014014224
峨边统计年鉴
峨边彝族自治县统计局编 峨边 峨边彝族自治县统计局
〔馆藏卷期〕2005

马边彝族自治县

009618280
马边彝族自治县年鉴
马边彝族自治县档案局主编 马边彝族自治县人民政府主办 乐山 马边彝族自治县档案局 2004—
〔馆藏卷期〕1994/2003 2009 2010 2011

南充市

008426367
南充年鉴
南充市地方志办公室编纂 成都 四川科技出版社
〔馆藏卷期〕1995 1996/1997 1998 1999 2000 2001 2002 2003 2004 2005 2006 2007 2008 2011 2012 2013

009459959
南充统计年鉴
南充市统计局编 南充 南充市统计局
〔馆藏卷期〕1990 1991 1992 1993 1994 1995 1996 1997 1999 2000 2001 2002 2003 2004 2005 2006 2007 2008 2009 2010 2011

008957720
四川石油管理局南充炼油厂年鉴
南充炼油厂年鉴
四川石油管理局南充炼油厂年鉴编纂委员会编纂 南充 南充炼油厂
〔馆藏卷期〕1991/1995

009617990
川北医学院年鉴
川北医学院办公室编 南充 川北医学院办公室
〔馆藏卷期〕2002 2003 2004 2006 2007 2008

013173594
四川师范学院年鉴
四川师范学院办公室编 南充 四川师范学院办公室
〔馆藏卷期〕1997

顺庆区

008333845
顺庆年鉴
南充市顺庆年鉴
四川省南充市顺庆年鉴编纂委员会编 成都 四川辞书出版社 1995—
〔馆藏卷期〕1995 1996 1998 1999 2001 2003 2007 2011 2013

高坪区

008437598
南充市高坪年鉴
高坪年鉴 1996—
南充市高坪年鉴编委会编 成都 四川人民出版社
〔馆藏卷期〕1995 1996 1996/2000 2009/2011

嘉陵区

009588873
南充市嘉陵年鉴

嘉陵区人民政府编纂委员会编 四川省南充市嘉陵区人民政府主办 嘉陵 四川省南充市嘉陵区人民政府 1997—
〔馆藏卷期〕1993/1995 1996/1998

阆中市

009502890
阆中年鉴
阆中年鉴编辑部编 阆中市人民政府主办 阆中 阆中年鉴编辑部发行 2003—
〔馆藏卷期〕2002/2003 2004 2006 2007 2008 2009 2010 2011

南部县

009502968
南部年鉴
南部年鉴编辑委员会编 四川省南部县人民政府主办 南部 南部年鉴编辑部 2005—
〔馆藏卷期〕2005 2011 2013

营山县

009406030
营山县年鉴
营山县地方志办公室编 营山 营山县地方志办公室 1995—

〔馆藏卷期〕1986/1993

蓬安县

009502970
蓬安年鉴
蓬安县地方志办公室编 蓬安县人民政府主办 蓬安 蓬安县地方志办公室
〔馆藏卷期〕2006 2007 2008/2009

仪陇县

009492900
仪陇年鉴
仪陇年鉴编辑委员会编纂 四川省仪陇县人民政府主办 仪陇 仪陇年鉴编辑部 2003—
〔馆藏卷期〕1998/2001 2007 2010 2011 2012

西充县

009542191
西充年鉴
西充年鉴编辑委员会编 西充县人民政府主办 西充 西充县人民政府
〔馆藏卷期〕2000/2002 2003/2004 2005/2006 2007/2008 2009/2010 2013 2014

眉山市

008230465

眉山年鉴

四川省眉山县地方志办公室编 眉山 眉山县地方志办公室

〔馆藏卷期〕1988/1989 1990 1991 1992 1993 1994 1995 1996 1997 1998 1999 2000 2003 2004 2005 2006 2007 2008 2009 2010 2011 2012 2013 2014

009014833

眉山统计年鉴

眉山地区统计年鉴 2000

宋恒吾主编 成都 四川人民出版社

〔馆藏卷期〕1999 2000 2001 2002 2003 2004 2005 2006 2007

009617992

眉山车辆厂年鉴

中国南车集团眉山车辆厂年鉴

眉山车辆厂年鉴编纂委员会编 眉山 眉山车辆厂 2003—

〔馆藏卷期〕2002 2003

009617993

中国南车集团眉山车辆厂年鉴

眉山车辆厂年鉴

中国南车集团眉山车辆厂年鉴编纂委员会编 眉山 眉山车辆厂 2003—

〔馆藏卷期〕2003

013814903

眉山交通年鉴

眉山地区交通局年鉴编委会编 眉山 眉山地区交通局年鉴编委会

〔馆藏卷期〕1997/1999

东坡区

009195481

眉山市东坡区年鉴

四川省眉山市东坡区地方志办公室编纂 四川省眉山市东坡区人民政府主办 眉山 四川省眉山市东坡区人民政府 2003—

〔馆藏卷期〕2001 2002 2003 2004 2005 2007 2008 2009 2010 2011 2012 2013

彭山区

008669513

彭山县年鉴

彭山年鉴 2010—

彭山县地方志办公室编 彭山 彭山县地方志办公室 1993—

〔馆藏卷期〕1991 1993 1994 1995 1996 1997 1998 1999 2000 2001 2002 2003 2004 2005 2010

仁寿县

009502997

仁寿年鉴

仁寿年鉴编辑部编印 仁寿 仁寿年鉴编辑部

〔馆藏卷期〕2000 2004 2005 2006

洪雅县

012983294

洪雅年鉴

洪雅县地方志办公室编 洪雅县人民政府主办 洪雅 洪雅县地方志办公室 2008—

〔馆藏卷期〕2008 2009 2010

丹棱县

012923412

丹棱年鉴

丹棱县地方志办公室编 丹棱县人民政府主办 丹棱 丹棱县地方志办公室

〔馆藏卷期〕2005 2010 2011

青神县

008670255

青神年鉴

青神县党史县志办公室编 青神 青神县人民政府

〔馆藏卷期〕1996 1997 1998 1999 2000 2001 2002 2003 2004 2005 2006 2007 2008 2010 2013

宜宾市

008406267

宜宾市年鉴 宜宾市地方志办公室编印

宜宾年鉴 1998—

宜宾市地方志办公室编印 宜宾 宜宾市地方志办公室

〔馆藏卷期〕1987 1991 1992/1993 1994/1996 1998 1999 2000 2001 2002 2003 2004 2005 2006 2007 2009 2010 2011 2013 2014

008942057

宜宾统计年鉴

宜宾市统计局编 宜宾 宜宾市统计局

〔馆藏卷期〕2000 2001 2003 2004 2005 2006 2007 2008 2009 2011 2012 2013 2014

009111392

建中年鉴

建中年鉴编辑委员会编纂 宜宾 建中化工总公司 2002—

〔馆藏卷期〕2000

翠屏区

008426371
翠屏区年鉴
翠屏区年鉴编辑委员会 翠屏区年鉴编辑部编 宜宾 宜宾市翠屏区人民政府
〔馆藏卷期〕1997/1998 2004 2010

南溪区

009406036
南溪年鉴
南溪县志编纂委员会办公室编纂 南溪 南溪县志编纂委员会办公室 1993—
〔馆藏卷期〕1986/1989 1990/1992 1993/1997 2001/2003 2005 2006 2007 2008

宜宾县

009503001
宜宾县年鉴
宜宾县年鉴编辑部编辑 宜宾县人民政府主办 宜宾 宜宾县年鉴编辑部 2001—
〔馆藏卷期〕1986/1992 2001/2003 2004 2006 2010 2012 2013 2014

江安县

008773075
江安年鉴
江安县人民政府地方志办公室编 江安县人民政府主办 江安 江安县人民政府
〔馆藏卷期〕1999 2000 2001 2002 2003 2004 2005 2006 2007 2008 2009 2010

长宁县

009395499
长宁年鉴
长宁县地方志编辑委员会编 长宁县人民政府主办 长宁 长宁县地方志编辑委员会
〔馆藏卷期〕1986/1993 1994/2000 2001/2003 2005 2006 2007 2008 2009 2011 2012

高县

012983232
高县年鉴
高县地方志编纂委员会编 高县人民政府主办 成都 四川科学技术出版社 2010—
〔馆藏卷期〕2004 2005 2007 2010 2012 2014

珙县

008643527

珙县年鉴

珙县年鉴编纂委员会编 珙县 珙县年鉴编辑部

〔馆藏卷期〕1994 1995 1996/1997 1998 1999/2001 2002/2004

筠连县

009397868

筠连年鉴

筠连县年鉴 2012—

筠连县县志编纂委员会编辑 筠连县人民政府主办 筠连 筠连县县志编纂委员会 1999—

〔馆藏卷期〕1999 2009 2011 2012 2013

兴文县

008426307

兴文年鉴

兴文县人民政府编 成都 四川人民出版社

〔馆藏卷期〕1996/1997 1998 2000 2001 2002 2003 2004 2005 2006 2007 2008

屏山县

008426336

屏山年鉴

屏山县年鉴 2012—

屏山年鉴编辑部编 屏山县人民政府主办 成都 巴蜀书社

〔馆藏卷期〕1999 2000 2001 2002/2003 2004 2005 2006 2007 2008 2009 2010 2011 2012

广安市

010224172

广安年鉴

中共广安市委 广安市人民政府编 广安 广安年鉴编纂委员会 2005 广安 中共广安市委 2008 成都 四川科学技术出版社 2009 成都 四川人民出版社 2010 北京 中央民族大学出版社 2011— 北京 方志出版社 2014—

〔馆藏卷期〕2005 2008 2009 2010 2011 2012 2013 2014

008533751

广安统计年鉴

广安市统计局编 北京 中国统计出版社

〔馆藏卷期〕1994 1995 1996 1997 1998 1999 2000 2001 2002 2003 2004

2005　2006　2008　2012　2014

广安区

008957704
广安区年鉴
广安区年鉴编纂委员会编　成都　四川辞书出版社
〔馆藏卷期〕1993/1998　2001/2003　2004/2005　2008　2011　2012

华蓥市

008643532
华蓥年鉴
华蓥市人民政府编　成都　巴蜀书社
〔馆藏卷期〕1992/1997　1998/2002　2008　2009　2010　2011

岳池县

008426362
岳池年鉴
四川省岳池年鉴编纂委员会编　重庆　重庆出版社
〔馆藏卷期〕1986/1992　1993/1997　2003　2006　2007　2008　2010　2011　2013　2014

武胜县

009542188
武胜年鉴
武胜县史志办公室编纂　武胜　武胜县人民政府
〔馆藏卷期〕2005　2007　2008　2009　2010　2013

009272147
武胜统计年鉴
武胜县统计局编　武胜　武胜县统计局
〔馆藏卷期〕2002　2004

邻水县

008437432
邻水年鉴
邻水县人民政府编　成都　四川科学技术出版社
〔馆藏卷期〕1993/1997　1998/2002　2007　2008　2010　2011　2012　2013

达州市

009160712
达州年鉴
达州市地方志办公室编 达州市人民政府主办 北京 方志出版社 2003—
〔馆藏卷期〕2002 2003 2004 2006 2008 2010 2011 2012 2013

010223934
达州市统计年鉴
达州统计年鉴
达州市统计局编 达州 达州市统计局 2006—
〔馆藏卷期〕2006 2007 2011 2012

013710655
达州体育年鉴
达州市体育局编 达州 达州市体育局
〔馆藏卷期〕2009 2010

通川区

008643554
通川年鉴
达州市通川区人民政府编 达州 达州市通川区人民政府
〔馆藏卷期〕1996/1999 2001 2002 2003 2004 2005 2007 2008 2010

达川区

012789981
达县年鉴
达县地方志办公室编 达县人民政府主办 达县 达县地方志办公室
〔馆藏卷期〕2006/2007

013935883
达县地区救灾年鉴
达川地区救灾办公室编 达川 达川地区行署救灾办公室
〔馆藏卷期〕1950/1993

万源市

012983793
万源年鉴
万源市地方志办公室编 万源市人民政府主办 成都 四川师范大学电子出版社 2010—
〔馆藏卷期〕2010

宣汉县

008651526
宣汉年鉴
宣汉县地方志编纂委员会编 宣汉 宣汉县地方志编纂委员会

〔馆藏卷期〕1986/1992 2002 2002/2003

开江县

012047430

开江年鉴

开江县地方志办公室编 开江县人民政府主办 开江 开江县地方志办公室 2009—

〔馆藏卷期〕2006/2007

大竹县

008643520

大竹年鉴

大竹县人民政府编 大竹县人民政府主办 大竹 大竹县地方志工作领导小组

〔馆藏卷期〕1986/1991 1992 1993 1994 1995 1996 1997 1998 1999 2000 2001 2002 2003 2004 2005 2008

渠县

013311861

渠县年鉴

渠县年鉴编纂委员会编 渠县人民政府主办 北京 光明日报出版社 2010—

〔馆藏卷期〕2010

雅安市

008426358

雅安年鉴

雅安地区行政公署编 成都 四川科学技术出版社

〔馆藏卷期〕1998 1999 2000 2001 2002 2003 2004 2005 2006 2007 2008 2009 2010 2011 2012 2013

雨城区

010226987

雨城年鉴

雅安市雨城区人民政府编 雅安市雨城区人民政府主办 雨城 人民政府 2006—

〔馆藏卷期〕2005 2006 2007 2008 2010 2011 2012

名山区

008426360

名山年鉴

四川省名山县志办公室编 名山 四川省名山县志办公室

〔馆藏卷期〕1997 1998 1999 2000 2002 2003 2004 2005 2006 2007 2008 2009 2010 2011

荥经县

008805300
荥经年鉴
荥经年鉴编辑委员会编 荥经 荥经年鉴编辑委员会
〔馆藏卷期〕1999 2000 2001 2003 2004 2005 2006 2007 2008 2010 2011 2012 2013

汉源县

009519988
汉源年鉴
汉源县县志办公室编 汉源 汉源县县志办公室
〔馆藏卷期〕2002 2004 2005 2006 2007

石棉县

009520154
石棉年鉴
石棉县人民政府编著 石棉 石棉县人民政府
〔馆藏卷期〕2001 2002 2003 2004 2005 2007 2009 2010 2011 2013

天全县

009492541
天全年鉴
天全县人民政府编 天全 天全县政府地方志办公室
〔馆藏卷期〕2002 2003 2004 2009 2010 2011 2012 2013 2014

芦山县

013373880
芦山年鉴
芦山县地方志办公室编 芦山县人民政府主办 北京 中央民族大学出版社 2011—
〔馆藏卷期〕2009 2010

宝兴县

012525960
宝兴年鉴
宝兴县地方志办公室编 宝兴县人民政府主办 宝兴 宝兴县地方志办公室 2009—
〔馆藏卷期〕2008 2009 2010

巴中市

008643514
巴中年鉴
巴中年鉴编纂委员会编纂 巴中 巴中年鉴编纂委员会
〔馆藏卷期〕1999 2000 2001 2002 2003 2004 2005 2006 2007 2008 2009 2011

010223347
巴中统计年鉴
巴中统计五年鉴
巴中市统计局编 巴中 巴中市统计局
〔馆藏卷期〕1993/1998 2002 2004 2006 2014

巴州区

009519965
巴州年鉴
巴中市巴州区地方志办公室编 巴中 巴中市巴州区地方志办公室 2003—
〔馆藏卷期〕2002

014009062
巴州统计年鉴
巴州区统计局编 巴州 巴州区统计局
〔馆藏卷期〕2007/2011

通江县

008433622
通江年鉴
通江年鉴编纂委员会编 通江 通江年鉴编纂委员会
〔馆藏卷期〕1999 2004 2005 2006 2007 2008 2009 2010 2012 2014

平昌县

008432454
平昌年鉴
四川省平昌县地方志编纂委员会编 成都 西南财经大学出版社
〔馆藏卷期〕1986/1992 1993/1998

资阳市

009208252
资阳地区年鉴
资阳年鉴
资阳年鉴编委会 资阳市地方志办公室编 北京 方志出版社 2003—
〔馆藏卷期〕1998/2000 2001/2002 2003/2005 2006/2008 2009/2010 2011 2012

010226836
资阳统计年鉴
资阳市统计局编 资阳 资阳市统计局
〔馆藏卷期〕1999 2004 2005 2006 2011 2012 2013 2014

雁江区

009588965
雁江年鉴
雁江区地方志办公室编 雁江区人民政府主办 雁江 雁江区地方志办公室 2003—
〔馆藏卷期〕2001 2008 2009 2010

乐至县

011966783
乐至年鉴
乐至县地方志办公室编 中共乐至县委员会 乐至县人民政府主办 乐至 乐至县地方志办公室 2008—
〔馆藏卷期〕2006/2007 2008 2009 2010

安岳县

012909269
安岳年鉴
安岳县地方志办公室编 中共安岳县委 安岳县人民政府主办 成都 电子科技大学出版社 2010—
〔馆藏卷期〕2006 2007 2008 2009 2010

阿坝藏族羌族自治州

008643501
阿坝州年鉴
阿坝州地方志编纂委员会编 阿坝 阿坝州地方志编纂委员会
〔馆藏卷期〕1991/1996 1998 2000 2001 2002 2003 2004 2005 2006 2007 2008 2009 2010 2011 2012 2013

013710636
阿坝统计年鉴
阿坝藏族羌族自治州统计局编 阿坝 四川省阿坝藏族羌族自治州统计局
〔馆藏卷期〕1998 1999 2010

008643508
阿坝州邮电年鉴
阿坝藏族羌族自治州邮电局编 阿坝 阿坝州地方志编纂委员会
〔馆藏卷期〕1994/1998

014020628
阿坝州邮政年鉴

阿坝藏族羌族自治州邮政局编 阿坝 阿坝州地方志编纂委员会
〔馆藏卷期〕1999/2001

马尔康市

009237393
马尔康县年鉴
马尔康县年鉴编辑委员会编 马尔康 马尔康县年鉴编辑委员会
〔馆藏卷期〕1991/1995 1996/2000

汶川县

012724272
汶川县年鉴
汶川县人民政府主办 成都 巴蜀书社 2010—
〔馆藏卷期〕2005/2008 2009 2010 2011 2012 2014

理县

008643541
理县年鉴
理县地方志编纂委员会编 理县 理县地方志编纂委员会
〔馆藏卷期〕1991/1997 2009

茂县

012983680
茂县年鉴

茂县地方志编纂委员会编 茂县人民政府主办 北京 中央民族大学出版社 2011—
〔馆藏卷期〕2010 2011

松潘县

012724243
松潘县年鉴
松潘县人民政府主办 成都 巴蜀书社 2010—
〔馆藏卷期〕1986 1987/1988 2008

九寨沟县

008879202
九寨沟县年鉴
四川省九寨沟县地方志编纂委员会编 成都 巴蜀书社 2000—
〔馆藏卷期〕1986/1998 2006/2008 2009 2010 2012

013898668
九寨沟统计年鉴
九寨沟统计局编 九寨沟 九寨沟县统计局
〔馆藏卷期〕2009

金川县

008426369
金川年鉴
金川县地方志编纂委员会编 金川 金川

县地方志编纂委员会

〔馆藏卷期〕1989/1997 1998/2000 2001/2003 2006/2008 2009 2010 2011/2012

小金县

009520235

小金年鉴

小金县地方志办公室主编 小金县人民政府主办 小金 小金县人民政府

〔馆藏卷期〕2003 2009 2010

黑水县

008426312

黑水年鉴

黑水县年鉴 2000

黑水县地方志办公室编 黑水 黑水县地方志办公室 1999—

〔馆藏卷期〕1998 2000 2003 2005 2008 2009 2010 2011

壤塘县

012983716

壤塘县年鉴

壤塘年鉴 2011—

壤塘县地方志编纂委员会编 壤塘县人民政府主办 壤塘 壤塘县地方志编纂委员会 2005—

〔馆藏卷期〕2001/2002 2011

若尔盖县

013467716

若尔盖县年鉴

若尔盖县地方志编纂委员会编 北京 九州出版社

〔馆藏卷期〕2010/2011

红原县

012923527

红原年鉴

红原县党史地方志办公室编 红原县人民政府主办 成都 四川师范大学电子出版社 2009—

〔馆藏卷期〕2006/2008 2009 2010/2011

甘孜藏族自治州

009459634
甘孜藏族自治州年鉴
甘孜州年鉴 2004—
甘孜州人民政府编纂 甘孜 甘孜州人民政府
〔馆藏卷期〕2002 2004 2005 2006 2007 2008 2009 2010 2011 2012 2013

013935913
甘孜州统计年鉴
甘孜统计年鉴
甘孜藏族自治州统计局编 甘孜 甘孜州统计局
〔馆藏卷期〕1993 2002

013926044
甘孜林业年鉴
甘孜藏族自治州林业局编 甘孜 甘孜州林业局
〔馆藏卷期〕1991/2000

康定市

009136676
康定年鉴
四川省康定县志编纂领导小组编 康定 康定县志编纂领导小组 1994—
〔馆藏卷期〕1986/1992 2003 2006 2007 2009 2011 2013 2014

泸定县

010226487
泸定年鉴
泸定县县志办编 泸定县人民政府主办 泸定 泸定县人民政府 2005—
〔馆藏卷期〕2005 2006 2007 2008 2009 2010

丹巴县

012983194
丹巴年鉴
丹巴县地方志编纂办公室编 丹巴 丹巴县人民政府 2007—
〔馆藏卷期〕1989/1998 1999/2002 2003 2004 2006/2008 2010 2012 2013

九龙县

014014356
九龙年鉴
九龙年鉴编纂委员会编 九龙县人民政府主办 北京 方志出版社
〔馆藏卷期〕2007/2008

雅江县

009926367

雅江年鉴

雅江县人民政府 雅江县地方志编纂委员会编纂 乌鲁木齐 新疆人民出版社 2004—

〔馆藏卷期〕2002 2003 2004 2005 2010 2011 2013

道孚县

010223956

道孚年鉴

四川省道孚县地方志办公室主编 道孚 道孚县地方志编纂委员会 2005—

〔馆藏卷期〕2003

炉霍县

013311820

炉霍年鉴

炉霍县人民政府主办 炉霍 炉霍县人民政府

〔馆藏卷期〕2006 2007

甘孜县

010224135

甘孜县年鉴

甘孜县地方志办公室编 甘孜县人民政府主办 甘孜 甘孜县地方志办公室

〔馆藏卷期〕2001/2002

新龙县

008789168

新龙年鉴

四川省甘孜藏族自治州新龙年鉴编纂委员会编 成都 四川人民出版社 2001—

〔馆藏卷期〕1988/2000 2001/2002 2003 2004 2005 2006 2007 2008 2009 2010 2011

德格县

012723216

德格年鉴

德格县地方志办公室编 德格县人民政府主办 德格 德格县地方志办公室 2010—

〔馆藏卷期〕2006/2008 2011 2012

色达县

013311870

色达年鉴

色达县地方志办公室编 色达县人民政府主办 色达 色达县地方志办公室

〔馆藏卷期〕2006/2008 2009/2011

理塘县

012199167
理塘年鉴
理塘年鉴编辑部编 理塘县人民政府主办 理塘 理塘县人民政府
〔馆藏卷期〕2004/2005 2006/2007 2008/2009

巴塘县

008643511
巴塘年鉴
巴塘年鉴编辑委员会编辑 成都 巴塘年鉴编辑委员会
〔馆藏卷期〕1991/1997 2001/2006

乡城县

008998221
乡城年鉴
四川省乡城县地方志办公室编 乡城 四川省乡城县地方志办公室
〔馆藏卷期〕1991/1995 1996/1997 1998/1999 2000/2001 2006/2009 2010/2011

稻城县

012983195
稻城年鉴
稻城县志办公室编 稻城县人民政府主办 稻城 稻城县志办 2004—
〔馆藏卷期〕1991/2002 2010

得荣县

009436910
得荣年鉴
四川省得荣县地方志编纂委员会编 中共得荣县委 得荣县人民政府主办 得荣 得荣县地方志编纂委员会 2003—
〔馆藏卷期〕1991/1999 2006/2009

凉山彝族自治州

008426356
凉山年鉴
凉山彝族自治州史志办公室编 凉山彝族自治州人民政府主办 成都 四川人民出版社
〔馆藏卷期〕1999 2000 2001 2002 2003 2004 2005 2006 2007 2008 2009 2010 2011 2012 2013

010101989
凉山统计年鉴
凉山州统计局编 凉山 凉山州统计局

〔馆藏卷期〕1991 1992 1993 1996 2001 2002

西昌市

008399628

西昌年鉴

西昌市人民政府编 成都 四川人民出版社

〔馆藏卷期〕1991/1998 1999 2000 2001 2002 2003 2004 2005 2006 2007 2008 2009 2010 2011 2013

013974353

西昌铁路分局工会年鉴

西昌铁路分局工会编 西昌 西昌铁路分局工会

〔馆藏卷期〕1992

德昌县

012983196

德昌年鉴

德昌年鉴编纂委员会编 德昌 德昌县人民政府

〔馆藏卷期〕2008 2009 2010 2011

会东县

013090003

会东年鉴

会东年鉴编辑委员会编 会东县人民政府主办 会东 会东年鉴编辑委员会

〔馆藏卷期〕2009

宁南县

013090026

宁南年鉴

宁南县年鉴编纂委员会编 宁南县人民政府主办 宁南 宁南县年鉴编纂委员会

〔馆藏卷期〕2006/2008 2009

布拖县

014103785

布拖年鉴

布拖县史志办公室编 布拖县人民政府主办 北京 中央民族大学出版社

〔馆藏卷期〕2014

金阳县

010226297

金阳年鉴

金阳县史志办公室编 金阳县人民政府主办 北京 人民日报出版社

〔馆藏卷期〕1998/2002

喜德县

013932992

喜德年鉴

喜德年鉴编辑部编 喜德县人民政府 喜
　德县地方志办公室主办 北京 中央民
　族大学出版社
〔馆藏卷期〕2007/2008

冕宁县

009460053
冕宁县年鉴
冕宁年鉴 1996/2000—
冕宁县地方志编纂委员会办公室编 冕
　宁 冕宁县地方志编纂委员会办公室

〔馆藏卷期〕1990/1995 1996/2000
　2001/2005 2006/2009 2010 2011
　2014

美姑县

009360390
美姑年鉴
美姑县地方志办公室编 北京 新华出版
　社 2002—
〔馆藏卷期〕1991/2000

贵 州 省

005459217

贵州年鉴

贵州省地方志编纂委员会贵州年鉴编辑部编 贵阳 贵州人民出版社 1985—

〔馆藏卷期〕1985 1986 1987 1988 1989 1990 1991 1992 1993 1994 1995 1997 1998 1999 2000 2001 2002 2003 2004 2005 2006 2007 2008 2009 2010 2011 2012 2013

007698661

贵州省统计年鉴

贵州省政府统计室编 贵阳 贵州省政府统计室 1945—

〔馆藏卷期〕1945 1946

003602053

贵州统计年鉴

贵州省统计局编 北京 中国统计出版社

〔馆藏卷期〕1991 1992 1993 1994 1995 1996 1997 1998 1999 2000 2001 2002 2003 2004 2005 2006 2007 2008 2009 2010 2011 2012 2013 2014

013603484

中共贵州省直属机关工作委员会年鉴

中共贵州省直属机关工委编 贵阳 中共贵州省直属机关工委

〔馆藏卷期〕2011

013753726

贵州民政统计年鉴

贵州省民政厅计划财务处编 贵阳 贵州省民政厅

〔馆藏卷期〕1992 1999 2000 2006 2007 2008 2010

011139895

贵州宣传工作年鉴

中共贵州省委宣传部编 贵阳 贵州人民出版社 2005—

〔馆藏卷期〕2005 2006 2007 2008 2009 2010 2011 2012

013788233
贵州法院年鉴
高级人民法院编 贵阳 贵州省高级人民法院 2005—
〔馆藏卷期〕1997 1998

011139893
贵州经济普查年鉴
贵州省人民政府第一次全国经济普查领导小组办公室编 北京 中国城市出版社
〔馆藏卷期〕2004 2008

012177010
贵州电力年鉴
贵州省电力行业协会编 贵阳 贵州省电力行业协会
〔馆藏卷期〕2004 2005 2007 2008 2009 2010 2011 2012 2013 2014

013965239
贵州省物价统计年鉴
贵州省城市社会经济调查队编 贵阳 贵州省城市社会经济调查队
〔馆藏卷期〕1988

008624494
贵州财政年鉴
贵州财政年鉴编辑部编 贵阳 贵州人民出版社
〔馆藏卷期〕1992

010224261
贵州信息年鉴
贵州省信息化领导小组编 贵阳 贵州科技出版社 2005—
〔馆藏卷期〕2006

012983246
贵州科技统计年鉴
贵州科技统计年鉴编委会编 贵阳 贵州科技统计年鉴编委会
〔馆藏卷期〕1998 1999 2000 2001 2002 2004 2006 2009 2010

007284930
贵州教育年鉴
贵州教育志编纂办公室编纂 贵阳 贵州人民出版社 1986—
〔馆藏卷期〕1949/1984

009927852
贵州气象"九五"统计年鉴
贵州气象"九五"统计年鉴编纂委员会编 贵阳 贵州人民出版社 2004
〔馆藏卷期〕1996/2000

011139891
贵州出入境检验检疫年鉴
贵州出入境检验检疫年鉴编辑委员会编 贵阳 贵州出入境检验检疫局 2006—
〔馆藏卷期〕1999/2005

012923476
贵州卫生年鉴
贵州卫生年鉴编纂委员会编 北京 方志出版社 2011—
〔馆藏卷期〕2010 2011 2014

012525967
贵州省安全生产年鉴
贵州省安全生产监督管理局编 贵阳 贵州省安全生产监督管理局 2008—
〔馆藏卷期〕2007

贵阳市

004187660
贵阳年鉴
贵阳市志编纂委员会贵阳年鉴编辑部编 贵阳 贵州教育出版社 1991—
〔馆藏卷期〕1991 1992 1993 1994 1995 1996 1997 1998 1999 2000 2001 2002 2003 2004 2005 2006 2007 2008 2009 2010 2011 2012 2013 2014

013753718
贵阳经济技术开发区统计年鉴
贵阳经济技术开发区经贸局编 贵阳 贵阳经济技术开发区经贸局
〔馆藏卷期〕1996 1998

012079139
贵阳知识产权年鉴
贵阳市知识产权局编 贵阳 贵阳市知识产权局 2008—
〔馆藏卷期〕2008

007733577
贵阳市国民经济统计年鉴

贵阳统计年鉴
贵阳市统计局编 贵阳 贵阳市统计局
〔馆藏卷期〕1994 1995 1996 1998 1999 2000 2001 2002 2003 2004 2005 2006 2007 2008 2009 2010 2011 2012 2013 2014

012177007
贵阳市经济普查年鉴
贵阳市人民政府第一次全国经济普查领导小组办公室编 贵阳 贵阳市统计局
〔馆藏卷期〕2004

009360384
贵州省电力工业局年鉴
贵州省电力工业局办公室编 贵阳 贵州省电力工业局
〔馆藏卷期〕1990

008017290
贵阳铁路分局年鉴
贵阳铁路分局史志办公室编 北京 中国铁道出版社

〔馆藏卷期〕1990 1991 1992 1994 1995 1997 1998 1999 2000 2001 2002 2003 2004

012361689
中铁五局(集团)有限公司统计年鉴
中铁五局(集团)有限公司编 贵阳 中铁五局(集团)有限公司
〔馆藏卷期〕2005

013609284
中铁五局集团年鉴
中铁五局(集团)有限公司史志编纂委员会编 贵阳 中铁五局(集团)有限公司
〔馆藏卷期〕2004

013379148
中国农业银行贵州省分行统计年鉴
中国农业银行贵州省分行计划财务处统计科编 贵阳 中国农业银行贵州省分行
〔馆藏卷期〕2003 2004 2005

007356300
贵阳教育年鉴
贵阳市教育年鉴编辑委员会编 贵阳 贵州人民出版社
〔馆藏卷期〕1949/1989 1990 1991 1992

007916674
贵阳教育年鉴
贵阳市教育年鉴编辑委员会编 贵阳 贵阳教育年鉴编辑委员会 1997—
〔馆藏卷期〕1993 1995 1996 1997 1999 1999/2005

013753722
贵州大学年鉴
贵州大学档案馆编 贵阳 贵州大学出版社
〔馆藏卷期〕2004/2010

012243231
贵州师范大学年鉴
贵州师范大学档案馆编 北京 方志出版社 2009—
〔馆藏卷期〕2008 2009 2011

012354087
贵阳建设生态文明城市年鉴
贵阳建设生态文明城市年鉴编辑部编 北京 新华出版社 2009—
〔馆藏卷期〕2009 2010 2011 2012 2013 2014

乌当区

013927813
贵阳市乌当区统计年鉴
贵阳市乌当区统计年鉴编辑委员会编 乌当 贵阳市乌当区统计年鉴编辑委员会
〔馆藏卷期〕2008

花溪区

013635456
贵阳市小河区统计年鉴
小河区统计局编 小河 贵阳市小河区统计局
〔馆藏卷期〕2000 2001 2002 2003 2005 2007 2008 2010 2011 2012

013747820
花溪统计年鉴
贵阳市花溪区统计年鉴
花溪区统计局编 花溪 贵阳市花溪区统计局
〔馆藏卷期〕1992 1994 1995 1996 1998 1999 2002 2008 2009 2010 2011

白云区

009934839
白云年鉴
贵阳白云年鉴 2013—
白云年鉴编辑部编 贵阳 贵州人民出版社

〔馆藏卷期〕2001/2005 2006 2007 2013

013965237
贵阳市白云区统计年鉴
白云区统计局编 贵阳 贵阳市白云区统计局
〔馆藏卷期〕1999 2000 2001 2008

清镇市

013936417
清镇年鉴
清镇市地方志编纂委员会清镇年鉴编辑部编 清镇 清镇年鉴编辑部
〔馆藏卷期〕2010

开阳县

011822255
开阳年鉴
开阳县史志编纂委员会办公室编 开阳 开阳县史志编纂委员会
〔馆藏卷期〕2003 2007 2008

六盘水市

008957037
六盘水年鉴
六盘水年鉴编辑部编 贵阳 贵州人民出版社 2000—

〔馆藏卷期〕2000 2001/2003 2004 2006 2007 2008 2009 2010 2011 2012 2014

009405989
六盘水市统计年鉴
六盘水统计年鉴
六盘水市统计局编 六盘水 六盘水市统计局
〔馆藏卷期〕2000 2001 2003 2004 2005 2006 2007 2008 2009 2010 2011 2012 2013 2014

钟山区

013090449
钟山年鉴
钟山区年鉴 2011—
中共六盘水市钟山区委史志办公室编 中共六盘水市钟山区区委 中共六盘水市钟山区政府主办 郑州 中州古籍出版社 2011—
〔馆藏卷期〕2010 2011

水城县

013899010
水城县统计年鉴
水城县统计局编 水城 水城县统计局
〔馆藏卷期〕2007 2008 2009 2010

遵义市

008426373
遵义市年鉴
遵义年鉴
遵义市年鉴编辑部编 贵州 贵州人民出版社
〔馆藏卷期〕1999 2000 2001 2002 2003 2004 2005 2006 2007 2008 2009 2010 2011 2012

008977353
遵义统计年鉴
遵义市统计年鉴
遵义统计局编 贵阳 贵州人民出版社 2002—
〔馆藏卷期〕2002 2003 2004 2005 2006 2007 2008 2009 2010 2011 2012 2013 2014

汇川区

013788380
汇川年鉴
汇川区年鉴编纂委员会编 芒市 德宏民族出版社
〔馆藏卷期〕2009/2010

红花岗区

012593629
遵义红花岗年鉴

红花岗年鉴

中共遵义市红花岗区委办公室 红花岗年鉴编委会编 中共遵义市红花岗区委办公室 遵义市红花岗区人民政府办公室主办 成都 四川科学技术出版社 2007—

〔馆藏卷期〕1997/2005 2006/2007 2008/2009 2011 2013

播州区

013090460

遵义县年鉴

遵义县年鉴编纂委员会编 北京 中国文化出版社 2010—

〔馆藏卷期〕2009 2012

仁怀市

008728222

仁怀年鉴

贵州省仁怀市档案局(馆) 贵州省仁怀市地方志办公室编 贵阳 贵州人民出版社

〔馆藏卷期〕1997

绥阳县

013758142

绥阳年鉴

绥阳县地方志编纂委员会编 北京 中国文化出版社

〔馆藏卷期〕2008/2010 2012 2013

正安县

013793189

正安年鉴

正安年鉴编纂委员会编 北京 中国文化出版社

〔馆藏卷期〕2012

湄潭县

013757981

湄潭年鉴

湄潭县地方志编纂委员会编 芒市 德宏民族出版社 2013—

〔馆藏卷期〕2008/2010

务川仡佬族苗族自治县

013859270

务川年鉴

务川年鉴编纂委员会编 北京 中国文化出版社

〔馆藏卷期〕2009/2011

安顺市

010223319
安顺年鉴
安顺市地方志(年鉴)编纂委员会编 贵阳 贵州人民出版社 2005—
〔馆藏卷期〕2002/2004 2005/2007 2008 2009 2010 2011 2012

013843868
安顺统计年鉴
安顺市统计局编 安顺 安顺市统计局
〔馆藏卷期〕2003 2004 2005 2006 2007 2009 2010

西秀区

012983863
西秀年鉴
西秀年鉴编辑部编 中共西秀区委员会 西秀区人民政府主办 西秀 西秀年鉴编辑部
〔馆藏卷期〕2007 2008 2009

平坝区

012983689
平坝年鉴
平坝县史志办公室编 北京 中国文化出版社 2009—
〔馆藏卷期〕2007

普定县

011823100
普定年鉴
中共普定县委党史研究室 普定县人民政府地方志办公室编辑 中共普定县委员会 普定县人民政府主办 普定 普定年鉴办公室 2007—
〔馆藏卷期〕2006 2007 2008 2009 2010 2011 2012

镇宁布依族苗族自治县

012926130
镇宁年鉴
镇宁年鉴编辑部编 北京 方志出版社
〔馆藏卷期〕2008/2009 2010 2011 2012

紫云苗族布依族自治县

013090455
紫云年鉴
紫云自治县年鉴编纂委员会编 中共紫云自治县委员会 紫云自治县人民政府主办 紫云 紫云自治县年鉴编纂委员会 2011—
〔馆藏卷期〕2010 2011 2012

毕节市

009033484
毕节地区年鉴
毕节地区年鉴编辑部编 毕节地区行政公署主办 贵阳 贵州人民出版社 2002—
〔馆藏卷期〕2002 2003 2004 2005 2006 2007 2008 2009 2010 2011

013603030
毕节市年鉴
毕节年鉴 2012—
毕节市年鉴编辑部编 毕节市人民政府主办 毕节 毕节市年鉴编辑部
〔馆藏卷期〕2002 2003 2007 2008 2011 2012 2013 2014

012176871
毕节地区统计年鉴
毕节统计年鉴 2002
毕节地区统计局编 毕节 毕节地区统计局
〔馆藏卷期〕2002 2007 2008 2009 2010

013753514
毕节市统计年鉴
毕节市统计局编 毕节 毕节市统计局
〔馆藏卷期〕2008 2010

大方县

012351769
大方县年鉴
大方县年鉴编辑部编 中共大方县委 大方县人民政府主办 贵阳 贵州人民出版社 2009—
〔馆藏卷期〕2008 2010

013753538
大方县统计年鉴
大方县统计局编 大方 大方县统计局
〔馆藏卷期〕2009

黔西县

009502370
黔西年鉴
黔西县史志办编 中共黔西县委 黔西县人民政府主办 郑州 中州古籍出版社 2011—
〔馆藏卷期〕2010 2011

金沙县

009492552
金沙年鉴
金沙县志编纂办公室编 金沙 金沙县志编纂办公室

〔馆藏卷期〕2001 2003 2004 2007 2008 2010

织金县

013634394
织金县年鉴
织金县年鉴编辑部编 织金县人民政府主办 郑州 中州古籍出版社 2012—
〔馆藏卷期〕2011

纳雍县

010102230
纳雍年鉴
纳雍县年鉴编辑部编 纳雍县人民政府主办 纳雍 纳雍县年鉴编纂委员会
〔馆藏卷期〕2004 2005 2007 2008 2011

013898703
纳雍县统计年鉴
纳雍县统计局编 纳雍 纳雍县统计局
〔馆藏卷期〕1999/2003 2004/2007

赫章县

011140344
赫章年鉴
赫章年鉴编辑部编 赫章县人民政府主办 贵阳 贵州民族出版社
〔馆藏卷期〕2006 2007 2010 2011 2013

铜仁市

008878941
铜仁年鉴
铜仁地区年鉴
铜仁年鉴编辑部编 铜仁地区行政公署办公室主办 贵阳 贵州人民出版社
〔馆藏卷期〕1998 1999 2000 2001 2002/2003 2004 2005 2006 2007 2008 2009 2010 2011 2012

009616900
铜仁市统计年鉴
铜仁统计年鉴 2006—
铜仁市统计局编 铜仁 铜仁市统计局
〔馆藏卷期〕2002 2003 2004 2006 2007 2008 2009 2011 2012

松桃苗族自治县

013481546
松桃年鉴
铜仁松桃年鉴
松桃年鉴编辑部编 昆明 云南民族出版社
〔馆藏卷期〕2007/2008 2011

黔西南布依族苗族自治州

009215382
黔西南年鉴
黔西南年鉴资料 2007—
黔西南年鉴编纂委员会编 黔西南 亚太新闻出版社
〔馆藏卷期〕2002 2003 2004 2005 2006 2007 2008

009436790
黔西南统计年鉴
黔西南州统计年鉴 2002—
黔西南州统计局编 黔西南 黔西南州统计局
〔馆藏卷期〕2001 2002 2003 2004 2006

兴义市

011503608
兴义年鉴
兴义年鉴编纂委员会编 贵阳 贵州人民出版社 2007—
〔馆藏卷期〕2006 2007 2008 2009 2010

普安县

012199528
普安年鉴
普安年鉴编辑部编 北京 中国文史出版社
〔馆藏卷期〕2007 2008 2009 2011 2012

晴隆县

012243269
晴隆年鉴
晴隆县年鉴编纂委员会编 晴隆 晴隆县年鉴编纂委员会 2010—
〔馆藏卷期〕2008 2009

黔东南苗族侗族自治州

008901697
黔东南年鉴
黔东南年鉴编纂委员会办公室编 贵阳 贵州人民出版社
〔馆藏卷期〕2000 2001 2002 2003 2004 2005 2006 2007 2008 2009 2010 2012 2013

009395435
黔东南统计年鉴
黔东南州统计局编 黔东南 黔东南州统计局

〔馆藏卷期〕1997 1998 2000 2001 2002 2003 2011 2012

凯里市

009395423
凯里年鉴
贵州省凯里市年鉴编纂委员会办公室编 贵阳 贵州人民出版社 2003—
〔馆藏卷期〕2002 2007 2008 2009 2010 2011 2012 2013 2014

黎平县

013814898
黎平统计年鉴
黎平县统计局编 黎平 黎平县统计局
〔馆藏卷期〕2008 2009 2010

榕江县

008998320
榕江年鉴
榕江年鉴编纂委员会办公室编 贵阳 贵州人民出版社
〔馆藏卷期〕2001 2002

黔南布依族苗族自治州

008969140
黔南年鉴
黔南州年鉴编辑部编 中共黔南州委办公室 黔南州人民政府办公室主办 贵阳 贵州人民出版社
〔馆藏卷期〕1997 1998 1999 2000 2001 2002 2003 2004 2005 2006 2007 2008 2010

013790959
黔南统计年鉴
黔南布依族苗族自治州统计局编 黔南 黔南州统计局
〔馆藏卷期〕2002 2004 2006

都匀市

009406076
都匀年鉴
贵州省都匀年鉴编纂委员会编 北京 方志出版社 2002—
〔馆藏卷期〕1991/2000 2001/2002 2003 2004 2005 2006 2007 2008 2009 2010

福泉市

008977011
福泉年鉴

福泉年鉴编辑部主编 中共福泉市委办公室 福泉市人民政府办公室主办 福泉 福泉年鉴编辑部 2000—
〔馆藏卷期〕1997/1998 1999/2001

013898528
福泉统计年鉴
福泉市统计局编 福泉 福泉市统计局
〔馆藏卷期〕2010

贵定县

009541727
贵定年鉴
贵定县年鉴编辑部编 中共贵定县委 贵定县人民政府主办 贵阳 贵州人民出版社 2004—
〔馆藏卷期〕2001/2002

013788120
贵定县统计年鉴
贵定县统计局编 贵定 贵定县统计局
〔馆藏卷期〕2008

平塘县

009840789
平塘年鉴
平塘县史志编纂委员会编 中共平塘县委办公室 平塘县人民政府办公室主办 贵阳 贵州人民出版社 2007—
〔馆藏卷期〕2003/2005

三都水族自治县

012243276
三都年鉴
三都水族自治县年鉴编纂委员会编 中共三都水族自治县委员会 三都水族自治县人民政府主办 北京 中国文化出版社 2007—
〔馆藏卷期〕2006 2007 2008 2009 2010

云南省

005431058
云南年鉴
云南省志编纂委员会 云南省地方志编纂委员会编 昆明 云南年鉴编辑部 1986—
〔馆藏卷期〕1986 1987 1988 1989 1991 1992 1993 1994 1995 1996 1997 1997/2001 1998 1999 2000 2001 2002 2003 2005 2006 2007 2008 2009 2010 2011 2012 2013 2014

013467755
云南社会科学年鉴
云南省社会科学界联合会编 昆明 云南大学出版社 2012—
〔馆藏卷期〕2008/2010 2012 2013 2014

010227018
云南社科联年鉴
云南省社会科学界联合会编 昆明 云南省社会科学界联合会
〔馆藏卷期〕2004 2005 2006 2007 2009 2010

014217032
云南调查年鉴
中国国家统计局云南调查总队编 北京 中国统计出版社
〔馆藏卷期〕〔电子资源〕

006010736
云南统计年鉴
云南省统计局编 北京 中国统计出版社
〔馆藏卷期〕1986 1987 1988 1989 1990 1991 1992 1993 1994 1995 1996 1997 1998 1999 2000 2001 2002 2003 2004 2005 2006 2007 2008 2009 2010 2011 2012 2013 2014

012925206
云南省人口和计划生育年鉴
云南人口和计划生育年鉴
云南省人口和计划生育委员会编 昆明 云南人民出版社 2009—

〔馆藏卷期〕2006/2008 2010 2011

012243729
云南政协年鉴
云南政协年鉴编纂委员会编 昆明 云南大学出版社 2009—
〔馆藏卷期〕2008 2009 2010 2011 2012 2013

011503642
云南公安年鉴
云南省公安厅编 云南省公安厅主办 昆明 云南省公安厅
〔馆藏卷期〕2005 2006 2007 2008 2009

013609299
云南法院年鉴
高级人民法院编 昆明 云南省高级人民法院
〔馆藏卷期〕1998 1999 2000 2001 2002 2003 2010

009503012
云南检察年鉴
云南省人民检察院云南检察年鉴编写组编 昆明 云南省人民检察院
〔馆藏卷期〕1990 1994 1995 1996 1997 1998 1999 2000 2001 2002 2003

012593456
云南司法行政年鉴
云南司法行政年鉴编辑部编 云南省司法厅主办 昆明 云南司法行政年鉴编辑部 2008—
〔馆藏卷期〕2008 2009 2010 2011 2012 2013

012200433
云南省国有资产监督管理年鉴
云南省国有资产监督管理委员会编 昆明 云南省人民政府国有资产监督管理委员会 2009—
〔馆藏卷期〕2008 2009/2010 2011

010102775
云南小康年鉴
云南省地方志编纂委员会编纂 昆明 云南人民出版社 2006—
〔馆藏卷期〕2005 2006 2007 2008 2009 2010 2011 2012 2013 2014

012048809
云南个体私营经济年鉴
云南个体私营经济年鉴编辑部编 昆明 云南个体私营经济年鉴编辑部 2002—
〔馆藏卷期〕2001

008199185
云南经济年鉴
云南省人民政府经济技术研究中心 云南经济年鉴编辑部编 潞西 德宏民族出版社
〔馆藏卷期〕1993 1994 1995 1996 1997 1998 1999 2000 2001 2003 2005 2006 2007 2008 2009 2010 2011

2012　2013　2014

011399620
云南经济普查年鉴
云南省人民政府第二次全国经济普查领导小组办公室　云南省统计局编　北京　中国统计出版社　2007—
〔馆藏卷期〕2004　2008

011823303
云南生态经济年鉴
云南生态年鉴　2010—
云南省生态文明建设研究会　云南生态经济学会编　北京　线装书局　2009—
〔馆藏卷期〕2008　2009　2010　2012　2013　2014

009934593
云南乡镇年鉴
普永宏主编　昆明　云南美术出版社　2005—
〔馆藏卷期〕2004

012361586
云南国土资源年鉴
云南省国土资源厅编　云南省国土资源厅主办　潞西　德宏民族出版社　2009—
〔馆藏卷期〕2009　2010　2011

009208270
云南工商年鉴
云南省人民政府研究室　云南省工商行政管理局编　潞西　德宏民族出版社　2002—
〔馆藏卷期〕2002　2003　2005　2006　2007　2008　2009　2010　2011　2012　2013

013677449
云南人力资源和社会保障年鉴
云南省人力资源和社会保障厅编　昆明　云南人民出版社
〔馆藏卷期〕2011　2012　2013

011399615
云南城市年鉴
车志敏　何宣主编　昆明　云南大学出版社　2007—
〔馆藏卷期〕2007

009459719
云南建设年鉴
云南建设年鉴编辑部编　昆明　云南民族出版社　2004—
〔馆藏卷期〕2003

010102778
云南林业年鉴
云南省林业年鉴　1985
云南省林业厅编　昆明　云南省林业厅　1986—
〔馆藏卷期〕1985　1986　1987　1988/1989　1990

008923189
云南电力年鉴

云南电力年鉴编辑部编 昆明 云南电力年鉴编辑部

〔馆藏卷期〕1994 1996 1997 1998 1999 2000 2001 2002 2003 2004 2005 2006 2007 2008 2009 2010 2011 2012 2013

011140205
云南能源统计年鉴

云南省统计局等主编 昆明 云南科技出版社 2006—

〔馆藏卷期〕2000/2005 2005/2009 2011 2012 2013

012530573
云南水利年鉴

云南省水利厅编 昆明 云南省水利厅

〔馆藏卷期〕2009 2011 2012 2013 2014

009492872
云南铜业年鉴

云南铜业(集团)有限公司编 潞西 德宏民族出版社

〔馆藏卷期〕2002 2003 2004 2005 2006 2007 2008 2009 2010 2011 2012 2013 2014

012801309
云南烟草年鉴

云南省烟草专卖局 中国烟草总公司云南省公司编 昆明 云南人民出版社 2010—

〔馆藏卷期〕2008 2009 2010 2011 2012 2013

012724315
云南工业和信息化年鉴

云南省工业和信息化委员会编 昆明 云南人民出版社 2010—

〔馆藏卷期〕2010 2011 2012 2013 2014

013677519
云南省工业园区年鉴

云南省工业和信息化委员会 云南省工业园区和工业投融资协会编 昆明 云南省工业园区年鉴编委会

〔馆藏卷期〕2012

009395870
云南旅游年鉴

云南旅游年鉴编辑部编 云南省政府研究室 云南省旅游局主办 潞西 德宏民族出版社 2003—

〔馆藏卷期〕2003 2004 2005/2010

009036826
云南邮电年鉴

云南邮电年鉴编辑委员会编 昆明 云南科技出版社

〔馆藏卷期〕1997 1998 1999

009120141
云南邮政年鉴

云南邮政年鉴编纂委员会编 昆明 云南省邮政局 2002—

〔馆藏卷期〕1999/2000 2001/2002 2004

2005 2006 2007 2008 2009 2010
2011 2012 2013 2014

010102208
云南电信年鉴
云南电信年鉴编辑委员会编 云南 云南省电信公司
〔馆藏卷期〕1999/2000 2002 2003

011968125
云南供销合作社年鉴
云南省供销合作社联合社编 香港 香港文汇出版社 2005—
〔馆藏卷期〕2006 2007 2010 2011

013677375
云南商务年鉴
云南商务年鉴编辑委员会编 昆明 云南民族出版社
〔馆藏卷期〕2011 2012 2013 2014

011968112
云南财政年鉴
云南省财政学会编 北京 中国财政经济出版社 2008—
〔馆藏卷期〕2007 2008 2009

009913816
云南地税年鉴
云南地税年鉴编辑委员会编 昆明 云南民族出版社 2005—
〔馆藏卷期〕2002 2003 2004 2005 2006
2007 2008 2009 2010 2011 2012

011968136
云南国税年鉴
云南国税年鉴编辑委员会编 昆明 云南人民出版社 2008—
〔馆藏卷期〕2007 2008 2009 2010
2011 2012

008728256
云南金融年鉴
云南金融年鉴编委会编 昆明 云南科技出版社
〔馆藏卷期〕1996 1997 1998 1999 2000
2001 2002 2003 2004 2005 2006
2007 2008 2009 2010 2011 2012
2013 2014

012925205
云南保险年鉴
云南省保险学会编 昆明 云南保监局
〔馆藏卷期〕1980/2003 2005 2008 2009
2010 2011 2012

011823301
云南档案年鉴
云南省档案局编 昆明 云南科技出版社 1999—
〔馆藏卷期〕1996/1997

011503690
云南科技年鉴
云南省科学技术厅 云南科技年鉴编辑部编 昆明 云南科技出版社 2008—
〔馆藏卷期〕2006 2008 2009 2010 2011
2012 2013

011140219

云南省科协统计年鉴

云南省科学技术协会编 云南 云南省科学技术协会

〔馆藏卷期〕2003 2004

011141243

云南抗震防灾年鉴

云南省抗震防震指挥部编 昆明 云南美术出版社 2006—

〔馆藏卷期〕1966/2001

010226816

云南省气象统计年鉴

云南省气象局计财处编 昆明 云南省气象局计财处 1986—

〔馆藏卷期〕1981/1985

012925209

云南卫生年鉴

云南卫生年鉴编辑委员会编 昆明 云南大学出版社 2010—

〔馆藏卷期〕2009 2011/2012 2013

008432403

云南减灾年鉴

云南减灾年鉴编委会编 昆明 云南科技出版社

〔馆藏卷期〕1991/1995 1996/1997 1998/1999 2000/2001 2004/2005 2006/2007 2008/2009 2010/2011

013899422

云南省环境监测年鉴

云南省环境监测中心站编 昆明 云南省环境监测中心站

〔馆藏卷期〕1985

昆明市

005445545

昆明年鉴

昆明市人民政府编 北京 新华出版社 1990—

〔馆藏卷期〕1990 1991 1992 1993 1994 1995 1996 1997 1998 1999 2000 2001 2002 2003 2004 2005 2006 2007 2008 2009 2010 2011 2012 2013

008381647

昆明统计年鉴

昆明市统计局编 昆明 昆明市统计局

〔馆藏卷期〕1990 1991 1992 1993 1994 1995 1996 1997 1998 1999 2001 2002 2003 2004 2005 2006 2008 2009 2010 2011 2012 2013 2014

012591889

昆明理工大学共青团工作年鉴

共青团昆明理工大学委员会编 昆明 共青团昆明理工大学委员会
〔馆藏卷期〕2006 2008

013677515
云南大学共青团年鉴
共青团云南大学委员会编 昆明 共青团云南大学委员会
〔馆藏卷期〕2012

012047440
昆明市中级人民法院年鉴
昆明市中级人民法院编 昆明 昆明市中级人民法院
〔馆藏卷期〕2003 2004

012526073
昆明高新区年鉴
昆明高新技术产业开发区管理委员会编 昆明 云南美术出版社 2009—
〔馆藏卷期〕2003 2004 2005 2005/2009 2006 2007 2008 2010 2011 2012 2013

011139907
昆明市经济普查年鉴
昆明市人民政府第一次全国经济普查领导小组办公室编 昆明 云南科技出版社 2006
〔馆藏卷期〕2004

014014380
昆明国土资源年鉴
昆明市国土资源局昆明国土资源年鉴编辑部编 昆明 昆明市国土资源局 2010—
〔馆藏卷期〕2009

013634251
红云红河年鉴
红云红河烟草(集团)有限责任公司编 昆明 红云红河集团
〔馆藏卷期〕2011

011966767
昆明市水利水电统计年鉴
昆明市水利局编 昆明 昆明市水利局 2006—
〔馆藏卷期〕2006 2007 2009

009928065
云南酒业年鉴
昆明酒类行业协会编 昆明 云南科技出版社 2005—
〔馆藏卷期〕2004 2005/2008

014014376
昆明工业统计年鉴
昆明市统计局编 昆明 昆明市统计局
〔馆藏卷期〕1989 1990

008588893
昆明交通年鉴
昆明市交通局编 昆明 云南民族出版社
〔馆藏卷期〕1998

008137820
昆明铁路分局年鉴
昆明铁路分局年鉴编辑委员会编 昆明 昆明铁路分局年鉴编辑委员会
〔馆藏卷期〕1990 1992 1993 1994 1996

008923180
昆明铁路局年鉴
昆铁年鉴 2001
昆明铁路局年鉴编撰委员会编 昆明 昆明铁路局年鉴编撰委员会 1999—
〔馆藏卷期〕1998 1999 2000 2001 2002 2003 2004 2005 2006 2007 2008 2009 2010

009219742
中国工商银行云南省分行年鉴
中国工商银行云南省分行年鉴编委会编 昆明 云南人民出版社 2002—
〔馆藏卷期〕2000 2001

009436884
云南省社会科学院年鉴
云南省社会科学院科研组织处编 昆明 云南民族出版社
〔馆藏卷期〕2002/2003

009541739
昆明理工大学年鉴
昆明理工大学年鉴编委会编 昆明 昆明理工大学年鉴编委会
〔馆藏卷期〕2000 2001 2002 2003 2004 2005 2006 2009 2010 2011 2012 2013

013936041
昆明医学院年鉴
昆明医学院院长办公室编 昆明 昆明医学院
〔馆藏卷期〕2005 2006 2009 2010

011141239
云南财经大学年鉴
云南财经大学年鉴编纂委员会编 昆明 云南民族出版社 2006—
〔馆藏卷期〕2005 2006 2007 2009 2011 2012

009542202
云南财贸学院年鉴
云南财贸学院年鉴编辑委员会编 昆明 云南民族出版社 2004—
〔馆藏卷期〕2003 2004

010226810
云南大学统计年鉴
云南大学校长办公室编 昆明 云南大学 2003—
〔馆藏卷期〕2002

011968118
云南工业大学年鉴
云南工业大学办公室编 昆明 云南工业大学校办公室 1999—
〔馆藏卷期〕1994/1999

012200437
云南师范大学年鉴
云南师范大学党委办公室 云南师范大学校长办公室编 昆明 云南师范大学
〔馆藏卷期〕2005 2006 2008 2010 2011 2012 2013

011503693
云南省疾病预防控制中心年鉴
云南省疾病预防控制中心年鉴编辑部编 昆明 云南人民出版社 2009—
〔馆藏卷期〕2007 2008 2009 2011 2012

012724381
云南省农业科学院年鉴
云南省农业科学院办公室编 昆明 云南省农业科学院
〔馆藏卷期〕1996 1997 2005

呈贡区

009502104
呈贡年鉴
呈贡县人民政府编 潞西 德宏民族出版社 2003—
〔馆藏卷期〕2003 2004 2005 2006 2007 2008 2009 2010 2011 2012 2013 2014

013713405
呈贡区社会经济统计年鉴
呈贡县社会经济统计年鉴
昆明市呈贡区社会经济统计年鉴 2012—
呈贡区统计局编 呈贡 昆明市呈贡区统计局
〔馆藏卷期〕2005 2006 2007 2008 2009 2010 2011 2012

五华区

008435199
五华年鉴
昆明市五华区年鉴编辑委员会编 潞西 德宏民族出版社
〔馆藏卷期〕1996 1997 1998 1999 2000 2001 2002 2003 2004 2005 2006 2007 2008 2009 2010 2011 2012 2013 2014

013677378
五华统计年鉴
五华区统计局编 昆明 五华区统计局
〔馆藏卷期〕2004 2005 2006 2007 2008 2009 2010 2011

013757949
昆明市五华区经济普查年鉴
五华区第一次全国经济普查领导小组办公室编 昆明 昆明市五华区统计局
〔馆藏卷期〕2004

盘龙区

008944129
盘龙年鉴

昆明市盘龙区地方志编纂委员会编 昆明 云南美术出版社 1990—

〔馆藏卷期〕1989 1990 1992 1993 1994 1995 1996 1997 1999 2000 2001 2002 2003 2004 2005 2006 2007 2008 2009 2010 2011 2012 2013 2014

012047436

昆明市盘龙区统计年鉴

盘龙区统计局编 盘龙 昆明市盘龙区统计局

〔馆藏卷期〕2003 2004 2005 2006 2007

官渡区

009501739

官渡年鉴

昆明市官渡区地方志编纂委员会 官渡年鉴编辑委员会编 官渡 官渡年鉴编辑委员会

〔馆藏卷期〕2003 2004 2005 2006 2007 2008 2009

013680216

官渡区统计年鉴

官渡区统计局编 官渡 昆明市官渡区统计局

〔馆藏卷期〕2003 2005 2011

西山区

008491818

西山年鉴

西山年鉴编辑部编辑 西山区人民政府主办 昆明 云南大学出版社 2001—

〔馆藏卷期〕1992 2001 2002 2003 2004 2005 2006 2007 2008 2009 2010 2011 2012 2013 2014

013634348

西山区统计年鉴

西山区统计局编 西山 昆明市西山区统计局

〔馆藏卷期〕2003 2004 2009 2011 2012

013791034

西山经济普查年鉴

西山区经济普查年鉴

西山区第二次全国经济普查领导小组办公室编 西山 昆明市西山区人民政府第二次全国经济普查领导小组办公室

〔馆藏卷期〕2008

晋宁区

011966734

晋宁年鉴

晋宁县人民政府 晋宁县地方志编纂委员会编 潞西 德宏民族出版社 2008—

〔馆藏卷期〕2008 2009 2010 2011 2012 2013 2014

安宁市

009502092
安宁市年鉴
安宁年鉴
安宁市年鉴编辑委员会编 安宁市人民政府主办 昆明 云南民族出版社
〔馆藏卷期〕1998 1999 2000 2001 2002 2003 2004 2005 2006 2007 2008 2009 2010 2011 2012 2013 2014

013965143
安宁县社会经济统计年鉴
安宁县统计局编 安宁 云南省安宁县统计局
〔馆藏卷期〕1994

013634208
昆钢年鉴
昆钢年鉴编辑部编 安宁 昆明钢铁控股有限公司
〔馆藏卷期〕2011 2012 2013 2014

富民县

009913820
富民年鉴
富民县档案局富民年鉴编委会编 昆明 云南美术出版社
〔馆藏卷期〕2005 2010 2011 2012 2013 2014

宜良县

013747969
宜良年鉴
宜良县县志编纂委员会办公室编 芒市 德宏民族出版社 2011—
〔馆藏卷期〕2011 2012 2013 2014

嵩明县

011967359
嵩明年鉴
嵩明县地方志编纂委员会编 潞西 德宏民族出版社 2008—
〔馆藏卷期〕2008 2009 2010 2011 2012 2013

石林彝族自治县

008728230
石林年鉴
石林彝族自治县人民政府编 昆明 云南民族出版社
〔馆藏卷期〕1999 2000 2001 2002 2003 2004 2005 2006 2007 2008 2009 2010 2011 2012 2013 2014

禄劝彝族苗族自治县

009492957
禄劝年鉴
禄劝彝族苗族自治县志办公室编 禄劝

禄劝彝族苗族自治县志办公室 1999—

〔馆藏卷期〕1991/1998 2001 2002 2003 2004 2005 2006 2007 2008 2009 2010 2011 2012 2013 2014

寻甸回族彝族自治县

008397094
东川市年鉴
东川年鉴 1999—
云南省东川市年鉴编辑委员会编 云南 云南年鉴杂志社

〔馆藏卷期〕1996 1997 1998 1999 2000 2001 2002 2003 2004 2005 2006 2007 2008 2009 2010 2011 2012 2014

013393877
寻甸年鉴
寻甸年鉴编辑委员会编 中共寻甸回族彝族自治县委 寻甸回族彝族自治县人民政府主办 芒市 德宏民族出版社 2011—

〔馆藏卷期〕2011 2012 2013 2014

曲靖市

007683373
曲靖年鉴
曲靖地区年鉴
中共曲靖地委史志工作委员会编 昆明 云南年鉴杂志社 1996—

〔馆藏卷期〕1990 1991 1996 1997 1998 1999 2000 2001 2002 2003 2004 2005 2006 2007 2008 2009 2010 2011 2012 2013 2014

006998356
曲靖地区年鉴
曲靖年鉴
中共曲靖地委史志工作委员会编 昆明 云南年鉴杂志社 1991—

〔馆藏卷期〕1991 1992 1993 1994 1995

008378197
曲靖地区统计年鉴
云南省曲靖地区行政公署统计处编 曲靖 云南省曲靖地区行政公署统计处

〔馆藏卷期〕1994 1995

008437581
曲靖市统计年鉴
曲靖统计年鉴 2000—
云南省曲靖市统计局编 曲靖 云南省曲靖市统计局

〔馆藏卷期〕1997 1998 2000 2001 2002 2003 2004 2005 2006 2007 2008 2009 2010 2011 2012 2013 2014

013656090
曲靖师范学院年鉴

曲靖师范学院年鉴编辑委员会编 曲靖 曲靖师范学院
〔馆藏卷期〕2000/2001 2008

2000 2001 2002 2003 2004 2005 2006 2007 2008 2009 2010 2011 2012 2013

麒麟区

008588905
麒麟区年鉴
麒麟区年鉴编辑部编 曲靖市麒麟区年鉴编辑委员会主办 潞西 德宏民族出版社
〔馆藏卷期〕1999 2000 2001 2002 2003 2004 2005 2006 2007 2008 2009 2010 2011 2012 2013 2014

沾益区

008728258
沾益年鉴
沾益年鉴编辑委员会编 昆明 云南民族出版社
〔馆藏卷期〕1999 2000 2001 2002 2003 2004 2005 2006 2007 2008 2009 2010 2011 2012 2013 2014

宣威市

007490349
宣威年鉴
中共宣威县委史志委员会编 宣威 中共宣威县委史志委员会 1988—
〔馆藏卷期〕1987/1988 1989/1990 1994

马龙县

008728208
马龙年鉴
中共马龙县委史志办公室编 潞西 德宏民族出版社
〔馆藏卷期〕1995 1996 1997 1998 1999 2000 2001 2002 2003 2004 2005 2006 2010 2011 2012

陆良县

008968748
陆良年鉴
中共陆良县委史志办编 昆明 云南人民出版社 1993—
〔馆藏卷期〕1992 1993 1994 1995 1996 1997 1998 1999 2002 2003 2004 2005 2006 2007 2008 2009 2012 2013 2014

师宗县

009928064
师宗年鉴
师宗县人民政府地方志办公室编 师宗 师宗县人民政府
〔馆藏卷期〕1992 1993 1994 1997 1998

1999 2000 2001 2002 2003 2004
2005 2006 2007 2008 2009 2012
2013

罗平县

008957046
罗平年鉴
中共罗平县委史志办公室编 罗平 罗平县委史志办公室
〔馆藏卷期〕1991 1993 1994 1995 1996 1997 1998 1999 2000 2001 2002 2003 2004 2005 2006 2007 2008 2010

富源县

008940411
富源年鉴
中共富源县委史志办公室编 潞西 德宏民族出版社
〔馆藏卷期〕1988/1990 1992 1995 1996 1997 1998 1999 2000 2001 2002 2003 2004 2005 2006 2007 2008 2009 2010 2011 2012

会泽县

008940454
会泽年鉴
中共会泽县委史志工作委员会编 潞西 德宏民族出版社
〔馆藏卷期〕1993 1994 1995 1996 1997 1998 1999 2000 2001 2002 2003 2004 2005 2006 2007 2008 2009 2010 2011 2012 2013 2014

玉溪市

008245677
玉溪地区年鉴
玉溪地区年鉴编辑部编 昆明 云南人民出版社 1993
〔馆藏卷期〕1993 1994 1995

007978044
玉溪年鉴
玉溪年鉴编辑部编 芒市 德宏民族出版社 1997—
〔馆藏卷期〕1996 1997 1998 1999 2000 2001 2002 2003 2004 2005 2006 2007 2008 2009 2010 2011 2012 2013 2014

004187549
玉溪市年鉴
玉溪市人民政府办公室 玉溪市地方志办公室编 昆明 云南人民出版社
〔馆藏卷期〕1987 1988 1989 1990 1991

1992 1993 1994 1995 1996 1997

009519803

玉溪统计年鉴

云南省玉溪市统计年鉴 1995

玉溪市统计年鉴 1995

玉溪市统计局编 玉溪 玉溪市统计局

〔馆藏卷期〕1995 1996 1998 2001 2002 2003 2004 2005 2006 2007 2008 2010 2012

012048787

玉溪矿业公司云南达亚公司年鉴

玉溪矿业云南达亚年鉴 2010

云南铜业玉溪矿业·云南达亚年鉴 2010

玉溪矿业公司 云南达亚公司编 潞西 德宏民族出版社 2007—

〔馆藏卷期〕2004/2006 2007 2008 2009 2010 2012

013608919

玉溪师范学院年鉴

玉溪师范学院党委办公室 玉溪师范学院院长办公室编 玉溪 玉溪师范学院

〔馆藏卷期〕2006

红塔区

008574186

红塔区年鉴

红塔年鉴 2003—

玉溪市年鉴

红塔区人民政府办公室 红塔区地方志办公室编 潞西 德宏民族出版社

〔馆藏卷期〕1998 1999 2000 2001 2002 2003 2004 2005 2006 2007 2008 2009 2010 2011 2012 2013 2014

013603101

红塔区统计年鉴

玉溪市红塔区统计年鉴

红塔区统计局编 红塔 玉溪市红塔区统计局

〔馆藏卷期〕2000 2003 2010 2011

012354159

红塔集团年鉴

红塔烟草(集团)有限责任公司编 昆明 云南人民出版社 2009—

〔馆藏卷期〕2009 2010 2011 2012 2013 2014

江川区

008941757

江川县年鉴

江川年鉴

中共江川县委办公室 江川县年鉴编辑部编 潞西 德宏民族出版社

〔馆藏卷期〕1993 1994 1995 1996/1997 1998 1999 2000 2001 2002 2004 2005 2006 2007 2008 2009 2010 2011 2012 2013 2014

009385264
江川年鉴
江川农场史志办编 江川农场主办 江川 江川农场 2003—
〔馆藏卷期〕2002

澄江县

008399376
澄江年鉴
澄江年鉴 2002—
云南省澄江年鉴编辑部编 昆明 云南年鉴杂志社
〔馆藏卷期〕1993 1994 1995 1996 1997 1998 1999 2000 2001 2002 2003 2004 2005 2006 2008 2009 2010 2011 2012 2013 2014

通海县

008283314
通海年鉴
通海县年鉴编辑部编 昆明 云南人民出版社 1994—
〔馆藏卷期〕1989/1992 1993/1997 1998/2002 2004 2005 2006 2007 2008 2009 2012 2013 2014

华宁县

009395164
华宁年鉴
中共华宁县委史志编纂办公室编 中共华宁县委华宁县人民政府主办 潞西 德宏民族出版社
〔馆藏卷期〕2001 2002 2003 2005 2006 2007 2008 2009 2010 2011 2012

易门县

009035911
易门年鉴
易门县史志办年鉴编辑部编 潞西 德宏民族出版社
〔馆藏卷期〕2002 2003 2004 2005 2006 2007 2008 2009 2010 2011 2012 2013 2014

峨山彝族自治县

008670242
峨山年鉴
峨山彝族自治县年鉴编辑部编 昆明 云南民族出版社
〔馆藏卷期〕2000 2001 2002 2003 2004 2005 2006 2007 2008 2009 2010 2011 2012 2013 2014

新平彝族傣族自治县

008477437
新平年鉴
新平年鉴编辑部编 昆明 云南年鉴杂志社
〔馆藏卷期〕1996 1998 1999 2000 2001 2002 2003 2004 2005 2006 2007 2008 2009 2010 2011 2012 2013 2014

013926001
大红山铜矿年鉴
玉溪矿业有限公司大红山铜矿编 玉溪 玉溪矿业有限公司大红山铜矿
〔馆藏卷期〕2005

元江哈尼族彝族傣族自治县

007977944
元江哈尼族彝族傣族自治县年鉴
元江县年鉴 1995—2000
元江年鉴 2001—
元江哈尼族彝族傣族自治县地方志办公室编 昆明 云南省年鉴杂志社 1994—
〔馆藏卷期〕1994 1996 1997 1998 1999 2000 2001 2002 2003 2004 2005 2007 2008 2009 2010 2011 2012 2013 2014

保山市

007916545
保山地区年鉴
保山年鉴
云南省地方志编纂委员会办公室编 保山 保山地区年鉴编辑部 1992—2000
〔馆藏卷期〕1992 1993 1994 1995 1996 1997 1998 1999 2000

008941955
保山年鉴
保山年鉴编辑委员会编 德宏 德宏民族出版社 2001—
〔馆藏卷期〕2001 2002 2003 2004 2005 2006 2007 2008 2009 2010 2011 2012 2013 2014

008272147
保山统计年鉴
保山地区统计年鉴 1999—2000
保山市统计局编 保山 保山市统计局
〔馆藏卷期〕1995 1997 1999 2000 2001 2002 2003 2004 2005 2006 2007 2008 2009 2010 2011

013363384
保山电力工作年鉴

云南保山电力股份有限公司编辑委员会编 保山 云南保山电力股份有限公司 2008—
〔馆藏卷期〕2008 2009 2010 2011

龙陵县

013609309
云南永昌铅锌股份有限公司年鉴
云南永昌铅锌股份有限公司年鉴办公室编 云南 云南永昌铅锌股份有限公司

〔馆藏卷期〕2005 2006 2007

昌宁县

013793236
昌宁年鉴
中共昌宁县委党史地方志工作委员会编 中共昌宁县委员会 昌宁县人民政府主办 昆明 云南人民出版社 2012—
〔馆藏卷期〕2012 2013 2014

昭通市

004561137
昭通地区年鉴
昭通年鉴
云南省昭通地区地方志编纂委员会编 昆明 云南民族出版社
〔馆藏卷期〕1990 1991 1992 1993 1994 1995 1996 1997 1998 1999 2000

008942063
昭通市年鉴
昭通年鉴 2005—
昭通地区年鉴
云南省昭通市年鉴编辑委员会编 昆明 云南美术出版社 2001—
〔馆藏卷期〕1999/2000 2001 2002 2003 2004 2005 2006 2007 2008 2009 2010 2011 2012 2013 2014

008378201
昭通地区统计年鉴
昭通统计年鉴
昭通市统计年鉴
昭通地区行署统计局编 昭通 昭通地区行署统计局
〔馆藏卷期〕1991 1993 1994 1997 1998 1999 2000 2001 2003 2004 2005 2008 2009 2011 2012

昭阳区

008944145
昭阳区年鉴
昭阳年鉴 2002—
昭通市昭阳区年鉴编辑部编 昆明 云南

美术出版社 2001—

〔馆藏卷期〕2001 2002 2003 2004 2005 2006 2007 2008 2009 2010

鲁甸县

008477199

鲁甸年鉴

云南省鲁甸县地方志办公室编 昆明 云南年鉴杂志社

〔馆藏卷期〕1995 1997 1999 2001 2002 2003 2004 2005 2006 2007 2008 2009 2010 2011 2012

盐津县

009501631

盐津年鉴

盐津县人民政府 盐津县年鉴编纂委员会编 盐津 盐津县人民政府 2002—

〔馆藏卷期〕2001 2002 2003 2004 2005 2006 2007 2008 2011

大关县

009502108

大关县年鉴

大关年鉴 2012—

云南省大关县年鉴编纂委员会编 大关 云南省大关县年鉴编纂委员会

〔馆藏卷期〕2000 2001 2002 2003 2004 2005 2006 2007 2008 2009 2010 2011 2012 2013 2014

永善县

009501718

永善县年鉴

云南省永善县人民政府编纂 昆明 云南年鉴杂志社 1995—

〔馆藏卷期〕1990/1994 1996 1997 1998 1999 2000 2001 2002 2003 2004 2005 2006 2007 2008 2009 2010 2011 2012 2013 2014

绥江县

008477375

绥江县年鉴

绥江县地方志编纂委员会编 成都 四川辞书出版社 1994—

〔馆藏卷期〕1994 1995 1996 1997 1998 1999 2000 2001 2002 2003 2004 2005 2006 2007 2010 2011 2012 2013

镇雄县

008851402

镇雄县年鉴

镇雄年鉴 2002—

镇雄县地方志编纂办公室编 镇雄 镇雄

县地方志编纂办公室

〔馆藏卷期〕1998 1999 2000 2002 2003 2004/2005

彝良县

009501723

彝良年鉴

彝良县地方志办公室编 彝良县人民政府主办 北京 华艺出版社 2003—

〔馆藏卷期〕1991/1994 1995/2003 2004/2006 2007 2008 2009 2011

威信县

008940669

威信县年鉴

威信年鉴

云南省威信县年鉴编纂委员会编 德宏 德宏民族出版社 2001—

〔馆藏卷期〕1994/1999 2001 2001/2003 2004/2005 2006 2008 2009 2010 2011 2012 2013

水富县

008942046

水富年鉴

水富县年鉴编纂委员会编 水富 云南省水富县年鉴编辑室 2001—

〔馆藏卷期〕1996/1999 2000 2001 2002 2003 2004 2005 2006 2007 2008 2009 2011

丽江市

009326822

丽江纳西族自治县年鉴

丽江纳西族自治县年鉴编纂委员会 丽江纳西族自治县史志征集编纂办公室编 昆明 云南民族出版社

〔馆藏卷期〕2002 2003

008477165

丽江年鉴

云南省丽江地区行政公署主办 云南省丽江地区地方志办公室编 昆明 云南民族出版社 1997—

〔馆藏卷期〕1997 1998 1999 2000 2001 2002 2003 2004 2005 2006 2007 2008 2009 2010 2011

009520148

丽江统计年鉴

丽江市统计局编 丽江 丽江市统计局

〔馆藏卷期〕2001 2003 2004 2005 2008 2009 2011 2012

009806776

丽江地区国民经济和社会发展统计

年鉴

丽江地区行政公署统计局编 丽江 丽江地区行政公署统计局 1999—

〔馆藏卷期〕1998 2002

古城区

009928066

丽江市古城区年鉴

丽江市古城区年鉴编纂委员会编 昆明 云南民族出版社 2005—

〔馆藏卷期〕2004 2005 2006 2007 2008 2009 2010 2011 2013

永胜县

009111295

永胜年鉴

永胜县史志委员会办公室编 永胜 永胜县史志委员会办公室

〔馆藏卷期〕1986/1990 2002 2003 2004 2005 2006 2007 2008 2009 2012 2013

华坪县

008643415

华坪年鉴

云南省华坪年鉴编辑委员会编 北京 中国县镇年鉴社

〔馆藏卷期〕1997 1998 1999 2000 2001 2002 2003 2004 2005 2006 2007 2008 2009 2010 2011 2012 2013 2014

玉龙纳西族自治县

009726382

玉龙年鉴

玉龙纳西族自治县年鉴 2005—
玉龙纳西族自治县年鉴编纂委员会编 昆明 云南民族出版社 2005—

〔馆藏卷期〕2004 2005 2006 2007

013790750

玉龙纳西族自治县统计年鉴

玉龙纳西族自治县统计局编 玉龙 玉龙纳西族自治县统计局

〔馆藏卷期〕2009 2010

宁蒗彝族自治县

012199469

宁蒗年鉴

宁蒗彝族自治县地方志办公室编 宁蒗 彝族自治县人民政府主办 宁蒗 宁蒗彝族自治县地方志办公室 2008—

〔馆藏卷期〕2008 2009 2011 2013

普洱市

011823109

普洱年鉴

思茅年鉴

普洱市人民政府办公室主编 普洱市地方志编纂委员会编纂 昆明 云南科技出版社 2008—

〔馆藏卷期〕2008 2009 2010 2011 2012 2013 2014

011823116

普洱市国民经济和社会发展统计年鉴

普洱市统计年鉴

普洱市统计局编 普洱 普洱市统计局

〔馆藏卷期〕2006

思茅区

008574199

思茅年鉴

思茅地区地方志编纂委员会编 昆明 云南科技出版社

〔馆藏卷期〕1997 1998 1999/2000 2001 2002 2003 2004 2005 2006 2007

010102777

思茅市国民经济和社会发展统计年鉴

思茅市统计局编 思茅 思茅市统计局

〔馆藏卷期〕2004 2005

墨江哈尼族自治县

012724192

墨江年鉴

墨江哈尼族自治县地方志编纂委员会办公室编 墨江哈尼族自治县人民政府主办 芒市 德宏民族出版社

〔馆藏卷期〕2012 2013 2014

景谷傣族彝族自治县

008643537

景谷年鉴

景谷傣族彝族自治县人民政府编 昆明 云南科技出版社

〔馆藏卷期〕1998 1999 2000/2001 2009/2011 2012

镇沅彝族哈尼族拉祜族自治县

008643763

镇沅年鉴

镇沅彝族哈尼族拉祜族自治县地方志编纂委员会编 昆明 云南民族出版社

〔馆藏卷期〕1990/1997 1998/2002

孟连傣族拉祜族佤族自治县

013932154
孟连年鉴
孟连傣族拉祜族佤族自治县地方志办公室编 孟连傣族拉祜族佤族自治县人民政府主办 昆明 云南人民出版社 2012—
〔馆藏卷期〕2009/2010 2013

临沧市

008728205
临沧地区年鉴
临沧地区年鉴编纂委员会编 昆明 云南民族出版社
〔馆藏卷期〕1998 1999 2000 2001 2002 2003 2004

010014007
临沧市年鉴
临沧市地方志办公室编 中共临沧市委 临沧市人民政府主办 临沧 临沧市地方志办公室 2005—
〔馆藏卷期〕2005 2006 2007 2008 2009 2010 2011 2012 2013

013603139
临沧统计年鉴
临沧市统计局编 临沧 临沧市统计局
〔馆藏卷期〕2012 2013 2014

012792632
临沧公安年鉴
临沧市公安志编撰委员会办公室编 临沧市公安局主办 临沧 临沧市公安局
〔馆藏卷期〕2006 2009 2010 2011

临翔区

009264756
临沧县年鉴
临沧县年鉴编辑室编 临沧 临沧县地方志办公室 2000—
〔馆藏卷期〕1991/1995 2002 2003

010226477
临翔区年鉴
临翔区地方志编纂委员会办公室编 临翔 临翔区地方志编纂委员会办公室 2005— 昆明 云南人民出版社 2012—
〔馆藏卷期〕2005 2006 2007 2008 2009 2010 2011 2012 2013

凤庆县

009501729
凤庆年鉴
凤庆县年鉴 2007—
中共凤庆县委党史征集研究室编 凤庆 中共凤庆县委党史征集研究室 1992—
〔馆藏卷期〕1991 1993 1994 1995 1996 1997 1998 1999 2000 2001 2002 2003 2004 2005 2006 2007 2008 2009 2010 2011 2014

云县

008941923
云县年鉴
云县地方志编纂办公室编 潞西 德宏民族出版社
〔馆藏卷期〕1992 1994 1995 1996 1997 1999 2000 2001 2002 2003 2004 2005 2006 2007 2008 2009 2010 2011 2012 2013 2014

镇康县

009926383
镇康县年鉴
镇康县地方志编纂委员会办公室编 镇康 镇康县地方志编纂委员会办公室 2007—
〔馆藏卷期〕2007 2008 2009

双江拉祜族佤族布朗族傣族自治县

008941914
双江年鉴
双江拉祜族佤族布朗族傣族自治县人民政府地方志办公室编 潞西 德宏民族出版社 1999—
〔馆藏卷期〕1997 1998 1999 2000 2001 2002 2003 2004 2005 2006 2007 2008 2009

耿马傣族佤族自治县

012923445
耿马年鉴
耿马县年鉴 2006
耿马傣族佤族自治县地方志编纂委员会办公室编 耿马 耿马傣族佤族自治县地方志编纂委员会办公室
〔馆藏卷期〕2006 2007 2008 2009

沧源佤族自治县

011500292
沧源佤族自治县年鉴
沧源佤族自治县地方志办公室编 中共沧源佤族自治县委 沧源佤族自治县人民政府主办 沧源 沧源佤族自治县地方志办公室 2007—
〔馆藏卷期〕2007 2008 2009 2010 2011 2014

楚雄彝族自治州

004187653

楚雄州年鉴

云南省楚雄彝族自治州年鉴编辑委员会编 昆明 云南大学出版社

〔馆藏卷期〕1991 1992 1993 1994 1995 1996 1997 1998 1999 2000 2001 2002 2003 2004 2005 2006 2007 2008 2009 2010 2011 2012 2013 2014

009934595

楚雄州统计年鉴

楚雄统计年鉴

楚雄州统计局编 楚雄 楚雄州统计局

〔馆藏卷期〕2000 2001 2002 2003 2004 2005 2006 2007 2008 2009 2010 2011 2012

008147927

中国共产党楚雄彝族自治州委员会年鉴

中共楚雄州委年鉴

中共楚雄州委办公室 中共楚雄州委党史征集研究室编 潞西 德宏民族出版社

〔馆藏卷期〕1993 1994 1995 1996 1997 1998 1999 2000 2001 2002 2003 2004 2005 2006 2007 2008 2009 2010 2011 2012 2013

楚雄市

008137426

楚雄市年鉴

楚雄市年鉴编辑委员会编 昆明 云南年鉴杂志社 1995—

〔馆藏卷期〕1995 1996 1997 1998 1999 2000 2001 2002 2003 2004 2005 2006 2007 2008 2009 2010 2011 2012 2013

013787969

楚雄市统计年鉴

楚雄市统计局编 楚雄 楚雄市统计局

〔馆藏卷期〕2007

双柏县

008399357

双柏县年鉴

云南省双柏县年鉴编辑委员会编 昆明 云南大学出版社

〔馆藏卷期〕1996 1997 1998 1999 2000 2001 2002 2003 2004 2005 2006 2007 2008 2009 2011 2012 2013 2014

牟定县

008241775
牟定年鉴
牟定县年鉴 1992
牟定县志编纂委员会编 昆明 牟定县志编纂委员会
〔馆藏卷期〕1992 1994 1995 1996 1997 1998 1999 2000 2002 2003 2004 2005 2006 2007 2010 2011 2012

南华县

008277838
南华年鉴
中共南华县委党史征集研究室 南华县地方志办公室编辑 潞西 德宏民族出版社 1997—
〔馆藏卷期〕1997 1998 1999 2000 2001 2002 2003 2004 2005 2008

姚安县

009492857
姚安县年鉴
姚安县人民政府编 昆明 云南科技出版社 2001—
〔馆藏卷期〕2001 2002 2003 2004 2005 2006 2007

大姚县

008941734
大姚县年鉴
中共大姚县委 大姚县人民政府主办 大姚县志及年鉴编纂委员办公室编辑 潞西 德宏民族出版社
〔馆藏卷期〕2000 2001 2002 2003 2004 2005 2006 2007 2008 2009 2012 2013

永仁县

009459640
永仁年鉴
永仁年鉴编辑部编 昆明 云南民族出版社 1997—
〔馆藏卷期〕1997 1998 1999 2000 2001 2002 2003 2004 2005 2006 2007 2008 2009 2012

013603495
中共永仁县委年鉴
中共永仁县委办公室 中共永仁县委党史研究室编 永仁 中共永仁县委办公室 2012—
〔馆藏卷期〕2011

元谋县

008849896
元谋年鉴

元谋县人民政府编 元谋 元谋县人民政府

〔馆藏卷期〕1992 1994 1995 1996 1997 1998 1999/2000 2001/2002 2003 2004 2005 2006 2007 2008 2011 2012 2013

武定县

008749298

武定年鉴

武定县年鉴编辑委员会编 昆明 云南民族出版社

〔馆藏卷期〕1995 1996 1997/1998 1999 2000 2001 2002 2003 2004 2005 2006 2007 2008 2009 2010 2011 2012 2013 2014

012530603

中共武定县委年鉴

中共武定县委办公室 中共武定县委党史研究室编 武定 中共武定县委 2005—

〔馆藏卷期〕2004 2005 2007 2008

013936512

武定政协年鉴

中国人民政治协商会议武定县委员会编 武定 政协武定县委员会

〔馆藏卷期〕2008/2012

禄丰县

009324766

禄丰县年鉴

禄丰县地方志办公室编 昆明 云南大学出版社 1993—

〔馆藏卷期〕1992 1993 1994 1995 1996 1997 1998 1999 2000 2001 2002 2003 2004 2005 2006 2009 2010 2011 2012

红河哈尼族彝族自治州

008275312

红河州年鉴

红河州年鉴编辑委员会编 昆明 云南年鉴杂志社

〔馆藏卷期〕1995 1996 1997 1998 1999 2000 2001 2002 2003 2004 2005 2006 2007 2008 2010 2011 2012 2013 2014

011396421

红河哈尼族彝族自治州统计年鉴

红河哈尼族彝族自治州"十五"统计年鉴 2000/2005

红河州统计年鉴 2008

红河州统计局编 红河 红河州统计局

〔馆藏卷期〕1990/2000 2000/2005 2008 2010 2013

009618309

红河州林业年鉴

红河州林业局年鉴编辑部编纂 红河 红河州林业局

〔馆藏卷期〕1999 2000 2001 2002 2003 2004 2005

蒙自市

008941795

蒙自年鉴

蒙自年鉴编辑部编 蒙自县人民政府主办 潞西 德宏民族出版社 1996—

〔馆藏卷期〕1996 1997 1998 1999 2000 2001 2002 2003 2004 2005 2006 2007 2008 2009 2010 2011 2012 2013 2014

011966603

红河学院年鉴

红河学院年鉴编辑委员会编 蒙自 红河学院 2006—

〔馆藏卷期〕2005 2006 2007 2010 2011

个旧市

010224158

个旧年鉴

个旧年鉴编辑部编著 中共个旧市委 个旧市人民政府主办 昆明 云南美术出版社 2006—

〔馆藏卷期〕2006 2007 2008 2009 2010 2011 2012 2013 2014

开远市

009913809

开远年鉴

开远市党史地方志办公室编辑 开远市人民政府主办 昆明 云南科技出版社 2005—

〔馆藏卷期〕2005 2007 2009 2010 2011 2012 2013 2014

013713447

开远保安工作年鉴

北京市保安服务总公司开远分公司编 北京 北京市保安服务总公司开远分公司

〔馆藏卷期〕2012

008001278

开远铁路分局年鉴

开远铁路分局志编纂委员会编 北京 中国铁道出版社 1992—

〔馆藏卷期〕1990

弥勒市

009015775
弥勒年鉴
弥勒年鉴编辑部编 中共弥勒县委 弥勒县人民政府主办 潞西 德宏民族出版社 2002—
〔馆藏卷期〕2002 2003 2004 2005 2006 2007 2008 2011 2012 2013 2014

012923833
弥勒经济年鉴
弥勒经济年鉴编辑办公室编 弥勒 弥勒县统计局
〔馆藏卷期〕2000/2005

建水县

009928068
建水年鉴
建水年鉴编辑部编 建水县人民政府主办 潞西 德宏民族初版社
〔馆藏卷期〕2004 2005 2006 2007 2008 2009 2010 2011 2012 2013 2014

石屏县

009934599
石屏年鉴
石屏年鉴编辑部编 昆明 云南美术出版社 2005—
〔馆藏卷期〕2005 2006 2007 2008 2009 2010 2011 2012 2014

泸西县

008728207
泸西年鉴
泸西县年鉴编辑部编 潞西 德宏民族出版社
〔馆藏卷期〕1999 2000 2001 2002 2003 2004 2005 2006 2007 2008 2009 2010 2011 2012 2013 2014

元阳县

012048803
元阳年鉴
元阳县地方志办公室编 中共元阳县委 元阳县人民政府主办 昆明 云南美术出版社 2008—
〔馆藏卷期〕2008 2011 2012 2013 2014

红河县

011824470
红河县年鉴
红河县年鉴编辑部编 中共红河县委、红河县人民政府主办 昆明 云南民族出版社 2007—
〔馆藏卷期〕2007 2008 2009 2010 2011 2012 2013 2014

绿春县

011966836
绿春年鉴
绿春县年鉴编辑部编 中共绿春县委 绿春县人民政府主办 潞西 德宏民族出版社 2008—
〔馆藏卷期〕2008 2009 2010 2011 2012 2013 2014

屏边苗族自治县

013634192
屏边年鉴
屏边苗族自治县地方志办公室编 芒市 德宏民族出版社
〔馆藏卷期〕2011 2012 2013 2014

金平苗族瑶族傣族自治县

012526057
金平年鉴
金平县地方志办公室编 中共金平苗族瑶族傣族自治县委员会 金平苗族瑶族傣族自治县人民政府主办 芒市 德宏民族出版社
〔馆藏卷期〕2011 2012 2014

河口瑶族自治县

012525988
河口瑶族自治县年鉴
河口县志办公室年鉴编辑部编 中共河口瑶族自治县委员会 河口瑶族自治县人民政府主办 河口 河口年鉴编辑部 2009—
〔馆藏卷期〕2009 2010 2011 2012 2013

011968204
中共河口县委年鉴
中共河口县委办公室 中共河口县委党史研究室编 潞西 德宏民族出版社
〔馆藏卷期〕2007 2011 2012 2013

文山壮族苗族自治州

009015865
文山州年鉴
文山州年鉴编辑委员会编 潞西 德宏民族出版社 2002—
〔馆藏卷期〕1996/2000 2002 2003 2004 2005 2006 2007 2008 2009 2010 2011 2012 2013 2014

011399310
文山壮族苗族自治州社会经济统计年鉴
文山壮族苗族自治州统计年鉴 2000—

2001

文山壮族苗族自治州统计局编 文山 文山州统计局

〔馆藏卷期〕2000 2001 2003 2004 2005 2006 2011

文山市

008643472

文山年鉴

文山县年鉴

云南省文山县史志办公室编 文山 云南省文山县史志办公室

〔馆藏卷期〕2000 2001 2002 2003 2004 2005 2006 2007 2008 2009

014021321

文山市年鉴

中共文山市委党史研究室编 中共文山市委 文山市人民政府主办 昆明 云南人民出版社 2012—

〔馆藏卷期〕2012 2013

014014926

文山开开药业有限公司年鉴

文山开开药业有限公司年鉴编纂委员会编 文山 文山开开药业有限公司

〔馆藏卷期〕2002/2012

013714666

文山学院年鉴

文山学院年鉴编委会编 文山 文山学院

〔馆藏卷期〕2011

砚山县

009502055

砚山年鉴

砚山县人民政府县志办公室编 砚山 砚山县人民政府县志办公室 1993—

〔馆藏卷期〕1992 1993 1994 1995 1996 1997 1998 1999 2000 2001 2002 2004 2005 2007 2008 2011

西畴县

009395834

西畴年鉴

西畴年鉴编纂委员会编 西畴 西畴年鉴编纂委员会

〔馆藏卷期〕1999 2001 2003 2004 2005 2006 2007 2008 2009 2010 2011 2012 2013

麻栗坡县

011503065

麻栗坡县年鉴

麻栗坡年鉴 2010

麻栗坡县年鉴编纂委员会编 麻栗坡 麻栗坡县年鉴编纂委员会

〔馆藏卷期〕2002 2003 2004 2006 2007 2008 2009 2010

马关县

009324867
马关年鉴
马关年鉴编纂委员会编 香港 香港天马出版社 2001—
〔馆藏卷期〕2001 2002 2003 2004 2005 2006 2007 2008 2010

丘北县

008749425
邱北年鉴
丘北年鉴 2004—
丘北县地方志编纂委员会编 丘北 丘北县地方志编纂委员会
〔馆藏卷期〕2000 2001 2002 2003 2004 2005 2006 2007 2008 2009 2011 2013 2014

广南县

009519978
广南年鉴
广南县年鉴编纂委员会编 中共广南县委 广南县人民政府主办 广南 广南县人民政府
〔馆藏卷期〕2001 2002 2004 2005 2006 2007 2008 2010 2011 2013

富宁县

009104844
富宁年鉴
富宁年鉴编纂委员会编 富宁 富宁年鉴编纂委员会 2002—
〔馆藏卷期〕2002 2003 2004 2005 2006 2007 2008 2009 2010 2011 2012 2013 2014

西双版纳傣族自治州

008211462
西双版纳年鉴
西双版纳年鉴编辑委员会编 昆明 云南科技出版社发行 1997—
〔馆藏卷期〕1997 2000 2002 2003 2005 2007 2009 2010 2011 2012 2013

011399389
西双版纳傣族自治州统计年鉴
西双版纳傣族自治州统计局编 西双版纳 西双版纳傣族自治州统计局
〔馆藏卷期〕1989 1990 1998 1999

景洪市

009618311
景洪年鉴
景洪市史志办公室编 景洪市人民政府

主办 昆明 云南民族出版社 2005—
〔馆藏卷期〕2001/2003 2005 2006 2007 2008 2009 2010 2011 2012 2013

013814858
景洪市统计年鉴
景洪市统计局编 景洪 景洪市统计局
〔馆藏卷期〕2001 2002 2008

勐海县

009492916
勐海县年鉴
勐海县人民政府史志办公室编 勐海 勐海县人民政府
〔馆藏卷期〕1991/1995

013898697
勐海县统计年鉴
勐海县统计局编 勐海 勐海县统计局
〔馆藏卷期〕2008

011398637
勐海县乡镇年鉴
勐海县人民政府主办 勐海 勐海县人民政府
〔馆藏卷期〕2005 2009 2010

勐腊县

012047484
勐腊年鉴
勐腊县地方志办公室编 勐腊 中国艺苑出版社 2008—
〔馆藏卷期〕2008 2010 2012

大理白族自治州

004187662
大理州年鉴
大理白族自治州年鉴
大理白族自治州地方志编纂委员会编 昆明 云南民族出版社 1990—
〔馆藏卷期〕1990 1991 1992 1993 1994 1995 1996 1997 1998 1999 2000 2001 2002 2003 2004 2005 2006 2007 2008 2009 2010 2011 2012 2013 2014

008270669
大理州统计年鉴
大理白族自治州统计年鉴 1993
大理统计年鉴 1997—
大理白族自治州统计局编 大理 大理白族自治州统计局
〔馆藏卷期〕1993 1995 1997 1998 1999 2000 2001 2002 2004 2005 2006 2007 2009 2014

013608603

云南省大理白族自治州中级人民法院年鉴

大理州中级人民法院年鉴

中级人民法院编 大理 大理州中级人民法院

〔馆藏卷期〕2009 2010

013089987

大理地税年鉴

大理州地税年鉴 2005

大理白族自治州地方税务局编 大理 大理州地方税务局

〔馆藏卷期〕2000 2003 2005 2006 2007 2008

大理市

009346343

大理市年鉴

大理市史志编纂委员会办公室 大理市年鉴编辑部编 大理市人民政府主办 昆明 云南民族出版社

〔馆藏卷期〕2000 2001 2002 2003 2004 2005 2006 2007 2008 2009 2010 2011 2012 2013 2014

012789986

大理学院年鉴

大理学院年鉴编纂委员会编 大理 云南大理学院

〔馆藏卷期〕2008 2009 2011 2012

祥云县

011140400

祥云年鉴

祥云县地方志编纂委员会办公室编 祥云县人民政府主办 昆明 云南人民出版社

〔馆藏卷期〕2006 2007 2008 2009 2012 2013 2014

宾川县

008940389

宾川年鉴

宾川县年鉴 1994/1995

宾川县地方志编纂委员会编 潞西 德宏民族出版社

〔馆藏卷期〕1994/1995 1996/1997 1998/1999 2000 2001 2002 2003 2004 2005 2006 2007 2008 2009 2010 2011 2012 2013 2014

弥渡县

008940640

弥渡年鉴

弥渡县地方志编纂委员会办公室编 潞西 德宏民族出版社

〔馆藏卷期〕1998 2000 2001 2002 2003 2004 2005 2006 2007 2008 2011 2012 2013 2014

永平县

008728239
永平年鉴
云南省永平县志编纂委员会编 昆明 云南民族出版社
〔馆藏卷期〕1991/1995 1996/2000

云龙县

009062536
云龙年鉴
云龙县人民政府办公室 云龙县地方志办公室 云龙县档案事业局编 昆明 云南民族出版社
〔馆藏卷期〕1995 1995/2000 2010 2011 2012 2013 2014

洱源县

008728180
洱源年鉴
洱源县地方志编纂委员会编 潞西 德宏民族出版社
〔馆藏卷期〕1999 2000 2001 2002 2003 2004 2005 2006 2007 2008 2009 2010 2011 2012 2013 2014

剑川县

009926380
剑川年鉴
剑川县党史地方志办公室编 昆明 云南民族出版社 2005—
〔馆藏卷期〕1991/2000

鹤庆县

012723416
鹤庆年鉴
鹤庆县地方志编纂委员会办公室 鹤庆年鉴编辑部编 鹤庆县人民政府主办 昆明 云南民族出版社 2010—
〔馆藏卷期〕2006/2008 2011

漾濞彝族自治县

013859257
漾濞年鉴
漾濞彝族自治县地方志编纂委员会办公室编 漾濞彝族自治县人民政府主办 昆明 云南人民出版社 2013—
〔馆藏卷期〕2012

南涧彝族自治县

008588898
南涧县年鉴
南涧年鉴 1994/1995 1999—
南涧县地方志编纂委员会办公室编 潞西 德宏民族出版社
〔馆藏卷期〕1990/1993 1994/1995 1996 1997 1998 2000 2001 2002 2003 2004 2005 2006 2007 2008 2009

2010 2011 2012 2013 2014

巍山彝族回族自治县

008434231
巍山年鉴

巍山彝族回族自治县地方志编纂委员会办公室编 潞西 德宏民族出版社

〔馆藏卷期〕1991/1994 1996 1997 1999 2000 2001 2002 2003 2004 2005 2006 2007 2008 2009 2010 2011 2012 2013 2014

德宏傣族景颇族自治州

007916504
德宏年鉴

德宏年鉴编辑部编 德宏傣族景颇族自治州人民政府主办 潞西 德宏民族出版社

〔馆藏卷期〕1992 1993 1994 1995 1996 1997 1998 1999 2000 2001 2002 2003 2004 2005 2006 2007 2008 2009 2010 2011 2012 2014

009004348
德宏统计年鉴

德宏傣族景颇族自治州统计年鉴 2000
德宏傣族景颇族自治州统计局编 潞西 德宏傣族景颇族自治州统计局

〔馆藏卷期〕2000 2001 2003 2004 2007 2008 2010 2011 2012 2013

013753580
德宏宣传年鉴

中共德宏州委宣传部编 芒市镇 中共德宏州委宣传部 2008—

〔馆藏卷期〕2007 2008

芒市

009492960
潞西年鉴

潞西市史志办公室编 潞西市人民政府主办 潞西 潞西市人民政府 2003—

〔馆藏卷期〕2003 2004 2005 2006 2007 2008

瑞丽市

011967102
瑞丽年鉴

瑞丽市史志办公室编 中共瑞丽市委 瑞丽市人民政府主办 瑞丽 瑞丽市史志办公室 2008—

〔馆藏卷期〕2007 2008 2009 2010 2011 2012 2013

盈江县

012361581

盈江年鉴

盈江县史志办公室编 盈江县人民政府主办 潞西 德宏民族出版社 2009—

〔馆藏卷期〕2008 2009 2010 2011/2012

陇川县

013747931

陇川年鉴

陇川县史志办公室编 中共陇川县委 陇川县人民政府主办 陇川 陇川县史志办公室

〔馆藏卷期〕2011 2012 2013

怒江傈僳族自治州

011823086

怒江傈僳族自治州年鉴

怒江州地方志办公室编 怒江州人民政府主办 昆明 云南民族出版社 2008

〔馆藏卷期〕2005 2006 2007 2008 2009 2010 2011 2012 2013

012199512

怒江统计年鉴

怒江傈僳族自治州统计局编 怒江 怒江统计局

〔馆藏卷期〕1990/1995 1996/2000 2001/2005 2006/2007

013374008

怒江州中级人民法院年鉴

中级人民法院编 怒江 怒江州中级人民法院

〔馆藏卷期〕2010 2012 2013

泸水市

013609011

泸水年鉴

泸水县地方志编纂委员会办公室编 中共泸水县委 泸水县人民政府主办 泸水 泸水县地方志编纂委员会

〔馆藏卷期〕2004/2005 2006/2007 2008/2009

福贡县

011824464

福贡年鉴

福贡县地方志年鉴编辑部编 福贡县人民政府主办 福贡 福贡县地方志办公室 2008—

〔馆藏卷期〕2004 2005 2006 2007 2008 2009 2010

贡山独龙族怒族自治县

012983238
贡山独龙族怒族自治县年鉴
贡山年鉴
贡山独龙族怒族自治县年鉴编辑委员会编 贡山独龙族怒族自治县人民政府主办 贡山 贡山独龙族怒族自治县年鉴编辑委员会 2009—
〔馆藏卷期〕2007 2008

兰坪白族普米族自治县

008923247
兰坪年鉴
兰坪年鉴编辑部编 兰坪白族普米族自治县人民政府主办 北京 北京燕山出版社 2001—
〔馆藏卷期〕2001 2002 2003/2005 2006 2007 2008 2009 2010 2011 2012 2013

迪庆藏族自治州

008957455
迪庆年鉴
迪庆州志办公室 迪庆年鉴编辑部编 迪庆州人民政府主办 昆明 云南美术出版社 2001—
〔馆藏卷期〕1994 1995 1996 2001 2002 2003 2004 2005 2006 2007 2008 2009 2010 2011 2012 2013 2014

011966325
迪庆藏族自治州统计年鉴
迪庆藏族自治州统计局编 迪庆 迪庆藏族自治州统计局 2007—
〔馆藏卷期〕2006 2007 2008 2009

香格里拉市

009726379
香格里拉年鉴
香格里拉年鉴编辑部编 中共香格里拉县委员会 香格里拉县人民政府主办 昆明 云南美术出版社
〔馆藏卷期〕2004 2005 2006 2007 2008 2009 2010 2011 2012 2013 2014

德钦县

008944059
德钦年鉴
德钦县志办公室编 德钦县人民政府主办 昆明 云南美术出版社 2001—
〔馆藏卷期〕2001 2001/2005 2006/2010

西藏自治区

008990693
西藏年鉴
西藏年鉴编辑委员会编 拉萨 西藏人民出版社
〔馆藏卷期〕2000 2001 2002 2003 2005 2006 2007 2008 2009 2010 2011 2012 2013

005326699
西藏统计年鉴
西藏自治区统计局编 北京 中国统计出版社 1993—
〔馆藏卷期〕1993 1994 1995 1996 1997 1998 1999 2000 2001 2002 2003 2004 2005 2006 2007 2008 2009 2010 2011 2012 2013 2014

012801225
西藏自治区政协年鉴
西藏自治区政协年鉴编委会编 拉萨 西藏自治区政协
〔馆藏卷期〕2009 2010 2011

011824378
中国人民政治协商会议西藏自治区政协年鉴
西藏政协年鉴
中国人民政治协商会议西藏自治区委员会编 拉萨 西藏自治区政协 2002—
〔馆藏卷期〕2002

005326693
西藏社会经济统计年鉴
西藏统计年鉴
西藏自治区统计局编 北京 中国统计出版社 1989—1992
〔馆藏卷期〕1989 1990 1992

011399373
西藏自治区经济普查年鉴
西藏经济普查年鉴 2008
西藏自治区经济普查办公室编 拉萨 西藏自治区经济普查年鉴编辑委员会 2006—

〔馆藏卷期〕2004 2008

010102769
西藏邮政年鉴
西藏自治区邮政局编 拉萨 西藏自治区邮政局 2001—
〔馆藏卷期〕2000/2001 2002 2005

2006/2007 2008/2009 2010 2011

012926139
中国藏学年鉴
中国藏学年鉴编辑委员会编 北京 中国藏学出版社 2011—
〔馆藏卷期〕2009 2010

拉萨市

009913792
拉萨年鉴
拉萨市地方志编纂委员会办公室编 拉萨 西藏人民出版社
〔馆藏卷期〕2005 2012 2013 2014

008879207
拉萨市国民经济统计年鉴
拉萨市统计年鉴 2003—
拉萨市统计局编 拉萨 拉萨市统计局
〔馆藏卷期〕2000 2001 2002 2003 2004 2005 2007 2008 2010 2011 2012 2013 2014

012724282
西藏大学年鉴
西藏大学党委(校长)办公室编 拉萨 西藏大学
〔馆藏卷期〕2004 2005 2006 2007 2008 2009 2011

010227006
西藏自治区藏医院年鉴
西藏自治区藏医院年鉴编委会编 拉萨 西藏自治区藏医院 2006—
〔馆藏卷期〕2005 2007 2008 2009 2011

墨竹工卡县

013470977
墨竹工卡年鉴
墨竹工卡县办公室编 墨竹工卡县人民政府主办 北京 方志出版社
〔馆藏卷期〕2012 2013 2014

日喀则市

009307744
日喀则地区统计年鉴
日喀则地区统计局编 日喀则 日喀则地区统计局
〔馆藏卷期〕2002 2003 2004

昌都市

011139655
昌都年鉴
昌都年鉴编辑委员会编 北京 中国藏学出版社 2006—
〔馆藏卷期〕2004 2008

009519825
昌都地区统计年鉴
昌都地区统计局编 昌都 昌都地区统计局
〔馆藏卷期〕1998/1999 2000/2001 2002/2003

010102767
昌都检察年鉴
昌都检察年鉴编辑委员会编 昌都 天津人民检察院承制
〔馆藏卷期〕2003 2004 2008 2010

林芝市

013936558
西藏林芝地区社会经济统计年鉴
林芝地区计划统计局编 林芝 西藏林芝地区计划统计局
〔馆藏卷期〕1986/1990

山南市

013932595
西藏山南地区统计年鉴
山南地区统计局编 山南 西藏山南地区统计局

〔馆藏卷期〕2002

那曲市

012924000
那曲地区年鉴
那曲地区年鉴编纂委员会编 那曲地区行政公署办公室主办 那曲 那曲地区行政公署办公室 2007—
〔馆藏卷期〕2007 2008

阿里地区

015282373
西藏阿里地区统计年鉴
西藏阿里地区统计局编 阿里地区 西藏阿里地区统计局 2002—
〔馆藏卷期〕2002

陕西省

008127901
陕西年鉴
陕西年鉴编辑部编 西安 陕西人民出版社 1988—
〔馆藏卷期〕1987 1988 1989 1991 1992 1993 1994 1995 1996 1997 1998 1999 2000 2001 2002 2003 2005 2006 2007 2008 2009 2010 2011 2012 2013 2014

013859222
陕西区域统计年鉴
陕西省统计局编 北京 中国统计出版社
〔馆藏卷期〕2012

004569235
陕西统计年鉴
陕西省统计局编 西安 陕西人民出版社 1986—
〔馆藏卷期〕1990 1991 1992 1993 1995 1996 1997 1998 1999 2000 2001 2002 2003 2004 2005 2006 2007 2008 2009 2010 2011 2012 2013 2014

013471067
陕西消防安全年鉴
陕西消防安全年鉴编辑部编 陕西省公安消防总队主办 西安 三秦出版社
〔馆藏卷期〕2011 2012 2013

009406309
陕西经济贸易年鉴
陕西工业交通年鉴
陕西省经济贸易委员会编 西安 西安地图出版社
〔馆藏卷期〕2001/2003

008651520
陕西经济年鉴
陕西省人民政府研究室 陕西省人民政府经济研究中心编 西安 陕西人民出版社
〔馆藏卷期〕1998 1999 2000 2001 2002

2004 2005 2006 2007 2008 2009 2010 2012

011139936
陕西经济普查年鉴
陕西省人民政府第一次经济普查领导小组办公室编 北京 中国统计出版社
〔馆藏卷期〕2004 2008

009395544
陕西企业年鉴
国家统计局陕西省企业调查队 陕西省经济贸易委员会 陕西省财政厅编 西安 陕西人民出版社 2003—
〔馆藏卷期〕2004 2005

012530165
陕西省干旱灾害年鉴
陕西省抗旱办公室 陕西省农业气象中心编 西安 西安地图出版社 1999—
〔馆藏卷期〕1949/1995

009406314
陕西水利年鉴
陕西水利年鉴编纂委员会编 西安 陕西水利年鉴编纂委员会
〔馆藏卷期〕1996/2001 2002/2004 2005 2006 2007 2008 2010 2011

009003185
"九五"时期陕西工业统计年鉴
陕西统计局编 西安 陕西科学技术出版社 2001

〔馆藏卷期〕2000

009617935
陕西工业交通年鉴
陕西经济贸易年鉴
陕西省工业交通办公室编 西安 西安地图出版社 2004—
〔馆藏卷期〕2004 2005 2006 2007 2008 2009 2010 2011 2012 2013 2014

008802311
陕西工业年鉴
陕西省经济贸易委员会编 西安 西安地图出版社 2001—
〔馆藏卷期〕2001 2003

008623490
陕西邮电年鉴
陕西省邮电管理局编 西安 陕西省邮电管理局
〔馆藏卷期〕1997

008935619
陕西邮政年鉴
陕西省邮政局编 西安 陕西省邮政局
〔馆藏卷期〕2001 2003 2004 2005 2006 2007 2008 2009 2010 2011 2012 2013

009934506
陕西省名牌产品年鉴
陕西省质量技术监督局 陕西省名牌战略推进委员会办公室编 西安 陕西人

民出版社 2008—
〔馆藏卷期〕2003/2004 2007 2008 2010

013965449
陕西地税年鉴
陕西省地方税务局编 西安 陕西省地方税务局
〔馆藏卷期〕2008 2009 2010

011398761
陕西金融年鉴
陕西金融年鉴编辑部编 西安 陕西人民出版社
〔馆藏卷期〕1991/1995

012048463
三秦文化研究会年鉴
三秦文化研究会编 西安 三秦文化研究会
〔馆藏卷期〕1996/1997 1998/1999 2000 2001 2002

008623479
陕西广播电视年鉴
陕西广播电视年鉴编辑委员会编 西安 陕西广播电视年鉴编辑委员会
〔馆藏卷期〕1991/1995 1996/1997 1998/1999

009726335
陕西科技年鉴
陕西省科学技术厅编 西安 陕西人民出版社 2007—

〔馆藏卷期〕2007 2008 2009 2010 2011 2012 2013 2014

013714668
陕西科技统计年鉴
陕西省统计局编 西安 陕西省科学技术厅
〔馆藏卷期〕2007 2008 2009 2010 2011 2012 2013 2014

007655215
陕西教育年鉴
陕西省教育厅陕西教育志编纂办公室编 西安 陕西人民出版社 1987
〔馆藏卷期〕1949/1984

009011575
陕西教育年鉴
陕西省教育厅编 西安 三秦出版社 2001—
〔馆藏卷期〕1998 2005 2006 2007 2008 2009 2010 2011 2013

009726331
陕西教育事业统计年鉴
陕西省教育厅编 西安 陕西省教育厅 2002—
〔馆藏卷期〕2001 2002 2003 2004 2005 2006 2007 2008 2009 2010 2012

013790965
陕西体育年鉴
陕西省体育局编 西安 陕西人民出版社

〔馆藏卷期〕2010

008271341
陕西省戏剧年鉴
陕西省文化厅编 西安 三秦出版社
〔馆藏卷期〕1949/1989

007474528
陕西历史学年鉴
彭树智主编 西安 西北大学出版社 1992
〔馆藏卷期〕1949/1989

013634424
陕西人物年鉴
陕西省历史人物研究会编 西安 陕西人民出版社 2012—
〔馆藏卷期〕2011 2012 2013

008623483
陕西省人物年鉴
陕西省人物事迹编纂委员会编 西安 陕西人民出版社
〔馆藏卷期〕1997 2003

011503427
陕西文物年鉴
陕西省文物局编 西安 三秦出版社 2007—
〔馆藏卷期〕2006 2007 2008 2009 2010 2011 2012

013815051
陕西卫生统计年鉴
陕西省卫生厅编 西安 陕西省卫生厅
〔馆藏卷期〕2004 2006 2007 2008

009056035
陕西卫生年鉴
陕西卫生年鉴编辑委员会编 西安 三秦出版社 2001—
〔馆藏卷期〕2001 2002 2003 2004 2005 2006 2007 2008 2009 2010/2011 2012

012530170
陕西退耕还林(草)监测调查年鉴
陕西退耕还林监测调查年鉴
国家统计局陕西调查总队编 西安 陕西调查总队 2009—
〔馆藏卷期〕2008

012048495
陕西食品药品监督管理年鉴
陕西食品药品监管年鉴 2011—
陕西省食品药品监督管理局编 西安 陕西省食品药品监督管理局 2005—
〔馆藏卷期〕2005 2006 2007 2008 2010 2011 2013

009324855
陕西救灾年鉴
四川省人民政府救灾办公室编 北京 气象出版社
〔馆藏卷期〕1996 1997/1999 2000/2002 2003 2004 2005 2006 2007 2008 2009 2010 2011 2012

西安市

005326684
西安年鉴
西安年鉴编纂委员会编 西安 陕西人民出版社 1993—
〔馆藏卷期〕1993 1994 1995 1996 1997 1998 1999 2000 2001 2002 2003 2004 2005 2006 2007 2008 2009 2010 2011 2012 2013 2014

006296673
西安统计年鉴
西安社会经济统计年鉴
西安市统计局编 西安 西安市统计局
〔馆藏卷期〕1993 1994 1995 1996 1997 1998 1999 2000 2001 2002 2003 2004 2005 2006 2007 2008 2009 2010 2011 2012 2013 2014

009395677
西安公安年鉴
西安市公安局政治部编 西安 西安市公安局
〔馆藏卷期〕1998

013899339
西安高新区经济与社会发展年鉴
西安高新技术产业开发区编 西安 西安高新区
〔馆藏卷期〕2010

009927885
长庆石油勘探局年鉴
长庆石油勘探局编 北京 石油工业出版社 2005—
〔馆藏卷期〕2001/2004 2005 2006 2007 2008

011395770
长庆油田公司年鉴
中国石油长庆油田公司编 西安 中国石油长庆油田公司 2003—
〔馆藏卷期〕2001/2002 2003/2004 2005/2006 2009 2010

012909391
长庆油田矿区服务事业部年鉴
服务事业部编 北京 石油工业出版社 2010—
〔馆藏卷期〕2009/2010

009806763
西安印钞厂年鉴
西安印钞厂年鉴编纂委员会编 西安 陕西人民出版社 2004—
〔馆藏卷期〕2002/2003 2004 2005 2006

012200235
西北电网有限公司年鉴
西北电网有限公司年鉴编辑委员会编 西安 西北电网有限公司 2009—

〔馆藏卷期〕2009 2010

008623494

西安铁路分局年鉴

西安铁路分局史志编委会编 西安 西安铁路分局史志编委会

〔馆藏卷期〕1986 1987 1988 1989 1990 1991 1992 1993 1994 1995 1996 1997 1998 1999 2000 2001 2002 2003 2004

012361514

西安铁路局年鉴

西安铁路局史志编纂委员会编 西安 西安铁路局 2006—

〔馆藏卷期〕2006 2007 2008 2010

010102203

西安电信年鉴

西安市电信局年鉴编委会编 西安 三秦出版社 1999—

〔馆藏卷期〕1991/1995

009426257

西安财政年鉴

西安财政年鉴编纂委员会编 西安 西安财政年鉴编纂委员会

〔馆藏卷期〕1992 1993 1995 1996 1999 2001 2002 2003 2004 2005 2006 2007 2008 2009

011141202

西安地税年鉴

西安地税年鉴编辑委员会编 西安 西安地税年鉴编辑委员会 2006—

〔馆藏卷期〕1994/2002 2004 2005 2006 2007 2008 2009 2010

011398684

秦始皇兵马俑博物馆年鉴

秦始皇兵马俑博物馆年鉴编辑委员会编 西安 秦始皇兵马俑博物馆

〔馆藏卷期〕1979/1983 1984 1985 1987 1988 1989 1990 1991 1995 2002 2003 2005

011140681

陕西省美术博物馆年鉴

陕西省美术博物馆编 西安 陕西省美术博物馆 2006—

〔馆藏卷期〕2001/2004 2005/2006 2007/2008 2009/2011

012530493

西安半坡博物馆年鉴

西安半坡博物馆年鉴编辑委员会编 西安 西安半坡博物馆

〔馆藏卷期〕1958/1998

013820336

西安文物保护修复中心年鉴

西安文物保护修复中心编 西安 西安文物保护修复中心

〔馆藏卷期〕2008

010223879

长安大学年鉴

长安大学校长办公室 档案馆编 西安 长安大学

〔馆藏卷期〕2000 2001 2002 2003 2004 2005 2006 2007 2008 2009 2010 2011 2012 2013

013787979

第四军医大学年鉴

第四军医大学年鉴编纂委员会编 西安 第四军医大学出版社 2010—

〔馆藏卷期〕2009

009542173

陕西师范大学年鉴

陕西师范大学出版社编 西安 陕西师范大学出版社

〔馆藏卷期〕2000 2001 2002 2003

013932589

西安电子科技大学年鉴

西安电子科技大学年鉴编纂委员会编 西安 西安电子科技大学出版社

〔馆藏卷期〕2008 2010

011399363

西安交通大学年鉴

西安交通大学党委办公室 校长办公室编 西安 西安交通大学

〔馆藏卷期〕2004 2005

009726341

西北大学年鉴

西北大学年鉴编委会编 西安 西北大学出版社

〔馆藏卷期〕2002 2003 2004 2005 2006 2007 2008 2009 2010

010102177

西北工业大学年鉴

西北工业大学党政办公室编 西安 西北工业大学

〔馆藏卷期〕1987 2003 2004 2005 2006 2007 2008 2009 2010 2011

009934510

西安市卫生统计年鉴

西安市卫生局编 西安 西安市卫生局

〔馆藏卷期〕2004 2006 2011

013965505

西安铁路医院年鉴

西安铁路医院史志编辑委员会编 西安 西安铁路医院史志编辑委员会

〔馆藏卷期〕2007

013677325

中铁第一勘察设计院集团年鉴

中铁第一勘察设计院集团年鉴编辑委员会编 中铁第一勘察设计院集团有限公司党委宣传部 中铁第一勘察设计院集团有限公司主办 西安 中铁第一勘察设计院集团有限公司党委宣传部史志办公室

〔馆藏卷期〕2011

碑林区

012982944
碑林年鉴
碑林区地方志办公室编 碑林区人民政府主办 西安 世界图书出版西安有限公司 2011—
〔馆藏卷期〕2010 2011 2012 2013

莲湖区

013790134
西安市莲湖区统计年鉴
莲湖统计年鉴
莲湖区统计局编 莲湖 西安市莲湖区统计局
〔馆藏卷期〕2009 2010

阎良区

013790732
阎良统计年鉴
阎良区统计局编 阎良 西安市阎良区统计局
〔馆藏卷期〕2009

长安区

011500306
长安年鉴
西安市长安区地方志办公室编 中共西安市长安区委员会 西安市长安区人民政府主办 西安 西安出版社 2007—
〔馆藏卷期〕2001/2007 2011

013933037
长安统计年鉴
长安区统计局编 长安 西安市长安区统计局
〔馆藏卷期〕2009

高陵区

012243227
高陵年鉴
高陵县地方志编纂委员会编 西安 三秦出版社 2008—
〔馆藏卷期〕2008

009324879
高陵县社会经济统计年鉴
高陵统计年鉴
高陵县统计局编 高陵 高陵县统计局
〔馆藏卷期〕2002 2003 2004 2005 2006 2008 2010 2011

铜川市

008719850

铜川年鉴

铜川年鉴编纂委员会编 铜川 铜川市人民政府

〔馆藏卷期〕2000 2001 2002 2003 2004 2005 2006 2007 2008 2009 2010 2012 2013 2014

009041841

铜川统计年鉴

铜川市统计局编 铜川 铜川市统计局

〔馆藏卷期〕1997 1998 1999 2000 2001 2002 2004 2005 2006 2007 2011 2012 2013 2014

耀州区

011399598

耀州年鉴

耀州年鉴编纂委员会编 铜川市耀州区人民政府主办 耀州 西安文化传播分公司 2006—

〔馆藏卷期〕2006 2007 2008 2009 2010 2012 2013 2014

宝鸡市

008432542

宝鸡年鉴

宝鸡年鉴编纂委员会编 宝鸡 宝鸡市地方志办公室

〔馆藏卷期〕1999 2000 2001 2002 2003 2004 2005 2006 2007 2008 2009 2010 2011 2012 2013

008388831

宝鸡市统计年鉴

宝鸡统计年鉴 2006

宝鸡市统计局编 宝鸡 宝鸡市统计局

〔馆藏卷期〕1988 1990 1991 1992 1993 1994 1995 1996 1998 2000 2001 2002 2003 2005 2006 2007 2008 2011 2012 2013 2014

010223365

宝鸡车务段年鉴

西安铁路分局宝鸡车务段编 宝鸡 宝鸡车务段 1998—

〔馆藏卷期〕1998

陈仓区

009492578
宝鸡县年鉴
宝鸡县年鉴编纂委员会编 宝鸡 宝鸡县年鉴编纂委员会 2001—
〔馆藏卷期〕1998/2001

凤翔县

013710779
凤翔年鉴
凤翔年鉴编纂委员会编 凤翔 凤翔年鉴编纂委员会 2005—
〔馆藏卷期〕2000/2003

岐山县

008611717
岐山年鉴
岐山年鉴编纂委员会编 陕西省岐山县人民政府主办 岐山 岐山县档案局
〔馆藏卷期〕1998/1999 2000/2002 2004 2005

眉县

009264757
眉县年鉴
眉县年鉴编纂委员会编 眉县人民政府主办 眉县 眉县档案局 2001—
〔馆藏卷期〕1995/1999 2000/2001 2002/2004

咸阳市

008643800
咸阳年鉴
咸阳年鉴编纂委员会编 咸阳市人民政府主办 西安 陕西人民教育出版社
〔馆藏卷期〕1996/1999 2000 2001 2002 2003 2004 2005 2006 2008 2009 2010 2011 2012 2013 2014

008588962
咸阳统计年鉴
陕西省咸阳市国民经济统计年鉴 1986—1993
陕西省咸阳市统计年鉴 1994—1996
咸阳统计局编 咸阳 咸阳市统计局
〔馆藏卷期〕1986 1987 1988 1989 1990 1991 1992 1993 1994 1995 1996 1997 1998 1999 2000 2001 2002 2003 2010 2011 2012 2013

013790985
陕西咸阳化学工业有限公司年鉴
陕西咸阳化学工业有限公司编 咸阳 陕西咸阳化学工业有限公司
〔馆藏卷期〕2009

008773101
咸阳邮电年鉴
咸阳市邮政局 中国电信集团 陕西省电信公司 咸阳市分公司编 咸阳 咸阳市邮政局
〔馆藏卷期〕1999

008990534
咸阳教育年鉴
咸阳教育年鉴编纂委员会编 西安 三秦出版社 2002—
〔馆藏卷期〕1991/2000

009406190
西北农林科技大学年鉴
校长办公室编 咸阳 西北农林科技大学出版社
〔馆藏卷期〕1999 2000 2001 2002 2003

秦都区

012924964
秦都年鉴
咸阳市秦都区地方志办公室编 咸阳市秦都区人民政府主办 秦都 咸阳市秦都区地方志办公室 2009—
〔馆藏卷期〕2009

兴平市

012801264
兴平年鉴
兴平年鉴编纂委员会编 兴平市人民政府主办 兴平 兴平年鉴编纂委员会 2010—
〔馆藏卷期〕2010 2012

三原县

012924984
三原年鉴
三原县年鉴编纂委员会编 三原县人民政府主办 三原 三原县年鉴编辑部 2008—
〔馆藏卷期〕2007 2008 2009 2010 2011 2012 2013

乾县

012357238
乾县年鉴
乾县年鉴编纂委员会编 乾县人民政府主办 乾县 乾县年鉴编纂委员会 2006—
〔馆藏卷期〕2006

礼泉县

012923787
礼泉年鉴
礼泉年鉴编纂委员会编 礼泉县人民政府主办 礼泉 礼泉年鉴编纂委员会 2004—
〔馆藏卷期〕2004 2006 2006/2008 2009/2010

旬邑县

011140402
旬邑年鉴
旬邑县地方志办公室编 旬邑县人民政府主办 旬邑 陕西省新闻出版局 2006—
〔馆藏卷期〕2004/2006

淳化县

012591684
淳化年鉴
淳化年鉴编委会编 淳化县人民政府主办 淳化 淳化年鉴编委会
〔馆藏卷期〕2007 2008 2011

武功县

012925178
武功年鉴
武功年鉴编纂委员会编 武功县人民政府主办 武功 武功年鉴编纂委员会 2009—
〔馆藏卷期〕2009

渭南市

008438793
渭南年鉴
渭南市人民政府编 西安 三秦出版社
〔馆藏卷期〕1996 1999 2000 2001 2002 2003 2004 2005 2006 2007 2008 2009 2010 2011 2012 2014

009114025
渭南统计年鉴
渭南市统计局编 渭南 渭南市统计局 1997—
〔馆藏卷期〕1996 1997 1999 2000 2001 2003 2004 2005 2006 2007 2010

008773099
渭南邮电年鉴
渭南邮电年鉴编纂委员会编 渭南 渭南市邮电局 1998—
〔馆藏卷期〕1997

韩城市

009617929
韩城年鉴
韩城年鉴编纂委员会编 韩城 韩城年鉴编纂委员会 2000—
〔馆藏卷期〕2000 2001/2002 2006 2007 2009

008728185

韩城矿务局年鉴

韩城矿务局年鉴编纂委员会编 西安 三秦出版社

〔馆藏卷期〕1992 1993 1994/1995 1996 1998 1999 2000 2001 2002 2003 2004 2005 2006 2007 2008 2009 2010

华阴市

012047313

华阴市统计年鉴

华阴市统计局编 华阴 华阴市统计局 2002—

〔馆藏卷期〕2002 2003

华州区

012923568

华县年鉴

华县地方志办公室编 华县人民政府主办 华县 华县人民政府

〔馆藏卷期〕2009/2010 2011/2012 2013/2014

潼关县

012983782

潼关年鉴

潼关年鉴编纂委员会编 潼关县人民政府主办 潼关 潼关年鉴编纂委员会

〔馆藏卷期〕2008 2010

大荔县

009169766

大荔年鉴

大荔年鉴编纂委员会编 大荔 大荔年鉴编纂委员

〔馆藏卷期〕1997 1998 1999 2000 2001 2002 2007 2008 2009 2011 2012 2013

合阳县

008849869

合阳年鉴

合阳县地方志编纂委员会编 西安 陕西人民出版社

〔馆藏卷期〕1992/1996

澄城县

009425771

澄城年鉴

澄城县志编纂委员会办公室编 澄城县人民政府主办 澄城 澄城县志编纂委员会办公室

〔馆藏卷期〕1997 1999 2000 2001 2002 2003 2004 2005 2006 2007 2008 2011 2012 2013

| 富平县 | 富平县人民政府编 富平 富平县人民政府 2006— |

011821965
富平年鉴

〔馆藏卷期〕2006 2007 2008/2009

延安市

008670269
延安年鉴

延安年鉴编纂委员会编 西安 西安地图出版社

〔馆藏卷期〕2000 2001 2002 2003 2004 2005 2006 2007 2008 2009 2010 2011 2013

008426180
延安统计年鉴

陕西省延安地区统计年鉴 1994

陕西省延安统计年鉴 1995—

延安地区统计局编 延安 延安地区统计局 1995—

〔馆藏卷期〕1994 1995 1996 1997 1998 1999 2000 2001 2002 2003 2004 2005 2006 2007 2008 2010 2011 2012 2013

012200280
延安经济普查年鉴

延安市人民政府第一次经济普查办公室编 延安 延安市普查局 2007—

〔馆藏卷期〕2004

| 宝塔区 |

012909291
宝塔年鉴

宝塔年鉴编纂委员会编 宝塔区人民政府主办 宝塔 宝塔年鉴编纂委员会

〔馆藏卷期〕2010 2011 2012

| 安塞区 |

012176834
安塞年鉴

安塞年鉴编纂委员会编 安塞县人民政府主办 安塞 安塞年鉴编纂委员会 2006—

〔馆藏卷期〕2002/2005 2007 2008 2009 2010 2011 2012 2013

| 延长县 |

011968047
延长年鉴

延长县方志办公室编 延长 延长县方志

办 2008—

〔馆藏卷期〕2008 2009 2010 2011 2013

012530563

延长县综合统计年鉴

延长县统计年鉴 2007/2008—

延长县统计局编 延长 延长县统计局

〔馆藏卷期〕2003/2004 2005/2006 2007/2008

延川县

012530568

延川统计年鉴

延川县统计局编 延川 延川县统计局

〔馆藏卷期〕2005

子长县

013996346

子长年鉴

子长年鉴编纂委员会办公室编 子长县人民政府主办 子长 子长年鉴编纂委员会办公室

〔馆藏卷期〕2011

志丹县

012617679

志丹年鉴

志丹年鉴编纂委员会编 志丹县人民政府主办 志丹 志丹年鉴编纂委员

会 2006—

〔馆藏卷期〕2005 2006 2008 2009 2010 2011 2012 2013 2014

012530595

志丹统计年鉴

志丹县统计局编 志丹 志丹县统计局

〔馆藏卷期〕2004/2006

011399589

延长油矿管理局永宁钻采公司年鉴

延长油矿管理局永宁钻采公司编 志丹 延长油矿管理局永宁钻采公司 2006—

〔馆藏卷期〕1990/2005

吴起县

009397683

吴旗统计年鉴

吴旗县统计局编 吴旗 吴旗县统计局

〔馆藏卷期〕1995

甘泉县

013809511

甘泉县综合统计年鉴

甘泉县统计年鉴

甘泉县统计局编 甘泉 甘泉县统计局

〔馆藏卷期〕2005

富县

011501915
富县年鉴
富县年鉴编纂委员会编 富县人民政府主办 富县 富县人民政府 2006—
〔馆藏卷期〕2006 2007 2008/2009 2010 2011 2012 2013 2014

洛川县

013898676
洛川年鉴
洛川年鉴编纂委员会编 洛川县人民政府主办 洛川 洛川年鉴编纂委员会
〔馆藏卷期〕2004/2005 2009/2010

黄龙县

013935952
黄龙年鉴
中共黄龙县委 黄龙县人民政府主办 黄龙 黄龙县人民政府
〔馆藏卷期〕2006/2007

黄陵县

008623454
黄陵年鉴
陕西省黄陵县地方志办公室编 西安 三秦出版社
〔馆藏卷期〕1998 2001 2004 2005 2006 2007 2008 2009 2010 2011 2012 2013 2014

汉中市

008401595
汉中年鉴
汉中市人民政府编 西安 三秦出版社
〔馆藏卷期〕1998 1999 2000 2001 2002 2003 2004 2005 2006 2007 2008 2009 2011 2012 2013

011396270
汉中统计年鉴
汉中市统计局编 汉中 汉中市统计局
〔馆藏卷期〕2003 2004 2005 2006 2007 2008 2010

汉台区

008434022
汉台年鉴
陕西省汉中市汉台区史志办公室编 北京 中国县镇年鉴社
〔馆藏卷期〕1997 1998 1999 2000 2001 2002 2003 2004 2005 2006 2007 2008 2011

南郑区

008327878

南郑年鉴

陕西省南郑县地方志办公室编 北京 中国人民公安大学出版社 1993—

〔馆藏卷期〕1993 1994 1995 1996 1997 1998 1999 2000 2001 2002 2003 2004/2005 2006 2007 2008 2009 2014

城固县

008623449

城固年鉴

陕西省城固县地方志办公室编 北京 中国县镇年鉴社

〔馆藏卷期〕 1991/1996 1997/2002 2003/2007

洋县

011968080

洋县年鉴

陕西省洋县年鉴

中共洋县县委党史研究室 洋县地方志办公室编 中共洋县县委 洋县人民政府主办 洋县 洋县人民政府 2004—

〔馆藏卷期〕 2002/2003 2004/2005 2006/2007 2008/2009 2010/2011

西乡县

009519861

西乡年鉴

西乡县地方志编纂委员会编 西乡 西乡县地方志编纂委员会

〔馆藏卷期〕1992 1993 1995 2001/2003 2004/2005 2006/2007

勉县

008588896

勉县年鉴

陕西省勉县史志办公室编 北京 中国县镇年鉴社

〔馆藏卷期〕1999 2000 2001/2002 2003/2004 2005/2006

略阳县

009926324

略阳年鉴

略阳县地方志办公室 中共略阳县委党史研究室编 略阳 中共略阳县委党史研究室 2009—

〔馆藏卷期〕2000 2001/2005

留坝县

008941791

留坝年鉴

陕西省汉中市留坝县地方志编纂委员

会办公室编 西安 三秦出版社 2002—

〔馆藏卷期〕1997/2001 2002/2006

榆林市

008749311
榆林年鉴
榆林市地方志编委会编 榆林市人民政府主办 西安 西安地图出版社
〔馆藏卷期〕2000 2001 2002 2003 2004 2005 2006 2007 2008 2009 2010 2011 2012 2013

009035928
榆林统计年鉴
榆林市统计局编 榆林 榆林市统计局
〔馆藏卷期〕1996 1997 1998 1999 2000 2001 2002 2003 2004 2005 2006 2007 2008 2011 2012

013656101
陕西神木化学工业有限公司年鉴
神木化工年鉴
陕西神木化学工业有限公司编 神木 陕西神木化学工业有限公司
〔馆藏卷期〕2005 2007

012617553
榆林供电局年鉴
榆林供电局办公室编 榆林 榆林供电局 2006—
〔馆藏卷期〕1991/2005

榆阳区

009289192
榆阳年鉴
榆阳年鉴征编委员会编 中共榆林市榆阳区委主办 榆林 榆林市榆阳区史志办 2002—
〔馆藏卷期〕2001

神木市

008728229
神木年鉴
神木县地方志编纂委员会编 西安 陕西人民出版社
〔馆藏卷期〕1992 1992/2000

013680575
神木统计年鉴
神木县统计局编 神木 神木县统计局
〔馆藏卷期〕2002 2003 2004 2005 2007 2008 2009 2011

府谷县

008670243
府谷年鉴

府谷县史志编纂委员会编 西安 陕西人民出版社 1994—
〔馆藏卷期〕1990/1994

靖边县

014103768
靖边年鉴
中共靖边县委史志办公室编 靖边县人民政府主办 靖边 中共靖边县委史志办公室
〔馆藏卷期〕2013

定边县

011139680
定边年鉴
定边年鉴编辑部编 定边县人民政府主办 定边 定边年鉴编辑部 2009—

〔馆藏卷期〕2001/2006 2007/2009 2010 2011 2012 2013

子洲县

008941928
子洲年鉴
子洲年鉴编纂委员会编 中共子洲县委 子洲县人民政府主办 西安 西安地图出版社 2002—
〔馆藏卷期〕1990/2000

013772681
子洲统计年鉴
子洲"十一五"时期统计年鉴汇编 2006/2008
子洲县统计局编 子洲 子洲县统计局
〔馆藏卷期〕2006/2008 2009 2010 2011

安康市

009651969
安康年鉴
安康市地方志编纂委员会编 西安 陕西人民教育出版社
〔馆藏卷期〕1990 1992 1993 1994 1995 1996 1997

004534792
安康地区年鉴

安康市年鉴
安康地区年鉴编辑部编 安康 安康地区年鉴编辑部
〔馆藏卷期〕1998 1999 2000

008434159
安康市年鉴
安康年鉴 2003—
安康地区年鉴

安康市年鉴编辑部编辑 安康 安康市年鉴编辑部 2001—
〔馆藏卷期〕2001 2002 2003 2004 2005 2006 2007 2008 2009 2010 2012 2013

013790813
安康统计调查年鉴
国家统计局安康调查队编 安康 国家统计局安康调查队
〔馆藏卷期〕2009

009033458
安康统计年鉴
安康市统计局编 安康 安康市统计局
〔馆藏卷期〕2000 2001 2002 2004 2005 2006 2007 2008 2009 2011 2012 2013 2014

008901576
安康铁路分局年鉴
安康铁路分局史志编纂委员会编 安康 安康铁路分局史志编纂委员会
〔馆藏卷期〕1999 2000 2001 2003 2004

汉滨区

009926321
汉滨年鉴
安康年鉴
汉滨区人民政府主办 汉滨区地方志办公室编 安康 汉滨区地方志办公室 2001—
〔馆藏卷期〕2001 2003 2004 2005 2006 2007 2008 2009 2010 2011 2012 2013

汉阴县

009406142
汉阴年鉴
汉阴县人民政府办公室 汉阴县地方志办公室编 汉阴 汉阴县人民政府 2001—
〔馆藏卷期〕2001 2002 2003 2004 2005 2006 2007 2008

石泉县

008623491
石泉年鉴
李佩今主编 西安 陕西人民教育出版社 1995—
〔馆藏卷期〕1990/1993 1994/1999

岚皋县

012792617
岚皋年鉴
岚皋县档案史志局编 岚皋县人民政府主办 岚皋 岚皋县档案史志局 2010—
〔馆藏卷期〕2009

商洛市

009035746
商洛年鉴
商洛年鉴编辑委员会编 商洛市人民政府主办 商洛 商洛年鉴编辑委员会 2002—
〔馆藏卷期〕2001 2002/2003 2004 2005 2006/2007 2008 2009 2010

009035750
商洛统计年鉴
商洛市统计年鉴 2014—
商洛地区统计局主编 北京 人民日报出版社
〔馆藏卷期〕2001 2002 2003 2004 2005 2006 2007 2008 2009 2011 2012 2013 2014

商州区

009324859
商州年鉴
商州年鉴编纂委员会编 商洛市商州区人民政府主办 商州 商州年鉴编纂委员会 2002—
〔馆藏卷期〕1992/2001 2002/2004 2005/2007

洛南县

009541751
洛南年鉴
洛南年鉴编纂委员会编 洛南 洛南年鉴编纂委员会 2006—
〔馆藏卷期〕2000/2004 2005/2006 2013

丹凤县

009501728
丹凤年鉴
丹凤县年鉴编纂委员会编 丹凤县人民政府主办 丹凤 丹凤县人民政府 2004—
〔馆藏卷期〕1991/2000 2001/2008

011965746
丹凤交通年鉴
丹凤县交通局编 丹凤 丹凤县交通局 1997—
〔馆藏卷期〕1989/1997

商南县

009169812
商南年鉴
商南县史志研究办公室编 商南 商南县史志研究办公室

〔馆藏卷期〕1995 1996 1997 2003

镇安县

009926343
镇安年鉴
中共镇安县委史志研究办公室编 镇安县人民政府主办 镇安 镇安县人民政府 2007—
〔馆藏卷期〕2002/2004 2005/2006 2007/2008 2009

柞水县

009926350
柞水年鉴
柞水县地方志编纂委员会编 柞水县人民政府主办 柞水 柞水县人民政府 2005—
〔馆藏卷期〕1998/2002 2003 2004 2005 2006 2007/2008 2009/2010

013939540
柞水财政年鉴
柞水县财政局编 柞水 柞水县财政局
〔馆藏卷期〕2001/2005

甘肃省

005701046

甘肃年鉴

甘肃统计年鉴

甘肃发展年鉴

甘肃年鉴编委会编 北京 中国统计出版
社 1994—2009

〔馆藏卷期〕1994 1995 1996 1997 1998
1999 2000 2001 2002 2003 2004
2005 2006 2007 2008 2009

013654683

甘肃年鉴

甘肃省地方史志办公室编 甘肃省人民
政府主办 兰州 甘肃文化出版社

〔馆藏卷期〕2010 2011 2012 2013

012525946

甘肃社会科学年鉴

范鹏 魏胜文主编 兰州 甘肃人民出版
社 2009—

〔馆藏卷期〕2001/2005

005381810

甘肃统计年鉴

甘肃年鉴

甘肃省统计局编 北京 中国统计出版
社 1984—

〔馆藏卷期〕△1984 1985 1987 1988
1989 1990 1991 1992

013677348

甘肃机构编制年鉴

甘肃省机构编制委员会办公室编 兰州
甘肃省机构编制委员会办公室

〔馆藏卷期〕2012 2013

008958002

甘肃公安年鉴

甘肃省公安厅编 兰州 甘肃省公安厅

〔馆藏卷期〕1991/1994 1996 1997 1998
1999 2000 2001

012525940

甘肃民政统计年鉴

甘肃省民政厅计划财务处编 兰州 甘肃省民政厅
〔馆藏卷期〕2008 2009 2010

012983223
甘肃精神文明建设年鉴
甘肃精神文明建设年鉴编辑委员会编 兰州 甘肃民族出版社 2011—
〔馆藏卷期〕2010

009933346
甘肃法院年鉴
甘肃省高级人民法院编 兰州 甘肃省高级人民法院 2004—
〔馆藏卷期〕2003 2006 2008 2009 2010

011139720
甘肃检察年鉴
甘肃省人民检察院编 兰州 甘肃省人民检察院
〔馆藏卷期〕1987 1997 2005 2008 2011

011139734
甘肃经济普查年鉴
甘肃省第一次全国经济普查领导小组办公室编 兰州 甘肃人民出版社
〔馆藏卷期〕2004 2008

012808745
甘肃发展年鉴
甘肃年鉴
甘肃发展年鉴编委会编 北京 中国统计出版社 2010—

〔馆藏卷期〕2010 2011 2012 2013 2014

012983227
甘肃县域经济年鉴
冯雷 高红霞主编 兰州 甘肃民族出版社
〔馆藏卷期〕2010

010102144
甘肃企业调查年鉴
甘肃企业年鉴 2003—
甘肃省企业调查队编 兰州 甘肃省企业调查队 2001—
〔馆藏卷期〕2001 2003

009501745
甘肃城市年鉴
甘肃城市年鉴编委会编 北京 中国统计出版社 2004—
〔馆藏卷期〕2003 2005 2007 2009 2012

012923437
甘肃农垦年鉴
甘肃省农垦总公司编 兰州 甘肃科学技术出版社 1992—
〔馆藏卷期〕1953/1990

011139737
甘肃渔业经济年鉴
甘肃省水产局编 兰州 甘肃人民出版社 1997—
〔馆藏卷期〕1984/1994

005032865

甘肃农村经济年鉴

甘肃省统计局 甘肃省农业委员会编 北京 中国统计出版社 1992—

〔馆藏卷期〕1990 1992 1993 1994 1995 1996 1997 1998 1999

008849842

甘肃农村年鉴

甘肃农村经济年鉴

甘肃农村年鉴编委会编 北京 中国统计出版社 2001—

〔馆藏卷期〕2001 2002 2003 2004 2005 2006 2007 2008 2009 2010 2011 2012 2014

013635198

甘肃水利年鉴

甘肃水利年鉴编纂委员会编 兰州 兰州大学出版社

〔馆藏卷期〕2011 2012

013965234

甘肃水利统计年鉴

甘肃省水利厅编 兰州 甘肃省水利厅

〔馆藏卷期〕2003 2008

005033179

甘肃交通年鉴

甘肃省交通史志年鉴编写委员会编 甘肃省交通史志年鉴编写委员会主办 兰州 兰州大学出版社 1991—

〔馆藏卷期〕1992 1993 1994 1995 1996 1997 1998 1999 2000 2001 2002 2003 2004 2005 2006 2007 2008 2009 2010 2011 2012 2013 2014

010224123

甘肃公安交通管理年鉴

甘肃公安交通管理综合年鉴 1987/1996

甘肃省公安厅交通警察总队编 兰州 甘肃省公安厅交通警察总队

〔馆藏卷期〕1987/1996 1997/1999 2000

012243224

甘肃邮政年鉴

甘肃邮政年鉴编纂委员会编 兰州 甘肃邮政年鉴编纂委员会 2008—

〔馆藏卷期〕2008 2009 2010 2011 2013

011139718

甘肃电信统计年鉴

甘肃省电信有限公司编 兰州 甘肃省电信有限公司

〔馆藏卷期〕2005

011966533

甘肃价格调查年鉴

国家统计局甘肃调查总队编 北京 中国统计出版社 2009—

〔馆藏卷期〕2008 2009

012923440

甘肃商务年鉴

甘肃省商务厅编 兰州 甘肃省商务厅 2010—

〔馆藏卷期〕2010

010224006
甘肃财政年鉴
甘肃财政年鉴编辑委员会编 兰州 甘肃人民出版社 2003—
〔馆藏卷期〕2002 2003 2004 2005 2006 2007 2008 2009 2010 2011 2012 2013

011396181
甘肃地方税务年鉴
甘肃地方税务年鉴编委会编 兰州 甘肃人民出版社 1998—
〔馆藏卷期〕1995/1997 1998 1999

011501919
甘肃国税年鉴
甘肃省国家税务局编 兰州 甘肃人民出版社 1999—
〔馆藏卷期〕1994/1996

007509749
甘肃金融年鉴
甘肃金融年鉴编辑部编 北京 人民中国出版社
〔馆藏卷期〕1993 1994 1995 1996 1997 1998 1999 2000 2001 2002 2003 2004 2005 2006 2007 2008 2009 2010 2011 2012 2013

012790028
甘肃社会保险统计年鉴
甘肃省社会保险事业管理中心编 兰州 甘肃省社会保险事业管理中心
〔馆藏卷期〕2009

009501731
甘肃信息化年鉴
甘肃信息年鉴
甘肃省发展计划委员会编 兰州 甘肃文化出版社 2003—
〔馆藏卷期〕2003 2004 2005 2006 2007

011396192
甘肃科技统计年鉴
甘肃省科学技术委员会 甘肃省教育委员会编 兰州 甘肃省科学技术委员会
〔馆藏卷期〕1997 1998 1999 2003 2007 2009

009111383
甘肃教育年鉴
甘肃省教育委员会办公室编 兰州 甘肃文化出版社
〔馆藏卷期〕1949/1983 1984/1986 1987/1989 1990/1991 1992/1993 1994/1995 1997 1998 1999 2000 2001 2002 2003 2004 2005 2006 2007 2008 2009 2010 2011

010224131
甘肃省体育年鉴
甘肃体育年鉴 1993—1994/1995
甘肃省体委文史办编 兰州 甘肃省体委 1991—

〔馆藏卷期〕1991 1992 1993 1994/1995 1996/1997 1998/2000 2001 2001/2006

013772839
甘肃文物年鉴
甘肃省文物局编 兰州 甘肃省文物局 2011—

〔馆藏卷期〕2011

011139736
甘肃抗旱防汛年鉴
甘肃抗旱防汛指挥部办公室编 兰州 甘肃抗旱防汛指挥部 1996—
〔馆藏卷期〕1996 1997

兰州市

008405551
兰州年鉴
兰州年鉴编纂委员会编 北京 中国统计出版社
〔馆藏卷期〕1998 1999 2001 2002 2003 2004 2005 2006 2008 2009 2010 2011 2012 2013

008270414
兰州市统计年鉴
兰州统计年鉴
兰州市统计局编 兰州 兰州市统计局
〔馆藏卷期〕1992 1993 1994 1995 1996 2007 2008 2009 2010 2011 2012 2013 2014

013609414
中共甘肃省委党校年鉴
中共甘肃省委党校年鉴编辑部编 兰州 中共甘肃省委党校
〔馆藏卷期〕2002 2003 2004 2005 2006 2007 2008 2009 2010 2011

011139959
兰州公安年鉴
兰州市公安局编 兰州 兰州市公安局 2005—
〔馆藏卷期〕2005 2007

010102139
兰铁检察年鉴
兰州铁路检察分院编 兰州 兰州铁路检察分院
〔馆藏卷期〕2004 2005 2008 2009 2010

010226310
兰州城市建设统计年鉴
兰州市建设委员会编 兰州 兰州市建设委员会
〔馆藏卷期〕2001

008958007

兰化年鉴

兰化年鉴编审委员会编 兰州 甘肃文化出版社

〔馆藏卷期〕1993/1995

013635459

兰州石化公司年鉴

兰州石化公司编 兰州 甘肃文化出版社 2012—

〔馆藏卷期〕2011 2013

008137871

兰州铁路局年鉴

兰州铁路局年鉴编纂委员会编 兰州 兰州铁路局年鉴编纂委员会

〔馆藏卷期〕1991/1992 1993 1996 1997 1998 1999 2000 2001 2002 2003 2004 2005 2006 2007 2008 2009 2010 2011 2012 2014

008941771

兰州邮政年鉴

兰州市邮政局年鉴编纂委员会编纂 兰州 兰州大学出版社

〔馆藏卷期〕1998

013610074

中国电信甘肃公司统计年鉴

中国电信甘肃公司编 兰州 中国电信甘肃公司

〔馆藏卷期〕2010

009616789

甘肃进出口商品检验局年鉴

甘肃进出口商品检验局编印 兰州 甘肃进出口商品检验局

〔馆藏卷期〕1986 1988 1993 1995

011398603

兰州教育年鉴

兰州市教育局办公室编 兰州 兰州市教育局

〔馆藏卷期〕2004/2005 2006 2007

011396201

甘肃中医学院年鉴

甘肃中医学院办公室编 兰州 甘肃中医学院

〔馆藏卷期〕2002/2003 2004/2005 2007 2008 2009 2010

010226312

兰州大学年鉴

兰州大学校长办公室编 兰州 兰州大学出版社

〔馆藏卷期〕1995 1996 1998 1999 2000 2001 2002 2003 2004 2005 2006 2007 2008 2009 2010 2011 2012 2013 2014

013373800

兰州交通大学年鉴

兰州交通大学党委办公室 兰州交通大学校长办公室编 兰州 兰州交通大学

〔馆藏卷期〕2008 2009

011398607

兰州理工大学年鉴

兰州理工大学校长办公室编 兰州 兰州理工大学校长办公室

〔馆藏卷期〕2003

011503555

西北民族大学年鉴

西北民族大学办公室编 兰州 甘肃民族出版社

〔馆藏卷期〕2005 2006 2007 2008 2009 2010 2011

012983390

兰州资源环境职业技术学院年鉴

兰州资源环境职业技术学院办公室编 兰州 兰州资源环境职业技术学院办公室

〔馆藏卷期〕2004/2008

013821874

中国科学院近代物理研究所年鉴

中国科学院近代物理研究所办公室编 兰州 近代物理研究所办公室

〔馆藏卷期〕1993/1994

013965232

甘肃省中医院年鉴

甘肃省中医院编 兰州 甘肃省中医院 2003—

〔馆藏卷期〕2000/2002

009913859

铁道部第一勘测设计院年鉴

铁道第一勘察测设计院年鉴 2003—
中铁第一勘察设计院集团年鉴 2010
铁道部第一勘测设计院年鉴编辑委员会编 兰州 铁道部第一勘测设计院年鉴编辑委员会 1996—

〔馆藏卷期〕1996 2000 2003 2004 2010

七里河区

011140379

七里河年鉴

兰州市七里河区地方志编纂委员会编 七里河区 兰州市七里河区地方志编纂委员会

〔馆藏卷期〕2005

嘉峪关市

009492566

嘉峪关年鉴

嘉峪关年鉴编纂委员会编 嘉峪关 嘉峪关年鉴编纂委员会 2000—

〔馆藏卷期〕2000 2001/2002 2003 2004 2005 2006 2007 2008 2010 2011 2012 2013

009395415
嘉峪关市统计年鉴
嘉峪关统计年鉴 2010—
甘肃省嘉峪关市统计局编 嘉峪关 嘉峪关市统计局
〔馆藏卷期〕2002 2003 2005 2006 2007 2010 2011 2012 2013

金昌市

009111401
金昌年鉴
金昌年鉴编纂委员会编 北京 中国统计出版社
〔馆藏卷期〕1992/2000 2002 2003 2004 2005 2006 2007 2008 2009 2011 2012 2013

010137459
金昌市统计年鉴
金昌统计年鉴 2007—
金昌市统计局编 金昌 金昌市统计局 1989—
〔馆藏卷期〕1988 1989 1991 2007 2012

白银市

009135256
白银年鉴
白银市年鉴 2010—
白银年鉴编纂委员会编 白银 白银年鉴编纂委员会
〔馆藏卷期〕2001 2002 2003 2004 2005 2006 2007 2008/2009 2010 2011 2012

009081249
白银统计年鉴
白银市统计局编 白银 甘肃省白银市统计局
〔馆藏卷期〕1995 1996 1997 1998 1999 2000 2005 2006 2007 2008 2009 2010 2011 2012 2014

012351700
白银民政年鉴
白银市民政局编 白银 白银市民政局
〔馆藏卷期〕2004 2005 2006 2007

012078959
白银经济普查年鉴
白银市政府经济普查办公室 白银市统计局编 白银 白银市统计局 2007—
〔馆藏卷期〕2004

白银区

012099932

白银区年鉴

白银区年鉴编辑委员会编 白银 白银区年鉴编辑委员会

〔馆藏卷期〕2002 2003 2004 2006 2007 2008 2009 2011 2012

平川区

013677735

平川年鉴

白银市平川区地方志编纂委员会办公室编 平川 白银市平川区地方志编纂委员会办公室

〔馆藏卷期〕2011 2012 2013

会宁县

013636594

会宁年鉴

会宁县地方志编纂委员会办公室编 会宁 会宁县地方志编纂委员会办公室

〔馆藏卷期〕2011 2012 2013

景泰县

012591868

景泰年鉴

景泰县年鉴 2004

景泰年鉴编辑委员会编 景泰 景泰年鉴编辑委员会 2007—

〔馆藏卷期〕2004 2005 2006 2011 2012

天水市

002459235

天水年鉴

甘肃省天水市地方志办公室编 天水 天水年鉴编辑部

〔馆藏卷期〕1987 2011 2012

007712964

天水统计年鉴

天水经济统计年鉴

天水市统计局编 北京 中国统计出版社 1992—

〔馆藏卷期〕1990 1991 1993 1994 1995 1996 1997 1998 1999 2006

009900456

天水经济统计年鉴

天水经济年鉴

天水统计年鉴

天水市统计局编 北京 中国统计出版社 2001—

〔馆藏卷期〕1985/2005 2001 2002 2003 2004 2007 2008 2009 2010

013090404
天水教育年鉴
天水市教育局编 天水 天水市教育局
〔馆藏卷期〕2006/2008

武威市

009182822
武威年鉴
武威市统计局编 武威 武威市统计局
〔馆藏卷期〕2001 2003 2005 2006 2007 2008 2009 2010 2011 2013

009123996
武威统计年鉴
武威地区行政公署统计处编辑 武威 武威地区行政公署统计处
〔馆藏卷期〕1996 2000 2002 2003 2004/2005 2007 2008 2009 2010 2012

天祝藏族自治县

012801182
天祝年鉴
天祝年鉴编纂委员会编 天祝藏族自治县人民政府主办 天祝 天祝年鉴编纂委员会 2009—
〔馆藏卷期〕2006/2007

013711451
天祝统计年鉴
天祝统计年鉴编辑委员会编 天祝 天祝统计年鉴编辑委员会
〔馆藏卷期〕2008

张掖市

008958016
张掖年鉴
张掖市人民政府主办 张掖市地方志办公室编辑 兰州 兰州大学出版社
〔馆藏卷期〕1998 1999 2000

009726024
张掖综合年鉴
张掖综合年鉴编纂委员会编 中共张掖市委员会 张掖市人民政府主办 兰州 甘肃文化出版社 2005—
〔馆藏卷期〕1996/2003 2004/2005 2006 2007/2008 2009/2010

009124000
张掖市统计年鉴

张掖统计年鉴 2006—
张掖统计局编 张掖 张掖市统计局
〔馆藏卷期〕2002 2004 2006 2011 2012

009934817
中燃年鉴
中国船舶燃料供应总公司年鉴编纂委员会编 张掖 中国船舶燃料供应总公司 2005—
〔馆藏卷期〕1997/2003

甘州区

009492910
甘州区年鉴
甘州区地方志办公室编 甘州市人民政府主办 兰州 甘肃文化出版社
〔馆藏卷期〕2001/2002 2004/2005 2008/2009

011396212
甘州区纪检监察年鉴
中共张掖市甘州区纪委 甘州区监察局编 甘州 2006—
〔馆藏卷期〕2000/2006

009746462
甘州区国民经济和社会发展统计年鉴
甘州区统计年鉴
甘肃省张掖市甘州区统计局编 甘州 甘肃省张掖市甘州区统计局
〔馆藏卷期〕2003 2004 2005 2006

民乐县

013711369
民乐年鉴
民乐县地方史志办公室编 中共民乐县委员会 民乐县人民政府主办 民乐 民乐县地方史志办公室 2007—
〔馆藏卷期〕2004/2005 2007/2008

临泽县

009928033
临泽年鉴
临泽县档案局编纂 临泽县人民政府主办 兰州 甘肃文化出版社 2004—
〔馆藏卷期〕2003 2004 2005 2006 2007 2011

高台县

013369830
高台综合年鉴
高台县地方史志编纂办公室编 高台县人民政府主办 高台 高台县地方史志编纂办公室
〔馆藏卷期〕2009/2010

山丹县

010102141
山丹年鉴
山丹综合年鉴 1989/2004

山丹县地方志编纂办公室编纂 山丹县人民政府主办 兰州 甘肃文化出版社 2006—

〔馆藏卷期〕1989/2004 2005 2006/2008

平凉市

008434203
平凉市年鉴
平凉市崆峒区年鉴
甘肃省平凉市年鉴办公室编 平凉 甘肃省平凉市年鉴办公室
〔馆藏卷期〕1993 1994 1995 1996/1997 1998/2000 2000/2001 2002/2003 2004/2005 2010/2011

012983695
平凉市教育年鉴
平凉教育年鉴 2011—
平凉市教育局编 兰州 甘肃人民美术出版社 2011—
〔馆藏卷期〕2007/2009 2010 2011

崆峒区

011822278
崆峒区年鉴
中共平凉市崆峒区委员会 平凉市崆峒区人民政府编 崆峒 平凉市崆峒区年鉴办公室 2008—
〔馆藏卷期〕2006/2007 2008/2009

灵台县

013788400
灵台年鉴
灵台年鉴编辑委员会编 灵台 灵台年鉴编辑委员会
〔馆藏卷期〕2010

崇信县

009588939
崇信年鉴
崇信县地方志编纂委员会办公室编 崇信县人民政府主办 崇信 崇信县地方志编纂委员会办公室 2004—
〔馆藏卷期〕1991/2002 2003/2006

华亭县

008825428
华亭县年鉴
华亭年鉴 1999/2000
甘肃省华亭县年鉴办公室编 华亭 甘肃省华亭县年鉴办公室
〔馆藏卷期〕1996 1997 1998 1999/2000 2001/2002 2003/2005

庄浪县

013765023

庄浪年鉴

庄浪县志编纂办公室编 庄浪县人民政府主办 庄浪 庄浪县志编纂办公室 2011—

〔馆藏卷期〕2011

012926224

庄浪县综合年鉴

庄浪县综合年鉴编纂委员会编 北京 中国书店出版社 2006—

〔馆藏卷期〕1991/2000

静宁县

012983386

静宁综合年鉴

静宁县地方志编纂委员会编 静宁 静宁县地方志编纂委员会

〔馆藏卷期〕2003/2006

酒泉市

009616796

酒泉年鉴

酒泉年鉴编辑委员会编 酒泉市人民政府主办 酒泉 酒泉市人民政府 2004—

〔馆藏卷期〕2004 2005 2006 2007 2008 2009 2010 2011 2012 2013 2014

009182868

酒泉统计年鉴

酒泉年鉴 1999—2003

酒泉市三个五年计划统计年鉴 1985/2000

酒泉统计年鉴编辑委员会编 酒泉 酒泉市统计局 2004—

〔馆藏卷期〕1985/2000 1999 2000 2001 2002 2003 2004 2005

敦煌市

009726250

青海油田分公司年鉴

中国石油青海油田公司年鉴 2005—

青海油田分公司编 汕头 汕头大学出版社 2004—

〔馆藏卷期〕2000/2003 2005 2010 2011/2012

011396105

敦煌研究院年鉴

敦煌研究院编 上海 上海辞书出版社

〔馆藏卷期〕2005/2006 2007/2008

金塔县

009460009
金塔县统计年鉴
金塔统计年鉴 2001
金塔年鉴 2002—
金塔县统计局编印 金塔 金塔县统计局
〔馆藏卷期〕1984/2000 2001 2002 2003 2004 2005 2006

阿克塞哈萨克族自治县

012078945
阿克塞历史统计年鉴
阿克塞哈萨克族自治县历史统计年鉴
阿克塞哈萨克族自治县统计局编 阿克塞 阿克塞县统计局 2002—
〔馆藏卷期〕2002

庆阳市

008749158
庆阳年鉴
庆阳年鉴编纂委员会编 北京 中国统计出版社
〔馆藏卷期〕2001 2003 2004 2005 2006 2007 2008 2009 2010 2011 2012 2013 2014

011968667
庆阳综合年鉴
庆阳市地方志办公室编 中共庆阳市委员会 庆阳市人民政府主办 西安 三秦出版社 2009—
〔馆藏卷期〕2008 2009 2010

西峰区

009289238
西峰年鉴
西峰年鉴编委会编 西峰 西峰年鉴编委会
〔馆藏卷期〕2002 2003 2004 2005 2006 2007 2008 2009

镇原县

013636586
镇原年鉴
镇原县统计局编 镇原 镇原县统计局
〔馆藏卷期〕2012 2013

012801365
镇原综合年鉴
镇原县地方志办公室编 中共镇原县委员会 镇原县人民政府主办 镇原 镇原县地方志办公室
〔馆藏卷期〕2009/2010

定西市

009123964
定西年鉴
定西年鉴编纂委员会编 定西 定西年鉴编纂委员会
〔馆藏卷期〕2001 2002 2003 2004 2005

009917875
定西统计年鉴
定西地区行政公署统计处编 定西 定西地区行政公署统计处
〔馆藏卷期〕2000 2006 2008 2009 2010 2011 2012 2013

013935898
定运年鉴
定西交通运输集团编 定西 定西交通运输集团 2010—
〔馆藏卷期〕1997/2009

陇南市

011323012
陇南年鉴
陇南综合年鉴 2008—
陇南发展年鉴 2010—
陇南年鉴编纂委员会编 陇南 陇南市统计局 2005—
〔馆藏卷期〕2005 2007 2008 2010 2012

009123995
陇南统计年鉴
陇南地区统计年鉴 1994
陇南地区行政公署统计处编 陇南 陇南地区行政公署统计处
〔馆藏卷期〕1994 1995 1996 1997 1998 1999 2000 2001 2002 2003

临夏回族自治州

008433758
临夏回族自治州综合年鉴
临夏回族自治州年鉴 2001/2002
临夏回族自治州地方史志编纂委员会编 兰州 甘肃文化出版社
〔馆藏卷期〕1986/1995 2001/2002 2003/2004

013373808
临夏回族自治州统计年鉴

临夏回族自治州统计局编 临夏 临夏回族自治州统计局
〔馆藏卷期〕1998/2002

临夏市

008438724
临夏市年鉴
临夏市地方志编纂委员会编 兰州 兰州大学出版社
〔馆藏卷期〕1986/1995 1996/2000

永靖县

010226887
永靖县年鉴
永靖年鉴 2011—
永靖县地方史志办公室编 兰州 兰州大学出版社
〔馆藏卷期〕2003 2004 2005 2006 2007 2011

和政县

008438765
和政县十年鉴
和政县志编纂委员会编 兰州 甘肃文化出版社
〔馆藏卷期〕1986/1995

积石山保安族东乡族撒拉族自治县

012354187
积石山保安族东乡族撒拉族自治县年鉴
积石山保安族东乡族撒拉族自治县志编辑部编 积石山 积石山保安族东乡族撒拉族自治县志编辑部 2009—
〔馆藏卷期〕2006/2007

甘南藏族自治州

009160716
甘南州年鉴
甘南州地方史志办公室编辑 甘南藏族自治州人民政府主办 兰州 甘肃人民出版社
〔馆藏卷期〕1991/1995 1996/2000 2001/2003 2005 2006 2007 2008 2009 2010 2011 2012 2014

011966530
甘南统计年鉴
甘南藏族自治州统计局编 甘南 甘南藏族自治州统计局 2007—
〔馆藏卷期〕2004 2006 2007 2011 2012

卓尼县

013790791
卓尼县年鉴

卓尼县地方史志办公室编 卓尼县人民政府主办 卓尼 卓尼县地方史志办公室
〔馆藏卷期〕1991/2003

青海省

008773086

青海年鉴

青海省地方志编纂委员会主办编 西宁 青海省地方志编纂委员会

〔馆藏卷期〕1997 1998 1999 2000 2001 2002 2003 2005 2006 2007 2008 2009 2010 2011 2012 2013 2014

004598881

青海省统计年鉴

青海省社会经济统计年鉴

青海统计年鉴

青海省统计局编 北京 中国统计出版社 1993

〔馆藏卷期〕1993

006924910

青海统计年鉴

青海省统计年鉴

青海省统计局编 北京 中国统计出版社 1994—

〔馆藏卷期〕1994 1995 1996 1997 1998 1999 2000 2001 2002 2003 2004 2005 2006 2007 2008 2009 2010 2011 2012 2013 2014

012049061

中国人民政治协商会议青海省委员会年鉴

中国人民政治协商会议青海省委员会年鉴编纂委员会编 青海 青海省政协 2005—

〔馆藏卷期〕2003 2004 2005 2006 2007 2008 2009 2010

013635213

青海民政统计年鉴

青海省民政厅编 西宁 青海省民政厅

〔馆藏卷期〕2010 2011 2012 2014

012079237

青海武警年鉴

中国人民武装警察部队青海省总队编史办公室编 青海 青海武警总队

2000—
〔馆藏卷期〕2000 2001

013603221
青海经济年鉴
青海省地方志办公室编 西宁 青海省地方志办公室 2012—
〔馆藏卷期〕2011 2012 2013

011139932
青海省经济普查年鉴
青海省第二次全国经济普查年鉴 2008
青海省经济普查领导小组办公室 青海省统计局编 西宁 青海省统计局
〔馆藏卷期〕2004 2008

003098896
青海省社会经济统计年鉴
青海省统计年鉴
青海省统计局编 北京 中国统计出版社 1992
〔馆藏卷期〕1987 1988 1989 1990 1991 1992

013090030
青海交通年鉴
青海公路交通史志编审委员会办公室编 银川 青海公路交通史志编审委员会办公室

〔馆藏卷期〕2006 2007 2008 2010 2011

009492928
青海邮政年鉴
青海邮电年鉴 1996/1998
青海省邮政局编 西宁 青海省邮政局
〔馆藏卷期〕1996/1998 1998/2000 2001 2002 2003 2004 2005 2006 2007

008211768
青海教育年鉴
马玉麟主编 西宁 青海人民出版社 1992—
〔馆藏卷期〕1949/1990

011967066
青藏高原低涡切变线年鉴
李跃清等编著 北京 科学出版社 2009—
〔馆藏卷期〕1998 1999 2000 2001 2002 2003 2004 2005 2006 2007 2008 2009 2010 2011

013311853
青海卫生统计年鉴
青海省卫生厅编 西宁 青海省卫生厅
〔馆藏卷期〕2003 2004 2005 2006 2007 2008 2010

西宁市

009436923
西宁年鉴
西宁年鉴编纂委员会编 西安 陕西人民出版社
〔馆藏卷期〕1995/1997 1998/2000 2001/2002 2004 2006 2011/2012

008175492
西宁统计年鉴
西宁市统计局编 北京 中国统计出版社 1998—
〔馆藏卷期〕1998 1999 2000 2001 2002 2003 2004 2005 2006 2007 2008 2009 2010 2011 2012 2013 2014

013714727
黄河水电公司年鉴
中国电力投资集团公司西北分公司黄河上游水电开发有限责任公司编 西宁 黄河水电公司
〔馆藏卷期〕2011

011967093
青海西部资源有限公司年鉴
青海西部资源有限公司编 西宁 青海西部资源有限公司 2008—
〔馆藏卷期〕2006/2007 2008

011140543
青藏铁路公司年鉴
青藏铁路公司年鉴编纂委员会编 西宁 青海人民出版社 2007—
〔馆藏卷期〕2006 2007 2008 2009 2010 2011 2012 2013

012617522
西宁金融年鉴
西宁金融年鉴编辑委员会编 西宁 西宁金融年鉴编辑委员会 1992—
〔馆藏卷期〕1986/1990 1991/1992 1993/1994 1995/1996 1997/1998

城西区

013753529
城西年鉴
西宁市城西区年鉴
城西区年鉴
西宁市城西区地方志编纂委员会办公室编 西宁 西宁市城西区地方志编纂委员会办公室
〔馆藏卷期〕2010 2011 2012 2013

大通回族土族自治县

011395815
大通年鉴
大通回族土族自治县地方志编纂委员会编 大通回族土族自治县人民政府

主办 大通 大通回族土族自治县县志编纂委员会办公室 2006—

〔馆藏卷期〕2001/2005 2006/2007

海东市

009840975
海东统计年鉴
海东统计年鉴编纂委员会编 海东地区行政公署主办 海东 海东地区统计局
〔馆藏卷期〕2001 2003

乐都区

013793179
乐都统计年鉴
乐都县统计局编 乐都 乐都县统计局
〔馆藏卷期〕2012

化隆回族自治县

009927911
化隆回族自治县综合年鉴
化隆县志编纂委员会编 西宁 青海人民出版社 2004—
〔馆藏卷期〕1986/1996 2010/2011

海北藏族自治州

009501989
海北年鉴
海北州地方志编纂委员会编 海北 海北州地方志编纂委员会 2003—
〔馆藏卷期〕2001 2002 2003 2004 2005 2006 2007 2008 2009 2011 2012 2013

009806037
海北统计年鉴
海北州统计年鉴 2008—
海北州统计局编 海北 海北州统计局 2004—
〔馆藏卷期〕2003 2004 2005 2008 2010

祁连县

008990686
祁连年鉴
祁连县地方志编纂委员会编 祁连 祁连县地方志编纂委员会
〔馆藏卷期〕1986/1994 1995/2003

刚察县

013753626
刚察县综合年鉴
刚察年鉴 2011—
刚察县地方志编纂委员会编 刚察 刚察县地方志编纂委员会
〔馆藏卷期〕2006/2010 2011

门源回族自治县

012199433
门源年鉴
门源回族自治县地方志编纂委员会编 西宁 青海人民出版社 2008—
〔馆藏卷期〕2006 2007 2008 2009 2010

黄南藏族自治州

009726246
黄南年鉴
黄南藏族自治州年鉴编纂委员会编 西宁 青海人民出版社 2005—
〔馆藏卷期〕1991/2000 2001/2005 2006/2007

河南蒙古族自治县

009927901
河南蒙古族自治县年鉴
河南蒙古族自治县年鉴编委会编 兰州 甘肃民族出版社 2004—
〔馆藏卷期〕1991/2000

海南藏族自治州

008977016
海南藏族自治州年鉴
海南州年鉴
海南年鉴 2009—
海南州年鉴编辑部编 海南 海南州年鉴编辑部 2002—
〔馆藏卷期〕2001 2002 2003 2004 2005 2006 2007 2008 2009

009806055
海南统计年鉴
海南藏族自治州统计局编 海南 海南藏族自治州统计局
〔馆藏卷期〕2003 2008

果洛藏族自治州

009104892
果洛藏族自治州年鉴
果洛年鉴
果洛藏族自治州地方志编纂委员会编
　西宁 青海民族出版社

〔馆藏卷期〕1996　1997　1998　1999　2000
2001　2002　2003　2004　2005　2006
2007　2008　2009　2010　2011　2012
2013

玉树藏族自治州

009806070
玉树统计年鉴
玉树藏族自治州统计局编　玉树　玉树藏
族自治志州统计局 2001—
〔馆藏卷期〕2001　2002　2003　2004

海西蒙古族藏族自治州

012525921
大柴旦年鉴
大柴旦行委地方志编纂委员会编　西宁
　青海人民出版社 2009—
〔馆藏卷期〕2001/2008

008250229
海西年鉴
海西蒙古族藏族自治州年鉴编辑委员
　会编　西宁 青海人民出版社 1989—
〔馆藏卷期〕1988　2002　2003/2007　2008
　2009　2010　2011

009806063
海西统计年鉴
海西蒙古族藏族自治州统计局编　海西
　海西州统计局
〔馆藏卷期〕2009　2010　2011　2012

德令哈市

013369666
德令哈年鉴
德令哈市地方志编纂委员会编　德令哈
　德令哈市地方志编纂委员会 2010—
〔馆藏卷期〕2007/2009

格尔木市

009840968
格尔木年鉴
格尔木市地方志编纂委员会编 格尔木 格尔木市地方志编纂委员会 2006—
〔馆藏卷期〕2001/2005 2006/2008 2008/2010 2010/2012

011501923
格尔木市统计年鉴
青海省格尔木市统计局编印 格尔木 格尔木市统计局
〔馆藏卷期〕1996/2000

宁夏回族自治区

008315360
宁夏年鉴 图文卷
宁夏年鉴编辑委员会编 北京 中国统计出版社 1998—
〔馆藏卷期〕1998 2001 2002

008315335
宁夏年鉴 资料卷
宁夏统计年鉴
宁夏回族自治区人民政府办公厅 宁夏回族自治区统计局编 北京 中国统计出版社 1998—
〔馆藏卷期〕1998

008886454
宁夏年鉴
宁夏回族自治区人民政府主办 宁夏地方志编审委员会承办 宁夏年鉴编辑委员会编 北京 方志出版社 2001—
〔馆藏卷期〕2003 2005 2006 2007 2008 2009 2010 2011 2012 2013 2014

013467521
宁夏社会科学年鉴
宁夏社会科学界联合会编 银川 宁夏人民出版社 2011—
〔馆藏卷期〕2011

008477224
宁夏城调年鉴
宁夏回族自治区城市社会经济调查队编 北京 中国统计出版社
〔馆藏卷期〕1986/1990 1992 1993 1994 1995 1996 1997

011966895
宁夏调查年鉴
国家统计局宁夏调查总队编 银川 国家统计局宁夏调查总队 2005—
〔馆藏卷期〕2005

002456569
宁夏统计年鉴
宁夏回族自治区统计局编 北京 中国统

计出版社

〔馆藏卷期〕1987 1988 1990 1991 1992 1993 1994 1995 1996 1997 1999 2000 2001 2002 2003 2004 2005 2006 2007 2008 2010 2011 2012 2013 2014

012357229
宁夏回族自治区政协年鉴
中国人民政治协商会议宁夏回族自治区委员会办公厅编 宁夏 宁夏回族自治区政协

〔馆藏卷期〕2008 2009 2010 2011 2012

009726244
宁夏精神文明建设年鉴
宁夏精神文明建设年鉴编委会编 宁夏回族自治区党委宣传部 宁夏回族自治区精神文明办主办 北京 新华出版社 2005—

〔馆藏卷期〕2004 2005 2007 2008 2010 2011 2012 2013

010102641
宁夏非公有制经济年鉴
宁夏回族自治区工商业联合会 宁夏西部研究与发展促进会编 银川 宁夏人民出版社 2006—

〔馆藏卷期〕2005

008940647
宁夏城市社会经济调查年鉴
宁夏城调年鉴

宁夏回族自治区城市社会经济调查队编印 银川 宁夏回族自治区城市社会经济调查队 2000—

〔馆藏卷期〕2000 2003 2005

008405232
宁夏回族自治区农村社会经济调查年鉴
宁夏农村社会经济调查年鉴

宁夏回族自治区农村社会经济调查资料 1990/1995

宁夏回族自治区农村社会经济调查队编 银川 宁夏回族自治区农村社会经济调查队

〔馆藏卷期〕△1990/1995 1996 1997 1998 1999 2000 2001 2002 2003 2004 2011 2012 2013

012047592
宁夏经济年鉴
宁夏经济年鉴编纂委员会编 银川 宁夏人民出版社 2009—

〔馆藏卷期〕2008

011139930
宁夏经济普查年鉴
宁夏回族自治区第一次全国经济普查领导小组办公室编 北京 中国统计出版社 2007

〔馆藏卷期〕2004

008940652
宁夏企业年鉴

宁夏回族自治区企业调查队编 银川 宁夏回族自治区企业调查队 2001—

〔馆藏卷期〕2001 2002 2003 2004

012792661
宁夏农业综合开发年鉴
宁夏农业综合开发办公室编 银川 宁夏农业综合开发办公室

〔馆藏卷期〕2009

011398671
宁夏电力年鉴
宁夏电力年鉴编纂委员会编 银川 宁夏电力年鉴编纂委员会 2001—

〔馆藏卷期〕2001 2002 2003 2004

011966903
宁夏能源年鉴
宁夏能源年鉴编辑委员会编 银川 宁夏人民出版社 2008—

〔馆藏卷期〕2008

012924917
宁夏能源统计年鉴
宁夏回族自治区统计局编 银川 宁夏回族自治区统计局 2009—

〔馆藏卷期〕2008

012792666
宁夏水利年鉴
宁夏水利年鉴编纂委员会编 西安 陕西人民教育出版社 2010—

〔馆藏卷期〕2008 2009 2010 2011 2012 2013

008400326
宁夏邮电年鉴
宁夏邮电史志编审委员会编 银川 宁夏邮电史志编审委员会

〔馆藏卷期〕1997 1998 1999

012924919
宁夏邮政年鉴
宁夏邮政年鉴编纂委员会编 银川 宁夏人民出版社 2011—

〔馆藏卷期〕2007

008825431
宁夏电信年鉴
宁夏电信年鉴编委会编 银川 中国电信集团 宁夏回族自治区电信公司

〔馆藏卷期〕2000 2001 2002 2003

009015796
宁夏财政年鉴
宁夏财政年鉴编纂委员会编 银川 宁夏财政年鉴编纂委员会

〔馆藏卷期〕1989 1990 1991 1992 1993 1994 1995 1996 1997 1998 1999 2000 2002 2004 2005 2006 2007 2008 2009 2010 2011 2012 2013 2014

009015789
宁夏建设银行年鉴
宁夏建设银行投资研究所编 宁夏 宁夏

建设银行

〔馆藏卷期〕1991 1992 1993 1994 1995

011503122

宁夏投资年鉴

宁夏回族自治区发展改革委员会 宁夏回族自治区经济委员会编 银川 宁夏统计局

〔馆藏卷期〕2000 2001 2003 2005 2006 2007

012199503

宁夏证券期货统计年鉴

中国证券监督管理委员会宁夏监管局编 银川 中国证监会宁夏监管局 2008—

〔馆藏卷期〕2007

009015809

宁夏农村金融统计年鉴

中国农业银行宁夏分行编 宁夏 中国农业银行宁夏分行

〔馆藏卷期〕1979/1989 1991 1992 1993 1994

009054704

宁夏回族自治区科学技术年鉴

宁夏回族自治区科学技术委员会 科学技术年鉴编辑组编 银川 宁夏人民出版社 1989—

〔馆藏卷期〕1987 1988 1989 1990 1991

009015798

宁夏科技统计年鉴

宁夏回族自治区统计局 宁夏回族自治区科学技术委员会编 银川 宁夏人民出版社

〔馆藏卷期〕1991 1992 1993 1994 1995 1996 1997 1999 2003 2004 2005 2006 2007 2008 2009

009054712

宁夏教育年鉴

宁夏教育年鉴编写组编 银川 宁夏人民出版社 1988—

〔馆藏卷期〕1949/1985 1986/1990 1991/2000 2001/2005

012199491

宁夏气象统计年鉴

宁夏气象"九五"统计年鉴 1996—2000

宁夏回族自治区气象局计财处编 宁夏 宁夏气象局计财处

〔馆藏卷期〕1996/2000

010102636

宁夏出入境检验检疫年鉴

宁夏出入境检验检疫年鉴编纂委员会编 银川 宁夏出入境检验检疫年鉴编纂委员会 2005—

〔馆藏卷期〕2001/2002 2003/2004 2005/2006 2007/2008

013470980

宁夏卫生监督年鉴

宁夏回族自治区卫生监督所编 银川 宁夏回族自治区卫生监督所
〔馆藏卷期〕2011 2012

011503120
宁夏扶贫扬黄工程建设年鉴
宁夏扶贫扬黄工程建设总指挥部办公室编 银川 宁夏扶贫扬黄工程建设总指挥部办公室 1999—
〔馆藏卷期〕1994/1998 1999 2000

012199476
宁夏环境年鉴
宁夏环境年鉴编辑委员会编 宁夏 宁夏环境年鉴编辑委员会 2007—
〔馆藏卷期〕2007

银川市

008802320
银川年鉴
银川市志编纂委员会编 银川 宁夏人民出版社
〔馆藏卷期〕2000 2001 2002 2003 2005 2006 2007 2008 2009 2010 2011 2012 2013 2014

008574207
银川综合年鉴
银川市志办公室编 北京 中国统计出版社 2000
〔馆藏卷期〕2000

008390572
银川统计年鉴
银川市国民经济统计年鉴 1982
银川市社会经济统计年鉴 1983—1985
银川市统计年鉴 1988
银川市统计局编 北京 中国统计出版社
〔馆藏卷期〕1982 1983 1984 1985 1988 1992 1992/1994 1995 1997 1998 1999 2000 2001 2002 2003 2004 2005 2006 2007 2008 2009 2010 2011 2012 2013 2014

013379131
银川市全国经济普查年鉴
银川市第二次全国经济普查领导小组办公室编 银川 银川市统计局
〔馆藏卷期〕2008

012047581
宁夏回族自治区移动通信公司年鉴
宁夏移动通信公司年鉴
宁夏移动通信年鉴
宁夏移动通信年鉴编辑部编 宁夏 宁夏移动通信公司 2002—
〔馆藏卷期〕1999/2002

012200501
中国建设银行宁夏分行年鉴

中国建设银行宁夏区分行年鉴 2001—
中国建设银行股份有限公司宁夏区分行年鉴 2009—
中国建设银行股份有限公司宁夏回族自治区分行办公室编 宁夏 中国建设银行股份有限公司宁夏回族自治区分行 1998—
〔馆藏卷期〕1996 1998 1999 2000 2001 2002 2003 2004 2006 2007 2008 2009 2010 2011

012522222
中国农业发展银行宁夏分行统计年鉴
中国农业发展银行宁夏分行编 宁夏 中国农业发展银行宁夏分行
〔馆藏卷期〕1996

011503914
中国农业银行宁夏回族自治区分行统计年鉴
中国农业银行宁夏回族自治区分行资产负债管理处编 宁夏 中国农业银行宁夏分行
〔馆藏卷期〕1999 2000 2001 2002 2003 2004 2005

013711376
宁夏博物馆年鉴
宁夏博物馆编 银川 宁夏博物馆 2010—
〔馆藏卷期〕2010

009927897
宁夏大学年鉴
宁夏大学校长办公室编 银川 宁夏大学
〔馆藏卷期〕1998 1999 2000 2001 2002 2003 2004 2005 2006 2007 2008 2009 2011 2012

012242787
银川生活年鉴
银川市地方志办公室 银川年鉴编辑部编 北京 方志出版社 2003—
〔馆藏卷期〕2003

013374001
宁夏疾病预防控制中心年鉴
宁夏疾病预防控制中心年鉴编委会编 银川 宁夏疾病预防控制中心年鉴编委会
〔馆藏卷期〕2007

金凤区

011502999
金凤区综合年鉴
金凤区地方志编纂委员会办公室编辑 银川市金凤区人民政府主办 银川 金凤区地方志编纂委员会 2007—
〔馆藏卷期〕2002/2006

兴庆区

013859239
兴庆年鉴
银川市兴庆区地方志编审委员会办公室编 西安 三秦出版社 2103—
〔馆藏卷期〕2012

灵武市

013470974
灵武年鉴
灵武市志编纂委员会编 银川 宁夏人民出版社
〔馆藏卷期〕2011 2012 2013

永宁县

008434112
永宁县年鉴
永宁县年鉴编审委员会编 永宁 永宁县年鉴编审委员会
〔馆藏卷期〕1986/1992

013711478
永宁统计年鉴
永宁县统计局编 永宁 永宁县统计局
〔馆藏卷期〕2006/2010

贺兰县

013772853
贺兰年鉴
贺兰县史志编纂委员会办公室编 贺兰县人民政府主办 银川 阳光出版社
〔馆藏卷期〕2011 2012 2013 2014

石嘴山市

013677013
石嘴山年鉴
石嘴山年鉴编纂委员会编 银川 宁夏人民出版社 2011—
〔馆藏卷期〕2001/2010 2011 2012 2013

009015837
石嘴山市统计年鉴

石嘴山统计年鉴 2008—
宁夏回族自治区石嘴山市统计局编 石嘴山 宁夏回族自治区石嘴山市统计局
〔馆藏卷期〕1992 2008 2009 2010 2011 2012 2013

009934498

石嘴山统计年鉴

宁夏石嘴山市统计局编 石嘴山 宁夏石嘴山市统计局 2001—

〔馆藏卷期〕2001 2002 2003 2004 2006 2007

013711444

石嘴山市经济年鉴

石嘴山经济年鉴

石嘴山市第一次经济普查领导小组办公室编 石嘴山 石嘴山市统计局

〔馆藏卷期〕2004

惠农区

013710940

惠农区统计年鉴

惠农区统计局编 惠农 惠农区统计局

〔馆藏卷期〕2006 2007 2008 2009

平罗县

012521551

平罗年鉴

平罗县志编审委员会办公室编 平罗县人民政府主办 银川 宁夏人民出版社 2009—

〔馆藏卷期〕2009 2010 2011 2012 2013 2014

吴忠市

009272117

吴忠统计年鉴

吴忠市发展计划委员会编 吴忠 吴忠市发展计划委员会

〔馆藏卷期〕1990 1991 1992 1999 2001 2005 2006 2007 2008 2009 2011 2012 2013

009015892

银南统计年鉴

银南地区计划建设统计局编 银南 银南地区计划建设统计局

〔馆藏卷期〕1996

013820273

吴忠广播电视年鉴

吴忠市广播电视局编 吴忠 吴忠市广播电视局

〔馆藏卷期〕2000

利通区

010102633

利通区年鉴

利通区年鉴编辑部编 中共吴忠市利通区委员会 吴忠市利通区委人民政府主办 利通 利通区人民政府 2004—

〔馆藏卷期〕2004

青铜峡市

008728211
青铜峡年鉴
青铜峡市志编纂委员会编 银川 宁夏人民出版社
〔馆藏卷期〕1998 1999 2000 2001 2002/2004 2006 2007 2008 2009 2010 2011 2012 2013 2014

盐池县

013793130
盐池年鉴
盐池县史志办公室 盐池年鉴编纂委员会编 中共盐池县委员会 盐池县人民政府主办 银川 宁夏人民出版社 2012—
〔馆藏卷期〕2012 2014

固原市

008438857
固原地区年鉴
固原年鉴 2004—
固原地区地方志编纂委员会办公室编 宁夏 固原地区地方志编纂委员会办公室
〔馆藏卷期〕1991/1995 2004 2005 2007 2008 2010 2011 2012 2013

009805930
固原统计年鉴
固原地区统计局编 固原 固原地区统计局 2002—
〔馆藏卷期〕1993/2000

原州区

010102642
原州年鉴
原州年鉴编辑部编 北京 方志出版社 2006—
〔馆藏卷期〕2005 2012 2013 2014

西吉县

011823242
西吉年鉴
西吉年鉴编纂委员会 西吉县县志办公室编 北京 方志出版社 2007—
〔馆藏卷期〕2007 2008 2009 2010 2011 2012 2013 2014

隆德县

009520254
隆德县年鉴
隆德县地方史志编纂委员会办公室编 隆德 隆德县地方史志编纂委员会办

公室 2001—
〔馆藏卷期〕2001 2002 2003

泾源县

012723596
泾源年鉴
泾源年鉴编审委员会编 西安 陕西人民出版社 2010—
〔馆藏卷期〕2001/2008 2010

彭阳县

009289206
彭阳年鉴
彭阳县年鉴编辑委员会编 郭富国主编 银川 宁夏人民出版社
〔馆 藏 卷 期〕1994/2002 2011 2012 2013 2014

中卫市

008406291
中卫年鉴
中卫县志编纂委员会办公室 中国建设银行中卫县支行编 银川 宁夏人民出版社
〔馆藏卷期〕1994/1995 1996 1997 1998 2000 2005 2006/2007 2008 2009 2010 2011 2012 2013

009805933
中卫统计年鉴
中卫市统计局编 中卫 中卫市统计局
〔馆藏卷期〕2003 2006

013610082
中卫经济年鉴
中卫市统计局编 中卫 中卫市统计局
〔馆藏卷期〕2009

海原县

013859233
海原年鉴
海原县地方志编审委员会办公室编 海原县人民政府主办 银川 宁夏人民教育出版社 2013—
〔馆藏卷期〕2011 2012

新疆维吾尔自治区

013747894
新疆社会科学年鉴
新疆维吾尔自治区社会科学界联合会编　乌鲁木齐　新疆人民出版社　2012—
〔馆藏卷期〕2012　2013

007067837
兵团统计年鉴
乌鲁木齐　新疆生产建设兵团统计处
〔馆藏卷期〕1986　1987　1988　2003

010227011
新疆调查年鉴
国家统计局新疆调查总队编　北京　中国统计出版社　2006—
〔馆藏卷期〕2006　2007　2010　2011　2012　2013　2014

003886110
新疆生产建设兵团统计年鉴
新疆生产建设兵团统计年鉴编辑委员会编　北京　中国统计出版社　1990—
〔馆藏卷期〕1990　1991　1992　1993　1994　1995　1996　1997　1998　1999　2000　2001　2002　2004　2005　2006　2007　2008　2009　2010　2011　2012　2013　2014

003165082
新疆统计年鉴
新疆维吾尔自治区统计局编　北京　中国统计出版社　1989—
〔馆藏卷期〕1989　1990　1991　1992　1993　1994　1995　1996　1997　1998　1999　2000　2001　2002　2003　2004　2005　2006　2007　2008　2009　2010　2011　2012　2013　2014

011139938
新疆经济普查年鉴
新疆维吾尔自治区第一次全国经济普查领导小组办公室编　北京　中国统计出版社

〔馆藏卷期〕2004 2008

004724421

新疆年鉴

新疆维吾尔自治区地方志编纂委员会编 乌鲁木齐 新疆人民出版社

〔馆藏卷期〕1985 1986 1987 1988 1989 1990 1991 1992 1993 1994 1995 1996 1997 1998 1999 2000 2001 2002 2003 2004 2006 2007 2008 2009 2010 2011 2012 2013 2014

009841182

新疆农村社会经济统计年鉴

中共新疆维吾尔自治区委员会统计局 中共新疆维吾尔自治区委员会农村社会经济调查队编 乌鲁木齐 新疆维吾尔自治区统计局 农调队 农业厅 畜牧厅

〔馆藏卷期〕2005

008998233

新疆企业年鉴

新疆年鉴社编 乌鲁木齐 新疆人民出版社

〔馆藏卷期〕2001 2002

011139948

新疆生产建设兵团经济普查年鉴

新疆生产建设兵团第一次全国经济普查领导小组办公室编 北京 中国统计出版社 2007—

〔馆藏卷期〕2004 2008

003886136

新疆生产建设兵团年鉴

兵团年鉴 2002—

新疆生产建设兵团史志编纂委员会编 乌鲁木齐 新疆人民出版社

〔馆藏卷期〕1986 1987 1988 1989 1990 1991 1992 1993 1994 1995 1996 1997 1998 1999 2000 2001 2002 2003 2004 2005 2006 2007 2008 2009 2010 2011 2012 2013 2014

008477431

新疆钢铁年鉴

新疆钢铁年鉴编辑委员会编 北京 冶金工业出版社 1996—

〔馆藏卷期〕1996 1997 1998 1999 2000 2001 2002

011823246

新疆能源统计年鉴

新疆维吾尔自治区经济贸易委员会编 乌鲁木齐 新疆科学技术出版社 2008—

〔馆藏卷期〕2007

011823285

新疆中小型工业企业统计年鉴

新疆维吾尔自治区经贸委员会编 乌鲁木齐 新疆科学技术出版社 2008—

〔馆藏卷期〕2007

008402773

新疆邮电年鉴

新疆邮电管理局编 乌鲁木齐 新疆邮电管理局
〔馆藏卷期〕1998

009492644
新疆邮政年鉴
新疆维吾尔自治区邮政局编 乌鲁木齐 新疆邮政局
〔馆藏卷期〕2000 2001 2002 2003 2004 2005

011503583
新疆电信年鉴
中国电信集团新疆维吾尔自治区电信公司编 新疆 新疆维吾尔自治区电信公司
〔馆藏卷期〕2001 2005

010102236
新疆移动通信年鉴
中国移动通信集团新疆有限公司新疆移动通信年鉴 2010
新疆维吾尔自治区移动通信公司编 乌鲁木齐 新疆维吾尔自治区移动通信公司
〔馆藏卷期〕2000 2002 2003 2004 2010 2012

008998228
新疆财政年鉴
财政厅编 乌鲁木齐 新疆人民出版社 1989—
〔馆藏卷期〕1986 1987/1988 1989 1990 1991 1993 1994 1995 1996 1997 1998 1999 2000 2001 2002 2004 2005 2006 2007 2008 2009 2010 2011 2012

009182817
新疆教育年鉴
新疆维吾尔自治区教育科学研究所编 乌鲁木齐 新疆教育出版社 1991—
〔馆藏卷期〕1949/1989

011503588
新疆体育年鉴
新疆维吾尔自治区体育局编 乌鲁木齐 新疆维吾尔自治区体育局 2005—
〔馆藏卷期〕2004 2005 2006 2007 2008 2009

013680210
新疆维吾尔自治区文物古迹保护中心工作年鉴
新疆维吾尔自治区文物古迹保护中心编 乌鲁木齐 新疆文物古迹保护中心
〔馆藏卷期〕2011 2012

乌鲁木齐市

007683395
乌鲁木齐年鉴
乌鲁木齐市党史地方志编纂委员会编 乌鲁木齐 新疆人民出版社 1996—
〔馆藏卷期〕1996 1997 1998 1999 2000 2001 2002 2003 2004 2005 2006 2007 2008 2009 2010 2011 2012 2013

007683398
乌鲁木齐统计年鉴
乌鲁木齐市统计局编 北京 中国统计出版社
〔馆藏卷期〕1996 1997 1998 1999 2000 2001 2002 2003 2004 2005 2006 2007 2008 2009 2010 2012 2013 2014

011502971
建工师年鉴
新疆生产建设兵团建工师史志编纂委员会编 五家渠 新疆生产建设兵团出版社 2007—
〔馆藏卷期〕2007 2008 2009 2010 2011 2012 2013 2014

009015876
西北石油局年鉴
西北石油年鉴 2003—
西北石油局年鉴编纂委员会编 乌鲁木齐 新疆人民出版社 2002—
〔馆藏卷期〕2002 2003 2004 2005 2006 2007 2008 2009 2010 2011 2012 2013 2014

012521709
中国石油西部钻探工程公司年鉴
中国石油集团西部钻探工程有限公司编 北京 石油工业出版社 2010—
〔馆藏卷期〕2009 2010 2011 2012

008866777
北疆铁路公司年鉴
北疆铁路公司年鉴编委会编 乌鲁木齐 北疆铁路公司
〔馆藏卷期〕2001 2003

008137988
乌鲁木齐铁路局年鉴
乌鲁木齐铁路局年鉴编委会编 北京 中国铁道出版社 1994—
〔馆藏卷期〕1994 1995 1996 1997 1998 1999 2000 2001 2002 2003 2004 2005 2008 2009 2011

012983867
新疆农业大学年鉴
中共新疆农业大学委员会办公室 新疆农业大学校长办公室编 乌鲁木齐 新疆农业大学

〔馆藏卷期〕2006

011967531

新疆出入境检验检疫局年鉴

新疆出入境检验检疫局年鉴编纂委员会编 乌鲁木齐 新疆人民出版社 2009—

〔馆藏卷期〕2001 2006 2007 2008 2009 2010 2011 2012

水磨沟区

011823224

水磨沟区年鉴

乌鲁木齐市水磨沟区年鉴 2007—
水磨沟区地方志编纂委员会办公室编 乌鲁木齐市水磨沟区委 水磨沟区人民政府主办 水磨沟区 乌鲁木齐市水磨沟区史志办 2007—

〔馆藏卷期〕2006 2007 2008 2009 2010

头屯河区

008553760

头屯河区年鉴

中国·新疆·乌鲁木齐头屯河区年鉴
乌鲁木齐市头屯河区党史地方志编委会办公室编 中共乌鲁木齐市头屯河区委 乌鲁木齐市头屯河区人民政府主办 乌鲁木齐 新疆人民出版社

〔馆藏卷期〕1999

013996341

乌鲁木齐经济技术开发区（头屯河区）年鉴

乌鲁木齐经济技术开发区（头屯河区）党史地方志编纂委员会办公室编 中共乌鲁木齐经济技术开发区（头屯河区）委员会 乌鲁木齐经济技术开发区（头屯河区）管理委员会 乌鲁木齐市头屯河区人民政府主办 乌鲁木齐 新疆人民出版社 2012—

〔馆藏卷期〕2012

达坂城区

012617501

乌鲁木齐市达坂城区年鉴

中共达坂城区党史地方志办公室编 中共达坂城区委员会 达坂城区人民政府主办 乌鲁木齐 新疆人民出版社 2010—

〔馆藏卷期〕2009 2011

米东区

011503072

米东年鉴

中共米东新区党史地方志编纂委员会办公室编 中共米东新区党工委 米东新区管委会主办 五家渠 新疆生产建设兵团出版社

〔馆藏卷期〕2007 2009

008968679

米泉年鉴

中共米泉市委党史研究室编 中共米泉市委员会 米泉市人民政府主办 米泉 米泉市人民政府 2002—

〔馆藏卷期〕1991 1992 2002 2003 2004/2005 2006

乌鲁木齐县

009618307

乌鲁木齐县年鉴资料汇编

乌鲁木齐县年鉴 2002—

乌鲁木齐县党史地方志编纂委员会编 乌鲁木齐 乌鲁木齐县党史地方志编纂委员会

〔馆藏卷期〕2001 2002 2003 2004 2005 2006 2008 2009 2010 2011

克拉玛依市

008941764

克拉玛依年鉴

中共克拉玛依市新疆石油管理局委员会史志办公室编 乌鲁木齐 新疆人民出版社

〔馆藏卷期〕2001 2002 2003 2004 2005 2006 2007 2008 2009 2010 2011 2012 2013 2014

013467412

克拉玛依市统计年鉴

克拉玛依市统计年鉴编辑组编 克拉玛依 克拉玛依市统计局

〔馆藏卷期〕2000

008923179

克拉玛依市新疆石油管理局年鉴

中共克拉玛依市新疆石油管理局委员会史志办公室编 乌鲁木齐 新疆人民出版社

〔馆藏卷期〕1998 1999 2000

009926378

新疆石油管理局钻井公司年鉴

西部钻探克拉玛依钻井公司年鉴

新疆石油管理局钻井公司年鉴编纂委员会编纂 乌鲁木齐 新疆人民出版社 2005—

〔馆藏卷期〕2002/2004 2005 2006

012048647

西部钻探克拉玛依钻井公司年鉴

新疆石油管理局钻井公司年鉴

西部钻探克拉玛依钻井公司年鉴编委会编 乌鲁木齐 新疆人民出版社 2008—

〔馆藏卷期〕2007

011141208
新疆石油管理局年鉴
中共克拉玛依市新疆石油管理局委员
　会史志办公室编 乌鲁木齐 新疆人民
　出版社 1999—
〔馆藏卷期〕1998

克拉玛依区

012923767
克拉玛依市克拉玛依区年鉴
中共克拉玛依区委员会史志办公室编
　乌鲁木齐 新疆人民出版社
〔馆藏卷期〕2008 2009 2010 2011 2012
　2013 2014

独山子区

012792613
克拉玛依市独山子区年鉴
独山子区年鉴
克拉玛依市独山子年鉴 2014—
独山子年鉴 2014—
独山子区地方志编纂委员会办公室编
　乌鲁木齐 新疆人民出版社 2010—
〔馆藏卷期〕2010 2011 2012 2014

008957766
独山子石化总厂年鉴
独山子石化年鉴 2000/2003
中国石油独山子石化年鉴 2004/2005—
独山子石化总厂编 乌鲁木齐 新疆人民
　出版社 1998—
〔馆藏卷期〕1996/1997 1999 2000/2003
　2004/2005 2006/2007

白碱滩区

012792602
克拉玛依市白碱滩区年鉴
白碱滩区年鉴
中共克拉玛依市白碱滩区委员会史志
　办公室编 乌鲁木齐 新疆人民出版
　社 2010—
〔馆藏卷期〕2010 2011 2012 2013

乌尔禾区

013747898
克拉玛依市乌尔禾区年鉴
乌尔禾区年鉴
中共乌尔禾区委员会史志办公室编 乌
　鲁木齐 新疆人民出版社
〔馆藏卷期〕2011 2012 2013 2014

吐鲁番市

011823214
吐鲁番年鉴
中共吐鲁番地委党史研究室 吐鲁番地区地方志编辑室编 中共吐鲁番地区委员会 吐鲁番地区行政公署主办 乌鲁木齐 新疆人民出版社 2008—
〔馆藏卷期〕2007 2008 2009 2011 2012 2013

005215173
吐鲁番统计年鉴
吐鲁番地区统计处编 北京 中国统计出版社
〔馆藏卷期〕1992 1993 1994 1995 1996 1997 1998 1999 2000 2001 2002 2003 2004 2005 2006 2007 2008 2009 2010 2011 2012 2013 2014

高昌区

012199711
吐鲁番市年鉴
中共吐鲁番市委党史地方志办公室编 中共吐鲁番市委员会 吐鲁番市人民政府主办 乌鲁木齐 新疆人民出版社 2008—
〔馆藏卷期〕2007 2008 2009 2010 2011 2012 2013

鄯善县

011503430
鄯善年鉴
鄯善年鉴编纂委员会编 中共鄯善县委员会 鄯善县人民政府主办 乌鲁木齐 新疆人民出版社 2008—
〔馆藏卷期〕2007 2008 2011 2013

托克逊县

011967483
托克逊年鉴
托克逊县地方志编纂委员会编 中共托克逊县委员会 托克逊县人民政府主办 乌鲁木齐 新疆人民出版社 2008—
〔馆藏卷期〕2008 2009 2011 2013

哈密市

012724416
哈密年鉴
哈密地区地方志编纂委员会办公室编 中共哈密地委 哈密地区行署主办 乌

鲁木齐 新疆人民出版社 2006—
〔馆藏卷期〕2006 2007 2010 2012 2013

008651522
土哈石油年鉴
土哈油田年鉴 2007/2008
中国石油土哈油田分公司 土哈石油勘
　探开发指挥部编 乌鲁木齐 新疆人民
　出版社
〔馆藏卷期〕2000 2001 2002 2003/2004
　2007/2008 2009/2010

伊州区

009406198
哈密市年鉴
哈密市史志办编纂委员会编 中共哈密
　市委员会 哈密市人民政府主办 乌鲁
　木齐 新疆人民出版社 2003—
〔馆藏卷期〕2003 2004 2005 2007 2008
　2010 2011 2012 2013 2014

005719381
哈密铁路分局年鉴
哈密铁路分局史志编纂委员会编 哈密
　哈密铁路分局史志编纂委员会 1992
〔馆藏卷期〕1992

伊吾县

012048774
伊吾年鉴
伊吾县地方志编纂委员会办公室编 中
　共伊吾县委 伊吾县人民政府主办 乌
　鲁木齐 新疆人民出版社 2009—
〔馆藏卷期〕2007/2008 2009 2010
　2011 2012

巴里坤哈萨克自治县

011500129
巴里坤年鉴
巴里坤年鉴编纂委员会编辑 乌鲁木齐
　新疆人民出版社 2007—
〔馆藏卷期〕2007 2008 2009 2010
　2011 2012

阿克苏地区

009081237
阿克苏年鉴
新疆阿克苏地委史志办编 北京 方志出
　版社 2002—
〔馆藏卷期〕2002 2003 2004 2005 2006
　2007 2008 2009 2010 2011 2012
　2013

009169843
阿克苏统计年鉴

阿克苏地区统计年鉴 2009
阿克苏地区统计局编 阿克苏 阿克苏地区统计局
〔馆藏卷期〕2000 2001/2002 2003 2004 2005 2006 2007 2008 2009 2011

阿克苏市

012525890
阿克苏市年鉴
阿克苏市史志编纂委员会办公室编 中共阿克苏市委 阿克苏市人民政府主办 乌鲁木齐 新疆人民出版社 2010—
〔馆藏卷期〕2009 2010 2011 2012 2013

温宿县

010226855
温宿年鉴
中共温宿县委史志办公室编 乌鲁木齐 新疆人民出版社 2006—
〔馆藏卷期〕2006 2008 2009 2010 2011 2012 2013 2014

库车县

009913807
库车年鉴
库车县党史地方志编纂委员会办公室编 中共库车县委 库车县人民政府主办 乌鲁木齐 新疆人民出版社 2005—
〔馆藏卷期〕2005 2006 2007 2008 2009 2010 2011 2012 2013

沙雅县

009542170
沙雅年鉴
沙雅县党史地方志编纂委员会办公室编 中共沙雅县委 沙雅县人民政府主办 乌鲁木齐 新疆人民出版社 2004—
〔馆藏卷期〕2004 2005 2007 2008 2009 2010 2011 2012

011140551
沙雅组织工作年鉴
中共沙雅县委组织部编 乌鲁木齐 新疆人民出版社 2006—
〔馆藏卷期〕2006

新和县

010226879
新和年鉴
中共新和县委史志办公室编 中共新和县委 县人民政府主办 乌鲁木齐 新疆人民出版社 2006—
〔馆藏卷期〕2006 2007 2008 2009 2010 2011 2012 2013

拜城县

011500166
拜城年鉴
拜城年鉴编纂委员会编 乌鲁木齐 新疆人民出版社 2007—
〔馆藏卷期〕2007 2008 2009 2010 2011 2012 2013 2014

乌什县

013481558
乌什年鉴
乌什县史志编纂委员会办公室编 中共乌什县委员会 乌什县人民政府主办 乌鲁木齐 新疆人民出版社 2011—
〔馆藏卷期〕2011 2012 2013

阿瓦提县

011490851
阿瓦提年鉴
阿瓦提县年鉴资料汇编
阿瓦提县地方志编纂委员会编 中共阿瓦提县委 阿瓦提县人民政府主办 乌鲁木齐 新疆人民出版社 2008—
〔馆藏卷期〕2007 2009 2010 2011 2012 2013

喀什地区

006088449
喀什年鉴
喀什地区方志编纂委员会编 乌鲁木齐 新疆人民出版社
〔馆藏卷期〕1985 1986 1987 1999 2000 2001 2002/2004 2005 2006 2007 2008 2009 2010 2011

009195587
喀什统计年鉴
喀什地区统计年鉴
喀什地区行署办公室 喀什地区统计局编 喀什 喀什地区行署办公室
〔馆藏卷期〕1949/1989 1990/2001 2003 2004 2005 2006 2007 2008 2009 2010 2013 2014

喀什市

012047428
喀什市年鉴
喀什市史志编纂委员会办公室编 中共喀什市委 喀什市人民政府主办 喀什 喀什维吾尔文出版社 2008—
〔馆藏卷期〕2008 2009 2010 2011 2012 2013

013748443

喀什市统计年鉴

喀什办公室编 喀什 喀什市统计局

〔馆藏卷期〕2011 2012

疏附县

013173587

疏附年鉴

疏附县党史地方志编纂委员会编 中共疏附县委 疏附县人民政府主办 喀什 喀什维吾尔文出版社 2011—

〔馆藏卷期〕2008/2009

疏勒县

012983724

疏勒年鉴

疏勒县党史地方志编纂委员会编 中共疏勒县委 疏勒县人民政府主办 喀什 喀什维吾尔文出版社 2010—

〔馆藏卷期〕2009 2010 2011/2012

泽普县

011503699

泽普年鉴

泽普县党史地方志编纂委员会编 田发明主编 中共泽普县委 泽普县人民政府主办 乌鲁木齐 新疆人民出版社 2008—

〔馆藏卷期〕2007 2008 2009 2010

莎车县

013747914

莎车年鉴

莎车县党史地方志编纂委员会编 中共莎车县委 莎车县人民政府主办 乌鲁木齐 新疆人民出版社

〔馆藏卷期〕2012

叶城县

012200300

叶城年鉴

叶城县地方志编纂委员会办公室编 中共叶城县委员会 叶城县人民政府主办 喀什 喀什维吾尔文出版社 2009—

〔馆藏卷期〕2008

麦盖提县

013635208

麦盖提县年鉴

麦盖提县地方志办公室编 中共麦盖提县委 县人民政府主办 乌鲁木齐 新疆人民出版社 2011—

〔馆藏卷期〕2011

岳普湖县

013996316

岳普湖年鉴

岳普湖年鉴编纂委员会编 喀什 喀什维

吾尔文出版社

［馆藏卷期］2013

巴楚县

008941632

巴楚年鉴

巴楚县委史志办编 中共巴楚县委 巴楚县人民政府主办 巴楚 中共巴楚县委

［馆藏卷期］1999 2000 2001 2002 2003 2004 2005 2006 2007 2008 2009 2010

和田地区

009913795

和田年鉴

党史地方志办公室编 中共和田地委行政公署主办 乌鲁木齐 新疆人民出版社 2005—

［馆藏卷期］2005 2006 2007 2008 2009 2010 2011 2012 2013

009169849

和田统计年鉴

和田地区统计年鉴

和田地区统计局编 和田 和田地区统计局

［馆藏卷期］2000 2001 2002 2003 2004 2005 2006 2007 2008 2009 2010 2011 2012

和田市

011822038

和田市年鉴

中共和田市委史志办公室编 和田市人民政府 中共和田市委员会主办 乌鲁木齐 新疆人民出版社 2008—

［馆藏卷期］2007 2008 2009 2010 2011 2012 2013 2014

墨玉县

012792655

墨玉年鉴

墨玉县党史地方志办公室编 中共墨玉县委员会 墨玉县人民政府主办 乌鲁木齐 新疆人民出版社 2010—

［馆藏卷期］2010

民丰县

012047490

民丰年鉴

中共民丰县委史志办公室编 中共民丰县委 民丰县人民政府主办 乌鲁木齐 新疆人民出版社 2009—

［馆藏卷期］2008 2009 2010

昌吉回族自治州

010102771

昌吉年鉴

昌吉年鉴编纂委员会编辑 中共昌吉回族自治州委员会 昌吉回族自治州人民政府主办 乌鲁木齐 新疆人民出版社 2005—

〔馆藏卷期〕2005 2006 2007 2008 2009 2010 2011 2012 2013

008432588

昌吉统计年鉴

昌吉回族自治州统计年鉴 2011—
昌吉统计年鉴编辑委员会编 昌吉 新疆昌吉回族自治州统计局

〔馆藏卷期〕1997 1998 1999 2000 2001 2002 2003 2004 2005 2006 2007 2011 2012

昌吉市

009406296

昌吉市年鉴

昌吉市委党史地方志办公室编 中共昌吉市委市人民政府主办 乌鲁木齐 新疆人民出版社 2003—

〔馆藏卷期〕2003 2004 2005 2006 2007 2008 2009 2010 2011 2012 2013

阜康市

011501905

阜康年鉴

阜康年鉴编纂委员会编 阜康市人民政府主办 乌鲁木齐 新疆人民出版社 2007—

〔馆藏卷期〕2007 2008 2009 2010 2011 2012

呼图壁县

011502183

呼图壁年鉴

呼图壁年鉴编纂委员会编辑 中共呼图壁县委员会 呼图壁县人民政府主办 呼图壁 呼图壁年鉴编纂委员会办公室 2006—

〔馆藏卷期〕2006 2007 2008 2009 2010 2011 2012 2013 2014

玛纳斯县

011398626

玛纳斯年鉴

玛纳斯县地方志编纂委员会办公室 中共玛纳斯县委员会编 中共玛纳斯县委员会 玛纳斯县人民政府主办 玛纳斯 玛纳斯年鉴编纂委员会 2005—

2006 乌鲁木齐 新疆人民出版社 2007— 五家渠 新疆生产建设兵团出版社 2013—

〔馆藏卷期〕2005 2006 2007 2008 2009 2010 2011 2012 2013

奇台县

011967044
奇台年鉴
中共奇台县委党史地方志办公室编 中共奇台县委 奇台县人民政府主办 五家渠 新疆生产建设兵团出版社 2008—

〔馆藏卷期〕2008 2009 2010

吉木萨尔县

011966666
吉木萨尔年鉴
吉木萨尔年鉴编纂委员会编 中共吉木萨尔县委员会 吉木萨尔县人民政府主办 乌鲁木齐 新疆人民出版社 2008—

〔馆藏卷期〕2008 2009 2011 2013 2014

木垒哈萨克自治县

011966862
木垒年鉴
木垒年鉴编纂委员会编 木垒县党委 木垒县人民政府主办 乌鲁木齐 新疆人民出版社 2008—

〔馆藏卷期〕2008 2009 2010 2011 2012

博尔塔拉蒙古自治州

009406287
博尔塔拉年鉴
博州史志办公室编 中共博尔塔拉蒙古自治州委员会 博尔塔拉蒙古自治州人民政府主办 乌鲁木齐 新疆人民出版社 2003—

〔馆藏卷期〕2003 2004 2005 2006 2007 2008 2009 2010

011821811
博尔塔拉统计年鉴
博尔塔拉蒙古自治州统计年鉴
博尔塔拉蒙古自治州统计局编 博尔塔拉 博州统计局 2004—

〔馆藏卷期〕2004 2006 2007 2008 2009 2011 2012 2013 2014

巴音郭楞蒙古自治州

008437429
巴音郭楞年鉴
中共巴音郭楞蒙古自治州委员会党史办公室 巴音郭楞蒙古自治州地方志编纂委员会办公室编 北京 中国统计出版社
〔馆藏卷期〕1998 1999 2000 2001 2002 2003 2004 2005 2006 2007

007424800
巴音郭楞统计年鉴
巴音郭楞蒙古自治州统计年鉴
新疆巴音郭楞蒙古自治州统计局编 北京 中国统计出版社
〔馆藏卷期〕1994 1995 1996 1997 1998 1999 2000 2001 2002 2003 2004 2005 2006 2007 2008 2009 2011 2012 2013

013157450
巴音郭楞职业技术学院年鉴
巴音郭楞职业技术学院巴音郭楞技师培训学院年鉴 2007—
巴音郭楞职业技术学院年鉴编纂委员会编 乌鲁木齐 新疆人民出版社 2009—
〔馆藏卷期〕2002/2006 2009 2010 2011 2012

库尔勒市

012591877
库尔勒年鉴
库尔勒市档案史志局编 中共库尔勒市委员会 库尔勒市人民政府主办 乌鲁木齐 新疆人民出版社 2009—
〔馆藏卷期〕2008 2009 2010 2011

012199159
库尔勒统计年鉴
库尔勒市统计年鉴
库尔勒市统计局编 库尔勒 库尔勒市统计局
〔馆藏卷期〕2008

008439030
塔里木石油年鉴
塔里木石油史志编纂委员会编 乌鲁木齐 新疆人民出版社
〔馆藏卷期〕1996 1997 1998 1999 2000 2001 2002 2003 2004 2005 2006 2007 2008 2009 2010 2011 2012 2013

尉犁县

012530258
尉犁年鉴
尉犁县档案史志局编 中共尉犁县委员

会 尉犁县人民政府主办 乌鲁木齐 新疆人民出版社 2009—
〔馆藏卷期〕2008 2009 2011

若羌县

013793183
若羌年鉴
若羌县档案史志局编 中共若羌县委员会 若羌县人民政府主办 喀什 喀什维吾尔文出版社 2012—
〔馆藏卷期〕2012

且末县

012924944
且末年鉴
且末县档案史志局编 中共且末县委员会 且末县人民政府主办 乌鲁木齐 新疆人民出版社 2010—
〔馆藏卷期〕2010 2011

和静县

012792519
和静年鉴
和静县档案史志局编 中共和静县委员会 和静县人民政府主办 乌鲁木齐 新疆人民出版社 2011—
〔馆藏卷期〕2010 2011

博湖县

012047117
博湖年鉴
博湖县档案史志局编 博湖县委员会 博湖县人民政府主办 乌鲁木齐 新疆人民出版社 2009—
〔馆藏卷期〕2008 2009 2011

焉耆回族自治县

012925183
焉耆年鉴
焉耆回族自治县档案史志局编 中共焉耆回族自治县委员会 焉耆回族自治县人民政府主办 乌鲁木齐 新疆人民出版社 2010—
〔馆藏卷期〕2010 2011

克孜勒苏柯尔克孜自治州

009503007
克孜勒苏年鉴
克孜勒苏柯尔克孜自治州党委史志办编 克孜勒苏柯尔克孜自治州委员会 自治州人民政府主办 阿图什 克孜勒苏柯尔克孜文出版社 2004—
〔馆藏卷期〕2004 2005 2006 2007 2008 2009

013608999
克孜勒苏柯尔克孜自治州统计年鉴
克孜勒苏柯尔克孜自治州人民政府办公室 克孜勒苏柯尔克孜自治州统计局编 阿图什 克孜勒苏柯尔克孜自治州统计局
〔馆藏卷期〕2001/2005

伊犁哈萨克自治州

011140408
伊犁年鉴
伊犁州地方志编纂委员会编辑 伊犁哈萨克自治州人民政府主办 乌鲁木齐 新疆人民出版社
〔馆藏卷期〕2006 2007 2008 2009 2010 2011 2012 2013

009170206
伊犁哈萨克自治州统计年鉴
伊犁哈萨克自治州统计局编 伊犁 伊犁哈萨克自治州统计局
〔馆藏卷期〕2000 2001 2002 2003 2004 2005 2006 2007 2008 2009 2010 2011 2012 2013

008270616
伊犁统计年鉴
新疆伊犁统计年鉴
伊犁地区统计局编 北京 中国统计出版社 1990—
〔馆藏卷期〕1949/1999 2000

014211998
新疆伊犁统计年鉴
伊犁统计年鉴
伊犁地区统计处编 伊犁 伊犁地区统计处 1989
〔馆藏卷期〕1989

011141288
中国共产党伊犁地方工作年鉴
中共伊犁哈萨克自治州委员会党史研究室编 中共伊犁哈萨克自治州委员会主办 乌鲁木齐 新疆人民出版社
〔馆藏卷期〕2006

012361577
伊犁军事年鉴
伊犁军分区军事志编纂委员会编 伊犁 伊犁军分区军事志编纂委员会
〔馆藏卷期〕2003

伊宁市

012925189
伊宁市年鉴
伊宁市史志办公室编 中共伊宁市委 伊宁市人民政府主办 乌鲁木齐 新疆人

民出版社

〔馆藏卷期〕2010 2011 2012 2013

013481725

伊宁市统计年鉴

伊宁市统计学会编 伊宁 伊宁市统计局

〔馆藏卷期〕2005 2008 2010 2011 2012 2013

奎屯市

009136668

奎屯年鉴

中共奎屯市委史志工作领导小组办公室编 乌鲁木齐 新疆教育出版社 2002—

〔馆藏卷期〕2002 2003 2004 2005 2006 2007 2008 2009 2010 2011 2012 2013

005215198

奎屯统计年鉴

奎屯经济普查资料 2004

新疆维吾尔自治区奎屯市统计局编 北京 中国统计出版社 1993—

〔馆藏卷期〕1993 1994 1995 1996 1997 1998 2000 2001 2002 2003 2004 2005 2006 2007 2008 2009 2011 2012 2013

009035706

农七师年鉴

新疆生产建设兵团农七师年鉴 2003—

农七师史志编纂委员会编 北京 中华书局

〔馆藏卷期〕2001 2002 2003 2004 2005 2006 2007 2008 2009 2010

009160739

新疆生产建设兵团农七师一二八团年鉴

一二八团年鉴

一二八团史志编纂委员会编 新疆 一二八团史志编纂委员会

〔馆藏卷期〕2001 2002 2003

009208280

新疆生产建设兵团农七师一二九团年鉴

新疆生产建设兵团农七师一二九中心团场年鉴 2004

一二九团年鉴

一二九中心团场年鉴 2004

一二九团史志编纂委员会编 新疆 一二九团史志编纂委员会

〔馆藏卷期〕2000 2001 2002 2003 2004 2005 2006 2007 2008

009233930

新疆生产建设兵团农七师一二六团年鉴

一二六团年鉴

一二六团史志编纂委员会编 奎屯市 一二六团史志编纂委员会

〔馆藏卷期〕2001

009233937

新疆生产建设兵团农七师一二七团年鉴

一二七团年鉴

一二七团史志编纂委员会编 奎屯市 一二七团史志编纂委员会

〔馆藏卷期〕2001 2002 2003

009233916

新疆生产建设兵团农七师一二三团年鉴

一二三团年鉴

一二三团史志编纂委员会编 奎屯市 一二三团史志编纂委员会

〔馆藏卷期〕2001 2002 2004 2005

009233921

新疆生产建设兵团农七师一二四团年鉴

一二四团年鉴

一二四团史志编纂委员会编 奎屯市 一二四团史志编纂委员会

〔馆藏卷期〕2001 2003

009233923

新疆生产建设兵团农七师一二五团年鉴

一二五团年鉴

一二五团史志编纂委员会编 奎屯市 一二五团史志编纂委员会

〔馆藏卷期〕2001

009234094

新疆生产建设兵团农七师一三七团年鉴

一三七团年鉴

一三七团史志编纂委员会编 奎屯市 一三七团史志编纂委员会

〔馆藏卷期〕2001 2002 2003 2004 2005 2007 2008

009208284

新疆生产建设兵团农七师一三〇团年鉴

一三〇团年鉴

一三〇团史志编纂委员会编 新疆 一三〇团史志编纂委员会

〔馆藏卷期〕2001 2002 2003 2004 2005 2006

009234086

新疆生产建设兵团农七师一三一团年鉴

一三一团年鉴

一三一团史志编纂委员会编 奎屯市 一三一团史志编纂委员会

〔馆藏卷期〕2001 2002 2004 2005 2006

013935841

北方集团年鉴

新疆生产建设兵团农七师北方集团年鉴

北方集团史志编纂委员会编 五家渠 新疆生产建设兵团出版社 2013—

〔馆藏卷期〕2010/2011

伊宁县

011503609
伊宁县年鉴
伊宁县党史地方志办公室编辑 中共伊宁县委 伊宁县人民政府主办 乌鲁木齐 新疆人民出版社 2007—
〔馆藏卷期〕2007 2008 2009 2010 2012

霍城县

012526039
霍城年鉴
霍城县地方志编纂委员会编 中共霍城县委员会 霍城县人民政府主办 乌鲁木齐 新疆人民出版社 2010—
〔馆藏卷期〕2000/2007 2007/2008 2009/2010

巩留县

013089992
巩留年鉴
中共巩留县党史地方志办公室编 中共巩留县委 巩留县人民政府主办 乌鲁木齐 新疆人民出版社 2011—
〔馆藏卷期〕2009

新源县

012530558
新源年鉴
新源县地方志编纂委员会编 中共新源县委员会 新源县人民政府主办 乌鲁木齐 新疆人民出版社 2009—
〔馆藏卷期〕2008 2009 2010 2011 2012

昭苏县

009841185
昭苏年鉴
昭苏县地方志编纂委员会 中共昭苏县委编 中共昭苏县委员会 昭苏县人民政府主办 乌鲁木齐 新疆人民出版社 2008—
〔馆藏卷期〕2008

特克斯县

012530200
特克斯年鉴
特克斯县地方志编纂委员会编辑 中共特克斯县委员会 特克斯县人民政府主办 乌鲁木齐 新疆人民出版社 2009—
〔馆藏卷期〕2008 2009/2010 2012 2013

尼勒克县

011503115
尼勒克年鉴
中共尼勒克县委史志办公室编 中共尼勒克县委员会 尼勒克县人民政府主办 乌鲁木齐 新疆人民出版社 2008—
〔馆藏卷期〕2007 2008/2009

塔城地区

009928062

塔城年鉴

塔城地区年鉴 2008

塔城地区史志办编 乌鲁木齐 新疆电子音像出版社 2006—

〔馆藏卷期〕2005 2006 2008 2011

010226756

塔城地区统计年鉴

塔城地区统计局编 塔城 塔城地区统计局 2005—

〔馆藏卷期〕2006

塔城市

011823195

塔城市年鉴

中共塔城市委党史地方志办公室编 中共塔城市委 塔城市人民政府主办 乌鲁木齐 新疆人民出版社 2008—

〔馆藏卷期〕2007 2008 2009 2010 2011/2012 2013

乌苏市

011503539

乌苏年鉴

中共乌苏市委史志工作委员会办公室编 中共乌苏市委 乌苏市人民政府主办 五家渠 新疆生产建设兵团出版社 2007—

〔馆藏卷期〕2006 2007 2009

额敏县

013369814

额敏年鉴

额敏县史志办公室编 中共额敏县委 额敏县人民政府主办 香港 中国国际出版社

〔馆藏卷期〕2010

沙湾县

013714918

沙湾年鉴

中共沙湾县委史志办公室编 中共沙湾县委 沙湾县人民政府主办 乌鲁木齐 新疆人民出版社

〔馆藏卷期〕2009 2012 2013

托里县

011823216

托里年鉴

托里县史志编纂委员会办公室编 中共托里县委员会 托里县人民政府主办 乌鲁木齐 新疆人民出版社 2008—

〔馆藏卷期〕2006 2007 2008 2010 2011

裕民县

011503632
裕民年鉴
裕民县史志编纂委员会办公室编 中共裕民县委员会 裕民县人民政府主办 乌鲁木齐 新疆人民出版社 2007—
〔馆藏卷期〕2006 2009

和布克赛尔蒙古自治县

012354121
和布克赛尔蒙古自治县年鉴
和布克赛尔蒙古自治县党史办公室 和布克赛尔蒙古自治县地方志办公室编 中共和布克赛尔蒙古自治县委员会 和布克赛尔蒙古自治县人民政府主办 乌鲁木齐 新疆人民出版社 2008—
〔馆藏卷期〕2007 2008 2010 2011 2012 2013

阿勒泰地区

012789929
阿勒泰年鉴
阿勒泰年鉴编纂委员会编 阿勒泰地区行政公署主办 乌鲁木齐 新疆人民出版社 2010—
〔馆藏卷期〕2009 2010 2011 2012 2013

009219759
阿勒泰地区统计年鉴
阿勒泰统计年鉴
阿勒泰地区统计局编 阿勒泰 阿勒泰地区统计局
〔馆藏卷期〕1998 2000 2001 2002 2003 2004 2005 2006 2007 2008 2009 2010 2011

布尔津县

012789956
布尔津年鉴
布尔津年鉴编纂委员会编 中共布尔津县委员会 布尔津县人民政府主办 乌鲁木齐 新疆人民出版社 2011—
〔馆藏卷期〕2010

富蕴县

013714914
富蕴年鉴
富蕴年鉴编纂委员会编 中共富蕴县委员会 富蕴县人民政府主办 乌鲁木齐 新疆人民出版社 2012—

〔馆藏卷期〕2012 2013

福海县

008876478
福海年鉴
福海县史志编纂委员会办公室编 中共福海县委 县人民政府主办 乌鲁木齐 新疆人民出版社 2001—
〔馆藏卷期〕2001 2002 2003

哈巴河县

012525970
哈巴河年鉴
哈巴河县地方志办公室编 中共哈巴河县委 县人民政府主办 乌鲁木齐 新疆人民出版社 2010—
〔馆藏卷期〕2009 2010 2011 2012 2013 2014

013603083
哈巴河县统计年鉴
哈巴河县统计局编 哈巴河 哈巴河县统计局
〔馆藏卷期〕2012

青河县

009841178
青河年鉴
青河县地方志办公室 青河年鉴编纂委员会编 中共青河县委员会 青河县人民政府主办 乌鲁木齐 新疆人民出版社 2013—
〔馆藏卷期〕2011 2012

吉木乃县

013747924
吉木乃年鉴
吉木乃年鉴编纂委员会编 吉木乃县委员会 吉木乃县人民政府主办 乌鲁木齐 新疆人民出版社 2013—
〔馆藏卷期〕2012

自治区直辖县级行政单位

石河子市

008997605
石河子年鉴
石河子年鉴编辑部编著 农八师石河子市委员会 石河子市人民政府主办 乌鲁木齐 新疆人民出版社 2002—
〔馆藏卷期〕2002 2003 2004 2005 2006 2007 2008 2009 2010 2011 2012 2013

014215459
石河子统计年鉴
石河子社会经济统计年鉴

石河子市统计局编 石河子 石河子市统计局

〔馆藏卷期〕2011 2012

008433668
石河子社会经济统计年鉴
石河子社会经济统计年鉴编辑委员会编 北京 中国统计出版社

〔馆藏卷期〕1999 2000 2001

阿拉尔市

012924932
农一师阿拉尔市年鉴
农一师阿拉尔市史志编纂委员会编 五家渠 新疆生产建设兵团出版社 2010—

〔馆藏卷期〕2009

五家渠市

011140528
农六师五家渠市年鉴
六师五家渠市年鉴 2013—

农六师五家渠市史志办编 农六师五家渠市人民政府主办 乌鲁木齐 新疆人民出版社 2006—

〔馆藏卷期〕2006 2007 2008 2009 2010 2011 2012 2013

013680600
农六师五家渠市统计年鉴
第六师五家渠市统计年鉴 2013—

国家统计局兵团农六师调查队编 五家渠 农六师五家渠市统计局

〔馆藏卷期〕2011 2012 2013 2014

香港特别行政区

008152403
香港年鉴
新香港年鉴
香港 华侨日报
〔馆藏卷期〕1948 1949 1950 1951 1952
1953 1954 1955 1956 1957 1958
1959 1960 1961 1962 1963 1964
1965 1966 1967 1968 1969 1970
1971 1972 1973 1974 1975 1976
1977 1978 1979 1980 1981 1982
1983 1984 1985 1986 1987 1988
1989 1990 1991 1992

012242748
新香港年鉴
香港年鉴
东方教育联谊会编 香港 新香港年鉴
　社 1997—
〔馆藏卷期〕1997

008788769
港澳经济年鉴
港澳经济年鉴编辑部编辑 北京 港澳经
　济年鉴社
〔馆藏卷期〕2000 2001 2002 2003 2005
　2006 2007 2008 2009 2010

005326725
香港经济年鉴
中国生产促进会香港分会编 香港 中国
　生产促进会香港分会 1948—
〔馆藏卷期〕1948 1955 1956 1958 1959
1961 1962 1963 1964 1965 1966
1967 1968 1969 1970 1971 1972
1973 1974 1975 1976 1981 1983
1984 1985 1986 1987 1988 1989
1990 1991 1992 1993 1994 1995
1996 1997 1998 1999 2005 2011
2012 2013 2014

008109725
香港房地产年鉴
经济咨询有限公司编 香港 经济导报社
〔馆藏卷期〕1990

006799945
香港医药年鉴
香港医药年鉴编辑委员会编 香港 香港评论新闻出版社 1976—
〔馆藏卷期〕1976

013140113
香港交通年鉴
JR Team 著 香港 JR Team 2012
〔馆藏卷期〕2011

008113662
港澳华商年鉴
澳门华商年鉴
澳门 精华报社 1953
〔馆藏卷期〕1954

004600488
香港华商年鉴
陈国华主编 九龙 香港地平线出版社 1986—
〔馆藏卷期〕1986

008113654
香港商业年鉴
中华总商会编 香港 中华总商会
〔馆藏卷期〕1951 1954 1955

011139748
港澳与内地经济贸易年鉴
中国国际贸易促进委员会宣传出版中心编 北京 中国贸易报社 2006—
〔馆藏卷期〕2006

008113671
香港出入口贸易年鉴
香港中华出入口商会编 香港 香港中华出入口商会 1957—
〔馆藏卷期〕1957 1959 1960 1961 1962 1963 1964

008113651
香港贸易年鉴
九龙 华侨新闻社
〔馆藏卷期〕1981/1982

008125329
香港教育年鉴
香港 香港文化事业公司
〔馆藏卷期〕1965 1967

008100102
香港摄影年鉴
世界出版社编 香港 香港世界出版社
〔馆藏卷期〕1955

008006245
香港巴士年鉴
陈自瑜编著 香港 北岭国际有限公司
〔馆藏卷期〕1997 1998 2000

澳门特别行政区

009030073
澳门年鉴
陈致平主编 澳门 澳门特别行政区政府
　　新闻局 2002—
〔馆藏卷期〕2002 2011 2012 2013

004534867
澳门经济年鉴
华侨报澳门经济年鉴

黄汉强主编 澳门 澳门华侨报 1983—
〔馆藏卷期〕1983 1984/1986

008108991
澳门工商年鉴
大众报社编 澳门 大众报
〔馆藏卷期〕1959 1961 1962 1975/1977
　　1981 1983

台湾省

008149916

台湾年鉴

台湾新生报社编 台北 台湾新生报社 1947—

〔馆藏卷期〕1947

003979965

台湾年鉴

台北 锦绣出版事业股份有限公司 1991—

〔馆藏卷期〕1991

008748529

台湾年鉴

黄玉斋主编 台北 海峡学术出版社 2001

〔馆藏卷期〕1998

009618358

台湾工作年鉴

台湾工作年鉴编委会 两岸关系杂志社编 北京 九州出版社 2004—

〔馆藏卷期〕1989/2002 2003/2004 2005 2006 2007 2008 2009 2010 2011 2012 2013

008121084

国民政府年鉴 台湾省行政部份

国民政府行政院编 台北 台湾省政府统计处

〔馆藏卷期〕1946/1948

003602073

台湾地区劳工统计年鉴

"行政院"劳工委员会编 台北 台湾"行政院"劳工委员会

〔馆藏卷期〕1987 1988 1989 1990 1991 1992 1993 1994 1995 1996 1997 1999 2000 2002 2003 2005 2006 2007 2008 2009 2010 2011 2012 2013 2014

005999848

台湾铁路年鉴

台湾铁路管理局编 台北 台湾铁路管理局
〔馆藏卷期〕1962

008017313
台湾文学年鉴
文讯杂志社编 台北 台湾"行政院"文化建设委员会 1996—
〔馆藏卷期〕1996 1997 1998 1999 2000 2001 2002 2004 2005 2006 2007 2008 2009 2010 2011 2012 2013

007432728
台湾美术年鉴
雄狮台湾美术年鉴编辑委员会主编 台北 雄狮图书股份有限公司 1989—
〔馆藏卷期〕1990 1991 1992 1993 1994 1995 1996 1997

011422321
台湾电影年鉴
"行政院"新闻局编 台北 台湾"行政院"新闻局
〔馆藏卷期〕2007 2008 2009 2010 2011 2012 2013

009460776
台湾文化资产保存年鉴 古物 古迹 历史建筑
"行政院"文化建社委员会 台北艺术大学编 台南 文化资产保存研究中心筹备处
〔馆藏卷期〕2001

008588772
公共艺术年鉴
"行政院"文化建设委员会 艺术家杂志社编 台北 台湾"行政院"文化建设委员会 1999—
〔馆藏卷期〕1998 2000

003165166
环境保护年鉴
环境保护局编 台北 台湾"行政院"卫生署环境保护局 1982—
〔馆藏卷期〕△1982 2001

002032697
实用百科年鉴
韦瑞主编 台北 故乡出版社 1985—
〔馆藏卷期〕1985 1986

010227625
台北市年鉴
台北市政府编 台北 台北市政府 2005—
〔馆藏卷期〕2012

008966544
台北市原住民统计年鉴
台北市政府原住民事务委员会 政治大学统计学系编 台北 台北市政府原住民事务委员会 政治大学统计学系 2001—
〔馆藏卷期〕2001

012008362
台北市卫生医疗年鉴

台北卫生局编 台北 台北市政府卫生局
〔馆藏卷期〕2001

008134108
台北县年鉴
台北县文献委员会编 台北 台北县文献
委员会
〔馆藏卷期〕1952/1961

009358483
法鼓山年鉴
法鼓山基金会编 台北 法鼓山基金
会 2003—
〔馆藏卷期〕1989/2001 2002 2003 2004
2005 2006

008535725
佛光山开山31周年年鉴
星云大师总监修 佛光山宗务委员会编
台北 佛光文化事业有限公司 1999
〔馆藏卷期〕1999

008129605
彰化县统计年鉴
彰化县政府主计室编 彰化 彰化县政府
主计室
〔馆藏卷期〕1950 1953 1968

008121243
基隆年鉴
基隆市政府编 基隆 基隆市政府印
〔馆藏卷期〕1947

008134114
基隆市年鉴
基隆市文献委员会编 基隆 基隆市文献
委员会
〔馆藏卷期〕1957

008129753
基隆市统计年鉴
基隆市政府主计室编 基隆 基隆市政府
主计室
〔馆藏卷期〕1949 1950 1957

❋ 第二部分 ❋

哲学、宗教

006038335
世界哲学年鉴
中国社会科学院哲学研究所编 上海 上海人民出版社 1988—
〔馆藏卷期〕1986 1987

003549321
中国哲学年鉴
中国社会科学院哲学研究所编 上海 中国大百科全书出版社上海分社 1982—
〔馆藏卷期〕1983 1984 1985 1986 1987 1988 1989 1990 1991 1992 1993 1994 1995 1996 1997 1998 1999 2000 2001 2002 2003 2004/2005 2006 2007 2008 2009 2010 2011 2012 2013 2014

008923218
中国儒学年鉴
陈光林主编 北京 商务印书馆 2001—
〔馆藏卷期〕2001 2002 2003 2004 2005 2006 2007 2008 2009 2010 2011 2012 2013

011824363
中国经济伦理学年鉴
王小锡主编 南京 南京师范大学出版社 2007—
〔馆藏卷期〕2000/2001 2002/2003 2004/2005 2006 2007 2008 2009 2010 2011 2012

009618442
中国美学年鉴
中国美学年鉴编辑委员会编 郑州 河南人民出版社 2001—
〔馆藏卷期〕2001 2002 2003 2004 2005 2006/2007

012243737
中国心理学年鉴
中国心理学会编 北京 化学工业出版社
〔馆藏卷期〕2005/2006 2007/2008 2009/2010

008479442
中国宗教研究年鉴
曹中建主编 中国社会科学院世界宗教研究所编 北京 中国社会科学出版社
〔馆藏卷期〕1996 1997/1998 1999/2000 2001/2002 2003/2004 2005/2006 2007/2008 2009/2010 2011/2012 2013

008097245
中华基督教会年鉴
上海 橄榄文化基金会 1983
〔馆藏卷期〕1914 1934 1935 1936

社会科学总论

011399769
中国第三部门研究年鉴
中国青少年发展基金会基金会发展研究委员会编 天津 天津人民出版社 2001—
〔馆藏卷期〕2000 2001

011968357
中国社会组织年鉴
中国社会组织年鉴编委会编 北京 中国社会出版社 2008—
〔馆藏卷期〕2008 2009 2010 2011 2012 2013 2014

013747888
国家哲学社会科学数据库项目组年鉴
中国社会科学院调查与数据信息中心项目组编 北京 中国社会科学院调查与数据信息中心项目组
〔馆藏卷期〕2012

011140537
乾-人文年鉴
乾-人文年鉴编辑委员会编辑 兰州 兰州大学 2004—
〔馆藏卷期〕2004

009928171
中国学术年鉴 人文社会科学版
汝信 赵士林主编 北京 中国社会科学出版社 2005—
〔馆藏卷期〕2004

009182931
中国人文社会科学学报年鉴
中国人文社会科学学报年鉴编辑部编 北京 人民出版社 2003—
〔馆藏卷期〕2003

009425783
长江和珠江三角洲及港澳特别行政区统计年鉴
国家统计局国际统计信息中心编 北京

中国统计出版社 2003—
〔馆藏卷期〕2003 2005 2006 2007

011959195
长江和珠江三角洲及港澳台统计年鉴
长江和珠江三角洲及港澳特别行政区
　　统计年鉴
国家统计局国际统计信息中心编 北京
　　中国统计出版社 2008—
〔馆藏卷期〕2008 2009

007463544
国际统计年鉴
中华人民共和国国家统计局编 北京 中
　　国统计出版社 1996—
〔馆藏卷期〕1995 1996 1997 1998 1999
　　2000 2001 2002 2003 2004 2005
　　2006/2007 2008 2009 2010 2011
　　2012 2013 2014

005949584
华东地区统计年鉴
华东地区统计信息网络编 北京 中国统
　　计出版社
〔馆藏卷期〕1990 1991 1992 1994 1995

007696810
全国主要社会经济指标排序年鉴
国家统计局综合司编 北京 中国统计出
　　版社 1993—
〔馆藏卷期〕1992

004600495
中国城市统计年鉴
国家统计局综合司编 北京 新世界出版
　　社 1985—
〔馆藏卷期〕1985 1986 1987 1988 1989
　　1990 1991 1993/1994 1995 1996
　　1997 1998 1999 2000 2001 2002
　　2003 2004 2005 2006 2007 2008
　　2009 2010 2011 2012 2013 2014

008618343
中国基本单位统计年鉴
国家统计局普查中心编 北京 中国统计
　　出版社
〔馆藏卷期〕1999 2000 2001 2003 2004
　　2006 2007 2008 2011 2012 2013

005123467
中国农村统计年鉴
国家统计局农业统计司编 北京 中国统
　　计出版社 1986—
〔馆藏卷期〕1985 1986 1987 1988 1989
　　1990 1991 1992 1993 1994 1995
　　1997 1998 1999 2000 2001 2002
　　2003 2004 2005 2006 2007 2008
　　2009 2010 2011 2012 2013 2014

009841252
中国农垦统计年鉴
中华人民共和国农业部农垦局编 北京
　　中华人民共和国农业部农垦
　　局 2003—
〔馆藏卷期〕1999 2000 2002 2003 2004

2005 2006 2007 2009 2010 2011
2012 2013

009698991
中国排行榜年鉴
万安培主编 张光忠 郑介甫副主编 北京 中国财政经济出版社 2005—
〔馆藏卷期〕2005

010226832
中国社会统计年鉴
国家统计局社会和科技统计司编 北京 中国统计出版社 2006—
〔馆藏卷期〕2006 2007 2008 2009 2010
2011 2012 2013 2014

006908654
中国统计年鉴
中国统计工作年鉴
中国国家统计局编 香港 香港经济导报社
〔馆藏卷期〕1988 1989 1990 1991 1992
1993 1994 1995 1996 1997 1998
1999 2000 2001 2002 2003 2004
2005 2006 2007 2008 2009 2010
2011 2012 2013 2014

003862548
中国统计工作年鉴
中国统计年鉴
国家统计局编 北京 中国统计出版社 1992—
〔馆藏卷期〕1992 1993 1994 1996 1997

1998

008957878
中国西部统计年鉴
国家统计局编 北京 中国统计出版社 2002—
〔馆藏卷期〕2001

007698712
中华民国统计年鉴
中华民国统计年鉴汇编
主计部统计局编 南京 主计部统计局 1948—
〔馆藏卷期〕1948

004605405
中国社会学年鉴
中国社会科学院社会学研究所编 北京 中国大百科全书出版社
〔馆藏卷期〕1979/1989 1992/1995
1995/1998 1999/2000 2003/2006
2007/2010

002459144
中国计划生育年鉴
中国人口和计划生育年鉴 2004—
中国计划生育年鉴编辑委员会编 北京 人民卫生出版社 1987—
〔馆藏卷期〕1986 1987 1988 1989 1990
1991 1992 1993 1994 1995 1996
1997 1998 1999 2000 2001 2002
2003 2004 2005 2006 2007 2008
2009 2010 2011 2012 2013

002032727

中国人口统计年鉴

中国人口和就业统计年鉴

国家统计局人口统计司编 北京 中国展望出版社 1988—2006

〔馆藏卷期〕1988 1989 1990 1991 1992 1993 1994 1995 1996 1997 1998 1999 2000 2001

011399849

中国人口和就业统计年鉴

中国人口统计年鉴

国家统计局人口和就业统计司编 北京 中国统计出版社

〔馆藏卷期〕2007 2008 2009 2010 2011 2012 2013 2014

002653604

中国人口年鉴

中国社会科学院人口研究中心 中国人口年鉴编辑部编 北京 中国社会科学出版社 1986—

〔馆藏卷期〕1985 1986 1987 1988 1989 1990 1991 1992 1994 1995 1996 1997 1998 1999 2000 2001 2002 2003 2004 2005 2006 2007 2008 2009 2010 2011 2012 2013

009726408

中国地方艺术人才年鉴

中华人民共和国文化部文化艺术人才中心编 北京 中国三峡出版社

〔馆藏卷期〕2001

政治、法律

009726413

中国共产党党史工作年鉴

中国共产党党史工作年鉴编纂委员会编 北京 中共党史出版社

〔馆藏卷期〕2002 2003 2004

012361656

中国思想理论年鉴

中国思想理论年鉴编辑部编 中共中央党校主办 北京 中共中央党校出版社 2009—

〔馆藏卷期〕2007 2008 2009 2010 2011 2012

008969158

中国思想政治工作年鉴

全国思想政治工作科学专业委员会 中国思想政治工作年鉴编撰委员会编 北京 中共中央党校出版社

〔馆藏卷期〕1997 1999 2001 2002 2003 2004/2005 2005/2006 2006/2007 2007/2008 2009/2010 2010/2011 2011/2012

009726421

中国共青团年鉴

共青团中央编 北京 中国青年出版社 2004—

〔馆藏卷期〕1998/2002 2003 2004 2005 2006 2007 2008 2009 2010 2011 2012

008187004

中国工会年鉴

中华全国总工会编 北京 中国工人出版社 1995—

〔馆藏卷期〕1995 1996 1997 1998 1999 2000 2001 2002 2003 2004 2005 2006 2007 2008 2009 2010 2011 2012 2013 2014

006384653

中国工会统计年鉴

中华全国总工会政策研究室编 北京 中

国工人出版社 1991—

〔馆藏卷期〕1991 1992 1993 1994 1995/1996 1997 1998 1999 2000 2001 2002 2003 2004 2005 2006 2007 2008 2009 2010 2011 2012 2013

004900644

中国农村住户调查年鉴

国家统计局农村社会经济调查总队编 北京 中国统计出版社 1993—

〔馆藏卷期〕2000 2001 2002 2003 2004 2005 2006 2008 2009 2010

004598826

中国青年工作年鉴

共青团中央研究室编 北京 中国青年出版社 1986—

〔馆藏卷期〕1985 1986 1988

008479316

中国青少年年鉴

国家教育委员会教育管理信息中心（文化部）北京首都青少年文化艺术中心编 北京 人民出版社 1994—

〔馆藏卷期〕1994 1996

008626006

妇女年鉴 第1回 ［缩微资料］

梅生编 上海 新文化书社 1924

〔馆藏卷期〕△1924 1925

008805314

中国妇女研究年鉴

全国妇联妇女研究所编 北京 中国妇女出版社

〔馆藏卷期〕1991/1995 1996/2000 2001/2005

006965694

国际形势年鉴

上海国际问题研究所编 上海 中国大百科全书出版社上海分社 1982—

〔馆藏卷期〕1982 1983 1984 1985 1986 1987 1988 1989 1990 1991 1992 1993 1995 1996 1997 1998 1999 2000 2001 2002 2003 2004 2005 2006 2007 2008 2009 2010 2011

008116717

国际政治年鉴

齐治平主编 台北 民主出版社

〔馆藏卷期〕1965 1966

008152428

世界年鉴

上海 大同书局

〔馆藏卷期〕1931

008149920

世界年鉴

世界年鉴社编 香港 世界年鉴社 1951—1952

〔馆藏卷期〕1951 1952

014103780

世界社会主义研究年鉴

上海社会科学院中国马克思主义研究所　上海社会科学院国外社会主义研究中心编　上海　上海人民出版社　2013—

〔馆藏卷期〕2011/2012　2013

009360583

中国政治学年鉴

中国政治学年鉴编辑委员会编　北京　中国大百科全书出版社　2003—

〔馆藏卷期〕2002

009437218

中国政策年鉴

中国政策年鉴编辑委员会编　北京　中国文史出版社　2003—

〔馆藏卷期〕2001/2002

012617758

中国和学年鉴

中国和学年鉴编辑委员会编　河北省和谐文化研究会　和文化国际传播中心主办　济南　山东人民出版社　2010—

〔馆藏卷期〕2010　2011

008017258

中国社会主义年鉴

江流　刘枫主编　傅青元　靳辉明副主编　北京　改革出版社　1997—

〔馆藏卷期〕1995/1996

008388830

中国特色社会主义年鉴

中国特色社会主义理论年鉴

中国社会主义年鉴

北京　中国法制出版社　1998—

〔馆藏卷期〕1997　1998　1999　2000　2001　2002　2003/2004　2005　2006/2007　2008　2009

012923829

马克思主义理论研究与学科建设年鉴

中国特色社会主义年鉴

中国社会科学院马克思主义研究学部　中国社会科学院马克思主义研究院编　北京　中国社会科学出版社　2010—

〔馆藏卷期〕2010　2011　2012　2013　2014

012079835

中国统一战线年鉴

中国统一战线年鉴编委会编　北京　华文出版社　2008—

〔馆藏卷期〕2007

008557079

中国纪录(大全)年鉴

中国纪录(大全)年鉴汇编委员会编　北京　中国审计出版社　2000—

〔馆藏卷期〕2000

012065422

中国改革年鉴

中国经济体制改革年鉴

中国经济体制改革研究会编 北京 中国
　　改革年鉴编纂委员会
〔馆藏卷期〕2003/2012 2007/2008 2009
　　2010 2011 2012 2013 2014

011968416
中华人民共和国改革开放 30 年年鉴
何东君主编 北京 新华出版社 2008
〔馆藏卷期〕1978/2008

008432833
中国人权年鉴
中国人权研究会编 北京 当代世界出
　　版社
〔馆藏卷期〕2000 2000/2005 2006/2010

009300211
中国人民代表大会年鉴
全国人民代表大会年鉴
中国人民代表大会年鉴编委会编 北京
　　中国民主法制出版社 2003—
〔馆藏卷期〕2003 2004

012079243
全国人民代表大会年鉴 内部工作版
北京 中国民主法制出版社 2007—
〔馆藏卷期〕2004 2005 2006 2007 2008
　　2009 2011

013914934
全国人民代表大会年鉴
中国人民代表大会年鉴
北京 中国民主法制出版社

〔馆藏卷期〕2005 2011 2012

013914929
中国人大年鉴
中国人大年鉴编写组主编 北京 中国言
　　实出版社
〔馆藏卷期〕2006 2007 2008 2009 2010

008426188
中国人民政治协商会议年鉴
北京 人民出版社
〔馆藏卷期〕1993 1994 1995 1996 1998
　　1999 2000 2001 2002 2003 2004
　　2005 2006 2007 2008 2009 2010
　　2011 2012 2013

013680617
中国公共管理年鉴
中国公共管理年鉴编委会编 北京 中国
　　财政经济出版社 2013—
〔馆藏卷期〕2013

013604132
中国公共管理学年鉴
中山大学中国公共管理研究中心编 北
　　京 人民出版社
〔馆藏卷期〕2011

012079802
中国管治年鉴
香港 盛世传播有限公司
〔馆藏卷期〕2009

013793252
中国社会管理综合治理年鉴
中国社会治安综合治理年鉴
中央社会管理综合治理委员会办公室编 北京 中国长安出版社 2012—
〔馆藏卷期〕2011

009841296
中国行政管理学年鉴
中国行政管理学会编 北京 国家行政学院出版社 2003—
〔馆藏卷期〕2002

009360574
中国电子政务年鉴
计算机图书编辑部编 北京 人民邮电出版社
〔馆藏卷期〕2003

013904216
中国电子政务年鉴
电子政务理事会编 北京 社会科学文献出版社 2013—
〔馆藏卷期〕2012 2013

013635228
中国机构编制年鉴
中央机构编制委员会办公室编 北京 中央机构编制委员会
〔馆藏卷期〕2011 2012 2013

012926200
中国政府绩效管理年鉴
全国政府绩效管理研究会 兰州大学中国地方政府绩效评价中心编 北京 中国社会科学出版社
〔馆藏卷期〕2010 2012

005033026
中国人事年鉴
中国人事年鉴编辑部编 北京 中国人事出版社 1991—
〔馆藏卷期〕1988/1989

009492559
纠风工作年鉴
国务院纠正行业不正之风办公室编 北京 中国方正出版社 1998—
〔馆藏卷期〕1990/1997 1998/2002 2003/2007

003601033
中国监察年鉴
中华人民共和国监察部编 北京 中国政法大学出版社 1993—
〔馆藏卷期〕1987/1991 1998/2002 2003/2007

012593530
中国廉政建设年鉴
中国廉政建设年鉴编辑部编 北京 中国方正出版社 2006—
〔馆藏卷期〕2005

009289231
中国公安出入境管理年鉴

中国公安年鉴编辑部编 北京 公安部出
　　入境管理局
〔馆藏卷期〕2001　2002　2005　2006　2008

009081529
中国公安年鉴
中国公安年鉴编辑部编 北京 群众出版
　　社 2001—
〔馆藏卷期〕2000

012983890
中国公安宣传思想工作年鉴
公安部宣传局编 北京 中华人民共和国
　　公安部宣传局
〔馆藏卷期〕2008

008426172
中国社会治安综合治理年鉴
中国社会治安综合治理委员会办公室
　　编 北京 法律出版社
〔馆藏卷期〕1992　1993/1994　1995/1996
　　1997/1998　1999/2000　2001/2002
　　2003　2004　2005　2006　2007　2008
　　2009　2010

009928166
中国消防年鉴
公安部消防局编 北京 中国人事出版社
〔馆藏卷期〕2004　2005　2006　2007　2008
　　2009　2010　2011　2012

009395857
中国民政年鉴
中华人民共和国民政部编 北京 中国社
　　会出版社 2003—
〔馆藏卷期〕2002　2003　2004　2006　2007

007887674
中国民政统计年鉴
民政统计年鉴 1993
民政部综合计划司编 北京 中国社会出
　　版社 1990—
〔馆藏卷期〕1994　1995　1996　1997　1998
　　1999　2000　2001　2002　2003　2004
　　2005　2006　2007　2008　2009　2010
　　2011　2012　2013　2014

011399864
中国社会工作协会年鉴
中国社会工作协会编印 北京 中国社会
　　工作协会 2007—
〔馆藏卷期〕2001/2006

011141275
中国儿童福利事业年鉴
中国儿童福利事业年鉴编委会编 北京
　　中国社会出版社 2007—
〔馆藏卷期〕2006

009914071
中国红十字年鉴
中国红十字年鉴编辑部编 北京 台海出
　　版社 2006—
〔馆藏卷期〕2004/2005　2005/2006
　　2006/2007　2007/2008　2009/2010
　　2011/2012

013173253

中国社会救助工作年鉴

民政部社会救助司编 北京 中国社会出版社

〔馆藏卷期〕2004/2009

008958020

中华慈善年鉴

中华慈善年鉴编辑部编辑 中华慈善总会主办 北京 中华慈善年鉴编辑部

〔馆藏卷期〕2000 2001 2002 2003 2004 2005 2006/2007 2008 2009 2010 2011 2012 2013

010227076

中国救灾年鉴

中国救灾年鉴编辑部编 北京 人民出版社 1990—

〔馆藏卷期〕1988

011141263

中国殡葬年鉴

中国殡葬年鉴编委会编 北京 中国社会出版社 2007—

〔馆藏卷期〕2004

008923215

中国民族工作年鉴

中国民族统计年鉴

国家民委编 北京 中国民族工作年鉴编辑委员会 2001—

〔馆藏卷期〕2001 2002

007696756

中国民族年鉴

中国民族年鉴编委会编 北京 民族出版社 1996—

〔馆藏卷期〕1995 1996 1997 1998 1999 2000 2001 2002 2003 2004 2005 2006 2007 2008 2009 2010 2011 2012 2013 2014

005581468

中国民族统计年鉴

中国民族工作年鉴

国家民族事务委员会经济司 国家统计局国民经济综合统计司编 北京 民族出版社 1994—

〔馆藏卷期〕△1949/1994 1995 1996 1997 1998 1999 2000 2004 2005 2006 2007 2008 2009 2010 2011 2012 2013

009914086

中国民族信息年鉴

中国民族信息年鉴编辑部编 北京 中国民族信息年鉴编辑委员会

〔馆藏卷期〕2005

007461198

中国民族研究年鉴

中国民族研究年鉴编辑委员会编 北京 民族出版社 1995—

〔馆藏卷期〕1993 1994 1995 1996/1997 1998 1999 2000 2001 2002 2003 2004 2006 2007 2008 2009

013604167
中国侨联年鉴
中国侨联编 北京 中国华侨出版社 2012—
〔馆藏卷期〕2011 2012 2013 2014

008122376
旅英华侨年鉴
华侨服务社编 伦敦 华侨服务社出版部 1965—
〔馆藏卷期〕1965

005438549
美国华侨年鉴
陈汝舟编 纽约 中国国民外交协会驻美办事处 1946
〔馆藏卷期〕1946

008122347
世界华侨年鉴
香港 世界华侨年鉴社有限公司
〔馆藏卷期〕1969

012242674
世界杰出华人年鉴
世界杰出华人年鉴编辑中心编 北京 世界杰出华人年鉴编辑中心 2006—
〔馆藏卷期〕2002 2005 2006 2009/2010

008977342
中国农村基层民主政治建设年鉴
中国农村基层民主政治建设年鉴编委会编 北京 中国社会出版社 2002—
〔馆藏卷期〕2001 2002

009726679
中国行业思想政治工作年鉴
中国行业思想政治工作年鉴编辑委员会编 北京 中国档案出版社
〔馆藏卷期〕2003 2004 2005 2007

012080600
中国政工年鉴
全国思想政治工作科学专业委员会中国政工年鉴编撰委员会编 北京 中共中央党校出版社
〔馆藏卷期〕1998

012916361
诚信中国年鉴
诚信中国年鉴编纂委员会编 上海 上海三联书店 2010—
〔馆藏卷期〕2010

008715475
中国精神文明建设年鉴
中国精神文明建设年鉴编辑委员会编 北京 学习出版社
〔馆藏卷期〕1998/1999 2000 2001 2002 2003 2004 2005 2006 2007 2008 2009 2010 2011 2012 2013 2014

004605558
中国精神文明年鉴
中国精神文明年鉴编辑部编 北京 北京燕山出版社 1992—

〔馆藏卷期〕1992　1993/1994

011503937
中国政党制度年鉴
中央社会主义学院政党制度研究中心编　北京　中央编译出版社　2007—
〔馆藏卷期〕2006　2007　2008　2009　2011　2012　2013

012530625
中国民主促进会年鉴
中国民主促进会年鉴编辑部编　北京　开明出版社
〔馆藏卷期〕2008　2009　2010　2011

012615158
中华全国工商业联合会年鉴
中华全国工商业联合会宣传教育部编　北京　中华全国工商业联合会宣传教育部
〔馆藏卷期〕2007　2008　2010　2011　2012

009618447
中国社区建设年鉴
民政部基层政权和社区建设司编　北京　中国社会出版社　2004—
〔馆藏卷期〕2003

011542438
预防青少年违法犯罪工作年鉴
中国青少年犯罪研究会编　北京　知识产权出版社　2008—
〔馆藏卷期〕2004/2005

002032798
中国青少年犯罪研究年鉴
中国青少年犯罪研究学会编　北京　春秋出版社　1988—
〔馆藏卷期〕1987

009520205
中国老龄工作年鉴
全国老龄工作委员会办公室　中国老龄协会编　北京　华龄出版社
〔馆藏卷期〕1982/2002　2003/2005　2006　2007　2008/2009　2010　2011　2012

007696772
中国残疾人事业年鉴
中国残疾人联合会编　北京　华夏出版社　1996—
〔馆藏卷期〕1949/1993　1994/2000

009520216
中国残疾人事业统计年鉴
中国残联信息中心编　北京　中国残联信息中心
〔馆藏卷期〕2002　2003　2004　2005　2006　2007　2008　2009　2011　2012　2013　2014　2015

005929800
国民年鉴
香港　华商报社　1949
〔馆藏卷期〕1949

009123988

实用国民年鉴

文化供应社编 桂林 文化供应社 1941—

〔馆藏卷期〕1941

012704390

国民政府年鉴 影印本

国民政府行政院编 北京 国家图书馆出版社 2011

〔馆藏卷期〕1943/1946

003098308

国民政府年鉴

国民政府行政院编 重庆 国民政府行政院

〔馆藏卷期〕1945

008137817

内政年鉴

内政部年鉴编纂委员会编 上海 商务印书馆 1936

〔馆藏卷期〕1936

008119294

铨叙年鉴

铨叙部年鉴

铨叙部秘书处第三科编 南京 铨叙部秘书处第三科 1932—

〔馆藏卷期〕1930 1931/1933

008119370

中国国民党年鉴

中国国民党中央执行委员会党史史料编纂委员会编 中国国民党中央执行委员会党史史料编纂委员会 1929

〔馆藏卷期〕1929

008426169

SIPRI 年鉴 军备·裁军和国际安全

国际问题研究所编 北京 世界知识出版社

〔馆藏卷期〕1999 2011 2013 2014

008244739

外交年鉴

民国九年分外交年鉴

外交部统计科编 北平 外交部 1921

〔馆藏卷期〕1920

008006417

中日青年交流年鉴

柳斌杰 李宝义主编 沈阳 辽宁教育出版社 1992

〔馆藏卷期〕1992

005072097

清季外交年鉴

王亮辑 北平 外交史料编纂处 1935

〔馆藏卷期〕4 册

005091348

中国外交年鉴 民国二十二年一月至十二月

章进主编 朱家治等编辑 中国外交年鉴社编 上海 生活书店 1934

〔馆藏卷期〕1933

005091337

中国外交年鉴 民国二十三年一月至十二月

章进主编 朱家治等编辑 中国外交年鉴社编 上海 世界书局 1935

〔馆藏卷期〕1934

005091349

中国外交年鉴 民国二十四年一月至十二月

薛代强总编辑 章进副总编辑 胡庆育等编 上海 正中书局 1936

〔馆藏卷期〕1935

003565876

中国法学研究年鉴

中国社会科学院法学研究所编著 北京 中国政法大学出版社 1991—

〔馆藏卷期〕1991

001819668

中国法律年鉴

中国法学会编 北京 法律出版社 1987—

〔馆藏卷期〕1987 1988 1989 1990 1992 1993 1994 1995 1996 1997 1998 1999 2000 2001 2002 2003 2004 2005 2006 2007 2008 2009 2010 2011 2012 2013 2014

012926157

中国法制信息年鉴

中国信息法学研究会编 北京 中国方正出版社 2006—

〔馆藏卷期〕1982/2005

011141413

中国依法行政年鉴

中国依法行政年鉴编委会编 北京 军事谊文出版社 2007—

〔馆藏卷期〕2005/2006 2007/2008

002455202

中国农业年鉴

中国农业年鉴编辑部编 北京 农业出版社

〔馆藏卷期〕1983 1984 1985

011141299

中国环保执法年鉴

中国环保执法年鉴编委会编 北京 新华出版社 2007—

〔馆藏卷期〕2005/2006 2007 2008/2009

008849908

中国知识产权年鉴

国家知识产权局编 国家知识产权局主办 北京 知识产权出版社 2001—

〔馆藏卷期〕2000 2001/2002 2003 2004 2005 2006 2007 2008 2009 2010 2011 2012 2013 2014

013604210

中国知识产权司法保护年鉴

中国知识产权司法保护年鉴编辑委员会编 北京 法律出版社 2012—

〔馆藏卷期〕2011 2012 2013

012346400
中国版权年鉴
中国版权年鉴编委会编 北京 中国人民大学出版社
〔馆藏卷期〕2009 2010 2011 2012 2013 2014

013634136
中国消费者权益保护年鉴
中国消费者协会编 北京 中国消费者协会
〔馆藏卷期〕2012

010227235
中国质量消费年鉴
中国质量消费年鉴编辑委员会编 北京 中国计量出版社 2001—
〔馆藏卷期〕2001/2002

007821038
刑事案例年鉴
沈阳 中国刑事警察编辑部
〔馆藏卷期〕1991 1992

012832463
中国商事审判年鉴
最高人民法院民事审判第二庭编 北京 法律出版社
〔馆藏卷期〕2009 2010

010227043
中国法律援助年鉴
司法部法律援助中心编 北京 法律出版社
〔馆藏卷期〕2005 2006 2007 2008 2009 2010 2011 2012

008146101
司法年鉴
司法院编译处编 长沙 商务 1941
〔馆藏卷期〕1941

007345477
中国司法行政年鉴
中国司法行政年鉴编辑委员会编 北京 法律出版社
〔馆藏卷期〕1995 1996 1997 1998 1999 2000 2001 2002 2003 2005 2006 2007 2008 2009 2010 2011 2012 2013

003077179
人民法院年鉴
人民法院年鉴编辑部编 北京 人民法院出版社 1991—
〔馆藏卷期〕1988 1989 1990 1991

002531659
中国检察年鉴
中国检察年鉴编辑部编 北京 中国检察出版社
〔馆藏卷期〕1988 1989 1990 1991 1992 1993 1994 1995 1996 1997 1998 1999 2000 2001 2002 2003 2004 2005 2006 2007 2008 2009 2010 2011 2012 2013

009289257
中国律师年鉴
中国律师年鉴编辑委员会编辑 北京 人民法院出版社 2003—
〔馆藏卷期〕2000 2001/2003 2004 2005 2006/2008 2009 2010 2011 2013

011918221
中国海洋行政执法统计年鉴
孙书贤主编 北京 海洋出版社 2008
〔馆藏卷期〕2001/2007

军 事

006038311
世界军事年鉴
中国人民解放军军事科学院外国军事研究部编 北京 解放军出版社 1986—
〔馆藏卷期〕1985 1987 1988 1989 1990 1991 1992 1993/1994 1995/1996 1997 1998 1999 2000 2001 2002 2003 2004 2005 2006 2007 2008 2009 2010 2011

006440886
各国陆军年鉴
中国陆军部编 北京 中国陆军部 1914
〔馆藏卷期〕1914

009928162
孙子兵学年鉴
孙子兵学年鉴编辑部编 山东孙子研究会 山东黄金集团有限公司主办 北京 中国文联出版社 2005—
〔馆藏卷期〕2004 2005 2006 2007/2008 2009 2010/2011

008135044
国防年鉴
中国史学研究会编 香港 中国史学研究会 1969—
〔馆藏卷期〕1969

009726430
中国国防经济年鉴
中国人民解放军军事经济研究中心国防经济年鉴编辑部编 北京 金盾出版社 2002—
〔馆藏卷期〕2001

009934732
后勤科技装备工作年鉴
中国人民解放军总后勤部科技装备局编 北京 中国人民解放军总后勤部科技装备局
〔馆藏卷期〕2001

009055131
全国双拥工作年鉴
全国双拥工作领导小组办公室编 北京
中国社会出版社 2002—
〔馆藏卷期〕2000 2001 2002/2003 2004
2005 2006 2007 2008 2009 2010

011399343
武警交通部队年鉴
中国人民武装警察部队交通指挥部编
史办公室编 北京 武警交通指挥部
〔馆藏卷期〕2002

009934783
中国武警年鉴
中国人民武装警察部队编史办公室编
北京 解放军出版社
〔馆藏卷期〕1995 1996 1997 1998
1999 2000

经　济

012078954
奥地利对华经济年鉴
奥地利驻华使馆商务处编　北京　奥地利驻华使馆商务处　2007—
〔馆藏卷期〕2007　2008/2009　2011/2012　2013/2014

004727857
华侨经济年鉴
侨务委员会编　台北　"行政院"侨务委员会　1957
〔馆藏卷期〕1957

004727845
华侨经济年鉴
华侨经济年鉴编辑委员会编　台北　侨务委员会　1958—2000
〔馆藏卷期〕1958　1959　1961　1962　1963　1964　1965　1966　1967　1968　1969　1970　1971　1972　1974/1975　1976/1977　1977/1978　1978/1979　1979/1980　1980/1981　1981/1982　1982/1983　1983/1984　1984/1985　1986　1987　1989　1990　1992　1993　1996　1997　1998　1999　2001/2002　2002/2003　2009　2010　2011　2012

005701057
华人经济年鉴
华人经济年鉴编辑委员会编　北京　中国社会科学出版社　1994—
〔馆藏卷期〕1994　1995　1996　1997/1998　2000/2001　2009/2010　2012/2013

005032850
世界经济年鉴
中国社会科学院世界经济与政治研究所　世界经济年鉴编辑部编　北京　中国社会科学出版社　1982—
〔馆藏卷期〕1981　1982　1983/1984　1988　1989　1990　1991　1992　1993　1994　1995　1996　1997　1998　1999/2000　2001　2002/2003　2003/2004　2005/2006　2006/2007　2007/2008　2008/

2009　2009/2010　2010/2011　2011/
2012　2012/2013

007415103
世界经济文化年鉴
世界经济文化年鉴编辑委员会编　北京
　　中国社会科学出版社　1996—
〔馆藏卷期〕1995/1996　1997/1998
　　1998/1999　2000/2001

008135668
新加坡经济年鉴
蔡继锷主编　新加坡　石叻报业机构
〔馆藏卷期〕1975/1976

008109005
星马工商年鉴
国际出版公司编　新加坡　国际出版公司
〔馆藏卷期〕1960　1961

004598841
中国经济科学年鉴
中国经济科学年鉴编委会编　北京　经济
　　科学出版社
〔馆藏卷期〕1984　1985　1986　1987　1988
　　1989　1990/1991　1992　1993

008715460
中国经济贸易年鉴
中国经济贸易年鉴编委会编　北京　中国
　　经济出版社　2000
〔馆藏卷期〕2000　2001　2002　2003　2004
　　2005　2006　2008　2009　2010　2011

2012　2013

008198071
中国经济年鉴
实业部编　台北　宗青图书出版公
　　司　1980
〔馆藏卷期〕1934

013110444
中国经济年鉴
实业部中国经济年鉴编纂委员会编　北
　　京　国家图书馆出版社影印　2011
〔馆藏卷期〕1934/1936

002020744
中国经济年鉴
中国经济年鉴续编
实业部编　上海　商务印书馆
〔馆藏卷期〕1934　1935

010228447
中国经济年鉴
狄超白主编　台北　文海出版社　2001
〔馆藏卷期〕1947

008108575
中国经济年鉴
太平洋经济研究社编　香港　太平洋经济
　　研究社　1947—
〔馆藏卷期〕1947　1948

002646241
中国经济年鉴

香港现代文化企业公司编 香港 香港现代文化企业公司 1981—
〔馆藏卷期〕1981 1982 1983 1984 1985 1986 1987 1988

007067763
中国经济年鉴
国务院发展研究中心编 北京 经济管理出版社
〔馆藏卷期〕1981 1989 1990 1991 1992 1993 1994 1995 1996 1997 1998 1999 2000 2001 2002 2003 2004 2005 2006 2007 2008 2009 2010 2011 2012 2013 2014

011968243
中国经济学年鉴
中国社会科学院经济学部编 北京 中国社会科学出版社 2008—
〔馆藏卷期〕2008 2009 2010 2011 2012

010227237
中华经济年鉴
孟东明主编 香港 长城(香港)文化出版公司
〔馆藏卷期〕1994

012724411
中国反垄断与规制经济学学术年鉴
山东大学反垄断与规制经济学研究基地编 北京 经济科学出版社 2010—
〔馆藏卷期〕2010 2011 2013

004569418
中国经济体制改革年鉴
国家经济体制改革委员会编 北京 改革出版社 1989—
〔馆藏卷期〕1989 1990 1991 1992 1993 1994 1995 1996 1997 1998 1999 2000/2001 2002 2003 2004 2005 2006

007342266
中国开放年鉴
经济日报社编 北京 经济日报出版社 1995—
〔馆藏卷期〕1995 1996 1998

008432656
中国非国有经济年鉴
中国非公有制经济年鉴 2007—
中国非国有经济年鉴编辑部编 北京 群言出版社
〔馆藏卷期〕1998 1999 2007 2008 2009 2010

011503909
中国民营科技与经济年鉴
陈庆振主编 中国民营科技实业家协会编 北京 中国商务出版社 2007
〔馆藏卷期〕2006/2007

009257837
中国私营经济年鉴
中华全国工商业联合会 香港经济导报社 中国民(私)营经济研究会联合编辑 北京 中华工商联合出版社

〔馆藏卷期〕1978/1993 1996 2000 2000/2001 2002/2004 2004/2006 2006/2008 2008/2010 2010/2012

008990547
中国招投标管理年鉴
北京国经联经济研究中心编 北京 企业管理出版社 2002—
〔馆藏卷期〕2001

009928111
中国国有资产监督管理年鉴
李荣融主编 北京 中国经济出版社 2004—
〔馆藏卷期〕2004 2005 2006 2007 2008 2009 2010 2011 2012 2013 2014

007509803
中国国有资产年鉴
中国国有资产年鉴编委会编 北京 经济科学出版社 1994—
〔馆藏卷期〕1993 1994 1995 1996 1997 1998

010102811
中国经济景气年鉴
中国经济景气监测中心编 中国经济景气监测中心主办 北京 国家统计局
〔馆藏卷期〕2005

012926141
中国低碳年鉴
中国低碳年鉴编委会编 北京 中国财政经济出版社 2010—
〔馆藏卷期〕2010 2011 2012 2013 2014

011824392
中国循环经济年鉴
解振华主编 北京 中国财经出版社 2008—
〔馆藏卷期〕2008 2009 2010 2011 2012 2013 2014

011968400
中国再生资源综合利用年鉴
中国物资再生协会编 北京 经济日报出版社
〔馆藏卷期〕2008 2009

011968235
中国光彩事业年鉴
中国光彩事业促进会编 北京 当代中国出版社 2008—
〔馆藏卷期〕1994/2007

012521719
中国小康年鉴
中国小康年鉴编辑委员会编 北京 中共中央党校出版社 2009—
〔馆藏卷期〕2009

012926167
中国国际经济合作年鉴
中国国际经济合作学会 中国国际经济合作年鉴编委会编 北京 中国质检出版社
〔馆藏卷期〕2009 2010

007977655

IMI 消费行为与生活形态年鉴

消费行为与生活形态年鉴

IMI（创研）市场信息研究所 北京广告艺术集团 北京广播学院广告学系编 北京 中国物价出版社

〔馆藏卷期〕1995 1997/1998 1998/1999 2000 2001 2002 2003/2004 2004/2005 2005/2006 2007 2008 2009/2010

007698501

中国物价及城镇居民家庭收支调查统计年鉴

家庭收支调查统计年鉴

中国价格及城镇居民家庭收支调查统计年鉴

国家统计局城市社会经济调查总队编 北京 中国统计出版社

〔馆藏卷期〕1996 1997 1998 1999

008577073

中国价格及城镇居民家庭收支调查统计年鉴

中国物价及城镇居民家庭收支调查统计年鉴

国家统计局城市社会经济调查总队编 北京 中国统计出版社 2000—

〔馆藏卷期〕2000 2001 2002 2003 2004

010378373

中国城市（镇）生活与价格年鉴

中国价格及城镇居民家庭收支统计年鉴

中国价格统计年鉴

国家统计局城市社会经济调查司编 北京 中国统计出版社 2007—2012

〔馆藏卷期〕2006 2007 2008 2009 2010 2011 2012

013275729

中国住户调查年鉴

中国农村住户调查年鉴

国家统计局住户调查办公室编 北京 中国统计出版社 2011—

〔馆藏卷期〕2011 2012 2013 2014

009503300

中国百强县（市）发展年鉴

国家统计局农村社会经济调查总队 中国信息报社编 北京 中国统计出版社

〔馆藏卷期〕2004 2005

012926162

中国高新技术产业开发区年鉴

中国高新技术产业开发区年鉴编委会编 北京 中国财政经济出版社 2011—

〔馆藏卷期〕2010 2011 2012

007510396

中国黄金海岸年鉴 经济 贸易 企业

中国黄金海岸年鉴编辑部编 北京 中国旅游出版社 1993—

〔馆藏卷期〕1994 1995 1996 1997 1998 1999 2000 2001 2002/2003

013635450

中国建制镇统计年鉴

国家统计局农村社会经济调查司编 北京 中国统计出版社 2013—

〔馆藏卷期〕2012

009934755

中国经济普查年鉴

国务院第一次全国经济普查领导小组办公室编 北京 中国统计出版社 2006—

〔馆藏卷期〕2004 2008 2013

004605532

中国经济特区与沿海经济技术开发区年鉴

中国经济特区开放地区年鉴

何椿霖主编 北京 改革出版社 1991—1994

〔馆藏卷期〕1980/1989 1990/1992

007202533

中国经济特区开放地区年鉴

中国经济特区开发区年鉴

中国经济特区与沿海经济技术开发区年鉴

北京 改革出版社 1994—

〔馆藏卷期〕1995 1996 1997 1998 1999 2000/2001 2002 2003

004605498

中国经济特区年鉴

香港中国经济特区年鉴编辑部编辑 香港 香港中国经济特区年鉴出版社

〔馆藏卷期〕1983 1984

009136654

中国开发区年鉴

国家信息中心编 北京 中国物价出版社 2003—

〔馆藏卷期〕2002 2004 2005 2006 2007 2008 2009 2010 2011 2012 2013 2014

003862558

中国西部地区开发年鉴

中国中西部地区开发年鉴

刘江主编 北京 改革出版社 1992—1994

〔馆藏卷期〕1979/1992 1993

012079804

中国区域经济发展年鉴

中国中西部地区开发年鉴

杜鹰主编 北京 中国财政经济出版社

〔馆藏卷期〕2007 2008 2009 2010 2011 2012 2013 2014

008773115

中国区域经济统计年鉴

国家统计局综合司 新华财经信息咨询有限公司编 北京 海洋出版社

〔馆藏卷期〕2000 2001 2002 2003 2004 2005 2006 2007 2008 2009 2010 2011 2012 2013 2014

008270281

中国县市经济年鉴

中国县市经济年鉴编辑部编 上海 上海社会科学院出版社 1992—

〔馆藏卷期〕1992

009726668

中国县域经济年鉴

中国县域经济年鉴编辑部编 北京 社会科学文献出版社

〔馆藏卷期〕2004 2005 2006/2007 2008 2009 2010 2011

009934802

中国县域社会经济年鉴

中国县域社会经济年鉴编辑部编 北京 中国经济出版社 2006—

〔馆藏卷期〕2000/2005

008858171

中国县市社会经济统计年鉴

国家统计局农村社会经济调查总队编 北京 中国统计出版社 2000—

〔馆藏卷期〕2001 2002 2003 2004 2005 2006 2007 2008 2009 2010 2011 2012

013986745

中国县域统计年鉴

中国县市社会经济统计年鉴

农村社会经济调查司编 北京 中国统计出版社

〔馆藏卷期〕2013 2014

008858164

中国县镇年鉴

中国县镇年鉴编辑委员会编 北京 学术书刊出版社 1989—

〔馆藏卷期〕1949/1988 1990 1991 1992 1993 1994 1995 1996

010227121

中国乡镇年鉴

中国乡镇年鉴编辑委员会编 北京 中国文史出版社 2005—

〔馆藏卷期〕2005 2006

006940614

中国中西部地区开发年鉴

中国西部地区开发年鉴

中国区域经济发展年鉴

北京 改革出版社 1995—2006

〔馆藏卷期〕1995 1996 1997 1998 2000/2001 2002 2003 2005 2006

008426375

中国国土资源年鉴

中华人民共和国国土资源部编 北京 中国国土资源年鉴编辑部 2000—

〔馆藏卷期〕1999 2000 2001 2002 2003 2004 2005 2006 2007 2008 2010 2011 2012 2013

010102077

中国国土资源统计年鉴

中华人民共和国国土资源部编 北京 地质出版社 2005—

〔馆藏卷期〕2005 2006 2007 2008 2009 2010 2011 2012 2013

011140225
中国第三产业统计年鉴
中华人民共和国国家统计局编 北京 中国统计出版社 2007—
〔馆藏卷期〕2006 2007 2008 2009 2010 2011 2012 2013 2014

005059985
中国工商行政管理年鉴
中国工商行政管理年鉴编辑部编辑 北京 工商出版社 1992—
〔馆藏卷期〕1992 1993 1994 1995 1996 1997 1998 1999 2000 2001 2002 2003 2004 2005 2006 2007 2008 2009 2010 2011 2012 2013 2014

009726433
中国国民经济核算年鉴
国家统计局国民经济核算司编 北京 中国统计出版社 2005—
〔馆藏卷期〕2004

008336861
中国会计年鉴
中华人民共和国财政部主办 中国会计年鉴编辑委员会编 北京 中国财政杂志社
〔馆藏卷期〕1996 1997 1998 1999 2000 2001 2002 2003 2005 2006 2007 2008 2009 2010 2011 2012 2013 2014

003165031
中国审计年鉴
中华人民共和国审计署编 北京 中国审计出版社 1990—
〔馆藏卷期〕1983/1988 1989/1993 1994/1998 1999 2000 2001/2002 2003 2004 2006 2007 2008 2009 2010

012080558
国际劳动统计年鉴
国际劳工局·日内瓦编 北京 中国劳动社会保障出版社 2005—
〔馆藏卷期〕2003

008111174
中国劳动工资统计年鉴
国家统计局社会统计司 劳动部综合计划司编 北京 劳动人事出版社 1989—
〔馆藏卷期〕1990

008111120
第一次中国劳动年鉴
经济年鉴
王清彬等编辑 陶孟和校订 北平 北平社会调查部 1928
〔馆藏卷期〕1927

007700034
第二次中国劳动年鉴

邢必信等编辑 陶孟和校订 北平 北平社会调查所 1932

〔馆藏卷期〕1928/1931

002758102

民国二十一年中国劳动年鉴

实业部中国劳动年鉴编辑委员会编纂 台北 文海出版社 1990

〔馆藏卷期〕1932

008247194

民国二十一年中国劳动年鉴

实业部中国劳动年鉴编纂委员会编纂 上海 实业部劳动年鉴编纂委员会 1933

〔馆藏卷期〕1932

007702745

民国二十二年中国劳动年鉴

实业部中国劳动年鉴编纂委员会编 上海 实业部劳工司 1934

〔馆藏卷期〕1933

004967435

中国劳动年鉴

中国劳动人事年鉴

中国劳动年鉴编辑部编 北京 中国劳动出版社 1991—

〔馆藏卷期〕1988/1989 1990/1991 1992/1994 1995/1996 1997 1998

007344430

中国劳动统计年鉴

国家统计局人口与就业统计司 劳动部综合计划与工资司编 北京 中国统计出版社

〔馆藏卷期〕1993 1994 1995 1996 1997 1998 1999 2000 2001 2002 2003 2004 2005 2006 2007 2008 2009 2010 2011 2012 2013 2014

008604941

中国劳动和社会保障年鉴

中国人力资源和社会保障年鉴

劳动和社会保障部编 北京 中国劳动社会保障出版社 2000—2008

〔馆藏卷期〕1999 2000 2001 2002 2003 2004 2005 2006 2008

012593556

中国人力资源和社会保障年鉴

中国劳动和社会保障年鉴

人力资源和社会保障部编 北京 中国人事出版社 2009—

〔馆藏卷期〕2009 2010 2011 2012 2013 2014

009841255

中国人力资源开发年鉴

中国人力资源开发研究会 潘金云主编 北京 中国物资出版社 2005—

〔馆藏卷期〕2004 2007

013711498

中国冷链年鉴

中国食品工业协会食品物流专业委员

会编 北京 航空工业出版社 2010—
〔馆藏卷期〕2009 2010

004872904
中国生产资料市场统计年鉴
国家统计局贸易物资统计司编 北京 中国统计出版社 1993—
〔馆藏卷期〕1993

008977190
中国物流年鉴
中国物流与采购联合会编 北京 中国物资出版社 2002—
〔馆藏卷期〕2002 2003 2005 2006 2007 2008 2009 2010 2011 2012 2013 2014

011503862
中国管理年鉴
国际管理学会编 王建超主编 北京 国际管理学会
〔馆藏卷期〕2008

008878964
中国招标投标年鉴
中国招标投标年鉴编辑委员会编 北京 中国计划出版社 2001
〔馆藏卷期〕2001 2002 2003 2004/2005 2008/2009

012530651
中国企业新记录暨自主创新成果年鉴
中国企业联合会 中国企业家协会编 北京 中国企业联合会
〔馆藏卷期〕2009

009036840
中国产品质量比较年鉴
孙世华 张建梅主编 北京 中国计量出版社 2002
〔馆藏卷期〕2001

013379152
中国设备管理年鉴
中国设备管理协会编 北京 国际商务资讯传播出版集团有限公司
〔馆藏卷期〕2010

005544807
中国质量认证年鉴
中国质量认证年鉴编辑委员会编 北京 经济管理出版社 1994—
〔馆藏卷期〕1994 1995 1996 1997 1998 1999 2000 2001

004944458
美国工商年鉴
美国工商年鉴编辑部编 北京 国际文化出版公司
〔馆藏卷期〕1986 1990

007511654
世界华商经济年鉴
世界华商经济年鉴编辑委员会编 北京 企业管理出版社 1995—
〔馆藏卷期〕1995 1996/1997 1997/1998

1998/1999　2000/2001　2001/2002
2004/2005　2005/2006　2007/2008
2008/2009

011141279
中国法国工商会年鉴
中国法国工商会编 北京 中国法国工商会
〔馆藏卷期〕2002/2003　2004/2005
　　　　　2005/2006　2007/2008　2008/2009
　　　　　2009/2010　2010/2011　2011/2012
　　　　　2012/2013

008902131
中国CIS年鉴
赵琛主编 北京 中国轻工业出版社 2002—
〔馆藏卷期〕2002

012802572
中国策划家年鉴
潘岩铭主编 上海 上海大学出版社 2010—
〔馆藏卷期〕2009/2010

009913865
中国策划年鉴
中国策划年鉴·导览 2005
张大文主编 广州 广东经济出版社 2005—
〔馆藏卷期〕2005

009324248
中国产权市场年鉴
长江流域产权交易共同市场 上海产权交易所主编 上海 上海社会科学院出版社 2003—
〔馆藏卷期〕2003　2004　2006　2007　2008
　　　　　2009　2010　2011　2012

008278753
中国大中型企业年鉴
国家统计局编 北京 中国统计出版社 1997—
〔馆藏卷期〕1996　1997

011140227
中国对外经济贸易与合作企业统计年鉴
中国国际贸易促进委员会宣传出版中心编 北京 中国商业出版社
〔馆藏卷期〕2005

009324840
中国对外贸易经济合作企业年鉴
中国外经贸企业年鉴 2001
中国对外贸易经济合作企业年鉴编委会主编 中国对外贸易经济合作企业协会主办 北京 人民日报出版社 2003—
〔馆藏卷期〕2001　2002　2003/2004
　　　　　2004/2005　2007/2008　2009

009341074
中国高技术产业发展年鉴

中国高技术产业发展年鉴编辑部编 北京 北京理工大学出版社 2002—
〔馆藏卷期〕2002 2003 2005 2006 2007 2008 2009 2010 2011 2012 2013

009132585
中国高技术产业统计年鉴
国家统计局等编 北京 中国统计出版社 2002—
〔馆藏卷期〕2002 2003 2004 2005 2006 2007 2008 2009 2010 2011 2012 2013 2014

008866924
中国高新技术产业年鉴
中国高新技术产业年鉴编辑委员会编 北京 中国言实出版社
〔馆藏卷期〕2001

009341095
中国高新技术企业年鉴
中国高新技术产业开发区协会 中国高技术企业发展评价中心编著 北京 科学技术文献出版社
〔馆藏卷期〕2000

004621286
中国横向经济年鉴
中国技术经济研究会横向经济研究会主办 中国横向经济年鉴编辑委员会 中外经济文化研究委员会 中国社会科学出版社经济室联合编辑 北京 中国社会科学出版社 1992—

〔馆藏卷期〕1991

011824356
中国火炬统计年鉴
科技部火炬高技术产业开发中心编 北京 中国统计出版社 2008—
〔馆藏卷期〕2008 2009 2010 2011 2012 2013 2014

011503903
中国留学人员创业年鉴
教育部留学服务中心 北京海外学人科技服务中心编 北京 中国财政经济出版社 2008—
〔馆藏卷期〕2007 2008 2009 2010 2011 2012 2013 2014

009928154
中国品牌年鉴
中国品牌年鉴编辑委员会主编 北京 中国经济出版社
〔馆藏卷期〕2002 2003/2004 2006

009618443
中国企业并购年鉴
崔永梅主编 于铁铭副主编 北京 中国经济出版社 2004—
〔馆藏卷期〕2005 2006 2007 2008 2009 2010 2011 2012 2013

002397183
中国企业登记年鉴 外商投资企业专辑 1979—1987

中华人民共和国国家工商行政管理局企业登记司 中华人民共和国对外经济贸易部外国投资管理局编 北京 新时代出版社 1988
〔馆藏卷期〕1979/1987

002395873
中国企业登记年鉴 特辑
中华人民共和国国家工商行政管理局主编 北京 中国展望出版社 1984
〔馆藏卷期〕1984

002397340
中国企业登记年鉴 全国性公司特辑 1985—
中华人民共和国国家工商行政管理局编 北京 中国工商出版社 1985—
〔馆藏卷期〕1985

008395368
中国企业登记年鉴 多层次传销企业专辑
国家工商行政管理局公平交易局编 北京 中国工商出版社 1996
〔馆藏卷期〕1996

007977135
中国企业发展年鉴
北京 中国展望出版社 1988—
〔馆藏卷期〕1988

004569387
中国企业管理年鉴

中国企业管理年鉴编委会编 北京 企业管理出版社 1990—
〔馆藏卷期〕1990 1991 1992 1993 1995 1996 1997 1998 1999 2000 2001/2002 2003 2004 2005 2006 2007 2008 2009 2010

009459990
中国企业集团年鉴
中国企业集团年鉴编辑委员会编 北京 新华出版社
〔馆藏卷期〕2003

011141399
中国企业劳动保障成就年鉴
年鉴编辑部编 北京 国际商务资讯传播出版集团有限公司 2005—
〔馆藏卷期〕2005

013275710
中国企业年鉴
中国企业年鉴编委会编 北京 企业管理出版社 2011—
〔馆藏卷期〕2011 2012 2013 2014

004569391
中国企业升级年鉴
中国企业升级年鉴编辑部编 吉林 吉林人民出版社
〔馆藏卷期〕1986/1988 1989 1990/1991

009726506
中国企业文化年鉴

中国企业文化研究会编 北京 中国大百
　科全书出版社 2004—
〔馆藏卷期〕2004 2005/2006 2007/2008
　2009/2010 2011/2012

009746477

中国认证认可年鉴

中国国家认证认可监督管理委员会编
　北京 中国标准出版社
〔馆藏卷期〕2004 2005 2006 2007 2008
　2009 2010 2011 2012 2013 2014

011399856

中国上市公司年鉴

中国上市公司年鉴编委会编 北京 中国
　科学技术出版社
〔馆藏卷期〕2007 2008 2009 2010 2011
　2012 2013

004621326

中国乡镇企业年鉴

中国乡镇企业及农产品加工业年鉴
中国乡镇企业年鉴编辑委员会编 北京
　农业出版社 1989—
〔馆藏卷期〕1978/1987 1989 1990 1991
　1992 1993 1994 1995 1996 1997
　1998 1999 2000 2001 2002 2003
　2004 2005

011485922

中国乡镇企业及农产品加工业年鉴

农产品加工业年鉴
中国乡镇企业年鉴

农业部编 北京 中国农业出版
　社 2007—
〔馆藏卷期〕2007 2008 2009 2010
　2011 2012

006747754

中国信息企业（机构）年鉴

中国信息企业年鉴
国家信息中心 国家工商局经济信息中
　心编 北京 中国统计出版社 1994—
〔馆藏卷期〕1994

009841271

中国信誉企业年鉴

中国信誉企业年鉴编辑部编 北京 中国
　产业经济出版社 2003—
〔馆藏卷期〕2002

012079837

中国质量检验协会团体会员工作年鉴

中国质量检验协会秘书处编 北京 中国
　计量出版社 2006—
〔馆藏卷期〕2006

009459981

中国中小企业发展年鉴

中国中小企业年鉴
中国中小企业发展年鉴编委会编 北京
　中国经济出版社
〔馆藏卷期〕2003 2004/2005 2006 2007
　2008 2009 2010 2011 2012 2013
　2014

008198189

中韩经济产业体年鉴

中国韩国经济产业体年鉴

陈晓旭主编 长城国际影视广告有限公司制作总部策划并编写 北京 外文出版社 1994—

〔馆藏卷期〕1994

012522828

世界城市经营年鉴

世界城市经营年鉴编委会编 北京 中国经济出版社 2009—

〔馆藏卷期〕2009 2010 2011

013898992

世界城镇经营年鉴

王廉主编 广州 广东经济出版社 2005—

〔馆藏卷期〕2005 2007

012242438

华文房地产广告年鉴

麦迪逊丛书编辑部编 香港 麦迪逊丛书编辑部 2007

〔馆藏卷期〕2008

013174688

中国城市经济年鉴

中国城市经济学会 中国城市经济杂志社编 北京 中国城市出版社 2011—

〔馆藏卷期〕2010 2011 2012 2013 2014

010102848

中国城市竞争力年鉴

中国城市竞争力研究会 中国城市竞争力年鉴编辑委员会编 香港 中国城市杂志社

〔馆藏卷期〕2003 2004 2005 2006 2007 2008 2009 2011 2012 2013 2014

005403850

中国城市经济社会年鉴

中国城市年鉴

中国城市经济社会年鉴理事会 中国城市经济社会发展研究会编 北京 中国城市经济社会出版社 1985—1992

〔馆藏卷期〕1985 1986 1987 1988 1989 1990 1991

006925567

中国城市年鉴

中国城市经济社会年鉴

中国城市经济社会发展研究会 中国城市发展研究会编 北京 中国城市年鉴社 1993—

〔馆藏卷期〕1993 1994 1995 1996 1997 1998 1999 2000 2001 2002 2003 2004 2005 2006 2007 2008 2009 2010 2011 2012 2013 2014

010227032

中国大型房地产与建筑业企业年鉴

中国大型房地产业与建筑业企业年鉴 2011—

中华人民共和国国家统计局编 北京 中

国统计出版社
〔馆藏卷期〕2006 2007 2008 2009 2010 2011 2012

009926706
中国地产市场年鉴
中国地产市场年鉴编辑部编 北京 中国产业经济出版社
〔馆藏卷期〕2003 2004

014222110
中国房地产广告年鉴
香港 香港竹文出版社 2012
〔馆藏卷期〕2012

012361637
中国房地产年鉴
上海易居房地产研究院编 上海 克而瑞（中国）信息技术有限公司
〔馆藏卷期〕2008 2010 2011 2013 2014 2015

011824315
中国房地产品牌年鉴
中国指数研究院 中国房地产TOP10研究组编 北京 中国统计出版社 2008—
〔馆藏卷期〕2008

007672759
中国房地产市场年鉴
中国房地产市场年鉴编委会编 北京 中国计划出版社 1996—

〔馆藏卷期〕1996 1997 1998/1999 1999/2000 2000/2001 2001/2002 2005

008476083
中国房地产统计年鉴
北京 中国城市出版社 1999—
〔馆藏卷期〕1999 2000 2001 2002/2003 2004 2005/2006 2007 2008 2009 2010 2011 2012 2013 2014

011503858
中国工程项目管理20年年鉴
中国建筑业协会工程项目管理委员会编 中华人民共和国建设部主办 北京 中国画报出版社 2006
〔馆藏卷期〕1986/2006

011824317
中国公益事业发展年鉴
赤子杂志社编 北京 赤子杂志社 2008—
〔馆藏卷期〕2008

008878953
中国建设年鉴
中国建设年鉴编委会编 北京 中国城市出版社
〔馆藏卷期〕1999 2000 2001 2002 2003 2004 2005 2006 2007 2009 2010 2011 2012 2013

009808401
中国建设年鉴 住宅与房地产业
中国建设年鉴编委会编 北京 中国城市

出版社 2003—

〔馆藏卷期〕2002 2003

009265516

中国建设年鉴 建筑设计篇

中国建设年鉴编委会编 南昌 江西科学技术出版社 2003—

〔馆藏卷期〕2002

013821896

中国县城建设统计年鉴

住房和城乡建设部编 北京 中华人民共和国住房和城乡建设部

〔馆藏卷期〕2010

011399907

中国小城镇建设年鉴

党赤主编 中国小城镇建设年鉴编辑部编 北京 中国国际广播音像出版社 2006—

〔馆藏卷期〕2006

011141490

中国直辖市房地产年鉴

中国直辖市房地产年鉴编辑委员会编 天津 天津社会科学院出版社

〔馆藏卷期〕2006 2007 2008

011399949

中国中小城市科学发展年鉴

中国城市经济学会中小城市经济发展委员会编 北京 中共中央党校出版社

〔馆藏卷期〕2007 2008 2009

009841282

中国住交会年鉴

中国住交会组委会编 北京 中国城市出版社 2005—

〔馆藏卷期〕2004 2005 2006

009726741

中国住宅产业年鉴

中国住宅产业年鉴编辑部编 北京 中国言实出版社 2004—

〔馆藏卷期〕2003/2004

008238714

粮农组织林产品年鉴

粮农组织林业部统计和经济分析人员编 北京 中国农业科技出版社

〔馆藏卷期〕1987 1988 1989

008089489

粮农组织生产年鉴

联合国粮食及农业组织编 北京 中国农业科技出版社

〔馆藏卷期〕1987 1989 1990

009928151

中国农业产业化年鉴

刘红主编 中国农业产业化年鉴编部 中国农业产业化研究与发展中心编 北京 中国农业产业化年鉴编辑部 2004

〔馆藏卷期〕2004

001822840

中国农业年鉴

农业部编 北京 农业出版社 1980—
〔馆藏卷期〕1980 1981 1982 1983 1984
 1985 1986 1987 1988 1989 1990
 1991 1993 1994 1995 1996 1997
 1998 1999 2000 2001 2002 2003
 2005 2006 2007 2008 2009 2010
 2011 2012 2013 2014

012049067
中国新农村建设年鉴
中国新农村建设年鉴编辑委员会 中央党校社会发展研究所编 中共中央党校社会发展研究中心主办 北京 中国大地出版社 2008—
〔馆藏卷期〕2008

008046183
中国土地年鉴
国家土地管理局编 北京 人民出版社 1995—
〔馆藏卷期〕1994/1995 1996 1997

008405447
中国农村能源年鉴
中国农村能源年鉴编辑委员会编 北京 中国农业出版社
〔馆藏卷期〕1997 1998/1999 2000/2008 2009/2013

010227091
中国农业化机械化年鉴
中国农业机械化年鉴
易中懿主编 农业部南京农业化机械化研究所主办 北京 中国三峡出版社 2005—
〔馆藏卷期〕2005 2006 2007 2008 2009 2010 2011 2012 2013 2014

010570280
中国农业机械工业年鉴
中国农业机械年鉴
中国机械工业年鉴编辑委员会 中国农业机械工业协会编 机械工业信息研究院 中国农业机械工业协会主办 北京 机械工业出版社 2006—
〔馆藏卷期〕2005 2006 2007 2008 2009 2010 2011 2012 2013 2014

008264053
中国农业机械年鉴
中国农业机械年鉴编辑委员会编 北京 机械工业出版社
〔馆藏卷期〕1992 1993 1994 1995 1996 1997 1998 1999 2000 2001 2002 2003 2004

009726499
中国农业综合开发年鉴
中国农业综合开发年鉴编辑委员会编 北京 中国财政经济出版社 2004—
〔馆藏卷期〕1988/2003 2004 2005 2007 2008 2009

009806867
中国农产品价格调查年鉴
国家统计局农村社会经济调查总队编

北京 中国统计出版社
〔馆藏卷期〕2004 2005 2007 2008 2009 2010 2011 2012 2013 2014

012802578
中国扶贫开发年鉴
国务院扶贫开发领导小组办公室 中国扶贫开发年鉴编委会编 北京 中国财政经济出版社
〔馆藏卷期〕2010 2011 2012 2013 2014

012242997
中国农业产品及技术装备供应年鉴
北京国联视讯经济研究中心编 北京 中国农业科技出版社 2000—
〔馆藏卷期〕2000

012080593
中国农业产业信息年鉴
中国农业产业信息年鉴编委会编 北京 中国大地出版社 2003—
〔馆藏卷期〕2003

009519807
中国农垦财务年鉴
中华人民共和国农业部农垦局编 北京 农业部农垦局
〔馆藏卷期〕1997 1998 1999 2000 2001 2002 2004 2005 2006 2007 2008 2009 2010 2011 2012 2013 2014

011141337
中国粮食年鉴

国家粮食局编 北京 经济管理出版社 2006—
〔馆藏卷期〕2006 2007 2008 2009 2010 2011 2012 2013 2014

012243731
中国茶业年鉴
中国茶业年鉴编辑委员会编 北京 中国农业出版社 2009—
〔馆藏卷期〕2008 2009/2010 2011 2012

009841238
中国棉花年鉴
中储棉花信息中心整理编辑 北京 中储棉花信息中心
〔馆藏卷期〕2004 2004/2005 2005/2006 2006/2007 2007/2008 2008/2009 2010/2011 2011/2012 2012/2013

011824383
中国食用菌年鉴
中国食用菌年鉴编辑委员会编 北京 中国食用菌年鉴编辑委员会 2005—
〔馆藏卷期〕2004 2005 2007 2008 2009 2010

012200480
中国花卉园林年鉴
中国花卉园林年鉴编委会编 北京 中国农业科学技术出版社 2009—
〔馆藏卷期〕1978/2008

012200525

中国林业产业与林产品年鉴

国家林业局编 北京 中国林业出版社 2009—

〔馆藏卷期〕2007 2008/2010 2011 2012

001709263

中国林业年鉴

林业部编 北京 中国林业出版社 1987—

〔馆藏卷期〕1949/1986 1987 1988 1989 1990 1991 1992 1993 1994 1995 1996 1997 1998 1999/2000 2001 2002 2003 2005 2006 2007 2008 2009 2010 2011 2012 2013 2014

008434212

中国林业统计年鉴

国家林业局编 北京 中国林业出版社

〔馆藏卷期〕1998 1999 2000 2001 2002 2003 2005 2006 2007 2008 2009 2010 2011 2012 2013

012079832

中国饲料产品与技术年鉴

北京 北京赛尔风标广告有限公司 2008—

〔馆藏卷期〕2008/2009

008588987

中国饲料工业年鉴

农业部全国饲料工业办公室 中国饲料工业协会编 北京 机械工业出版社 1992—

〔馆藏卷期〕1991 1991/2000 2001 2002 2003 2004 2005 2006/2007 2008 2009 2010 2011 2012 2013

008467095

中国畜牧业年鉴

中国畜牧业年鉴编辑委员会编 北京 中国农业出版社

〔馆藏卷期〕1999 2000 2001 2002 2003 2004 2005 2006 2007 2008 2009 2010 2011 2012 2013

012243743

中国畜牧业商务年鉴

北京赛尔风标广告有限公司编 北京 赛尔资讯 2005—

〔馆藏卷期〕2005/2006

010226706

中国水产统计年鉴

农业部水产司编 北京 农业部水产司

〔馆藏卷期〕1989 1991 1992

008715470

中国渔业年鉴

农业部渔业局主编 北京 中国农业出版社

〔馆藏卷期〕2000 2001 2002 2003 2005 2006 2007 2008 2009 2010 2011 2012 2013 2014

008749336

中国渔业统计年鉴

农业部渔业局编 北京 农业部渔业局

〔馆藏卷期〕1993 1994 1996 1997 1998 1999 2000 2001 2002 2003 2004 2005 2006 2007 2010 2011 2012 2013 2014 2015

008944150
中国农产品加工业年鉴
科学技术部农村与社会发展司 中国农业机械化科学研究院编 北京 中国农业出版社 2001

〔馆藏卷期〕2001 2002 2003 2004 2005 2006 2007 2008 2009 2010 2011 2012 2013 2014

008479262
中国技术监督年鉴
中国技术监督年鉴编辑委员会编 北京 中国标准出版社 1994—

〔馆藏卷期〕1993 1995 1996 1997 1998

008465950
中国质量技术监督年鉴
中国质量技术监督年鉴编辑委员会编 北京 中国标准出版社

〔馆藏卷期〕1999 2000 2001

013635233
全国硬质合金行业统计年鉴
中国钨业协会硬质合金分会编 北京 中国钨业协会硬质合金分会

〔馆藏卷期〕2011

013933104
中国LED显示应用产业发展年鉴
中国光学光电子行业协会发光二极管显示应用分会编 北京 电子工业出版社 2011—

〔馆藏卷期〕2010

004871570
世界化学工业年鉴
中国化学工业年鉴
世界化学工业年鉴编辑部编 北京 化学工业部科技情报研究所 1984—

〔馆藏卷期〕1987 1988 1989 1990 1991 1992/1993

008643429
建筑材料与设备指南年鉴
建筑材料与设备指南年鉴编辑部编 北京 中国建筑工业出版社

〔馆藏卷期〕1995 1996 1997 1998/1999 2000 2002

002456588
中国工业经济统计年鉴
中国工业统计年鉴 2013—
国家统计局工业交通统计司编 北京 中国统计出版社 1989—

〔馆藏卷期〕1988 1989 1990 1991 1992 1994 1995 1998 2001 2002 2003 2004 2006 2007 2008 2009 2010 2011 2012 2013 2014

005059997
中国工业年鉴
国家计划委员会 国务院生产委员会主办 中国工业年鉴编辑委员会编辑 北京 中国劳动出版社 1991—
〔馆藏卷期〕1991 1992 1993 2003 2004 2005 2006 2008

009806839
中国工业经济年鉴
工业年鉴
中国工业经济联合会 中国工业报社编 北京 中国财政经济出版社 2005—
〔馆藏卷期〕2005 2006 2007 2008 2009

013294557
工业年鉴
中国工业年鉴 2013—
中国工业经济年鉴
工业年鉴编辑部编 北京 中国财政经济出版社 2012—
〔馆藏卷期〕2011 2012 2013

005559238
中国引进技术改造现有企业十年鉴
中国引进技术改造现有企业十年鉴编辑委员会编 北京 中国经济出版社 1991
〔馆藏卷期〕1979/1988

013603068
工业企业科技活动统计年鉴
国家发展和改革委员会编 北京 中国统计出版社 2012—
〔馆藏卷期〕2012 2013 2014

008335881
中国工业市场年鉴
中国市场年鉴 1999—
北京华通人市场信息有限责任公司编 香港 香港城市大学出版社 1997—
〔馆藏卷期〕1997 1999 2000 2001 2003 2004 2005 2006 2008

012351787
电力自动化行业年鉴
中国电气商务年鉴 电力自动化行业年鉴
北京赛尔风标广告有限公司编 北京 北京赛尔风标广告有限公司
〔馆藏卷期〕2007/2008 2008/2009 2009/2010 2010/2011 2011/2012

013470778
电气行业年鉴
浙江百方网科技有限公司编 浙江百方网科技有限公司 浙江省高低压电气行业协会主办 杭州 百方网
〔馆藏卷期〕2011

009806789
航天财务年鉴
航天财务年鉴编辑委员会编 北京 宇航出版社
〔馆藏卷期〕1987 1988 1989

009841227

黄金工业统计年鉴

黄金工业统计年鉴编委会编 北京 冶金工业部黄金管理局 1995—

〔馆藏卷期〕1989 1990 1991 1992 1995 1996 1997 1998 1999

009913856

全国勘察设计单位百强年鉴

中国勘察设计协会主编 智能建筑与城市信息杂志社承编 北京 中国勘察设计协会 2004—

〔馆藏卷期〕2003 2005 2006 2007

009698940

水利统计年鉴

水利部计划司编 北京 水利部计划司

〔馆藏卷期〕1988 1990 1992 1995 2000 2002 2004 2005 2006

013932998

蓄电池行业商务年鉴

洲际直投蓄电池事业部编 沈阳市洲际广告有限责任公司主办 沈阳 沈阳市洲际广告有限责任公司

〔馆藏卷期〕2009 2010

011823745

中国安全防范行业年鉴

中国安全防范产品行业协会编 北京 解放军出版社

〔馆藏卷期〕2003 2004 2005 2006 2007 2008 2009 2010 2011 2012

011141261

中国半导体照明产业发展年鉴

国家半导体照明工程研发及产业联盟 国家新材料行业生产力促进中心编 北京 科学出版社 2007—

〔馆藏卷期〕2006 2008/2009

013173429

中国半导体照明产业发展年鉴

半导体照明产业发展年鉴

国家新材料行业生产力促进中心 国家半导体照明工程研发及产业联盟编 北京 机械工业出版社 2006—

〔馆藏卷期〕2010/2011

013636614

中国包装采购市场年鉴

中国包装采购网编 九鼎互联(北京)科技发展有限公司主办 北京 九鼎互联(北京)科技发展有限公司

〔馆藏卷期〕2011

004605415

中国包装年鉴

中国包装技术协会编 上海 中国包装技术协会

〔馆藏卷期〕1981 1982 1983/1984 1985 1986 1987 1988 1989 1990 1991 1992 1994 1995 1996 1997 1998 1999 2000 2001 2002 2003 2004 2005 2006/2007 2007/2008 2008/ 2009 2009/2010 2010/2011 2011/ 2012 2012/2013

013758827

中国保健食品年鉴

中国保健协会保健咨询服务工作委员
　会编　北京　中国保健协会
〔馆藏卷期〕2008

012048974

中国泵阀年鉴

王建敏　林先平主编　北京　中国社会科
　学出版社　2009—
〔馆藏卷期〕2009

009841201

中国泵业年鉴

中国通用机械工业协会泵业分会　中国
　国际贸易促进委员会经济信息部　中
　国泵业年鉴编委会编　北京　红旗出版
　社　2005—
〔馆藏卷期〕2004

012521645

中国标签产业年鉴

中国印刷及设备器材工业协会标签印
　刷分会　印刷工业出版社组织编　北京
　印刷工业出版社　2009—
〔馆藏卷期〕2009　2010

013790779

中国表面活性剂行业年鉴

表面活性剂和洗涤剂行业生产力促进
　中心编　北京　中国轻工业出版
　社　2012—
〔馆藏卷期〕2010/2011

008439001

中国齿轮工业年鉴

中国机械工业年鉴编辑委员会　中国齿
　轮专业协会编　北京　机械工业出版社
〔馆藏卷期〕1999　2002　2006　2010　2014

011141265

中国船舶工业年鉴

国防科工委船舶行业管理办公室　中国
　船舶工业行业协会编　北京　中国船舶
　工业行业协会　2006—
〔馆藏卷期〕2006　2007　2008　2009　2010
　2011　2012　2013　2014

009520199

中国船舶工业统计年鉴

中国船舶工业行业协会　国防科学技术
　工业委员会信息中心编　北京　国防科
　学技术工业委员会
〔馆藏卷期〕2003　2004　2005

011503854

中国大型工业企业年鉴

中华人民共和国国家统计局编　北京　中
　国统计出版社　2005—
〔馆藏卷期〕2007　2008　2009

013713460

中国地板/木门品牌年鉴

中国地板/木门品牌年鉴编委会编　地
　板新时代杂志社　门窗新时代杂志社
　主办　中国地板/木门品牌年鉴编
　委会

〔馆藏卷期〕2013

013603503
中国电镀年鉴
中国表面工程协会电镀分会编 北京 中国表面工程协会电镀分会
〔馆藏卷期〕2011

008278750
中国电力年鉴
中国电力年鉴编辑委员会编 北京 中国电力出版社 1995—
〔馆藏卷期〕1993 1994 1995 1996/1997 1998 1999 2000 2001 2002 2003 2005 2006 2007 2008 2009 2010 2011 2012 2013 2014

013603511
中国电气商务年鉴 输配电行业商鉴
北京赛尔风标广告有限公司编 北京 北京赛尔风标广告有限公司
〔馆藏卷期〕2011/2012

013713451
中国电气商务年鉴 低压行业商鉴
北京赛尔风标广告有限公司编 北京 北京赛尔风标广告有限公司
〔馆藏卷期〕2012/2013

008438980
中国电器工业年鉴
中国机械工业年鉴编辑委员会 中国电器工业协会编 北京 机械工业出版社

〔馆藏卷期〕1999 2000 2001 2002 2003 2004 2005 2006 2007 2008 2009 2010 2011 2012 2013 2014

014325148
中国电源行业年鉴
中国电源学会编 北京 机械工业出版社 2012—
〔馆藏卷期〕2012

008553868
中国电子工业年鉴
中国机械电子工业年鉴 电子卷
中国电子工业年鉴编辑委员会编辑 北京 电子工业出版社 1987—
〔馆藏卷期〕△ 1986 1987 1988 1989 1990 1991 1992 1993 1994 1995 1996 1997 1998 1999 2000 2001 2002 2003

009459938
中国电子信息产业年鉴
中国电子信息产业统计年鉴 2003—
信息产业部经济体制改革与经济运行司编 北京 电子工业出版社 2003—
〔馆藏卷期〕2001 2002 2003 2005 2006 2007 2008 2009 2010 2011 2012

011399786
中国阀门行业统计年鉴
中国阀门行业协会统计年鉴 1995/2000
中国通用机械工业协会阀门分会编 北京 中国通用机械工业协会阀门分会

〔馆藏卷期〕1995/2000 2001/2005

001992537
中国纺织工业年鉴
中国纺织工业年鉴编辑委员会编 北京 纺织工业出版社
〔馆藏卷期〕1986/1987 1988/1989 1990 1991 1992 1993 1994 1995 1996 1997/1999 2000 2000/2001 2001/2002 2002/2003 2003/2004 2004/2005 2005/2006 2006/2007 2007/2008 2008/2009 2009/2010 2010/2011 2012/2013

010102804
中国粉体工业年鉴
中国粉体工业协会 中国颗粒学会编 西安 西安地图出版社 2003—
〔馆藏卷期〕2003

004605437
中国钢铁工业年鉴
冶金工业部中国钢铁工业年鉴编辑委员会编 北京 冶金工业出版社 1985—
〔馆藏卷期〕1985 1986 1987 1988 1989 1990 1991 1992 1993 1994 1995 1996 1997 1998 1999 2000 2001 2002 2003 2004 2005 2006 2007 2008 2009 2010 2011 2012 2013 2014

013677412
中国工程机械产品年鉴
工程机械与维修杂志社编 北京 工程机械与维修杂志社
〔馆藏卷期〕2011

009045395
中国工程机械工业年鉴
中国机械工业年鉴编辑委员会 中国工程机械工业协会编 北京 机械工业出版社
〔馆藏卷期〕2000 2002 2003 2004 2005 2006 2007 2008 2009 2010 2011 2012 2013 2014

009004508
中国工程建设年鉴
中国工程建设年鉴编委会编 北京 中国建筑工业出版社
〔馆藏卷期〕2001 2002 2003 2005

008902135
中国管材年鉴
中国管材年鉴编写组编 北京 中国轻工业出版社
〔馆藏卷期〕2000

013604135
中国灌溉企业年鉴
北京灌溉网络科技有限公司编 中国水利企业协会灌排设备企业分会主办 北京 北京灌溉网络科技有限公司 2011—
〔馆藏卷期〕2009/2010 2011 2012 2013 2014

008588985

中国航空工业年鉴

中国航空工业年鉴编委会编 北京 航空工业出版社

〔馆藏卷期〕1987/1988 1989/1992 1993/1994 1995/1996 1997/1998

012521681

中国核能年鉴

中国核能行业协会编 北京 中国核能行业协会 2009—

〔馆藏卷期〕2009 2010 2011 2012 2013 2014

011824351

中国化肥工业年鉴

中国化工学会化肥工业委员会 北京九鼎华风文化传播有限公司编 北京 北京理工大学出版社 2007—

〔馆藏卷期〕2005/2006 2012

009841222

中国化工装备年鉴

中国化工装备总公司 中国化工机械动力技术协会组织编 北京 化工设备与防腐蚀编辑部

〔馆藏卷期〕2003/2004

006908611

中国化学工业年鉴

世界化学工业年鉴

中国化学工业年鉴编辑部编 北京 中国化工信息中心 1994—

〔馆藏卷期〕1994/1995 1995/1996 1996/1997 1997/1998 1998/1999 2000/2001 2001/2002 2002/2003 2003/2004 2004 2004/2005 2005/2006 2007 2008 2009 2010 2011 2012 2013

011399802

中国化学矿业年鉴

中国化学矿业协会编 中国化学矿业协会主办 北京 中国化学矿业协会

〔馆藏卷期〕2006 2007

012049031

中国环氧树脂行业年鉴

中国环氧树脂行业协会编 北京 中国经济文化出版社 2008—

〔馆藏卷期〕2008

009841226

中国黄金工业年鉴

中国黄金工业年鉴编辑委员会编 北京 冶金工业部黄金管理局 1995—

〔馆藏卷期〕1995 1996 1997 1999/2000

009045407

中国机床工具工业年鉴

中国机械工业年鉴编辑委员会 中国机床工具工业协会编 北京 机械工业出版社

〔馆藏卷期〕2002 2003 2004 2005 2006 2007 2008 2009 2010 2011 2012 2013 2014

013758840

中国机顶盒年鉴

中国机顶盒年鉴编辑委员会编 北京 中国机顶盒年鉴编辑委员会

〔馆藏卷期〕2009

009324430

中国机械工业年鉴

中国机械电子工业年鉴 机械卷

中国机械工业年鉴编辑委员会编 北京 机械工业出版社 1997—

〔馆藏卷期〕△1987 1988 1993 1994 1995 1996 1997 1998 1999 2000 2001 2002 2003 2004 2005 2006 2007 2008 2009 2010 2011 2012 2013 2014

009324415

中国机械通用零部件工业年鉴

中国机械工业年鉴编辑委员会 中国机械通用零部件工业协会编 北京 机械工业出版社 2003—

〔馆藏卷期〕2003 2006 2009

009841231

中国家具年鉴

中国家具年鉴编委会编 北京 中国家具协会

〔馆藏卷期〕2004 2005 2006 2007 2008 2009 2010 2011 2012 2013 2014

011141305

中国建材与装饰年鉴

建设部中国建筑文化中心中国建材与装饰年鉴编纂委员会编 北京 中国建材与装饰年鉴编委会 2005—

〔馆藏卷期〕2005

007551415

中国建筑材料工业年鉴

中国建筑材料工业年鉴编委会编 北京 中国建材工业出版社

〔馆藏卷期〕1989/1990 1991/1992 1993/1994 1995 1996 1997/2001 2002/2003 2004/2005 2006 2007 2008 2009 2010 2011 2012 2013 2014

001700362

中国建筑年鉴

中国建筑业年鉴

中国建筑年鉴编委会编 北京 中国建筑工业出版社 1985—1992

〔馆藏卷期〕1984/1985 1986/1987 1988/1989 1990/1991

006896081

中国建筑业年鉴

中国建筑年鉴

建设部编 北京 中国建筑工业出版社 1994—

〔馆藏卷期〕1992/1993 1994 1995 1996 1997 1998 1999 2000 2001 2003/2004 2005 2006 2007 2008 2009 2010 2011 2012 2013 2014

008863525

中国建筑业统计年鉴

国家统计局固定资产投资统计司编 北京 中国统计出版社

〔馆藏卷期〕1952/1985 1986/1987 1988/1989 1990/1991 1997 1998 1999 2001 2002 2003 2004 2006 2007 2008 2009 2011 2012 2013 2014

009841235

中国建筑装饰行业年鉴

中国建筑装饰协会编 中国建筑装饰协会主办 北京 中国建筑工业出版社

〔馆藏卷期〕2002 2003 2004 2005 2006 2007 2008 2009 2010 2011

011399815

中国金属流通年鉴

北京工经联科技信息中心编 北京 中国计量出版社

〔馆藏卷期〕2006

011141307

中国酒业年鉴

李笑天执行主编 郑州 中州古籍出版社 2000—

〔馆藏卷期〕2000

013758843

中国聚氨酯行业大全年鉴

上海贝茨商务资讯有限公司 北京中坤信达咨询有限公司编 中国聚氨酯工业协会主办 上海 上海贝茨商务资讯有限公司

〔馆藏卷期〕2008 2009/2010

009081531

中国矿业年鉴

中国矿业年鉴编辑部编 北京 地震出版社

〔馆藏卷期〕2002 2003 2004 2005 2006 2007 2008 2009 2010 2011 2012

009914083

中国铝业公司年鉴

中国铝业公司编 北京 中国铝业公司

〔馆藏卷期〕2006 2007 2008 2009 2010 2011 2012 2013 2014

013604153

中国铝业年鉴

中铝网编 郑州 中铝网

〔馆藏卷期〕2009 2010 2012 2014

008246260

中国煤炭工业年鉴

煤炭工业部 中国煤炭工业年鉴编审委员会编 北京 煤炭工业出版社 1983—

〔馆藏卷期〕1982 1983 1984 1985 1986 1987 1988 1989 1990 1991 1992 1993 1994 1995 1996 1997 1998 1999 2000 2001 2002 2003 2004 2005 2006 2007 2008 2009 2010 2011 2012 2013

013790784

中国煤炭建设年鉴

中国煤炭建设协会编 北京 煤炭工业出版社

〔馆藏卷期〕2006/2010

012806183

中国民用航空工业年鉴

工业和信息化部装备工业司编 北京 航空工业出版社 2011—

〔馆藏卷期〕2010 2011 2013 2014

011824368

中国民用航空工业统计年鉴

国防科学技术工业委员会信息中心编 北京 中国统计出版社 2008—

〔馆藏卷期〕2007 2008 2009 2010 2011 2012

010102814

中国民用建筑设计市场年鉴

di·设计新潮杂志社编 上海 上海社会科学院出版社 2006—

〔馆藏卷期〕2004/2005

009841291

中国模具工业年鉴

中国机械工业年鉴编辑委员会 中国模具工业协会编 北京 机械工业出版社 2004—

〔馆藏卷期〕2004 2008 2012

009065087

中国摩托车工业年鉴

中国摩托车工业年鉴编辑工作组编 中国汽车技术研究中心主办 北京 摩托车技术杂志社

〔馆藏卷期〕2002 2003 2005 2006 2007 2008 2009 2010 2011 2012 2013 2014

008438993

中国磨料磨具工业年鉴

中国机械工业年鉴编辑委员会 全国磨料磨具行业情报网编 北京 机械工业出版社

〔馆藏卷期〕1999

007977105

中国内燃机工业年鉴

中国内燃机工业年鉴编委会编 上海 上海交通大学出版社 1993—

〔馆藏卷期〕1993 1994 1995 1996 1997 1998 1999 2000 2001 2002 2003 2004 2005 2006 2007 2008 2009 2010 2011 2012 2013 2014

009081532

中国奶业年鉴

刘成果主编 北京 中国农业出版社 2003—

〔馆藏卷期〕2002 2003 2004 2005 2006 2007 2008 2009 2010 2011 2012 2013 2014

010227090
中国能源年鉴
中国能源年鉴编辑委员会编 北京 中国石化出版社 2005—
〔馆藏卷期〕2004

003098932
中国能源统计年鉴
国家统计局工交物资司编 北京 能源出版社
〔馆藏卷期〕1986 1989 1991 1991/1996 1997/1999 2000/2001 2004 2005 2006 2007 2008 2009 2010 2011 2012 2013 2014

009036690
中国酿酒工业年鉴
中国酿酒工业协会编 北京 新华出版社
〔馆藏卷期〕2001 2003 2008 2009 2010/2011

011503910
中国农药工业年鉴
中国农药工业协会编 中国农药工业协会主办 北京 中国农药工业协会
〔馆藏卷期〕2005 2006 2007 2008/2009 2010 2011 2012

013677492
中国农药企业年鉴
中国农药企业年鉴编辑委员会编 中国农药百强官方网主办 北京 现代文化出版社 2013—

〔馆藏卷期〕2012/2013

011141390
中国皮革工业年鉴
中国皮革工业协会编 北京 中国皮革工业协会秘书处 1998—
〔馆藏卷期〕1997

013680424
中国平板显示年鉴
中国光学光电子行业协会液晶分会编 北京 电子工业出版社
〔馆藏卷期〕2011 2012

012049052
中国汽车电子电器电机工业年鉴
中国汽车工业协会 中国汽车工业协会车用电机电器委员会编 北京 中汽协会车用电机电器委员会 2008—
〔馆藏卷期〕2008

001992556
中国汽车工业年鉴
中国汽车工业公司编 北京 机械工业出版社 1984—
〔馆藏卷期〕1983 1986 1988 1991 1993 1994 1995 1996 1997 1998 1999 2000 2001 2002 2003 2004 2005 2006 2007 2008 2009 2010 2011 2012 2013 2014

013481776
中国汽车用品年鉴

汽车杂志社编 四川党建期刊集团主办 成都 汽车杂志社
〔馆藏卷期〕2011 2012 2013 2014

012243027
中国汽车用品行业年鉴
九州传媒编 广州 广东世界图书出版公司 2003—
〔馆藏卷期〕2003

013604165
中国汽配用品专业市场年鉴
中国汽车配件用品市场协会编 北京 中国汽车工业国际传媒集团
〔馆藏卷期〕2011

004605591
中国轻工业年鉴
中国轻工总会 广州珠江钢琴集团有限公司编 北京 中国大百科全书出版社 1985—
〔馆藏卷期〕1985 1986 1987 1988 1989 1990 1991 1992 1993 1994 1995 1996 1997 1998 1999 2000 2001 2002 2003 2004 2005 2006 2007 2008 2009 2010 2011 2012 2013 2014

013604172
中国燃气行业年鉴
中国城市燃气协会编 北京 中国轻工业出版社 2012—
〔馆藏卷期〕2012 2013

012049056
中国染料工业年鉴
中国染料工业协会编 北京 中国染料工业协会 2008—
〔馆藏卷期〕2007 2008 2009 2010 2011 2012 2014

010227096
中国热处理年鉴
中国热处理行业协会编 北京 中国热处理行业协会 2003—
〔馆藏卷期〕2003 2008

012200527
中国热喷涂年鉴
中国表面工程协会热喷涂专业委员会 北京昕史文化研究中心编 北京 科学技术文献出版社 2004—
〔馆藏卷期〕2003

010227098
中国肉类年鉴
中国肉类协会编 北京 中国商业出版社 2007—
〔馆藏卷期〕1949/2005 2006 2007 2008 2009/2010 2011

009934768
中国散装水泥年鉴
中国散装水泥年鉴编辑部编 北京 中国散装水泥推广发展协会 2004—
〔馆藏卷期〕2003

009934772
中国石材工业年鉴
中国石材工业双年鉴 2006/2007
中国石材工业协会编 北京 新世界出版社 2005—
〔馆藏卷期〕2004/2005 2006/2007 2008/2009 2009/2010 2010/2011

011141403
中国石油石化工程建设年鉴
中国石油石化工程研究会编 北京 中国石化出版社 2007—
〔馆藏卷期〕2001/2005 2006/2010

012361835
中国石油石化企业展示暨物资采购年鉴
北京国经研信息咨询中心编 北京 中国农业科技出版社 2002—
〔馆藏卷期〕2002

012361651
中国石油石化设备工业年鉴
中国机械工业年鉴编辑委员会 中国石油和石油化工设备工业协会编 北京 机械工业出版社 2008—
〔馆藏卷期〕2007 2008 2009 2010 2011 2012 2013

007696803
中国石油天然气工业年鉴
中国石油天然气总公司编 北京 石油工业出版社 1996—

〔馆藏卷期〕1996 1997 1998 2002

001823871
中国食品工业年鉴
中国食品工业年鉴编辑部编辑 北京 中国食品工业年鉴编委会 1984—
〔馆藏卷期〕1984 1985 1986 1987 1988 1989 1990 1991 1992 1993/1996 1997 1998 1999 2000 2001 2002 2003 2004 2005 2006 2008 2009 2010 2011/2013

004605385
中国水力发电年鉴
中国水力发电年鉴编辑委员会编 北京 水力发电杂志社 1984—
〔馆藏卷期〕1949/1983 1984/1988 1989/1991 1992/1994 1995/1997 1998/2000 2001/2002 2004 2005 2006 2007 2008 2009 2010 2012

004594709
中国水利年鉴
中国水利年鉴编辑委员会编 北京 水利电力出版社 1991—
〔馆藏卷期〕1991 1992 1993 1994 1995 1996 1997 1998 1999 2000 2001 2002 2003 2005 2006 2007 2008 2009 2010 2011 2012 2013

011141407
中国水泥年鉴
中国水泥协会编 长春 吉林教育出版

社 2007—
〔馆藏卷期〕2001/2005 2007 2008 2009 2010 2011 2012/2013

008802336
中国丝绸年鉴
中国丝绸年鉴编辑委员会编辑 中国丝绸协会主办 北京 丝绸杂志社
〔馆藏卷期〕2000 2001 2002 2003 2004 2005 2006 2007 2008/2009 2010 2011

008977186
中国塑料工业年鉴
何重金 赵怡责任编辑 中国塑料加工工业协会主办 北京 中国石化出版社 2002—
〔馆藏卷期〕2001 2002/2003 2004 2005 2006 2007 2008 2009 2010 2011 2012 2013 2014

012200538
中国塑料机械工业年鉴
中国机械工业年鉴编委会 中国塑料机械工业协会编 北京 机械工业出版社 2009—
〔馆藏卷期〕2009 2010 2011 2012 2013

013481778
中国碳酸钙工业年鉴
中国无机盐工业协会钙镁盐分会编 北京 中国无机盐工业协会
〔馆藏卷期〕2011

009208660
中国糖酒年鉴
中国酒类商业协会 中国副食流通协会编 北京 经济日报出版社 2003—
〔馆藏卷期〕2003 2004 2005 2006 2007 2008 2009 2010 2011

008588989
中国特殊钢年鉴
中国特殊钢企业协会编 北京 中国特殊钢企业协会
〔馆藏卷期〕1996 1997 1999 2000 2001 2004 2005 2006 2009

008424333
中国铁路机车车辆工业年鉴
中国铁路机车车辆工业总公司年鉴编辑委员会编 北京 中国铁路机车车辆工业总公司年鉴编辑委员会 1995—
〔馆藏卷期〕1994 1995 1996 1997 1998 1999 2000 2001

009026489
中国通用机械工业年鉴
中国机械工业年鉴编辑委员会 中国通用机械工业协会编 北京 机械工业出版社 2002—
〔馆藏卷期〕2002 2004 2006 2007 2008 2009 2010 2011 2012 2013 2014

008849900
中国涂料工业年鉴
中国涂料工业协会 全国涂料工业信息

中心编 北京 中国涂料工业年鉴编委会

〔馆藏卷期〕1989/1990 1991/1995 1996/1998 1999/2000 2001 2002 2003 2004 2006 2007 2008 2009 2010 2011 2012 2013

009806884
中国钨工业年鉴

中国钨工业年鉴编辑委员会 中国钨业协会编 北京 中国钨业协会 2004—

〔馆藏卷期〕2002 2003 2004 2005 2006 2007 2008 2009

008977197
中国橡胶工业年鉴

中国橡胶工业协会主编 北京 中国商业出版社 2002—

〔馆藏卷期〕2001 2002 2003 2004 2005 2006 2007/2008 2008/2009 2009/2010 2011/2012

012243739
中国新能源与可再生能源年鉴

中国新能源网中国新能源杂志编辑部 中国可再生能源学会编 中国可再生能源学会 中国科学院广州能源研究所主办 广州 广州经天文化传播有限公司 2009—

〔馆藏卷期〕2009 2010 2011 2012 2013 2014

008588995
中国烟草年鉴

国家烟草专卖局主编 北京 经济日报出版社

〔馆藏卷期〕1981/1990 1991/1995 1996/1997 1998/1999 2000 2001 2002 2003 2004 2005 2006 2007 2008 2009 2010 2011/2012 2013

013604183
中国烟花爆竹年鉴

中国烟花爆竹年鉴编委会编 浏阳市鞭炮烟花管理局 醴陵市烟花鞭炮管理局 万载县烟花爆竹管理局 上栗县花炮发展局主办 浏阳 中国烟花爆竹年鉴编委会

〔馆藏卷期〕2005 2011

010227126
中国盐业年鉴

中国盐业协会编 北京 中国盐业协会 2006—

〔馆藏卷期〕2006 2007 2008 2009 2010 2011 2012 2013

013174716
中国冶金矿山年鉴

中国冶金矿山年鉴编辑委员会编 北京 冶金工业出版社 2011—

〔馆藏卷期〕2009/2010

009914107
中国液压气动密封工业年鉴

中国液压液力气动密封工业年鉴 2010
中国机械工业年鉴编辑委员会 中国液压气动密封件工业协会编 北京 机械工业出版社 2005—
〔馆藏卷期〕2005 2010

012361661
中国医疗器械行业年鉴
中国生物医学工程学会 中国医疗器械行业协会编 北京 中国统计出版社 2009—
〔馆藏卷期〕2008

006928980
中国医药年鉴
中国医药年鉴编委会编 北京 中国医药科技出版社 1991—
〔馆藏卷期〕1991 1992 1994 1995 1996 1997 1998

009618467
中国医药统计年鉴
全国医药统计网编 北京 全国医药统计网
〔馆藏卷期〕2004 2005

009726681
中国印钞造币年鉴
中国印钞造币年鉴编纂委员会编 中国印钞造币总公司主办 北京 中国印钞造币总公司
〔馆藏卷期〕2005

012926174
中国印刷装备年鉴
中国印刷装备年鉴编委会编 北京 中国印刷装备年鉴编委会
〔馆藏卷期〕2010 2013

004705434
中国有色金属工业年鉴
中国有色金属工业年鉴编辑委员会编 北京 中国有色金属工业年鉴编辑委员会
〔馆藏卷期〕1991 1992 1993 1994 1995 1996 1997 1998 1999 2000 2001 2002 2003 2004 2005 2006 2007 2008 2009 2010 2011 2012 2013 2014

012593570
中国有色矿业年鉴
中国有色矿业年鉴编委会 北京亚世天图信息咨询有限公司编 武汉 华中科技大学出版社 2010—
〔馆藏卷期〕2009/2010 2011

003098877
中国造纸年鉴
中国造纸学会编 北京 轻工业出版社
〔馆藏卷期〕1986 1990 1993 1996 1999 2002 2003 2004 2005 2006 2007 2008 2009 2010 2011 2012 2013 2014

012755722

中国制冷商务年鉴

中国制冷编辑部编 中国制冷网主办 北京 中国制冷编辑部 2010—

〔馆藏卷期〕2010 2011 2012 2013 2014

011141493

中国制衣工业商务年鉴 设备卷

赛尔资讯·制衣设备事业部编 北京 赛尔资讯·制衣设备事业部 2007—

〔馆藏卷期〕2006/2007 2007/2008

012200477

中国制衣工业商务年鉴 辅料卷

中国服装辅料年鉴 2008/2009—
中国服装辅料商务年鉴

赛尔资讯·制衣设备事业部编 北京 赛尔资讯·制衣设备事业部

〔馆藏卷期〕2007/2008 2008/2009 2009/2010 2010/2011 2011/2012

009914382

中国重型机械工业年鉴

中国机械工业年鉴编辑委员会 中国重型机械工业协会编 北京 机械工业出版社

〔馆藏卷期〕2005 2006 2007 2008 2009 2010 2011 2012 2013 2014

008997616

中国珠宝年鉴

中国珠宝玉石首饰年鉴 2009—
中国珠宝年鉴编委会编 北京 地质出版社 2002—

〔馆藏卷期〕2000/2001 2002 2003/2004 2005 2009 2012

009062420

CBI 中国 IT 渠道年鉴

电脑商情报编辑部编 成都 电子科技大学出版社 2003—

〔馆藏卷期〕2002/2003

013636647

IT 影响中国年鉴 IT 产业生态系统调查报告

中国互联网协会网络营销委员会编 中国计算机用户协会 中国互联网协会无极网 中国互联网协会网络营销委员会主办 北京 中国互联网协会

〔馆藏卷期〕2012

013294607

中国软件和信息技术服务业年鉴

中国软件行业协会编 北京 中国软件行业协会

〔馆藏卷期〕2011 2012

009502085

中国信息产业年鉴

中国信息产业年鉴编辑委员会编 北京 中国城市出版社 2004—

〔馆藏卷期〕2003/2004

010235316

中国信息产业年鉴

中国电子工业年鉴 1993
中国信息产业年鉴编辑委员会编 北京
　　电子工业出版社 2005—
〔馆藏卷期〕2005 2006 2007 2008 2009
　　2010 2011 2012 2013 2014

010281659
中国信息产业年鉴 通信卷
中国通信年鉴
中国信息产业年鉴通信卷编委会编 中
　　国通信学会主办 北京 中国信息产业
　　年鉴通信卷编辑部 2006—
〔馆藏卷期〕2007 2008

009036700
中国信息经济年鉴
中国信息经济年鉴编委会编 北京 中国
　　财政经济出版社 2001—
〔馆藏卷期〕2001 2002 2003

012617734
中国国际货运代理年鉴
中国国际货运代理协会编 北京 中国国
　　际货运代理协会 2010—
〔馆藏卷期〕2000/2009

008902137
中国交通教育五十年年鉴
程景琨主编 大连 大连海事大学出版社
〔馆藏卷期〕1949/1999

013379142
中国交通运输统计年鉴
交通运输部编 北京 人民交通出版
　　社 2011—
〔馆藏卷期〕2010 2011 2012

013481763
中国交通企业年鉴
中国交通企业管理协会编 北京 中国交
　　通企业管理协会
〔馆藏卷期〕2011 2012

009698964
中国交通市场年鉴
中国交通市场年鉴编辑部编 北京 中国
　　产业经济出版社
〔馆藏卷期〕2001 2002 2003 2004

001822750
中国交通年鉴
中国交通运输协会编 北京 中国交通年
　　鉴社 1986—
〔馆藏卷期〕1986 1987 1988 1989 1990
　　1991 1992 1993 1994 1995 1996
　　1997 1998 1999 2000 2001 2002
　　2003 2004 2005 2006 2007 2008
　　2009 2010 2011 2012 2013 2014

011503321
全国铁路统计年鉴
铁道部统计中心编 北京 中国铁道出版
　　社 2008—
〔馆藏卷期〕2006 2007

008112146
铁道年鉴
铁道部秘书厅编 上海 铁道部铁道年鉴编纂委员会 1933—
〔馆藏卷期〕1933

008432794
中国铁道年鉴
铁道部档案史志中心编 北京 中国铁道出版社
〔馆藏卷期〕1999 2000 2001 2002 2003 2004 2005 2006 2007 2008 2009 2010 2011 2012

013933105
中国公路建设市场年鉴
中国公路建设市场编委会编 北京 中国标准出版社
〔馆藏卷期〕2001

012593490
中国公路年鉴
华夏公路建设网编 北京 华夏公路建设网 2006—
〔馆藏卷期〕2006

008433874
中国港口年鉴
中国港口年鉴编辑部编 上海 中国港口杂志社
〔馆藏卷期〕1999 2000 2001 2002 2003 2005 2006 2007 2008 2009 2010 2011 2012 2013 2014

013379156
中国引航年鉴
中国引航协会编 北京 中国引航协会 2010—
〔馆藏卷期〕2008/2009 2010

008802328
中国民航统计年鉴
民用航空局计划司编 北京 民航局计划司
〔馆藏卷期〕1983 1984 1985 1986 1988 1989 1990 1991 1992 1993 1994 1996 1997 1998 1999 2000 2001 2002 2003 2004 2005

013965163
出租汽车统计年鉴
中国城市出租汽车协会编 北京 中国城市出租汽车协会
〔馆藏卷期〕1991

009698947
中国城市公共交通年鉴
中国城市公共交通协会编 北京 中国城市公共交通协会
〔馆藏卷期〕1990/1991 1999/2000

008998399
中国旅游财务信息年鉴
中华人民共和国国家旅游局编 北京 中国旅游出版社
〔馆藏卷期〕2002 2004 2005 2006 2007 2008 2010 2011 2012 2013 2014

013758844
中国旅游城市统计年鉴
中国旅游城市统计年鉴编辑部编 张家界 中国旅游城市统计年鉴编辑部
〔馆藏卷期〕2006

003606512
中国旅游年鉴
中国旅游年鉴编辑委员会编 北京 中国旅游出版社 1990—
〔馆藏卷期〕1990 1991 1992 1993 1994 1995 1996 1997 1998 1999 2000 2001 2002 2003 2005 2006 2007 2008 2009 2010 2011 2012 2013 2014

001365892
中国旅游统计年鉴
国家旅游局编 北京 中华人民共和国国家旅游局
〔馆藏卷期〕1991 1992 1993 1995 1996 1997 1998 1999 2000 2001 2002 2003 2005 2006 2007 2008 2009 2010 2011 2012 2013 2014

013173618
唐人旅游规划设计年鉴
唐人旅游规划设计年鉴编委会编 北京 中国旅游出版社
〔馆藏卷期〕2009 2011 2012 2014

013656189
中国快递年鉴
中国快递年鉴编辑部编 北京 人民交通出版社 2013—
〔馆藏卷期〕2007/2011

012926186
中国邮票设计印制年鉴
中国邮票设计家协会编 北京 中国邮政集团公司
〔馆藏卷期〕2010

009024099
中国邮政年鉴
中国邮政年鉴编纂委员会编 北京 北京燕山出版社 2002—
〔馆藏卷期〕1999/2001 2002 2003 2004 2005 2007/2008

012048997
中国电信黄页年鉴
中国电信集团黄页信息有限公司编 北京 中国电信集团黄页信息有限公司 2005—
〔馆藏卷期〕2003/2005

009006356
中国电信年鉴
中国电信博物馆编 北京 北京燕山出版社 2002—
〔馆藏卷期〕2001 2002 2003 2004 2005 2006 2007 2008 2009 2010 2011 2012

009934742

中国电信统计年鉴

中国电信集团公司企业信息化部编 北京 中国电信集团公司

〔馆藏卷期〕2000 2001 2002 2003 2004

013604146

中国联通年鉴

中国联合网络通信集团有限公司编 北京 中国联通

〔馆藏卷期〕2010 2011 2012

009360577

中国通信年鉴

中国信息产业年鉴通信卷

中国通信年鉴编辑部编 中国通信学会主办 北京 中国通信年鉴编辑部 2003—2005

〔馆藏卷期〕2003 2004 2005 2009 2010 2011 2012 2013 2014

012049065

中国通信市场年鉴

赛迪顾问股份有限公司编 北京 赛迪顾问股份有限公司 2008—

〔馆藏卷期〕2008/2009

010227111

中国网通年鉴

中国网络通信集团公司编 北京 中国网络通信集团公司 2003—

〔馆藏卷期〕2002/2003 2004/2005

009589168

中国网通统计年鉴

中国网络通信集团公司编 北京 中国网络通信集团公司 2003—

〔馆藏卷期〕2002 2003 2004 2005

010102800

中国城市公交广告年鉴

中国广告协会公交委员会 21世纪广告杂志社编 北京 21世纪广告杂志社 2006—

〔馆藏卷期〕2006 2009

013974426

中国公益广告年鉴

中国传媒大学 全国公益广告创新研究基地编 北京 中国工商出版社 2011—

〔馆藏卷期〕1986/2010

009618430

中国广告案例年鉴

中国广告杂志社编 上海 东方出版中心

〔馆藏卷期〕2005 2006 2007/2008

008046263

中国广告年鉴

中国广告年鉴编辑部编 北京 新华出版社 1988—

〔馆藏卷期〕1988 1991 1994 1995 1996 1997 1998 1999 2001 2002 2003 2005 2006 2007 2008 2009 2010 2011 2012 2013 2014

008426195
中国广告作品年鉴
IAI 中国广告作品年鉴
北京广播学院广告学系 国际广告杂志社编 北京 中国摄影出版社
〔馆藏卷期〕2000 2001 2003 2004 2006 2007 2008 2009 2010 2011 2012 2013 2014

009934748
中国互联网广告年鉴
陈永主编 北京 现代广告杂志社 2005—
〔馆藏卷期〕2005 2006

009698959
中国户外广告年鉴
中国广告杂志社编 上海 东方出版中心 2005—
〔馆藏卷期〕2004

012243021
中国汽车广告作品年鉴
中国汽车报社编 北京 中国轻工业出版社 2005—
〔馆藏卷期〕2004/2005

012200550
中国影视广告案例年鉴
中国广告杂志社编 上海 东方出版中心 2007—
〔馆藏卷期〕2006/2007 2009/2010 2011/2012

005033206
中国第三产业年鉴
中国第三产业年鉴编委会编 北京 中国统计出版社 1993—
〔馆藏卷期〕1993

008990510
酒店采购年鉴
中国之旅丛书编委会编 北京 中国建材工业出版社
〔馆藏卷期〕2002

009395864
中国餐饮年鉴
中国饮食服务年鉴
中国餐饮年鉴编辑委员会编 北京 中国商业年鉴社
〔馆藏卷期〕2004 2005 2006 2008/2009 2010 2011 2012 2013

013481749
中国饭店年鉴
中国旅游饭店业协会编 北京 中国旅游出版社
〔馆藏卷期〕2011

009698970
中国酒店市场年鉴
中国酒店市场年鉴编辑部编 北京 中国产业经济出版社
〔馆藏卷期〕2003

009492615
中国连锁餐饮企业统计年鉴

中国连锁餐饮住宿业统计年鉴
国家统计局贸易外经统计司编 北京 中国工商出版社 2004—
〔馆藏卷期〕2004 2005 2006

008133792
中国饮食服务年鉴
中国商业年鉴
国内贸易部编 北京 中国商业年鉴社 1993—
〔馆藏卷期〕1993 1994/1995 1996/1997 1998/1999 2000

009806863
中国美发美容年鉴
中国美容年鉴
中国美发美容年鉴编辑部编 北京 中国戏剧出版社 2005—
〔馆藏卷期〕2003/2004 2005/2006 2006/2007

014015054
中国洗染行业年鉴
中国洗染行业年鉴办公室编 北京 中国洗染行业年鉴办公室
〔馆藏卷期〕2006 2007/2010

007699460
中国贸易年鉴
吴大明 黄宇乾 池廷喜主编 上海 中国贸易年鉴社 1948
〔馆藏卷期〕1948

009588893
中国商务年鉴
中国对外经济贸易年鉴
中国商务年鉴编辑委员会编 北京 中国商务出版社 2004—
〔馆藏卷期〕2004 2005 2006 2007 2008 2009 2010 2011 2012 2013 2014

006915821
中国国内贸易年鉴
中国商业年鉴
中华人民共和国国内贸易部主办编 北京 中国国内贸易年鉴社 1994—
〔馆藏卷期〕1994 1995 1996 1997 1998 1999 2000 2001 2002

013680416
中国西班牙商会年鉴
中国西班牙商会编 北京 中国西班牙商会
〔馆藏卷期〕2007 2010 2011 2012

008434069
中国供销合作社年鉴
中华全国供销合作总社编 北京 中华全国供销合作总社
〔馆藏卷期〕1998 1999/2000 2000/2001 2002 2004 2005 2008 2009 2010 2011 2012

011501822
大中型批发零售和住宿餐饮企业统计年鉴

国家统计局贸易外经统计司编 北京 中国统计出版社 2008—
〔馆藏卷期〕2007 2008 2009 2010 2011 2012 2013 2014

008574217
中国连锁经营年鉴
中国连锁经营协会编 北京 中国商业出版社 2000—
〔馆藏卷期〕1990/2000 2001 2002 2003/2004 2005 2006 2007 2008 2009 2010 2011 2012 2013 2014

009492619
中国连锁零售商业企业统计年鉴
中国连锁零售业统计年鉴 2005—
国家统计局贸易外经统计司编 北京 中国工商出版社 2004—
〔馆藏卷期〕2004 2005 2006

011393886
中国零售和餐饮连锁企业统计年鉴
中国连锁零售商业企业统计年鉴
中华人民共和国国家统计局贸易外经统计司 中华人民共和国商务部市场运行调节司 中国商业联合会信息部编 北京 中国统计出版社 2007—
〔馆藏卷期〕2007 2008 2009 2010 2011 2012 2013 2014

010226710
全国烟草系统企业国有资产年鉴
国家烟草专卖局编 北京 国家烟草专卖局 1996—
〔馆藏卷期〕1991/1995 1997 1999 2001 2002 2004

013174677
中国商业企业管理年鉴
中国商业企业管理年鉴编委会编 中国商业企业管理协会 北京房山商贸有限公司主办 北京 中国商业企业管理年鉴编委会
〔馆藏卷期〕2010

008802285
CEC 中国市场营销环境年鉴
中国市场营销环境年鉴
中国统计出版社编 北京 中国统计出版社 1999—
〔馆藏卷期〕1998

013898448
大宗饲料原料贸易年鉴
中国饲料在线网站编 大连 中国饲料在线网站 2001
〔馆藏卷期〕1990/2000

008982575
古董拍卖年鉴 瓷器卷
杨华主编 长沙 湖南美术出版社 2002
〔馆藏卷期〕2002

008002888
骨董拍卖年鉴
台北 汗牛文化艺术有限公司

〔馆藏卷期〕1997

009073715
骨董拍卖年鉴
拍卖年鉴 骨董
长沙 湖南美术出版社
〔馆藏卷期〕2001 2011 2012 2013

008643419
华人艺术拍卖年鉴
骨董拍卖年鉴
美术拍卖年鉴
华人艺术拍卖年鉴编辑委员会编 台北 华艺文化事业有限公司
〔馆藏卷期〕1996

007980404
美术拍卖年鉴
台北 华艺文化事业有限公司
〔馆藏卷期〕1997 1998

008879262
中国电子商务年鉴
中国电子商务年鉴编辑部编 北京 中国电子商务年鉴编辑部 2002—
〔馆藏卷期〕2002 2003 2004/2008 2009 2010 2011

011824320
中国钢铁贸易年鉴
冶金工业经济发展研究中心 上海钢联电子商务股份有限公司编 北京 冶金工业出版社 2008—

〔馆藏卷期〕2008 2009 2010 2011

009584006
中国古籍文献拍卖图录年鉴
姜寻编 北京 中华书局 2004—
〔馆藏卷期〕2003

008109862
中国国货年鉴
国货事业出版社编 上海 国货事业出版社
〔馆藏卷期〕1935

009928127
中国机电产品国际招标投标年鉴
国家机电产品进出口办公室编 北京 机械工业出版社 2005—
〔馆藏卷期〕1985/2003

008588986
中国机电产品市场年鉴
中国机械工业年鉴编辑委员会 机械工业信息研究院产业与市场研究所编 北京 机械工业出版社
〔馆藏卷期〕2000

010581370
中国机电设备招标采购年鉴
谢荣全主编 中国机电设备招标采购年鉴编委会编 北京 中国物资出版社
〔馆藏卷期〕2000/2002 2003/2005 2006/2007 2007/2008 2009/2010

009502081
中国建材市场年鉴
中国建材工业经济研究会物流暨市场专业委员会编 北京 中国建材工业出版社 2004—
〔馆藏卷期〕2003

010227086
中国空调市场年鉴
冷冻年度中国空调市场年鉴 2005 空调销售
闵福星 张彦斌编著 哈尔滨 黑龙江人民出版社 2005—
〔馆藏卷期〕2005

005060095
中国国内市场统计年鉴
中国市场统计年鉴
国家统计局贸易物资统计司编 北京 中国统计出版社 1990—1993
〔馆藏卷期〕1990 1991

006773148
中国市场统计年鉴
中国国内市场统计年鉴
国家统计局贸易物资统计司编 北京 中国统计出版社 1993—
〔馆藏卷期〕1993 1994 1995 1996 1997 1998 1999 2000 2001 2002 2003

008977340
中国名牌产品年鉴
国家质量监督检验检疫总局质量管理司 中国名牌战略推进委员会秘书处编 深圳 海天出版社 2002—
〔馆藏卷期〕2001 2002 2003 2004 2005

009934763
中国农药市场年鉴
北京中农信息研究所编 北京 北京中农信息研究所
〔馆藏卷期〕2003

006955848
中国期货市场年鉴
中国证券监督管理委员会编 北京 改革出版社 1995—
〔馆藏卷期〕1995 2005/2006 2007 2008 2009 2010 2011 2012

013714528
中国汽车采购年鉴
中国汽车采购年鉴编辑部编 北京 中国汽车采购年鉴编辑部 2012—
〔馆藏卷期〕2012

007918354
中国汽车贸易年鉴
中国汽车贸易年鉴编辑部编 中华人民共和国国内贸易部主办 北京 中国商业出版社 1995—
〔馆藏卷期〕1995 1996/1997 1998

008438971
中国汽车市场年鉴
中国汽车贸易年鉴

中国汽车市场年鉴编辑部编 国家国内贸易局主办 北京 中国商业出版社 1999—
〔馆藏卷期〕1999 2000 2001 2002 2003 2004 2005 2006/2007 2008 2009 2010 2011 2012 2013 2014

013899496
中国轻工业产品采购大全年鉴
中国轻工业联合会信息统计部 中国轻工业信息中心编 北京 中国轻工业联合会信息统计部
〔馆藏卷期〕2003

008749645
中国商品交易市场统计年鉴
中国商品交易市场年鉴 2003
国家统计局贸易外经统计司编 北京 中国统计出版社 2001—
〔馆藏卷期〕2001 2002 2003 2004 2005 2006 2007 2008 2009 2010 2011 2012 2013 2014

008604948
中国石油石化精品市场年鉴
北京国联视讯经济研究中心 北京国联黄页信息技术研究所编 北京 石油工业出版社
〔馆藏卷期〕2000

007632157
袖珍中国市场年鉴
国务院发展研究中心市场经济研究所编 北京 中国发展出版社
〔馆藏卷期〕1994 1995 1997 1998 2004

012243069
中国图片销售年鉴
陈申主编 北京 中国摄影出版社
〔馆藏卷期〕2003

013608933
中国网络营销年鉴 案例卷
中国网络营销年鉴（案例卷）编委会编 沈阳 辽宁科学技术出版社 2011—
〔馆藏卷期〕2010

009914100
中国橡胶市场年鉴
北京工经联科技信息中心编 北京 中国计量出版社
〔馆藏卷期〕2005 2006 2007 2008 2009

013481796
中国艺术品拍卖年鉴
中国艺术品拍卖年鉴编委会编 北京 中国画报出版社
〔馆藏卷期〕2011

013094232
中国艺术品拍卖年鉴
中国艺术品拍卖年鉴杂志社编 北京 中国艺术品拍卖年鉴杂志社
〔馆藏卷期〕2011

012521758
中国营销年鉴
营销中国论坛组委会办公室编 北京 营销中国论坛组委会
〔馆藏卷期〕2009/2010

011141417
中国营养产品与品牌年鉴
中国营养产品与品牌年鉴编辑委员会编 北京 新华出版社 2007—
〔馆藏卷期〕2005/2006

008479416
中国主要化工产品统计年鉴
化学工业部计划司 中国化工情报信息协会编 北京 化学工业出版社
〔馆藏卷期〕1996

013913374
中国价格统计年鉴
中国城市(镇)生活与价格年鉴
国家统计局城市社会经济调查司编 北京 中国统计出版社
〔馆藏卷期〕2013 2014 2015

002272533
中国物价年鉴
国家物价局编 北京 中国物价出版社 1989—
〔馆藏卷期〕1989 1990 1991 1992 1993 1994 1995 1996 1997 1998 1999 2000 2001/2002 2003 2004 2005 2006 2007 2008 2009 2010 2011 2012 2013 2014

002032779
中国物价统计年鉴
国家统计局城市社会经济调察总队编 北京 中国统计出版社
〔馆藏卷期〕1988 1989 1990 1991 1992

009274659
柬埔寨商业贸易年鉴
柬埔寨出入口贸易年鉴
湄江日报编 金边 湄江日报 1961—
〔馆藏卷期〕1963 1966

002032753
中国商业年鉴
中国国内贸易年鉴
中国商业年鉴编辑委员会编 北京 中国商业出版社 1988—1993
〔馆藏卷期〕1988 1989 1990 1991 1992

009684606
中国商业年鉴
中国国内贸易年鉴
中国商业联合会编 北京 中国商业年鉴社 2003—
〔馆藏卷期〕2003 2004 2005 2006 2007 2008 2009 2010 2011 2012 2013 2014

008199292
马来西亚工商经济年鉴
马来西亚工商经济年鉴编辑委员会编

Harian Perintis Sdn.Bhd 1984
〔馆藏卷期〕1984/1985

007494908
印尼商业年鉴
椰嘉达 中华商报社 1955
〔馆藏卷期〕1955

008113688
越南华侨商业年鉴
南越中华总商会编 堤岸 南越中华总商会
〔馆藏卷期〕1952

008957304
中国互联网络年鉴
中国互联网络发展年鉴 2001
中国互联网络信息中心编 北京 中国互联网络信息中心
〔馆藏卷期〕2001 2002

013790088
世界大宗商品市场年鉴
（法）菲利普·查尔曼主编 杨笑奇等校译 北京 经济科学出版社 2011—
〔馆藏卷期〕2010

011503917
中国世界贸易组织年鉴
中国世界贸易组织研究会编 北京 中国商务出版社
〔馆藏卷期〕2007 2008 2009 2010 2011 2012 2013 2014

013677468
国际农产品贸易统计年鉴
农业部农业贸易促进中心编 北京 中国农业出版社
〔馆藏卷期〕2012 2013

005236706
粮农组织贸易年鉴
联合国粮食及农业组织编 北京 中国农业科技出版社
〔馆藏卷期〕1987 1988 1989

012242592
美欧中贸易年鉴 中国卷
盛以唐主编 美欧中贸易年鉴编写组编 上海 上海交通大学出版社 1993—
〔馆藏卷期〕1995/1996

012361676
中国国际工程咨询设计承包商年鉴
中国国际经济合作学会 中国国际工程咨询设计承包商年鉴编委会编 北京 中国计量出版社 2009—
〔馆藏卷期〕2008 2009 2010 2011

011399731
中国保税区出口加工区统计年鉴
中国保税区出口加工区年鉴 2007—
中国保税区出口加工区协会编 北京 中国财政经济出版社
〔馆藏卷期〕2007 2008 2009 2010 2011 2012 2013

007554610

中国对外经济统计年鉴

国家统计局贸易外经统计司编 北京 中国统计出版社 1995—

〔馆藏卷期〕1994 1996 1998 1999 2002 2003 2004 2005

011000628

中国贸易外经统计年鉴

中国市场统计年鉴

中国对外经济统计年鉴

国家统计局贸易外经统计司编 北京 中国统计出版社 2007—

〔馆藏卷期〕2006 2007 2008 2009 2010 2011 2012 2013 2014

008864755

中国对外经济贸易年鉴

中国商务年鉴

中国对外经济贸易年鉴编辑委员会编 香港 华润贸易资讯有限公司 1984—2003

〔馆藏卷期〕1984 1985 1986 1987 1988 1989 1990 1991 1992 1993 1994 1995/1996 1997/1998 1998/1999 2000 2001 2002 2003

009036137

中国口岸年鉴

中国口岸协会编 北京 中国海关出版社 2002—

〔馆藏卷期〕2001 2003 2005 2006 2007 2008 2009 2010 2011 2012 2013 2014

009699009

中国出口收汇荣誉企业年鉴

中国出口收汇荣誉企业年鉴编辑部编 北京 中国产业经济出版社

〔馆藏卷期〕2002 2003

013470939

进口手表年鉴

名表论坛编 沈阳 辽宁科学技术出版社

〔馆藏卷期〕2012

009928093

中国纺织品服装对外贸易报告年鉴

中国纺织品服装对外贸易年鉴 2005/2006

中国纺织品进出口商会编著 北京 中国轻工业出版社 2005—

〔馆藏卷期〕2004/2005 2005/2006 2012/2013

011968307

中国汽车出口年鉴

中国汽车工业年鉴期刊社编 长春 吉林科学技术出版社 2008—

〔馆藏卷期〕2008 2009 2010 2011

009215406

中国水产品进出口贸易统计年鉴

中国水产学会编 北京 中国水产学会

〔馆藏卷期〕2002 2003 2004 2005 2006 2007 2008 2009 2010 2011 2012 2013

013481791

中国医疗器械贸易年鉴

中国医疗器械年鉴 2013—

中国医药保健品进出口商会 北京华通人商用信息有限公司编 北京 中国商务出版社 2011—

〔馆藏卷期〕2011 2012 2013

013603514

中国对外承包工程年鉴

中国对外承包工程年鉴编委会 中国国际经济合作学会经济合作部编 北京 中国商业出版社

〔馆藏卷期〕2011 2012

012361846

美中贸易年鉴

盛以唐主编 美中贸易年鉴编写组编 纽约 美国凯达资讯出版有限公司 1994—

〔馆藏卷期〕1993/1994

009806826

中国—东盟年鉴

许家康 古小松主编 北京 线装书局 2004—

〔馆藏卷期〕2004 2005 2006 2007 2008 2009 2010 2011 2012 2013 2014

011399774

中国—东盟商务年鉴

郑军健主编 北京 对外经济贸易大学出版社 2006—

〔馆藏卷期〕2006 2008 2009 2010 2011 2012 2013

013747926

中国—南亚商务年鉴

中国—南亚商务年鉴编辑委员会编 云南省商务厅 云南省商务研究院 云南省国际贸易学会主办 昆明 云南民族出版社 2012—

〔馆藏卷期〕2011 2012 2014 2015

010227093

中国欧洲商务年鉴

中国欧洲经济技术合作协会编 北京 中国经济出版社 2006—

〔馆藏卷期〕2005 2007

009934807

中国新加坡商务年鉴

中国贸易报社编辑 中国新加坡商会主办 北京 中国新加坡商会

〔馆藏卷期〕2005

012530615

中国—东北亚国家年鉴

中国—东北亚国家年鉴编委会 黑龙江省人民政府 黑龙江省社会科学院主办 哈尔滨 黑龙江人民出版社 2009—

〔馆藏卷期〕2009 2010 2011 2012

008202037

产品信息年鉴

国家经济信息中心经济信息部 北京市经济信息咨询公司编 北京 中国计划出版社 1988

〔馆藏卷期〕1988

004474407

中国产品信息年鉴

国家信息中心 北京市经科信息咨询公司 湖北省信息中心编 北京 中国计划出版社

〔馆藏卷期〕1990 1992 1995 1997 2004/2005 2006/2007

010227102

中国商品质量年鉴

中国商品质量年鉴编委会编 北京 当代中国出版社 1994—

〔馆藏卷期〕1993

011141284

中国防伪年鉴

中国防伪技术协会编 北京 中国防伪技术协会 2004—

〔馆藏卷期〕2004

009618459

中国土特名产年鉴

中国土特名产年鉴编辑委员会编 北京 华龄出版社 2001—

〔馆藏卷期〕2000/2001

008651532

中国机电精品选购指南年鉴

北京国联视讯经济研究中心编 北京 机械工业出版社

〔馆藏卷期〕2000 2002

012242418

铂钯年鉴

黄金矿业服务有限公司编 北京 北京黄金经济发展研究中心

〔馆藏卷期〕2005 2006 2010 2011 2012

013467187

财政监察工作年鉴

财政部驻宁夏财政监察专员办事处编 银川 财政部驻宁夏财政监察专员办事处 2002—

〔馆藏卷期〕1995/2002

009264651

中国政府采购年鉴

中国政府采购年鉴编委会编 北京 中国财政经济出版社 2003—

〔馆藏卷期〕2002 2004 2005 2006 2007 2008 2009 2010 2011 2012

009806890

中国政府采购市场年鉴

中国政府采购市场年鉴编辑部编 北京 中国产业经济出版社 2002—

〔馆藏卷期〕2001

006317929

中国财政年鉴

中国财政年鉴编辑委员会编 北京 中国财政杂志社

〔馆藏卷期〕1992 1993 1994 1995 1996 1997 1997/1999 1998 1999 2000 2001 2002 2003 2004 2005 2006 2007 2008 2009 2010 2011 2012 2013 2014

009928140

中国纳税百强年鉴

李勇 主编 北京 中国财政经济出版社 2005—

〔馆藏卷期〕2004 2005 2006 2007/2008 2009

009698977

中国税务管理年鉴

中国税务管理年鉴编辑部编 北京 中国产业经济出版社

〔馆藏卷期〕2003 2004

009618473

中国税务稽查年鉴

中国税务稽查年鉴编辑委员会编 北京 中国税务出版社

〔馆藏卷期〕2002 2004 2005 2006 2007 2008 2009 2010 2011 2012

005581472

中国税务年鉴

中国税务年鉴编辑委员会编 北京 中国税务出版社 1993—

〔馆藏卷期〕1993 1994 1995 1996 1997 1998 1999 2000 2001 2002 2003 2004 2006 2007 2008 2009 2010 2011 2012 2013 2014

008248668

财政年鉴

财政部编 上海 商务印书馆 1935—

〔馆藏卷期〕1935

008118290

岁计年鉴

南京国民政府主计处岁计局编 南京 国民政府主计处岁计局

〔馆藏卷期〕1934 1935 1937

008118434

盐务年鉴

财政部盐务署编 南京 财政部盐务署 1930

〔馆藏卷期〕1929

008439085

金融技术设备年鉴

金融配套市场杂志社年鉴编委会编 香港 亚太国际出版有限公司

〔馆藏卷期〕第2—3册 第5册

008225051

全国银行年鉴

中国银行总管理处经济研究室编 上海 中国银行总管理处经济研究室

〔馆藏卷期〕1935

002079097

全国银行年鉴 中华民国二十六年

中国银行经济研究室编 台北 文海出版社 1987

〔馆藏卷期〕1937

013939627

中国商业银行统计年鉴

中国银行业监督管理委员会编 北京 中国金融出版社 2013—

〔馆藏卷期〕2007/2011

008115180

中国县银行年鉴

王沿津编 上海 中国县银行年鉴社 1948

〔馆藏卷期〕1947

012724436

中国银行业协会年鉴

中国银行业协会编 北京 中国银行业协会

〔馆藏卷期〕2006

012525926

大中华投资年鉴

群益金融集团编 台北 群益金融集团 2010—

〔馆藏卷期〕2010

009157913

中国风险投资年鉴

中国人民大学风险投资发展研究中心编著 北京 民主与建设出版社 2003—

〔馆藏卷期〕2002 2005 2006 2007 2008 2009 2010 2011 2012 2013 2014

007921113

中国固定资产投资统计年鉴

国家统计局固定资产投资统计司编 北京 中国统计出版社 1997—

〔馆藏卷期〕1950/1995 1997 1998 1999 2003 2004 2005 2007 2008 2009 2010 2011 2012 2013

013174696

中国商业信用年鉴

中国商业联合会(全国)商业信用中心编 北京 中国商业出版社 2009—

〔馆藏卷期〕2009

007437090

中国投资年鉴

中国投资学会编 北京 中国金融出版社

〔馆藏卷期〕1993 1994 2001 2002 2003 2006 2007 2008 2009 2010 2011 2012 2013

010102826

中国信托业年鉴

中国信托业协会编 北京 国际文化出版公司 2005—

〔馆藏卷期〕2005 2006 2007 2008 2009 2010/2011 2011/2012

009726677
中国信用年鉴
中国信用年鉴编委会编 北京 中国物资出版社 2005—
〔馆藏卷期〕2005

013603109
黄金年鉴
中国黄金集团公司编 北京 中国黄金集团公司 1997—
〔馆藏卷期〕2011 2012

013397031
卖方分析师水晶球奖年鉴
证卷市场周刊编 北京 方正集团
〔馆藏卷期〕2011

011399654
指标股股市总览年鉴
台北 财讯理财顾问股份有限公司
〔馆藏卷期〕2006

012593485
中国白银年鉴
中国有色金属工业协会白银分会编 北京 中国有色金属工业协会白银分会
〔馆藏卷期〕2005

009133076
中国彩票年鉴
中国彩票年鉴编辑委员会主编 北京 中国财政经济出版社 2003—
〔馆藏卷期〕1987/2002 2004 2005 2006 2007 2008 2009 2010 2011 2012 2013

013090437
中国黄金年鉴
中国黄金协会编 北京 中国黄金协会
〔馆藏卷期〕2007 2009 2013

008633840
中国货币市场年鉴
中国人民银行货币政策司 中央国债登记结算有限责任公司 全国银行间同业拆借中心编著 北京 中国金融出版社
〔馆藏卷期〕2000

008407051
中国外汇货币市场年鉴
中国外汇货币市场年鉴编委会编 北京 中国金融出版社
〔馆藏卷期〕1998

008285460
中国外汇市场年鉴
中国外汇市场年鉴编委会编 北京 中国金融出版社 1997—
〔馆藏卷期〕1997 1999 2000 2001 2002 2003 2005

009237415
中国证券期货电子商务年鉴
中国电子商务年鉴编辑部编 北京 中国书籍出版社 2003—
〔馆藏卷期〕2003

007697043
中国证券期货统计年鉴
中国证券监督管理委员会编 北京 中国统计出版社
〔馆藏卷期〕1996 1997 1998 1999 2000 2001 2002 2003 2005 2006 2007 2008 2009 2010 2011 2012 2013 2014

006415185
中国证券市场年鉴
中国证券监督管理委员会编 北京 改革出版社 1994—
〔馆藏卷期〕1994 1995

009219730
中国证券投资基金年鉴
中国证券投资基金年鉴编辑委员会编 呼和浩特 内蒙古人民出版社 2003—
〔馆藏卷期〕2002 2004 2005/2006 2007 2008 2009 2010 2011 2012/2013

007999045
中国证券业年鉴
中国证券业年鉴编辑委员会编 北京 新华出版社
〔馆藏卷期〕1994 1995 1996 1997 1998 1999 2000 2001 2002 2003 2005 2006 2007 2008 2009 2010 2011 2012 2013 2014

009289251
中国个人金融年鉴
唐双宁主编 北京 中国经济出版社 2002—
〔馆藏卷期〕2003/2005 2006 2007 2008/2009 2010

008113887
中国金融年鉴
沈雷春主编 上海 中国金融年鉴社
〔馆藏卷期〕1938 1947

004569383
中国金融年鉴
中国金融学会编 北京 中国金融出版社 1987—
〔馆藏卷期〕1986 1987 1988 1989 1990 1991 1992 1993 1994 1995 1996 1997 1998 1999 2000 2001 2002 2003 2004 2005 2006 2007 2008 2009 2010 2011 2012 2013 2014

008998383
中国金融设备精品采购指南年鉴
中国金融设备精品采购指南编委会编 北京 中国财政经济出版社
〔馆藏卷期〕2001

009806857
中国金融市场年鉴
中国金融市场年鉴编辑部编 北京 中国产业经济出版社 2002—
〔馆藏卷期〕2001

005033305
中国农村金融统计年鉴
中国农业银行统计年鉴
中国农业银行编 北京 中国统计出版社 1993—
〔馆藏卷期〕1991 1992 1995 1996

011812401
保险年鉴
中国保险年鉴编辑所编 上海 中华人寿保险协进社
〔馆藏卷期〕1935

012080535
保险统计年鉴
中国统计学会保险分会编 北京 国际文化出版公司 1994—

〔馆藏卷期〕1990/1992

008115231
中国保险年鉴
中国保险年鉴社编 上海 中国保险年鉴社
〔馆藏卷期〕1937

008432766
中国保险年鉴
中国保险年鉴编辑委员会编 北京 中国保险年鉴编辑部
〔馆藏卷期〕1981/1997 1998 1999 2000 2001 2002 2003 2005 2006 2007 2008 2009 2010 2011 2012 2013 2014

007980257
中国社会保险年鉴
劳动部社会保险事业管理局编 劳动部综合计划与工资司审定编 北京 中国人事出版社 1997—
〔馆藏卷期〕1997

文化、科学、教育、体育

008957063

中国文化年鉴

孙家正主编 北京 新华出版社 2002—

〔馆藏卷期〕2001 2002/2003 2004 2005 2006 2007 2008 2009 2010 2011 2012 2013 2014

010102092

中国文化事业统计年鉴

文化部计划财务司编著 北京 文化艺术出版社 1993—

〔馆藏卷期〕1993 1994 1995

008747321

中国文化文物统计年鉴

文化部计划财务司编著 北京 北京图书馆出版社

〔馆藏卷期〕1996 1997 1998 1999 2000 2001 2002 2003 2004 2005 2006 2007 2008 2009 2010 2011 2012 2013 2014

013965243

国际中国文化研究年鉴

严绍璗主编 北京 外语教学与研究出版社 2013—

〔馆藏卷期〕1979/2009

008138805

中国文化研究年鉴

中国文化书院编 台北 国文天地杂志社 1990—

〔馆藏卷期〕1989

011503916

中国扫黄打非年鉴

柳斌杰主编 全国扫黄打非工作小组办公室主办 北京 中央编译出版社 2008—

〔馆藏卷期〕2006 2007 2008

012806196

中国文化产业年鉴

中国文化产业年鉴编辑部编 北京 中国

经济出版社

〔馆藏卷期〕2010 2011 2012

012200547

中国文化产业学术年鉴

王育济等主编 北京 文化艺术出版社

〔馆藏卷期〕1979/2002 2003/2007 2008

014217029

中国文化及相关产业统计年鉴

国家统计局社会科技和文化产业统计司 中宣部文化体制改革和发展办公室编 北京 中国统计出版社 2013—

〔馆藏卷期〕2013

012593578

中国元素国际创意大赛年鉴

中国元素国际创意大赛组委会编 中国广告协会主办 北京 中国元素国际创意大赛组委会 2007—

〔馆藏卷期〕2006

013608966

对港澳台文化交流年鉴

对外文化联络局（港澳台办公室）编 北京 文化艺术出版社 2012—

〔馆藏卷期〕2010

013608925

中国对外文化交流年鉴

对外文化联络局（港澳台办公室）编 北京 文化艺术出版社

〔馆藏卷期〕2010

013899441

中国非物质文化遗产年鉴

中国非物质文化遗产年鉴编委会编 北京 中国非物质文化遗产年鉴编委会

〔馆藏卷期〕2006

008886458

中国信息年鉴

国家信息中心 中国信息协会编 北京 中国信息年鉴期刊社 2001—

〔馆藏卷期〕2001 2002 2003 2004 2005 2006 2008 2009 2010 2011 2012 2013 2014

009503302

世界华文传媒年鉴

夏春平主编 北京 世界华文传媒年鉴社 2003—

〔馆藏卷期〕2003 2005 2006 2007 2009 2011 2013

012801246

新世纪中国晚报年鉴

新世纪中国晚报十年鉴〔2010〕

中国晚报工作者协会编 天津 天津人民出版社 2010—

〔馆藏卷期〕2010

008643562

新中国晚报五十年鉴

中国晚报工作者协会编 丁法章主编 刘鹏等编辑 上海 文汇出版社 2000

〔馆藏卷期〕1949/1999

009928076
中国报业年鉴
中国人民大学传播媒介管理研究所组织编纂 宋建武主编 北京 中华工商联合出版社 2005—
〔馆藏卷期〕2004 2005 2006 2007 2009 2010

009698953
中国传媒市场年鉴
中国传媒市场年鉴编辑部编 北京 中国产业经济出版社
〔馆藏卷期〕2003

001822758
中国新闻年鉴
中国社会科学院新闻研究所 人民日报出版社编 北京 中国社会科学出版社 1982—
〔馆藏卷期〕1982 1983 1984 1985 1986 1987 1988 1989 1990 1991 1992 1993 1994 1995 1996 1997 1998 1999 2000 2001 2002 2003 2004 2005 2006 2007 2008 2009 2010 2011 2012 2013 2014

012049071
中国优秀电视栏目年鉴
中国传媒大学广告学院媒介杂志编 北京 中国广播电视出版社 2008—
〔馆藏卷期〕2007/2008

009459945
中国电视收视年鉴
央视索福瑞媒介研究编 北京 北京广播学院出版社 2003—
〔馆藏卷期〕2004 2005 2006 2007 2008 2009 2010 2011 2012 2013 2014

009588907
中国电视艺术家协会年鉴
中国电视艺术家协会编 北京 中国电视艺术家协会 2002—
〔馆藏卷期〕1985/2002

004873028
中国广播电视年鉴
中国广播电视年鉴编辑委员会编 北京 中国广播电视出版社 1986—
〔馆藏卷期〕1986 1987 1988 1989 1990 1991 1992/1993 1994 1995 1996 1997 1998 1999 2000 2001 2002 2003 2004 2005 2006 2007 2008 2009 2010 2011 2012 2013 2014

009806850
中国广播收听年鉴
王兰柱主编 北京 中国传媒大学出版社 2005—
〔馆藏卷期〕2005 2006 2007 2008 2009 2010 2011 2012 2013

013174706

中国数字电视发展年鉴

中国传媒大学广告学院 北京格兰瑞智咨询有限公司编 北京 北京格兰瑞智咨询有限公司

〔馆藏卷期〕2009/2010 2011/2012

004605602

中国出版年鉴

中国出版年鉴增刊 目录汇编 1980—2010

中国出版工作者协会编 北京 商务印书馆 1980—

〔馆藏卷期〕1980 1980/2000 1980/2010 1981 1982 1984 1985 1986 1987 1988 1989 1990/1991 1992 1993 1994 1995 1996 1997 1998 1999 2000 2001 2002 2003 2004 2005 2006 2007 2008 2009 2010 2011 2012 2013 2014

009934809

中国音像年鉴

中国音像协会编纂 刘国雄主编 北京 东方出版社 2004—

〔馆藏卷期〕2004

008749332

中国游艺机游乐园年鉴

中国游艺机游乐园协会编 北京 冶金工业出版社

〔馆藏卷期〕1990 1993 1995 1997 1999 2002/2008 2009/2012

008439117

中国展览年鉴

中国国际贸易促进委员会宣传出版中心编 北京 航空工业出版社

〔馆藏卷期〕1999 2000 2001 2002 2003 2004 2005 2006 2007 2008 2009 2010 2011 2012 2013 2014

007420592

图书年鉴

伍联德等编 上海 良友图书公司 1930

〔馆藏卷期〕1930

007426372

图书年鉴

杨家骆著 南京 中国图书大辞典编辑馆 1933

〔馆藏卷期〕1933

008540515

中国图书年鉴

杨牧之主编 武汉 湖北人民出版社

〔馆藏卷期〕1994 1995 1996 1997 1998 1999 2000 2001 2002 2003 2004 2005 2007 2008 2009

006408991

中国电子与信息科技期刊目录年鉴

中国电子与信息科技期刊目录年鉴编委会编 中国电子学会主办 北京 电子工业出版社 1994—

〔馆藏卷期〕1993

009036139
中国期刊年鉴
张伯海 田胜立主编 中国期刊年鉴编辑
 部编辑 中国大百科全书出版社 中国
 期刊协会主办 北京 中国期刊年鉴编
 辑部
〔馆藏卷期〕2002 2002/2003 2003/2004
 2005/2006 2006/2007 2008 2009
 2010 2011 2012 2013 2014

012530640
中国期刊推介采购年鉴
北京国图书刊服务有限责任公司 北京
 联图迅达书刊发行有限公司编 北京
 北京国图书刊服务有限责任公司
〔馆藏卷期〕2010

012983900
中国医药卫生期刊年鉴
中国医药卫生期刊年鉴编辑委员会编
 北京 中国医药科技出版社 2011—
〔馆藏卷期〕2010

007850492
中国图书馆年鉴
中国图书馆年鉴编委会编 北京 北京图
 书馆出版社 1997—
〔馆藏卷期〕1996 1999 2001 2003 2005
 2006 2007 2008 2009 2010 2011
 2012 2013 2014

012724402
中国博物馆年鉴
中国博物馆协会编 北京 科学出版社
〔馆藏卷期〕2010

013481773
中国民间博物馆年鉴
中国民间博物馆年鉴编委会编 北京 中
 国书店 2011—
〔馆藏卷期〕2011

004156259
中国档案年鉴
中华人民共和国国家档案局编 北京 档
 案出版社 1992—
〔馆藏卷期〕1989 1997 1998/1999
 2000/2001 2002 2003 2004/2005
 2006 2007 2010 2011 2012

004899359
中国标准化年鉴
中华人民共和国国家标准局编 北京 中
 国标准出版社 1985—
〔馆藏卷期〕1986 1991 1992 1993 1994
 1995 1996 1997

005059969
中国科技统计年鉴
国家统计局 国家科学技术委员会编 北
 京 中国统计出版社 1992—
〔馆藏卷期〕1991 1992 1993 1994 1995
 1996 1997 1998 1999 2000 2001
 2002 2003 2004 2005 2006 2007
 2008 2009 2010 2011 2012 2013
 2014

010227079
中国科协学会年鉴
中国科协学会部编 北京 中国科学技术出版社
〔馆藏卷期〕1995

007919872
中国科学基金年鉴
中国管理科学学会科学基金专业委员会编 北京 科学出版社 1991—
〔馆藏卷期〕1990 1993

009036696
中国科学技术奖励年鉴
国家科学技术奖励工作办公室 中国科学技术奖励年鉴编辑部编 国家科学技术奖励工作办公室主办 北京 中国科学技术奖励年鉴编辑部
〔馆藏卷期〕2001 2002 2003/2005 2006 2007 2008 2009 2010 2011 2012 2013

009914082
中国科学技术协会 学会 协会 研究会统计年鉴
中国科学技术协会编 北京 中国科学技术协会
〔馆藏卷期〕2004 2005 2006 2007 2008 2010 2011 2012 2013

008944148
中国科学技术协会年鉴
中国科学技术协会编辑委员会编 北京 中国科学技术出版社
〔馆藏卷期〕2001 2002 2003 2004 2005 2006 2007 2008 2009 2010 2011 2012 2013

009618439
中国科学技术协会统计年鉴
中国科协统计年鉴 2001
中国科学技术协会编 北京 中国统计出版社
〔馆藏卷期〕1996 1997 1998 2000 2001 2002 2004 2005 2006 2007 2008 2009 2010 2011 2012 2013

011968258
中国科学学与科学技术管理研究年鉴
中国科学学与科技政策研究会编 中国科学学与科技政策研究会主办 大连 大连理工大学出版社 2006—
〔馆藏卷期〕2004/2005 2006/2007 2008/2009 2010/2011

014009067
包兆龙包玉刚留学生奖学金年鉴
包氏奖学金基金理事会编 杭州 浙江大学出版社
〔馆藏卷期〕1993/1996

007445515
普通高等学校招生工作年鉴
中国普通高等学校招生年鉴
中国高等学校招生工作年鉴 2000—
国家教育委员会高校学生司 中国高教

学会高校招生研究会编 北京 中央编译出版社

〔馆藏卷期〕1991 1993 1994 1995 1996 1997 1998 2000 2001 2002 2003 2004

013467707

全国普通高等学校毕业生就业工作年鉴

国家教育委员会高校学生司编 北京 北京师范大学出版社

〔馆藏卷期〕1994 1995 1997 1998 1999 2000

012792697

全国普通高等院校就业年鉴

中国大学生就业促进中心编 中国大学生就业促进中心

〔馆藏卷期〕2010

011823132

全国研究生招生统计年鉴

中华人民共和国教育部高校学生司编写 北京 北京航空航天大学出版社 2003—

〔馆藏卷期〕1996/2002

009806836

中国高考年鉴

田胜立主编 北京 中国大百科全书出版社 2005—

〔馆藏卷期〕2004

009869072

中国高考年鉴

飞跃教育高考命题研究中心编 通辽 内蒙古少年儿童出版社

〔馆藏卷期〕2004 2011 2012

009288968

中国教育考试年鉴

中华人民共和国国家教育委员会考试中心编 北京 高等教育出版社 1998—

〔馆藏卷期〕1997 1998 1999 2000 2001 2002 2003 2004 2005 2006 2007 2008 2009 2010 2011 2012

008957985

兵工教育年鉴

兵工教育年鉴编写组编 北京 中国兵器工业总公司教育局

〔馆藏卷期〕1991/1993

009928075

发展教育学年鉴

发展教育学年鉴编委会编 北京 首都师范大学出版社 2004—

〔馆藏卷期〕2003

009288925

机械教育年鉴

机械教育年鉴编委会编 北京 机械工业教育司

〔馆藏卷期〕1994

013791085

中国国际教育信息年鉴

中国国际教育信息年鉴编委会编 北京 中国水利水电出版社 2007—

〔馆藏卷期〕2007 2008/2009

009926725

中国基础教育年鉴

中国基础教育年鉴编辑部编 北京 国际教科文出版社 2003—

〔馆藏卷期〕2002 2003

013321216

中国基础教育学科年鉴

刘军总主编 北京 北京师范大学出版社 2011—

〔馆藏卷期〕2009 2009/2010 2010

010227071

中国教研年鉴

中国教育教学研究会编 北京 人民教育出版社

〔馆藏卷期〕2005 2007 2008

010227073

中国教育发展年鉴

中国教育发展年鉴编辑部编 香港 国际华文教科出版社

〔馆藏卷期〕2004

008062234

中国教育经费统计年鉴

国家教育委员会财务司 国家统计局社会与科技统计司编 北京 中国统计出版社

〔馆藏卷期〕1996 1997 1998 1999 2000 2001 2002 2003 2004 2005 2006 2007 2008 2009 2010 2011 2012 2014

008226395

第一次中国教育年鉴

教育部教育年鉴编纂委员会编 上海 开明书店 1934

〔馆藏卷期〕1932

007534319

第一次中国教育年鉴

吴湘湘 刘绍唐主编 台北 传记文学出版社 1971

〔馆藏卷期〕1933

008241000

中国教育年鉴

教育部中国教育年鉴编纂委员会编 台北 宗青图书出版公司 1981

〔馆藏卷期〕1934—1948

001643161

第二次中国教育年鉴

教育年鉴编纂委员会编 台北 文海出版社 1986

〔馆藏卷期〕1948

002459162

中国教育年鉴

中国教育年鉴编辑部编 北京 中国大百科全书出版社 1984—
〔馆藏卷期〕1949/1981 1982/1984 1985/1986 1988 1989 1990 1991 1992 1993 1994 1995 1996 1997 1998 1999 2000 2001 2002 2003 2004 2005 2006 2007 2008 2009 2010 2011 2012 2013

007551126
中国教育年鉴 地方教育
中国教育年鉴编辑部编 长沙 湖南教育出版社 1986
〔馆藏卷期〕1949/1984

004600793
中国教育统计年鉴
中国教育事业统计年鉴
国家教育委员会计划财物局编 北京 北京工业大学出版社
〔馆藏卷期〕1987 1988 1989 1990 1991/1992 1999 2001 2002 2003 2004 2006 2007 2008 2009 2010 2011 2012 2013

006992400
中国教育事业统计年鉴
中国教育统计年鉴
中华人民共和国国家教育委员会计划建设司编 北京 人民教育出版社
〔馆藏卷期〕1992 1993 1994 1995 1996 1997 1998

007610625
中国教育综合统计年鉴
中华人民共和国国家教育委员会编 北京 高等教育出版社
〔馆藏卷期〕1993 1994 1995

014216724
中国美育年鉴
教育部高等学校社会科学发展研究中心编 北京 北京大学出版社 2013—
〔馆藏卷期〕2012

011399826
中国民办教育年鉴
刘忠波主编 中国民办教育年鉴编委会编 北京 中国民办教育年鉴编委会 2007—
〔馆藏卷期〕2006

009841261
中国现代教育年鉴
中国现代教育年鉴编辑部编 香港 中国图书出版社 2005—
〔馆藏卷期〕2003

013604207
中国幼儿教育年鉴
贺灿主编 北京 中国文联出版社
〔馆藏卷期〕2011

013789996
全国信息学奥林匹克年鉴
中国计算机学会编 郑州 中小学电脑报

社 2007—
〔馆藏卷期〕2006 2007 2010

008589004

中学生年鉴

中学生年鉴编委会编 昆明 云南科技出版社
〔馆藏卷期〕2000

012617720

中国高职高专院校教育年鉴

中国高职高专院校联席会议秘书处编著 北京 华文出版社 2009—
〔馆藏卷期〕2009

011399833

中国培训发展论坛年鉴

中国培训发展论坛组委会编 北京 中国档案出版社 2007—
〔馆藏卷期〕2005/2006

009934812

中国职业教育与成人教育工作年鉴

教育部职业教育与成人教育司组编 北京 高等教育出版社 2006—
〔馆藏卷期〕2004 2005 2006 2007

009287764

全国广播电视大学教育统计年鉴

全国广播电视大学教育基本情况统计年鉴 1992/1993
中国广播电视大学教育统计年鉴 1997—

北京 中央广播电视大学出版社 1994—
〔馆藏卷期〕1992/1993 1993 1994 1995 1996 1997 1998 1999 2000/2001 2002 2003 2004 2005 2006 2007 2008 2009 2010 2011

012080590

中国农村教育年鉴

郭福昌主编 太原 山西教育出版社 1999—
〔馆藏卷期〕1980/1990

009841275

中国远程教育解决方案及产品年鉴

中国远程教育编辑部编 北京 中国远程教育杂志社
〔馆藏卷期〕2004

010104606

中国关心下一代工作年鉴

中国关心下一代工作委员会办公室编 北京 青年出版社 2002—
〔馆藏卷期〕2000

009841264

中国校外教育工作年鉴

中国教育学会少年儿童校外教育专业委员会编 上海 中国福利会出版社 2004—
〔馆藏卷期〕2001/2003 2004 2005/2006 2007/2008 2009/2010

012049038

中国家庭教育年鉴

中国家庭教育学会全国妇联儿童工作部编 北京 中央文献出版社 2009—
〔馆藏卷期〕2007 2008/2009

013932361
全国体育硕士专业学位年鉴
全国体育硕士专业学位教育指导委员会编 北京 全国体育硕士专业学位教育指导委员会
〔馆藏卷期〕2009

009459714
体育事业统计年鉴
国家体育总局体育经济司编 北京 国家体育总局体育经济司 1994—
〔馆藏卷期〕1994 1995/1997 1999 2000 2001 2002

013747834
中国高校体育年鉴
宋尽贤主编 北京 九州出版社
〔馆藏卷期〕2011

001823904
中国体育年鉴
中国体育年鉴编辑委员会编 北京 人民体育出版社
〔馆藏卷期〕1949/1962 1963 1965 1966/1972 1973/1974 1975 1976 1977 1978 1979 1980 1981 1982 1983/1984 1984 1985 1986 1987 1988 1989 1990 1992/1993 1994/1995 1996 1997 1998 1999 2000 2001 2002 2003 2004 2005 2006 2007 2008 2009 2010 2011 2012 2013

004415506
中国体育年鉴
国家体委编 北京 人民体育出版社 1993
〔馆藏卷期〕1949/1991

009726667
中国田径年鉴
国家体育总局田径运动管理中心 中国田径协会编 北京 中国田径协会 2002—
〔馆藏卷期〕2002 2003 2004 2005 2006 2007 2009 2010 2011

008439143
职篮年鉴
民生报体育新闻中心编 台北 民生报社
〔馆藏卷期〕1994/1995

009223005
中国足球联赛年鉴
中国足球协会编 南京 江苏人民出版社
〔馆藏卷期〕2001 2002 2003 2004 2005 2006 2008 2009

008977347
中国足球年鉴
中国足球年鉴编委会编 武汉 武汉出版社 2002—
〔馆藏卷期〕2002 2003 2004 2005 2006 2007 2008 2009 2010 2011 2012

2013

008651538
中国足球事业年鉴
中国足球协会科学技术委员会编 北京 新华出版社 2000—
〔馆藏卷期〕1992/1998

006773129
职棒年鉴
民生报社编 台北 民生报社 1990—
〔馆藏卷期〕1993

013481752
中国高尔夫年鉴
中国文化传媒出版社编 北京 中国文化传媒出版社
〔馆藏卷期〕2008 2010 2011 2012 2013

013467785
中国越野年鉴
中国汽车运动联合会 汽车运动杂志编 北京 汽车运动杂志
〔馆藏卷期〕2004

004621358
中国象棋年鉴
中国象棋协会主编 成都 蜀蓉棋艺出版社
〔馆藏卷期〕1990 1991 1992 1993 1994 1995 1996 1997 1998 1999 2000 2001 2004/2009

003862490
中国围棋年鉴
中国围棋协会主编 成都 蜀蓉棋艺出版社
〔馆藏卷期〕1987 1989 1990 1991 1993 1994 1995 1996 1997 1998 1999 2000 2001 2003 2004 2005/2007

013481551
围棋年鉴 围棋天地增刊 II
中国围棋年鉴
中国围棋协会 围棋天地编辑部编 中国围棋协会 中国体育报业总社主办 北京 中国体育报业总社
〔馆藏卷期〕2009 2011 2012 2013

009036155
中国收藏年鉴
中国收藏年鉴编纂委员会编 北京 中国大百科全书出版社 2002—
〔馆藏卷期〕2002 2003

003165046
中国集邮年鉴
集邮年鉴
北京 中国集邮出版社 1988— 北京 人民邮电出版社 1990—
〔馆藏卷期〕1987 1988 1990 1991

012361691
中国游戏原画设定年鉴
重庆 重庆出版社 2007—
〔馆藏卷期〕2006

语言、文字

005033351
中国语言学年鉴
北京 语文出版社 1993—
〔馆藏卷期〕1992 1993 1994 1995/1998
　1999/2003

004364717
中国作文年鉴
中学语文教学研究会作文研究中心编
郑州 文心出版社 1986—
〔馆藏卷期〕1984

011399795
中国翻译年鉴
中国翻译协会编 北京 外文出版
　社 2007—
〔馆藏卷期〕2005/2006 2007/2008
　2009/2010 2011/2012

文　学

005320747
中国比较文学年鉴
北京大学比较文学研究所　中国比较文学年鉴编委会编　北京　北京大学出版社　1987—
〔馆藏卷期〕1986　2008

003862578
中国文学年鉴
中国文学研究年鉴
中国社会科学院文学研究所　中国文学年鉴编辑委员会编　北京　社会科学文献出版社
〔馆藏卷期〕1991/1992　1993　1994　1995/1996　1997/1998　1999/2000　2001　2002　2003　2004　2005　2006　2007　2008　2009　2010　2011　2012　2013　2014

008214302
中国文艺年鉴
上海　现代书局　1932—

〔馆藏卷期〕1932　1933

002455671
中国文艺年鉴
彭品光　呼啸编辑　台北　平原出版社　1966—
〔馆藏卷期〕1966

003980107
中国文艺年鉴
中国文艺年鉴社编　北京　文化艺术出版社　1982—
〔馆藏卷期〕1981　1982　1983　1987　1988　2009

013712281
中山文艺年鉴
中山文艺年鉴编辑委员会编　武汉　武汉出版社　2011—
〔馆藏卷期〕2007/2009

008919293
宋代文学研究年鉴
中国宋代文学学会编 武汉 武汉出版社 2001—
〔馆藏卷期〕1997/1999 2000/2001 2002/2003 2004/2005 2006/2007 2008/2009 2010/2011

008002633
唐代文学研究年鉴
中国唐代文学学会 陕西师范大学中文系编 西安 陕西人民出版社 1984—
〔馆藏卷期〕1983 1984 1985 1986 1987 1988 1989/1990 1991 1992 1993/1994 1995/1996 1997 1998 1999 2000 2001 2002 2003 2004 2005 2006 2007 2008 2009 2010 2011 2012 2013 2014

010171069
中国古代文学研究年鉴
刘扬忠 钟振振 霍有明主编 西安 陕西师范大学出版社 2006—
〔馆藏卷期〕2004 2005

003980099
中国古典文学研究年鉴
中国古典文学研究年鉴编委会编 上海 上海古籍出版社 1987—
〔馆藏卷期〕1984

003862569
中国文学研究年鉴

中国文学年鉴
中国社会科学院文学研究所 中国文学研究年鉴编辑委员会编 北京 中国社会科学出版社 1982—1992
〔馆藏卷期〕1981 1982 1983 1984 1985 1986 1987 1988 1989/1990

012983885
中国当代文学年鉴
中国当代文学年鉴中心编 北京 文化艺术出版社
〔馆藏卷期〕2009 2010

012079048
奔腾诗歌年鉴
奔腾的诗歌论坛编 广州 奔腾的诗歌论坛 2009—
〔馆藏卷期〕2008/2009 2009/2010 2011/2012

008388546
词学研究年鉴
刘扬忠等主编 中国社会科学院文学研究所 湖北大学人文学院主办 武汉 武汉出版社 2000—
〔馆藏卷期〕1995/1996

010102792
女子诗报年鉴
北京 中国文联出版社
〔馆藏卷期〕1988/2008 2004

009934739
世界汉诗年鉴
世界汉诗年鉴编委会编 世界汉诗协会主办 北京 世界汉诗杂志社 2004—
〔馆藏卷期〕2003/2004 2005/2006 2007/2008 2009/2010

012242745
橡皮年鉴 诗歌卷
杨黎主编 西宁 青海人民出版社 2004—
〔馆藏卷期〕2003

010102801
中国当代诗词年鉴
夏子华主编 香港 国际友人出版社
〔馆藏卷期〕2003

011824367
中国旅游诗词年鉴
中国旅游诗词年鉴编纂委员会编 北京 中华诗词出版社 2005—
〔馆藏卷期〕2000/2005

012079824
中国诗词年鉴
周兴俊主编 北京 线装书局 2007—
〔馆藏卷期〕2007 2008 2009 2011 2012

012530654
中国诗歌年鉴
中国新诗研究所编 重庆 西南师范大学出版社 1994—

〔馆藏卷期〕1993 1994 1995

008437498
中国新诗年鉴
杨克主编 南京 江苏文艺出版社
〔馆藏卷期〕1998 1999 2000 2001 2002/2003 2004/2005 2006 2007 2008 2009/2010 2011/2012

010227253
中华诗词联年鉴
霍松林主编 北京 中国戏剧出版社
〔馆藏卷期〕2003

004389328
中华诗词年鉴
中华诗词年鉴编辑部编 北京 中国民间文艺出版社 1988—
〔馆藏卷期〕1988 1989 1990/1991 1994/1995

008946989
中华诗词十五年年鉴
中华诗词学会主编 河南诗词学会承编 郑州 中州古籍出版社 2002
〔馆藏卷期〕1987/2002

012926203
中华诗人年鉴
中华诗词文化研究所编 香港 中华诗词出版社有限公司
〔馆藏卷期〕2009/2010

004727785
明清小说研究年鉴
江苏省社会科学院明清小说研究中心编 北京 中国文联出版公司 1991—
〔馆藏卷期〕1986

007659428
小说年鉴
中国作家协会江西分会编 南昌 江西人民出版社 1981—
〔馆藏卷期〕2册

009207519
中国小说年鉴 台港小说卷
武治纯 古继堂选编 沈阳 中国新闻出版社 1985
〔馆藏卷期〕1984

002556041
中国小说年鉴 中篇小说卷
刘思谦 谢望新选编 沈阳 中国新闻出版社 1985
〔馆藏卷期〕1984

002556042
中国小说年鉴 短篇小说卷
季红真选编 沈阳 中国新闻出版社 1985
〔馆藏卷期〕1984

001718741
中国小说年鉴 新闻小说卷
孔凡青选编 沈阳 中国新闻出版社 1985
〔馆藏卷期〕1984

001718742
中国小说年鉴 传奇小说卷
吴悦 肖冬选编 沈阳 中国新闻出版社 1985
〔馆藏卷期〕1984

001718743
中国小说年鉴 侦探小说卷
里景春 宫凡选编 沈阳 中国新闻出版社 1985
〔馆藏卷期〕1984

001718744
中国小说年鉴 少数民族小说卷
周政保选编 沈阳 中国新闻出版社 1985
〔馆藏卷期〕1984

005059954
散文年鉴
漓江出版社编 桂林 漓江出版社
〔馆藏卷期〕1991 1995

009459684
中国民间文艺学年鉴
华中师范大学文学院民间文学研究室编 武汉 华中师范大学出版社 2003—
〔馆藏卷期〕2001 2002 2003 2004 2005 2006 2007 2008 2009

004598807
中国儿童文学理论年鉴
儿童文学理论年鉴
浙江师范大学儿童文学研究室编 杭州 浙江少年儿童出版社 1985—
〔馆藏卷期〕1983

009806832
中国儿童文学年鉴
中国作家协会儿童文学委员会编 南京 江苏少年儿童出版社 2002—
〔馆藏卷期〕2001 2002 2003 2004 2006

012724442
中国楹联年鉴
中国楹联学会编 北京 中国楹联出版社 2008—
〔馆藏卷期〕2004/2006 2007/2009

011399952
中华灯谜年鉴
中华灯谜年鉴编辑委员会编 北京 全国灯谜信息社 1995—
〔馆藏卷期〕1995 2007/2009

008002254
中国莎学年鉴
孟宪强主编 长春 东北师范大学出版社 1995—
〔馆藏卷期〕1994

艺 术

014015094
当代艺术年鉴
北京 中国美术出版社
〔馆藏卷期〕2008

008098784
美术年鉴
美术杂志社编 台北 美术杂志社
〔馆藏卷期〕1972

012242645
世界华人美术名家年鉴
郭翔主编 香港 世界华人美术名家出版社 1996—
〔馆藏卷期〕1996

011141267
中国当代艺术年鉴
北京大学中国现代艺术档案 何香凝美术馆 OCT 当代艺术中心编 桂林 广西师范大学出版社 2008—
〔馆藏卷期〕2005 2006 2007 2008 2009

013899484
中国高等美术院校在校学生美术作品年鉴
中国高等美术院校在校学生美术作品年鉴编委会 中国艺术教育促进会编 中国艺术教育促进会 中国美术家协会主办 长春 吉林人民出版社 2000—
〔馆藏卷期〕1999 2000 2001 2002 2004 2006

011503907
中国美术家协会年鉴
中国美术家协会编 北京 中国美术家协会
〔馆藏卷期〕2006 2007 2008 2009 2010 2011

011933948
中国美术年鉴·1947
王扆昌等编 上海 上海社会科学院出版社 2008

〔馆藏卷期〕1947

012060877
中国美术年鉴
中国美术学院中国美术年鉴编辑部编 长春 吉林美术出版社 2005—
〔馆藏卷期〕2000

010102827
中国艺术品市场年鉴
中国艺术品市场年鉴编委会编 北京 中国水利水电出版社 2006—
〔馆藏卷期〕2006

012243122
中国艺术收藏年鉴
深圳市艺术研究会编 深圳市艺术研究会主办 成都 四川美术出版社 1993—
〔馆藏卷期〕1992/1993 1993/1994

013926009
当代经典国画作品年鉴
北京 中国文联出版社
〔馆藏卷期〕2008

013634170
书画知识产权艺术周年鉴
森琪文化艺术(北京)有限公司编 北京 森琪文化艺术(北京)有限公司
〔馆藏卷期〕2012

008100096
中国版画年鉴
中国版画年鉴编辑委员会编 沈阳 辽宁美术出版社 1983—
〔馆藏卷期〕1982 1983 1984 1985 1986 1987 1989 1990 1992 2002 2003 2004/2005 2006 2007 2008 2009 2010/2011

013791048
中国插画年鉴
中国插画网主编 济南 山东美术出版社
〔馆藏卷期〕2008

013974422
中国当代水墨艺术年鉴
北京视线时代广告有限公司编 北京 国际文化出版公司
〔馆藏卷期〕2005

013714609
中国儿童插画家年鉴
浙江省国际美术交流协会编 杭州 浙江省国际美术交流协会
〔馆藏卷期〕2011

012242982
中国国际书画篆刻家年鉴
宋轲主编 北京 国际文化出版公司 1997—
〔馆藏卷期〕1996

012593521

中国画廊年鉴

张宗喜主编 北京 中国广播电视出版社 2008—

〔馆藏卷期〕2008

014015022

中国画名家年鉴

中国国家画院编 龙瑞主编 成都 四川美术出版社 2007

〔馆藏卷期〕2006

014161943

中国画名家年鉴

中国国家画院编 龙瑞主编 成都 四川美术出版社 2007—2009

〔馆藏卷期〕2006 2007 2008

014161888

中国画名家年鉴

中国国家画院编 龙瑞主编 成都 四川美术出版社 2008

〔馆藏卷期〕2007

014162035

中国画名家年鉴 梁耀卷

中国国家画院编 龙瑞主编 北京 文化艺术出版社 2009

〔馆藏卷期〕2008

014449461

中国画名家年鉴大系 壬辰年 郭正民专辑

王占娥主编 合肥 安徽美术出版社 2013

〔馆藏卷期〕2013

014449459

中国画名家年鉴大系 壬辰年 黄智勇专辑

王占娥主编 合肥 安徽美术出版社 2013

〔馆藏卷期〕2013

014449458

中国画名家年鉴大系 壬辰年 张伟觉圣专辑

王占娥主编 合肥 安徽美术出版社 2013

〔馆藏卷期〕2013

014449457

中国画名家年鉴大系 壬辰年 赵言斌专辑

王占娥主编 合肥 安徽美术出版社 2013

〔馆藏卷期〕2013

005033279

中国画年鉴

中国画年鉴编委会编 北京 新华出版社 1993—

〔馆藏卷期〕1992

013752775

中国画收藏年鉴

曹兴武主编 石家庄 河北美术出版社
〔馆藏卷期〕2010 2011

009926800
中国画艺术年鉴
邵大箴主编 北京 文化艺术出版社 2005—
〔馆藏卷期〕2004 2005 2006 2007 2008/2009

011503870
中国绘画年鉴
北京美联世纪绘画艺术院编著 北京 中国档案出版社 2006—
〔馆藏卷期〕2005 2006/2008 2010 2012

010227107
中国书画家年鉴
邓泽辉主编 北京 中国文联出版社
〔馆藏卷期〕2005

012079827
中国书画年鉴
付宝世主编 北京 中国文化出版社 2008—
〔馆藏卷期〕2007

013974429
中国书画收藏年鉴
余根晖主编 北京 中国文联出版社 2010—
〔馆藏卷期〕2009/2010

011399887
中国书画篆刻年鉴
中国书画报社 中国教育学会书法教育研究会联合编纂 沈阳 辽宁教育出版社 1995—
〔馆藏卷期〕1993/1994

014060598
中国艺术家年鉴 罗兵卷
陈子游主编 北京 文化艺术出版社 2012
〔馆藏卷期〕2005/2012

014058465
中国艺术家年鉴 杨珺卷
陈子游主编 北京 文化艺术出版社 2010
〔馆藏卷期〕2010

012832577
中国艺术家年鉴 范扬卷
陈子游主编 北京 文化艺术出版社 2011
〔馆藏卷期〕2011

012832578
中国艺术家年鉴 李江航卷
陈子游主编 北京 文化艺术出版社 2011
〔馆藏卷期〕2011

014062968
中国艺术家年鉴 杨培江卷

陈子游主编　北京　文化艺术出版社
　　2011
〔馆藏卷期〕2011

014060605
中国艺术家年鉴　姚鸣京卷
陈子游主编　北京　文化艺术出版社
　　2011
〔馆藏卷期〕2011

013899512
中国艺术家年鉴　杨春华卷
陈子游主编　北京　文化艺术出版社
　　2012
〔馆藏卷期〕2012

011141404
中国书法年鉴
北京师范大学编　南宁　广西美术出版
　　社　2006—
〔馆藏卷期〕2001　2002　2003　2006　2007
　　2008　2009　2010　2011

012361601
中国城市雕塑建设年鉴
全国城市雕塑建设指导委员会　中国建
　　筑文化中心编　北京　中国建筑工业出
　　版社　2009—
〔馆藏卷期〕2006/2008

009503304
中国雕塑年鉴
钱绍武　范伟民主编　香港　长城（香港）
　　文化出版公司
〔馆藏卷期〕2001　2003　2007　2009　2011

009055154
**亚太华人杰出专业人像摄影师造型师
　　年鉴**
上海　百家出版社
〔馆藏卷期〕2001

011399761
中国地市报新闻摄影学会年鉴
中国地市报新闻摄影学会编　中国地
　　市报新闻摄影学会　2006—
〔馆藏卷期〕2005/2006

008643764
中国广告摄影年鉴
中国广告协会编　北京　中国摄影出版
　　社　2006—
〔馆藏卷期〕1999　2000　2001　2003　2004
　　2006/2007

012243033
中国人体摄影年鉴
中国人体摄影年鉴编委会编　长春　吉林
　　美术出版社　2002—
〔馆藏卷期〕2000

008643766
中国商业摄影年鉴
中国商业摄影年鉴编委会编　济南　山东
　　美术出版社　2000—
〔馆藏卷期〕2000　2001

007624699
中国摄影年鉴
中国摄影出版社编辑 北京 中国摄影出版社 1984—
〔馆藏卷期〕1981/1983 2006/2007 2007/2008 2008/2009 2009/2010 2011/2012 2012/2013

010227105
中国摄影艺术年鉴
高健生主编 北京 国际文化出版公司 2006—
〔馆藏卷期〕2007 2008 2009 2010 2011 2012

009841267
中国新闻摄影年鉴
中国新闻摄影学会编辑 北京 新华出版社 1987—
〔馆藏卷期〕1987

012242810
中国包装设计年鉴
中国广告与设计分类年鉴
中国广告与设计分类年鉴编委会编 广州 岭南美术出版社 2004—
〔馆藏卷期〕2003/2004

009841204
中国标志设计年鉴
中国标志设计年鉴编委会编 大连 大连理工大学出版社
〔馆藏卷期〕2005

013677331
中国大学生美术作品年鉴
中国大学生美术作品年鉴编委会主编 广州 世界图书出版公司
〔馆藏卷期〕2011 2012 2013 2014

008555520
中国贵金属纪念币年鉴
尹成友 王震云主编 北京 中国金融出版社
〔馆藏卷期〕1996/1998

005325855
中国金银币年鉴
皮执凯等编 北京 中国金融出版社
〔馆藏卷期〕1992 1993

009015914
中国霓虹灯艺术与工艺年鉴
陈大华主编 北京 中国轻工业出版社 2003
〔馆藏卷期〕2002

013714523
中国品牌设计年鉴
上海书承文化传播有限公司编 上海 上海麦迪逊图书有限公司 2012
〔馆藏卷期〕2013

012521704
中国商标年鉴
中华商标协会编著 北京 中国工商出版社 2009—

〔馆藏卷期〕2009 2010 2011 2012 2013

009914094
中国商业设计年鉴
岭南美术出版社编 广州 岭南美术出版社
〔馆藏卷期〕2006

009934620
中国设计机构年鉴
广东设计年鉴
李向荣主编 长沙 湖南美术出版社 2006—
〔馆藏卷期〕2006 2008

008140538
中国设计年鉴
中国包协设计委员会中国设计年鉴编辑部编 哈尔滨 黑龙江美术出版社 1996—
〔馆藏卷期〕1980/1995 1996/1997 1998/1999 2000/2001 2002/2004

009928172
中国展览设计年鉴
中国展示设计年鉴编委会 深圳市森和文化发展有限公司编 广州 岭南美术出版社 2005—
〔馆藏卷期〕2005

010102833
中国展示设计年鉴
中国展示设计年鉴编委会 深圳市森和文化发展有限公司编 大连 大连理工大学出版社
〔馆藏卷期〕2006

009934717
中国终端营销展示年鉴
IAI 中国终端营销展示年鉴
刘立宾等主编 北京 中国传媒大学出版社 2006—
〔馆藏卷期〕2006 2008

013939638
中韩海报设计年鉴
济南 山东美术出版社
〔馆藏卷期〕2004

012983896
中国新音乐年鉴
中国当代音乐研究与发展中心编 上海 上海音乐学院出版社 2011—
〔馆藏卷期〕2009 2010 2011

013608937
中国音乐教育年鉴
余丹红主编 上海 上海音乐学院出版社 2012—
〔馆藏卷期〕2010 2011 2012 2013

003980038
中国音乐年鉴
中国艺术研究院音乐研究所编 北京 文化艺术出版社 1987—
〔馆藏卷期〕1987 1988 1989 1990 1991

1992　1993　1994　1995　1996　1997
1999　2000　2001　2002　2003　2004
2005　2006　2007　2008　2009

013481770
中国昆曲年鉴
中国昆曲年鉴编纂委员会编　苏州　苏州
　　大学出版社　2012—
〔馆藏卷期〕2012　2013

004621312
中国戏剧年鉴
中国戏剧年鉴编辑部编　北京　中国戏剧
　　出版社　1981—
〔馆藏卷期〕1981　1982　1983　1984　1985
　　1989　1990/1991　1992　1993/1994
　　1995/1996　1997/1998　1999/2000
　　2001/2002　2003/2004　2005/2006
　　2007/2008　2009　2010　2011　2012
　　2013　2014

007842274
民国廿七年电影年鉴
一九三八之中国电影
香港　伶星杂志社　1939
〔馆藏卷期〕1938

010227035
中国电视艺术年鉴
朱德成　李阳　张海君主编　北京　中国广
　　播电视出版社　2006—
〔馆藏卷期〕2006

011512088
中国电影年鉴　影印本
中国教育电影协会原编　北京市市属市
　　管高校电影学研究创新团队整理　北
　　京　中国广播电视出版社　2008
〔馆藏卷期〕1934

007630641
中国电影年鉴
中国电影家协会编纂　北京　中国电影出
　　版社　1982—
〔馆藏卷期〕1981　1982　1983　1984　1985
　　1986　1987　1988　1989　1990　1991
　　1992　1993　1994　1995　1996　1997
　　1998/1999　2000　2001　2002　2003
　　2004　2005　2006　2007　2008　2009
　　2010　2011

011141271
中国动画年鉴
中国动画年鉴编辑部编　北京　中国广播
　　电视出版社　2007—
〔馆藏卷期〕2006　2007　2008　2009　2010
　　2011　2012

011141303
中国纪录片年鉴
中国广播电视协会纪录片委员会编　北
　　京　中国广播电视出版社　2006—
〔馆藏卷期〕2006　2007　2008

历史、地理

010226315
历史年鉴
记工编著 长春 吉林音像出版社 2006
〔馆藏卷期〕1901 1902 1903 1904 1905
1906 1907 1908 1909 1910 1911
1912 1913 1914 1915 1916 1917
1918 1919 1920 1921 1922 1923
1924 1925 1926 1927 1928 1929
1930 1931 1932 1933 1934 1935
1936 1937 1938 1939 1940 1941
1942 1943 1944 1945 1946 1947
1948 1949 1950

013899001
世界图像年鉴
翟跃东主编 昆明 云南人民出版社 2002—
〔馆藏卷期〕2001/2002

012791076
辽金西夏研究年鉴
中国社会科学院西夏文化研究中心编 北京 学苑出版社
〔馆藏卷期〕2009 2010 2011

007699458
民国年鉴
许指严 徐哲身编述 上海 国民图书公司 1930
〔馆藏卷期〕1930

008203504
中国历史学年鉴
中国史学会中国历史学年鉴编辑部编 北京 三联书店 1980—
〔馆藏卷期〕1979 1981 1982 1983 1984 1985 1986 1987 1992 1993 1994 1995 1998 2000 2001 2002/2012

009065054
中国地方志年鉴
中国地方志年鉴编辑部编 中国地方志指导小组主办 北京 中国地方志年鉴编辑部 2002—

〔馆藏卷期〕2002 2003 2004 2005 2006 2007 2008 2009 2010 2011 2012 2013 2014

003561151
中国日本学年鉴
北京日本学研究中心编 北京 科学技术文献出版社
〔馆藏卷期〕1949/1990 1949/1990 1992 1992

010227044
中国改革人物年鉴
北京 中国经济体制改革杂志社
〔馆藏卷期〕2005

004569132
中国人物年鉴
中国人物年鉴编委会编 北京 华艺出版社 1989—
〔馆藏卷期〕1989 1990 1991 1992 1993 1995 1996 1997 1998 1999 2000 2001 2002 2003 2004 2005 2006 2007 2008 2009 2010 2011 2012 2013 2014

010102815
中国企业家年鉴
中国企业家年鉴编辑委员会编 北京 人民日报出版社 2006—
〔馆藏卷期〕2005 2009 2010

012983256
郭沫若研究年鉴
中国郭沫若研究学会编 北京 人民出版社 2011—
〔馆藏卷期〕2010 2011

009520051
鲁迅研究年鉴
青岛大学 北京鲁迅博物馆鲁迅研究中心编 北京 人民文学出版社 2004—
〔馆藏卷期〕2002 2003 2004 2005 2006 2007 2010

009841197
司马迁与史记研究年鉴
渭南师范学院史记研究所编 西安 陕西人民出版社 2005—
〔馆藏卷期〕2004 2005 2006 2007 2008 2009 2010 2011

010102843
中国专利发明人年鉴
中国专利发明人年鉴编辑部编 北京 知识产权出版社 2006—
〔馆藏卷期〕2004/2005 2006 2007/2008 2008 2008/2009 2009/2010 2012

011503881
中国建设英才年鉴
郭锡权 徐颂陶主编 北京 中国人事出版社 2007—
〔馆藏卷期〕2007 2011

013899502
中国药膳精英年鉴
中国药膳研究会 中国药膳美食文化节组委会编 北京 中国药膳研究会
〔馆藏卷期〕2006

001992633
中国考古学年鉴
中国考古学会编 北京 文物出版社 1984—
〔馆藏卷期〕1984 1994 1995 1996 1997 1998 1999 2000 2001 2002 2003 2004 2005 2007 2008 2009 2010 2011 2012 2013

010102821
中国文化遗产年鉴
中国文化遗产年鉴编辑委员会编 北京 文物出版社 2006—
〔馆藏卷期〕2006 2008 2009

009459894
中国文物年鉴
国家文物局编 北京 科学出版社 2003—
〔馆藏卷期〕2003 2004 2005 2006 2007 2008 2009 2010 2012 2014

009588903
中国世界遗产年鉴
中华人民共和国建设部 中华人民共和国国家文物局 中国联合国教科文组织全国委员会主编 北京 中华书局 2004—
〔馆藏卷期〕2004

自然科学总论

011504692
自然科学发展大事年鉴 综合卷
包芳勋主编 济南 山东科学技术出版社 2007
〔馆藏卷期〕2007

011503875
中国技术哲学研究年鉴
大连 大连理工大学出版社
〔馆藏卷期〕2004/2005 2006/2007

006088509
科学年鉴
北京 科学出版社
〔馆藏卷期〕1977 1978 1981 1986 1987 1988

012361824
自然杂志年鉴
自然科学年鉴
自然杂志编辑部编 上海 上海科学技术出版社 1980—
〔馆藏卷期〕1979

008118243
自然科学年鉴
自然科学年鉴编辑部编 上海 上海科学技术出版社
〔馆藏卷期〕1981 1982 1983 1984 1985 1986 1987 1988 1989 1990

天文学、地球科学

010227028
中国测绘年鉴
国家测绘局编 北京 测绘出版社
〔馆藏卷期〕2006 2007 2008 2009
　2010 2011

012724422
中国海洋测绘年鉴
海军总司令部航海保证部编 北京 中国
　人民解放军海军总司令部航海保证
　部 2009—
〔馆藏卷期〕2009

003606514
中国地图学年鉴
中国测会学会地图制图专业委员会 中
　国地图出版社地图科学研究所编 北
　京 中国地图出版社 1991—
〔馆藏卷期〕1990 1991 1992 1993 1994
　1995/1999

003980000
中国地震年鉴
中国地震年鉴编辑部编 北京 地震出
　版社
〔馆藏卷期〕1949/1981 1982 1983 1984
　1985 1986 1987 1988 1989 1990
　1991 1992 1993 1994 1995 1996
　1997 1998 1999 2001 2002 2003
　2004 2005 2006 2007

012982935
暴雨年鉴
气象局编 北京 气象出版社 2011—
〔馆藏卷期〕2008 2009 2010

005326605
寒潮年鉴
北京 气象出版社
〔馆藏卷期〕1951.9/1952.5 1951/1975
　（综合本） 1952.9/1953.5 1953.9/
　1954.5 1954.9/1955.5 1955.9/1956.5
　1956.9/1957.5 1957.9/1958.5 1958.9/

1959.5 1959.9/1960.5 1960.9/1961.5 1961.9/1962.5 1962.9/1963.5 1963.9/1964.5 1964.9/1965.5 1965.9/1966.5 1966.9/1967.5 1967.9/1968.5 1968.9/1969.5 1969.9/1970.5 1970.9/1971.5 1971.9/1972.5 1972.9/1973.5 1973.9/1975.5 1975.9/1976.5 1976.9/1977.5 1977.9/1978.5 1978.9/1979.5 1979.9/1980.5 1980.9/1981.5 1981.9/1982.5 1982.9/1983.5 1984.9/1985.5

009062492

气象统计年鉴

国家气象局计划财务司编 北京 气象出版社

〔馆藏卷期〕1983 1984 1985 1986 1987 1988 1989 1990 1991 1992 1993 1994 1995 1996 1997 1998 1999 2000 2001 2002 2003 2004 2005 2006 2007 2008 2010 2011

009542167

沙尘天气年鉴

中国气象局编 北京 气象出版社

〔馆藏卷期〕2000 2001 2002 2003 2004 2005 2006 2007 2008 2009 2010

010226847

台风年鉴

中央气象局编 北京 中央气象局

〔馆藏卷期〕1954/1955 1960 1961 1962 1963 1964 1965 1966 1967 1969 1970 1971 1972 1973 1974 1975 1977 1978 1979 1981 1982 1983 1984 1985 1986 1987 1988

012080584

中国暴雨洪水及干旱年鉴

中国暴雨洪水及干旱年鉴编辑委员会编 北京 水利电力出版社 1994—

〔馆藏卷期〕1980

013603520

中国防雷年鉴

防雷世界商情编 北京 建设部中装协建筑电气委员会

〔馆藏卷期〕2011 2012

004600556

中国气象年鉴

中国气象年鉴编辑部编 北京 气象出版社 1986—

〔馆藏卷期〕1986 1987 1988 1989 1990 1991 1992 1993 1994 1995 1996 1997 1998 1999 2000 2001 2002 2003 2005 2006 2007 2008 2009 2010 2011 2012 2013

009806874

中国气象灾害年鉴

中国气象局编 北京 气象出版社

〔馆藏卷期〕2005 2006 2007 2008 2009 2010 2011 2012 2013

004594212

中国地质矿产年鉴

地质矿产部编 北京 地质出版社 1989—

〔馆藏卷期〕1986 1987 1988 1989 1990 1991 1992 1993 1994 1995 1996 1997 1998

009934735

全国地下水位年鉴

地矿部地下水动态监测研究中心整编 北京 地质矿产部

〔馆藏卷期〕1983

004214790

海洋技术年鉴

国家海洋局海洋科技情报研究所编 北京 海洋出版社 1983—

〔馆藏卷期〕1982

009698937

热带气旋年鉴

中国气象局编 北京 气象出版社

〔馆藏卷期〕1989 1992 1993 1994 1995 1996 1997 1998 1999 2001 2002 2004 2005 2006 2007 2008 2009 2011

010227054

中国海事年鉴

中国造船工程学会船舶工程编辑部编 银川 中国造船工程学会 2004—

〔馆藏卷期〕2004 2005/2006

013609416

中国海水淡化年鉴

中国海水淡化年鉴编委会编 北京 海洋出版社

〔馆藏卷期〕2010

004214611

中国海洋年鉴

国家海洋局海洋科技情报研究所 中国海洋年鉴编辑部编 北京 海洋出版社 1988—

〔馆藏卷期〕1986 1987/1990 1991/1993 1996 1997/1998 1999/2000 2001 2002 2003 2005 2006 2007 2008 2009 2010 2011 2012 2013 2014

008382302

中国海洋统计年鉴

国家海洋局编 北京 国家海洋局 1994—

〔馆藏卷期〕1992 1993 1997 1999 2000 2001 2002 2004 2005 2006 2007 2008 2009 2010 2011 2012 2013 2014

生物科学

005123437

中国鸟类环志年鉴

全国鸟类环志办公室 全国鸟类环志中心编 兰州 甘肃科学技术出版社

〔馆藏卷期〕1982/1985

医药、卫生

004621416

中国医学科学年鉴

中国医学科学年鉴编辑委员会编 天津 天津科学技术出版社 1984—

〔馆藏卷期〕1984 1985

010227113

中国卫生经济与市场年鉴

郑晓晨主编 北京 中国联合出版社

〔馆藏卷期〕2004

009309806

中国职业安全卫生年鉴

劳动部职业安全卫生监察局编 北京 中华人民共和国劳动部职业安全卫生监察局

〔馆藏卷期〕1988 1989 1991

008476175

中国出入境检验检疫年鉴

中国出入境检验检疫年鉴编辑委员会编 北京 中国对外经济贸易出版社

〔馆藏卷期〕1999 2000 2001

010226752

中国出入境检验检疫统计年鉴

国家出入境检验检疫局编 北京 国家出入境检验检疫局 2000—

〔馆藏卷期〕2000

012617750

中国国境卫生检疫年鉴

中华人民共和国卫生检疫总所编 北京 中华人民共和国卫生检疫总所

〔馆藏卷期〕1992 1993 1994 1995 1996

009132629

中国质量监督检验检疫年鉴

中国质量监督检验检疫年鉴编辑委员会编 北京 中国标准出版社 2002—

〔馆藏卷期〕2002 2003 2004 2005 2006 2007 2008 2009 2010 2011 2012 2013 2014

012617358

军队卫生工作年鉴

中国人民解放军总后勤部卫生部编 北京 中国人民解放军总后勤部卫生部 2009—

〔馆藏卷期〕2008

013986760

中国卫生和计划生育统计年鉴

中国卫生统计年鉴

国家卫生和计划生育委员会编 北京 中国协和医科大学出版社 2013—

〔馆藏卷期〕2013 2014

009492610

中国卫生统计年鉴

中华人民共和国卫生部编 北京 中国协和医科大学出版社 2003—

〔馆藏卷期〕2003 2004 2005 2006 2007 2008 2009 2010 2011 2012

013714920

中国医学装备年鉴

中国医学装备协会编 北京 海洋出版社 2013—

〔馆藏卷期〕2012 2013 2014

004605365

中国卫生年鉴

中国卫生年鉴编辑委员会编 北京 人民卫生出版社 1983—

〔馆藏卷期〕1983 1984 1985 1986 1987 1988 1989 1990 1991 1992 1993 1994 1995 1996 1997 1998 1999 2000 2001 2002 2003 2004 2005 2006 2007 2008 2009 2010 2011 2012 2013

011399925

中国医疗卫生行业管理年鉴

中国医疗卫生行业管理年鉴编辑部编 北京 中国医疗卫生行业管理年鉴编辑部 2006—

〔馆藏卷期〕2005

009699001

中国医院年鉴

中国医院年鉴编辑部编 北京 国际教科文出版社

〔馆藏卷期〕2003 2006 2007 2008 2009

012591720

国医年鉴

国医年鉴编委会编 北京 中医古籍出版社 2009—

〔馆藏卷期〕2009 2010 2011 2012 2013 2014 2015

003165205

中国中医药年鉴

中医年鉴

中国中医药年鉴编辑委员会主编 北京 人民卫生出版社 1990—

〔馆藏卷期〕1989 1990 1991 1992 1993 1994 1995 1996 1997 1998 1999 2000 2001 2002 2003 2004 2005

2006 2007 2008 2009 2010 2011
2012 2013 2014

009588959
中国中医药学术年鉴
中国中医药年鉴 学术卷
中国中医药学术年鉴编辑委员会编 上海中医药大学主办 上海 上海中医药大学出版社
〔馆藏卷期〕2005 2007 2008 2009 2011 2012 2013 2014

008002859
中医年鉴
中国中医药年鉴
上海中医学院主编 北京 人民卫生出版社 1983
〔馆藏卷期〕1983 1984 1985 1986 1987 1988

008125778
中医药年鉴
中国医药出版社主编 北京 中国医药出版社
〔馆藏卷期〕1957

005060121
中国内科年鉴
中国内科年鉴编辑委员会编 北京 人民卫生出版社 1983—
〔馆藏卷期〕1983 1984 1985 1986 1987 1988 1989 1990 1991 1992 1993 1994 1995 1996 1997 1998 1999

2000 2001 2002 2003 2004 2005
2006 2007 2008 2009 2010 2011
2012 2013

002654895
中国外科年鉴
中国外科年鉴编辑委员会编 北京 人民卫生出版社 1983—
〔馆藏卷期〕1983 1984 1985 1986 1987 1989 1990 1991 1992 1993/1994 1995 1996 1997 1998 1999 2000 2001 2002 2003 2004 2005 2006 2007 2008 2009 2010 2011 2012 2013

008773123
中国肿瘤临床年鉴
中国肿瘤临床年鉴编辑委员会编 北京 中国铁道出版社
〔馆藏卷期〕1993 1994 1995 1996 1998 2000 2001 2002 2003 2004 2005 2006 2007 2008 2009 2010 2011 2012 2013

004605428
中国口腔医学年鉴
中国口腔医学年鉴编辑委员会编 北京 人民卫生出版社 1986—
〔馆藏卷期〕1986 1988 1990 1992 1995 1997 1998/2000 1999 2000/2001 2003 2004 2005 2006 2007 2008 2009 2010 2011

009492954
中国非处方药物年鉴
中国非处方药物年鉴编委会 医药世界杂志社编 北京 科学技术文献出版社 2003—
〔馆藏卷期〕2002

008588999
中国药品监督管理年鉴
中国食品药品监督管理年鉴
中国药品监督管理年鉴编辑委员会编 北京 中国医药科技出版社 1999—2003
〔馆藏卷期〕1999 2000 2001 2002 2003

001823917
中国药学年鉴
中国药学年鉴编辑委员会编 北京 人民卫生出版社 1984—
〔馆藏卷期〕1980/1982 1983/1984 1985 1986 1987 1988/1989 1990 1991 1992 1993 1994 1995 1996 1997 1998 1999 2000 2001 2002/2003 2004 2005 2006 2007 2008 2009 2010 2011 2012 2013

农业科学

013758857
中华农业科技奖奖励年鉴
中华农业科技奖奖励委员会办公室编 北京 中华农业科技奖奖励委员会办公室
〔馆藏卷期〕2010/2011

012048424
农民信息年鉴
农民信息年鉴编辑部编 北京 科学出版社 2006—
〔馆藏卷期〕2006

008090184
粮农组织肥料年鉴
联合国粮食及农业组织编 北京 中国农业科技出版社
〔馆藏卷期〕1987 1989 1991

012080569
农业气象情报年鉴
气象科学研究院农业气象研究所编 北京 气象出版社 1989—
〔馆藏卷期〕1986/1987 1988/1989

012243006
中国农业气象情报年鉴
中国农业气象情报年鉴编委会编 北京 气象出版社 1992—
〔馆藏卷期〕1990 1991

012080574
全国农作物审定品种年鉴
全国农作物品种审定委员会编 成都 四川科学技术出版社
〔馆藏卷期〕1983/1984

012521657
中国甘薯品种鉴定年鉴
全国农业技术推广中心 中国农业科学院甘薯研究所编 北京 全国农业技术推广中心
〔馆藏卷期〕2001/2002

009934780
中国速生丰产用材林基地建设年鉴
宋士奎主编 北京 中国轻工业出版社 2004—
〔馆藏卷期〕2003 2004

004574730
家畜卫生年鉴
联合国粮农组织 世界卫生组织 国际兽疫事物局编 北京 中国农业科技出版社
〔馆藏卷期〕1987 1989 1991

012521714
中国兽药产品与技术年鉴
北京赛尔风标广告有限公司编 北京 北京赛尔广告有限公司 2010—
〔馆藏卷期〕2010 2011

010155499
中国宠物产业年鉴
北京 北京超飞巨英文化传播有限公司

〔馆藏卷期〕2002/2003 2003/2004

006010751
渔业统计年鉴
联合国粮农组织编 北京 中国农业科技出版社
〔馆藏卷期〕1986

008089516
渔业统计年鉴 渔产品
粮农组织渔业统计年鉴渔产品 1988— 中国农业科学院科技文献信息中心编 北京 中国农业科技出版社
〔馆藏卷期〕1986 1988 1990

008089514
渔业统计年鉴 渔获量和上岸量
粮农组织渔业统计年鉴 渔获量和上岸量 中国农业科学院科技文献信息中心编 北京 中国农业科技出版社
〔馆藏卷期〕1986

工业技术

009406306

中国新材料发展年鉴

李义春主编 北京 中国科学技术出版社 2003—

〔馆藏卷期〕2001/2002 2003 2004/2005 2006 2007/2008 2009/2010 2011/2012

010227052

中国工业设计年鉴

中国工业设计协会编 北京 知识产权出版社 2006—

〔馆藏卷期〕2006

012048983

中国创新设计红星奖年鉴

中国设计红星奖年鉴 2013—

中国创新设计红星奖委员会主编 北京 中国创新设计红星奖委员会 2008—

〔馆藏卷期〕2008 2009 2010 2011 2012 2013 2014

011141395

中国企业产品创新设计年鉴

中国企业产品创新设计年鉴编委会编 北京 北京理工大学出版社

〔馆藏卷期〕2006

009135271

中国制冷空调暖通年鉴 黄页篇

中国制冷空调暖通年鉴编辑部 中国制冷空调工业协会编 中国制冷空调工业协会 中国空调制冷网暖通空调编辑部主办 北京 中国建材工业出版社 2003—

〔馆藏卷期〕2002/2003 2003/2004

014162006

中国制冷空调暖通年鉴 年鉴篇

中国制冷空调工业协会编 中国制冷空调工业协会 深圳市湖大网轩信息技术有限公司 暖通空调编辑部主办 北京 中国建材工业出版社

〔馆藏卷期〕2003/2004

013790789
中国摄影器材年鉴
赵迎新主编 北京 中国摄影出版社
〔馆藏卷期〕2007 2008/2009 2009/2010

009841207
中国分析测试年鉴
中国分析测试协会编 北京 中国计量出版社 2004—
〔馆藏卷期〕2003 2004/2005 2006/2007 2008/2009

009726464
中国计量测试年鉴
中国计量测试学会编 西安 西安地图出版社
〔馆藏卷期〕2003 2004/2005 2006 2008

012079256
全国石油产品和润滑剂标准化技术委员会年鉴
全国石油产品和润滑剂标准化技术委员会秘书处编 北京 全国石油产品和润滑剂标准化技术委员会秘书处
〔馆藏卷期〕2005/2006 2007/2008 2009 2010

009289364
冶金安全年鉴
冶金工业部安全环保司编 北京 冶金工业部安全环保司
〔馆藏卷期〕1983 1984

009136651
中国铸造年鉴
中国铸造协会编 北京 中国铸造协会
〔馆藏卷期〕1996 2000 2005

011141296
中国焊接与切割设备年鉴
中国机械工业年鉴编辑部编 北京 机械工业出版社 2001—
〔馆藏卷期〕2001

002455484
中国机械电子工业年鉴
中国机械工业年鉴
中国电子工业年鉴
国家经委机械工业技术经济研究所编 北京 机械工业出版社 1984—1986
〔馆藏卷期〕1984 1985 1986

003098290
中国机械电子工业年鉴 机械卷
中国机械工业年鉴
中国机械电子工业年鉴(机械卷)编辑委员会编 北京 机械工业出版社 1989—1992
〔馆藏卷期〕1989 1991 1992

012593528
中国机械工程学会年鉴
中国机械工程学会编 北京 中国机械工程学会 2010—
〔馆藏卷期〕2010 2011 2012

013397071

电力仪器仪表产品选用年鉴

中国电气商务年鉴 电力仪器仪表产品选用年鉴

北京赛尔风标广告有限公司编 北京 北京赛尔风标广告有限公司

〔馆藏卷期〕2011/2012

013396763

亨得利钟表年鉴

传承钟表年鉴

钟表年鉴 2012—

亨得利钟表店编 上海 亨得利

〔馆藏卷期〕2011 2012

013470981

名表年鉴

孔繁金主编 北京 光明日报出版社

〔馆藏卷期〕2011/2012 2012/2013

013677497

中国工业节能减排年鉴

中国工业节能减排年鉴编委会编 北京 中国财政经济出版社 2012—

〔馆藏卷期〕2011

011968229

中国工业锅炉行业年鉴

中国电器工业协会工业锅炉分会编 北京 工业锅炉分会秘书处 2008—

〔馆藏卷期〕2007/2008 2009/2011

012724407

中国电网装备年鉴

中国电网装备年鉴编辑委员会编 武汉 华中科技大学出版社 2009—

〔馆藏卷期〕2009

009169856

中国家用电器年鉴

全国交电商品科技经济情报中心站 现代家电杂志社编 北京 北京现代家电杂志社

〔馆藏卷期〕2002

009934752

中国集成电路企业年鉴

中国集成电路年鉴 2006—

北京亚龙鼎芯机构 上海亚讯商务咨询有限公司制作编 香港 香港亚洲资讯国际出版有限公司 2004—

〔馆藏卷期〕2003/2004 2006

012593501

中国光纤通信年鉴

中国光纤通信年鉴编写组编 上海 上海科学技术文献出版社 2009—

〔馆藏卷期〕2006/2009 2009/2011

012049008

中国广播电视设备工业协会科技创新奖年鉴(CCBN杯)

广播电视科技创新奖（CCBN杯）年鉴 2009—

中国广播电视设备工业协会广播电视

科技创新奖（CCBN 杯）年鉴 2009—
中国广播电视设备工业协会科技创新
　　奖年鉴
中国广播电视设备工业协会编 北京 中
　　国广播电视设备工业协会 2008—
〔馆藏卷期〕2008 2009 2011

012200491
中国计算机学会年鉴
中国计算机学会编 北京 中国计算机学
　　会 2009—
〔馆藏卷期〕2008

008728267
中国信息安全年鉴
中国信息协会信息安全专业委员会编
　　北京 中国信息协会信息安全专业委
　　员会
〔馆藏卷期〕1999 2000 2001 2002/2003
　　2004 2005 2006 2007 2008 2009
　　2010 2011 2012 2013

014014937
物联网年鉴
物联网年鉴编辑委员会 全球物联网联
　　盟协作组织委员会编 北京 中国国际
　　文化出版社
〔馆藏卷期〕2010

013677610
中国玻璃行业年鉴
沙河市风尚传媒广告有限公司编 沙河
　　沙河市风尚传媒广告有限公司

〔馆藏卷期〕2013

012521688
中国建筑卫生陶瓷年鉴
中国建筑卫生陶瓷协会编 北京 中国建
　　筑工业出版社 2009—
〔馆藏卷期〕2008 2009 2010 2011 2012

013174712
中国无机盐工业年鉴
中国无机盐工业协会编 北京 中国无机
　　盐工业协会
〔馆藏卷期〕2010

012199524
欧盟标准与中国纺织品贸易年鉴
中国标准化协会 中国纺织品进出口商
　　会编 北京 中国纺织品进出口商会
〔馆藏卷期〕200u

013758090
食品药品监督管理统计年鉴
国家食品药品监督管理局统计办公室
　　编 北京 国家食品药品监督管理局
〔馆藏卷期〕2008 2010

009898215
中国食品药品监督管理年鉴
中国药品监督管理年鉴
国家食品药品监督管理局编 北京 化学
　　工业出版社 2004—
〔馆藏卷期〕2004 2005 2006 2007 2008
　　2009 2010 2011 2012 2013 2014

008439181
中国生活用纸年鉴
中国生活用纸和包装用纸年鉴 2000
中国造纸协会生活用纸专业委员会编 北京 中国轻工业出版社
〔馆藏卷期〕1999 2000 2002 2004 2006/2007 2008/2009 2010/2011 2012/2013 2014/2015

013752774
中国印刷工业年鉴
中国印刷及设备器材工业协会 印刷工业杂志社有限公司编 北京 印刷工业出版社
〔馆藏卷期〕2012

001823939
中国印刷年鉴
中国印刷技术协会编 北京 印刷工业出版社 1982—
〔馆藏卷期〕1981 1982/1983 1984/1986 1987/1988 1989/1990 1991/1992 1993/1994 1995 1996 1997 1998 1999 2000 2001 2002 2003 2004 2005 2006 2007 2008 2009 2010 2011 2012 2013

009928183
中国装帧艺术年鉴 历史卷
中国出版者协会装帧艺术工作委员会 中国美术家协会插图装帧艺术委员会编 北京 中国统计出版社 2005—
〔馆藏卷期〕2005

009542211
中国乐器年鉴
中国乐器协会编 广州珠江钢琴集团有限公司主办 北京 中国乐器协会 2002—
〔馆藏卷期〕2002 2003/2004 2005/2006 2007/2008 2009/2010 2011 2012 2013 2014

009841191
建筑实录年鉴
Robert Ivy 赵晨主编 同济大学时代建筑杂志工作室制作编 北京 中国建筑工业出版社
〔馆藏卷期〕2005 2006 2007 2008

011824322
中国古建筑年鉴
中国古建筑年鉴编辑委员会编 北京 文物出版社 2007—
〔馆藏卷期〕2006

009806853
中国建筑艺术年鉴
中国艺术研究院建筑艺术研究所编 北京 北京出版社 2004—
〔馆藏卷期〕2003 2004 2006 2007/2008 2009 2010 2011/2012

012617805
中国易学与建筑风水年鉴
中国易学与建筑风水年鉴编委会编 中国古建筑学会主办 北京 中国新闻出

版社 2009—

〔馆藏卷期〕2009

010227217
中国照明工程年鉴
中国照明学会 中国照明工程年鉴编辑委员会编 北京 中国电力出版社 2007—
〔馆藏卷期〕2006 2008 2009 2011 2013

013312082
中国勘察设计年鉴
工程建设与设计杂志编 中国勘察设计协会主办 北京 中国轻工业出版社 2012—
〔馆藏卷期〕2010

013396922
国际楼盘设计年鉴
张先慧主编 天津 天津大学出版社 2011—
〔馆藏卷期〕2011

013790782
中国创意界年鉴
中国文化信息协会编 北京 中国建材工业出版社
〔馆藏卷期〕2009

013481755
中国建筑设计与表现年鉴
张先慧主编 大连 大连理工大学出版社 2012—

〔馆藏卷期〕2011 2012

010227070
中国建筑设计作品年鉴
中国建筑设计作品年鉴编委会编 哈尔滨 黑龙江科学技术出版社
〔馆藏卷期〕2004 2005/2006 2007/2008 2008/2009 2009/2010 2010/2011 2011/2012 2012/2013 2013/2014

014140798
中国建筑与表现年鉴 商业建筑
香港日瀚国际文化有限公司编 武汉 华中科技大学出版社 2006—
〔馆藏卷期〕2006 2007 2008 2009/2010

014140431
中国建筑与表现年鉴 规划建筑
中国建筑与表现年鉴 规划与景观 2007
中国建筑与表现年鉴 表现X档案 2008
中国建筑与表现年鉴 最建筑表现 2009/2010
香港日瀚国际文化有限公司编 武汉 华中科技大学出版社 2006—
〔馆藏卷期〕2006 2007 2008 2009/2010

014140810
中国建筑与表现年鉴 文化建筑
香港日瀚国际文化有限公司编 武汉 华中科技大学出版社 2006—
〔馆藏卷期〕2006 2007 2008 2009/2010

013821867

中国建筑与表现年鉴 办公建筑

香港日瀚国际文化有限公司编 武汉 华中科技大学出版社 2006—

〔馆藏卷期〕2006 2007 2008 2009/2010

014140812

中国建筑与表现年鉴 居住建筑

香港日瀚国际文化有限公司编 武汉 华中科技大学出版社 2006—

〔馆藏卷期〕2006 2007 2008 2009/2010

013604149

中国楼盘设计年鉴

张先慧主编 天津 天津大学出版社 2011—

〔馆藏卷期〕2011

009913846

建筑与室内设计年鉴

建筑与室内设计年鉴编辑部编 广州 广东省地图出版社

〔馆藏卷期〕2005

009934711

中国室内设计年鉴

中国室内设计年鉴编委会编 沈阳 辽宁科学技术出版社

〔馆藏卷期〕2006 2007 2008 2009 2010 2011 2012 2013 2014

008749649

中国室内设计师年鉴

杨冬江主编 北京 中国建筑工业出版社 2001—

〔馆藏卷期〕2001

011968271

中国民居建筑年鉴

中国民居建筑年鉴编委会编 北京 中国建筑工业出版社 2008—

〔馆藏卷期〕1988/2008 2008/2010

013933120

中国样板间年鉴

深圳市创扬文化传播有限公司编 武汉 华中科技大学出版社

〔馆藏卷期〕2009

011141285

中国钢结构年鉴

中国钢结构协会编著 北京 中国钢结构年鉴编辑部 2005—

〔馆藏卷期〕2005

004600818

中国建筑材料年鉴

中国建筑材料年鉴编委会编 北京 中国建筑工业出版社 1982—

〔馆藏卷期〕1981/1982 1983/1984

013603114

既有建筑改造年鉴

既有建筑改造年鉴编委会编 北京 中国建筑工业出版社

〔馆藏卷期〕2010 2011 2012 2013

013397068

暖通空调产品选型年鉴

北京赛尔风标广告有限公司编 北京 北京赛尔风标广告有限公司

〔馆藏卷期〕2011/2012 2012/2013 2013/2014

008643494

中国建筑电气设备选型年鉴

中国建筑电气设备选型年鉴编委会编 北京 中国城市出版社

〔馆藏卷期〕2000/2001 2002/2003

012242989

中国景观设计年鉴

中国景观设计年鉴编写组编 大连 大连理工大学出版社

〔馆藏卷期〕2010

012617702

中国城市规划设计年鉴

北京 中国城市出版社

〔馆藏卷期〕2010

002075276

中国城市建设年鉴

中国城市建设年鉴编委会编 北京 中国建筑工业出版社 1989—

〔馆藏卷期〕1986/1987

008805311

中国城市建设统计年鉴

建设部综合财务司编 北京 中国建筑工业出版社 1999—

〔馆藏卷期〕2000 2001 2002 2006 2007 2008 2009 2010 2011 2012 2013

012521655

中国城市形象设计年鉴

胡亚雄 曾辉执行主编 昆明 云南美术出版社 2009—

〔馆藏卷期〕2008

011485876

中国城乡建设统计年鉴

建设部综合财务司编 北京 中国建筑工业出版社 2006—

〔馆藏卷期〕2006 2007 2008 2009 2010 2011 2012 2013

011399750

中国城市市容环境卫生年鉴

中国城市环境卫生协会编 北京 中国城市出版社

〔馆藏卷期〕2005

013396930

国际风景园林景观规划设计获奖作品年鉴

国际园林景观规划设计行业协会 世界屋顶绿化协会编 北京 国际园林景观规划设计行业协会

〔馆藏卷期〕2011

013470969

景观设计年鉴

孙旭阳编 天津 天津大学出版社
〔馆藏卷期〕2011

008749098
城市供水统计年鉴
城市供水统计年鉴编纂委员会编 北京 中国城镇供水协会
〔馆藏卷期〕1988 1989 1992 1993 1995 1997 1998 1999 2000 2001 2002 2003 2004 2005 2007 2009 2010 2011 2012 2013 2014

012176981
管网叠压供水技术年鉴
中国建筑金属结构协会给水排水设备分会 管网叠压供水技术年鉴编委会编 北京 管网叠压供水技术年鉴编委会
〔馆藏卷期〕2007

008958012
县镇供水统计年鉴
中国城镇供水协会编 北京 中国城镇供水协会
〔馆藏卷期〕1990 1992 1993 1994 1995 1996 1997 1998 1999 2000 2003 2004 2005 2007/2008 2009 2011 2013 2014

008958030
城市节水统计年鉴

中国城镇供水协会节水委员会编 北京 中国城镇供水协会
〔馆藏卷期〕1990 1991 1992 1994 1995 1996 1997 1998

013603038
城镇排水统计年鉴
中国城镇供水排水协会编 北京 中国城镇供水排水协会
〔馆藏卷期〕2011 2012 2013 2014

014015057
中国消防产品年鉴
中国消防产品年鉴编辑委员会编 深圳 中国公共安全出版社 2002
〔馆藏卷期〕2007 2010/2011

007211307
中国火灾统计年鉴
公安部消防局编 北京 群众出版社 1994—
〔馆藏卷期〕1994 1995 1996 1997 1998 1999 2000 2001 2002 2003

009934758
中国南水北调工程建设年鉴
中国南水北调工程建设年鉴编纂委员会编 北京 中国电力出版社 2006—
〔馆藏卷期〕2005 2006 2007 2008 2009 2010 2011 2013

交通运输

009806882

中国铁路地质年鉴

中国铁路勘测设计年鉴

中国铁路工程总公司地质物探试验研究中心主编 北京 铁道部建设司 1992—1996

〔馆藏卷期〕1992 1993 1994 1995

009698646

中国铁路勘测设计年鉴

中国铁路地质年鉴

中国铁路工程总公司主编 铁道部建设司主办 北京 铁道部建设司 1997—

〔馆藏卷期〕1997 1998 1999 2000 2001 2002/2003

012926170

中国桥梁年鉴

桥梁杂志社编 北京 人民交通出版社 2011—

〔馆藏卷期〕2010

012983374

节能与新能源汽车年鉴

中国汽车技术研究中心 北京国能赢创能源信息技术有限公司编 北京 中国经济出版社 2010—

〔馆藏卷期〕2010 2011 2012 2013 2014

013815005

汽车影音年鉴

刘扬主编 广州 广东海盐电子音像出版社 2006—

〔馆藏卷期〕2006

012200487

中国机动车检测年鉴

中国机动车检测年鉴编委会 中国质量检验协会机动车安全检验专业委员会编 北京 中国标准出版社

〔馆藏卷期〕2010

011141379

中国轮胎轮辋气门嘴标准年鉴

全国轮胎轮辋标准化技术委员会编 北京 全国轮胎轮辋标准化技术委员会
〔馆藏卷期〕2003 2004 2005 2006 2008 2011 2012 2013

012983916
中国智能交通行业发展年鉴
中国智能交通协会编 北京 电子工业出版社

〔馆藏卷期〕2010 2011 2012

008139901
航业年鉴
上海市轮船业同业公会全体执行委员编辑 上海 上海市轮船业同业公会全体执行委员编辑 1935—
〔馆藏卷期〕1935 1936

航空、航天

013467777
中国民用航空设备年鉴
中国民用航空设备年鉴编委会编 北京
　中国民航出版社 2011—
〔馆藏卷期〕2010

012361683
中国民用航空维修年鉴
民用航空局航空安全技术中心编 北京
　中国民用航空局
〔馆藏卷期〕2009

环境科学、安全科学

004621403
中国环境科学年鉴
中国环境科学学会编 北京 中国环境科学出版社 1989—
〔馆藏卷期〕1985

005007880
中国环境年鉴
中国环境年鉴编辑委员会编 北京 中国环境科学出版社 1990—
〔馆藏卷期〕1990 1991 1992 1993 1994 1995 1996 1997 1998 1999 2000 2001 2002 2003 2004 2005 2006 2007 2008 2009 2010 2011 2012 2013 2014

010281640
中国环境年鉴 环境监察分册
中国环境年鉴 环境监察分册编委会编 北京 海洋出版社 2005—
〔馆藏卷期〕2005

012521686
中国环境设计年鉴
中国美术家协会环境设计艺术委员会 中央美术学院城市设计学院主编 武汉 华中科技大学出版社
〔馆藏卷期〕2007 2008 2009 2010 2011

010222717
中国环境统计年鉴
国家统计局 国家环境保护总局编 北京 中国统计出版社
〔馆藏卷期〕2006 2007 2008 2009 2010 2011 2012 2013 2014

009914095
中国室内环境年鉴
中国室内装饰协会室内环境监测工作委员会编 北京 中国室内装饰协会室内环境监测中心
〔馆藏卷期〕2004/2005

013752824
中国环境科学学会年鉴
中国环境科学学会编 北京 中国环境科学学会
〔馆藏卷期〕2011

008728189
绿色全球年鉴
环境与发展国际合作年鉴 1998/1999
（挪威）弗里德约夫·南森研究所编 中国国家环境保护局译 北京 中国环境科学出版社
〔馆藏卷期〕1995 1997 1998/1999 1999/2000

010102794
全球环境展望年鉴
联合国环境规划署编 国家环境保护总局国际司译 北京 中国环境科学出版社
〔馆藏卷期〕2006 2007

012200494
中国减灾年鉴
国家减灾委员会办公室编 北京 国家减灾委员会办公室 2009—
〔馆藏卷期〕2008

011141269
中国地质环境监测地下水位年鉴
中国地质环境监测院编 北京 中国大地出版社
〔馆藏卷期〕2005 2006 2007 2008 2009 2010 2011

009928089
中国地质环境监测年鉴
中国地质环境监测院编 北京 中国大地出版社 2004—
〔馆藏卷期〕2004 2005

008522246
中国安全生产年鉴
国家经济贸易委员会安全生产局编 北京 民族出版社
〔馆藏卷期〕1979/1999 2000/2001 2002 2003 2005 2006 2007 2008 2009 2010 2011 2012 2013

综合性图书

007420535
一九五〇人民年鉴
沈颂芳主编 香港 大公书局 1950
〔馆藏卷期〕1950

001822801
中国百科年鉴
中国百科年鉴编辑部编 北京 中国大百科全书出版社 1980—
〔馆藏卷期〕1980 1981 1982 1983 1984 1985 1986 1987 1988 1989 1990 1991 1992 1993 1994 1995

008006279
中国大众实用年鉴
中国大众实用年鉴编辑部编 沈阳 辽宁人民出版社
〔馆藏卷期〕1997 2000

007420692
第一回中国年鉴
阮湘等编辑 上海 商务印书馆 1924

〔馆藏卷期〕1923

008223931
中国年鉴
上海日报社调查编纂部 野田经济研究所编 上海 上海日报社调查编纂部
〔馆藏卷期〕1931

008261466
中华年鉴
南京 中华年鉴社
〔馆藏卷期〕1948

008246239
中国年鉴
中华人民共和国年鉴
新华通讯社中国年鉴编辑部编辑 北京 新华出版社 1983—1996
〔馆藏卷期〕1983 1984 1985 1986 1987 1988 1989 1991 1992 1993 1994 1995 1996 2009

007848051

中华人民共和国年鉴

新华通讯社编 北京 中国年鉴社 1997—

〔馆藏卷期〕1997 1998 1999 2000 2001 2002 2003 2004 2005 2006 2007 2008 2009 2010 2011 2012 2013 2014

005207052

世界知识年鉴

世界知识手册

北京 世界知识出版社 1953—

〔馆藏卷期〕1953 1954 1955 1957

008135515

东南亚年鉴

东南亚研究所编 香港 东南亚研究所

〔馆藏卷期〕1976 1977 1978 1979 1980 1981

008454787

南洋年鉴

新加坡 南洋报社 1939—

〔馆藏卷期〕1939 1951

008164888

新南洋年鉴

新南洋出版社编 新加坡 新南洋出版社

〔馆藏卷期〕1947

008135642

英属婆罗洲年鉴

许聪思主编 新加坡 1952

〔馆藏卷期〕1952

008246214

北婆年鉴

谢克钿编 香港 华侨日报社

〔馆藏卷期〕1952

008432955

俄罗斯和东欧中亚国家年鉴

中国社会科学院东欧中亚研究所编 北京 当代世界出版社

〔馆藏卷期〕1992/1993 1996 1997 1998 1999 2000

008432965

美国年鉴

中国社会科学院美国研究所编 北京 中国社会科学出版社

〔馆藏卷期〕1999 2000 2001